文学家的故事

主　编　何晓波
副主编　杜　鹃　向　蓉　陈　纯
　　　　周　颖　金　丹　尹　语

大师名家故事系列丛书

THE STORIES OF LITTERATEUR
文学家的故事

何晓波·主编

四川大学出版社

项目策划：梁　胜　陈　纯
责任编辑：陈　纯
责任校对：周　颖
封面设计：璞信文化
责任印制：王　炜

图书在版编目（CIP）数据

文学家的故事 / 何晓波主编． — 成都：四川大学出版社，2020.12
ISBN 978-7-5690-3693-0

Ⅰ.①文… Ⅱ.①何… Ⅲ.①作家－生平事迹－世界－通俗读物 Ⅳ.①K815.6-49

中国版本图书馆CIP数据核字（2020）第018380号

书　名	文学家的故事
	WENXUEJIA DE GUSHI
主　编	何晓波
出　版	四川大学出版社
地　址	成都市一环路南一段24号（610065）
发　行	四川大学出版社
书　号	ISBN 978-7-5690-3693-0
印前制作	四川胜翔数码印务设计有限公司
印　刷	成都金龙印务有限责任公司
成品尺寸	148mm×210mm
印　张	14.75
字　数	399千字
版　次	2021年1月第1版
印　次	2021年1月第1次印刷
定　价	56.00元

◆版权所有 ◆ 侵权必究

◆ 读者邮购本书，请与本社发行科联系。
电话：(028)85408408/(028)85401670/
(028)86408023　邮政编码：610065
◆ 本社图书如有印装质量问题，请寄回出版社调换。
◆ 网址：http://press.scu.edu.cn

四川大学出版社
微信公众号

名人名言

1. 生活总是让我们遍体鳞伤，但到后来，那些受伤的地方一定会变成我们最强壮的地方。

——［美］欧内斯特·海明威

2. 如果错过太阳时你流了泪，那么你也要错过群星了。

——［印］拉宾德拉纳特·泰戈尔

3. 世界上只有一种真正的英雄主义，那就是在认清生活的真相后依然热爱生活。

——［法］罗曼·罗兰

4. 不存过高的希望，就不会让失望给搞垮。

——［美］约翰·斯坦贝克

5. 作为一个交谈者，一本书比一个朋友或一位恋人更加可靠。

——［美］约瑟夫·布罗茨基

6. 与他人争辩是修辞，与自己争辩是诗歌。

——［爱尔兰］谢默斯·希尼

7. 只要你是善良的，就会持续年轻。

——［波兰］希姆博尔斯卡

8. 理解生活比改变生活重要得多，因为生活一旦理解，它就会自愿地改变。

——［比利时］莫里斯·梅特林克

9. 如果道路本身很美，不要问它通向何方。

——［法］法朗士

10. 不要由于别人不能成为我们所希望的人而愤怒,因为我们自己也难以成为自己所希望的人。

——[德] 托马斯·曼

11. 文学是人的生活的教科书。

——[俄] 车尔尼雪夫斯基

12. 真理和美德是艺术的两个密友,你要当作家,当批评家吗?请首先做一个有德行的人。

——[法] 狄德罗

13. 文学就像炉中的火一样,我们从人家借得火来,把自己点燃,而后传给别人,以致为大家所共同。

——[法] 福楼拜

14. 一首伟大的诗篇象一座喷泉一样,总是喷出智慧和欢愉的水花。

——[英] 雪莱

15. 风格就是人品。

——[法] 巴尔扎克

16. 在所有的批评家中,最伟大的、最正确的、最天才的是时间。

——[俄] 别林斯基

17. 人的一生可能燃烧也可能腐朽,我不能腐朽,我愿意燃烧起来!

——[苏] 奥斯特洛夫斯基

18. 希望是附丽于存在的,有存在,便有希望,有希望,便是光明。

——[中国] 鲁迅

写在前面的话

　　人类社会之所以薪火相传、绵延不绝并不断走向辉煌，一个重要的原因就是人类对与自己相关的一切都怀有强烈的好奇心，并且愿意孜孜不倦地去探究、发明与创造。在认识、改造、创新世界的同时，人类也认识、改造、创新着自身。在这个充满刺激与浪漫的历程中，那些不断闪烁着智慧光辉的名字更是推动世界进步的重要力量。没有他们，也许这个世界不会是今天的模样。这些奋斗在政治、经济、军事、科学技术等各个领域的精英伟人们或用他们的道德力量，或用他们彪炳千秋的丰功伟业，穿越时空的藩篱，召唤着我们的灵魂，涤荡着我们的心灵。

走近他们，认识他们，亲近他们，在时空的轴上与他们对话，从他们创造的精神财富中吸取养分，获得创造的力量，在润泽、养育精神世界的同时，激励认识世界的勇气，提升改造世界的能力，自然成为后来者的责任。

　　虽然编写的是这样一本小册子，但我们却不敢掉以轻心，生怕损坏了一个个精致的圣品，因而总是怀着一份虔诚，一份感激，一份小心，犹如绣花一般，做着这样一件意义重大的事。

　　希望读者在阅读这些故事的时候能与我们产生共鸣！

　　人物故事以时间顺序排序。

　　向所有被引用文献的原创作者致以崇高的敬意。

编　者

2020.5

目 录

第一部分　外国文学家的故事

清少纳言	（3）
莎士比亚	（8）
笛　福	（16）
斯威夫特	（21）
布　封	（26）
歌　德	（30）
普希金	（37）
巴尔扎克	（42）
雨　果	（48）
安徒生	（54）
比切·斯托夫人	（61）
夏洛蒂·勃朗特	（66）
屠格涅夫	（71）
福楼拜	（75）
法布尔	（81）
列夫·托尔斯泰	（87）
凡尔纳	（91）
马克·吐温	（97）
亚米契斯	（102）
莫泊桑	（107）
王尔德	（112）

契诃夫 (118)
泰戈尔 (122)
卡雷尔·恰佩克 (128)
海明威 (134)
圣埃克苏佩里 (140)

第二部分　中国文学家的故事

古代部分 (147)
屈　原 (147)
司马迁 (153)
曹　植 (159)
陶渊明 (166)
李　白 (171)
杜　甫 (176)
韩　愈 (182)
柳宗元 (187)
欧阳修 (193)
苏　轼 (200)
李清照 (206)
关汉卿 (213)
施耐庵 (219)
蒲松龄 (226)
曹雪芹 (231)

现当代部分 (235)
鲁　迅 (235)
郭沫若 (241)
茅　盾 (247)
朱自清 (252)

老　舍 ································· (258)
冰　心 ································· (263)
夏　衍 ································· (271)
沈从文 ································· (278)
巴　金 ································· (285)
曹　禺 ································· (290)
杨　绛 ································· (295)

第三部分　文学简史

外国文学简史（欧美部分） ················ (305)
　　古代希腊文学 ·························· (305)
　　古罗马文学 ···························· (310)
　　中世纪欧洲文学 ························ (312)
　　文艺复兴时期的欧洲文学 ················ (314)
　　17世纪欧洲文学 ························ (316)
　　18世纪欧洲文学 ························ (319)
　　19世纪欧美文学 ························ (321)
　　20世纪欧美文学 ························ (328)
外国文学简史（东方部分） ················ (337)
　　埃及文学 ······························ (337)
　　巴比伦、希伯来文学 ···················· (339)
　　波斯文学 ······························ (341)
　　阿拉伯文学 ···························· (343)
　　印度文学 ······························ (344)
　　朝鲜文学 ······························ (346)
　　日本文学 ······························ (348)
　　越南文学、泰国文学 ···················· (351)

· 3 ·

中国文学简史……………………………………………（353）
先秦文学………………………………………………（353）
汉代文学………………………………………………（355）
魏晋南北朝文学………………………………………（359）
隋唐五代文学…………………………………………（362）
宋代文学………………………………………………（365）
元代文学………………………………………………（368）
明代文学………………………………………………（371）
清代文学………………………………………………（375）
近代文学………………………………………………（379）
现代文学………………………………………………（382）
当代文学………………………………………………（387）

附录1：中外文学大事记………………………………（408）
附录2：历届诺贝尔文学奖获奖作家获奖作品及获奖理由
　　　　………………………………………………（441）
参考文献………………………………………………（456）

· 第一部分 ·
外国文学家的故事

清少纳言

| 她的《枕草子》是日本随笔文学的开山之。

清少纳言(约966年—约1025年),姓名不可考,只知其原姓清原,"少纳言"为官职名称。清少纳言的是日本第四十代天皇天武天皇的第十代世孙。清少纳言曾祖父清原深的养父是日本平安时代的著名歌人,也是"中古三十六歌仙"之一。清少纳言的父亲清原元辅曾是肥后与周防国的国守,更是吟坛的著名歌人、"梨壶五歌人"之一。受家庭的熏陶和影响,清少纳言自幼便熟读《汉书》《蒙求》《白氏文集》等汉文著作。家学渊源和个人才华奠定了她此后得以入宫为官的基石。

清少纳言从小便跟随父亲前往远离都城的海港城市防府市,此时的她还没有接触宫廷的高雅艺术,但她对身边的人和事物却有着极为敏锐而深刻的见解和感受。

在清少纳言十六岁的时候,缺乏才气的青年陆奥守橘则光以殉情的决心向她下跪求婚。虽然橘则光是一个连和歌都不懂的庸才,但他的纯情却打动了清少纳言的少女芳心。清少纳言并不喜欢橘则光的性格,但是却被他的勇气与痴情所深深打动,最终,她决定以身相许来报答橘则光的一腔深情。可是,婚姻是应该建立在互相爱慕的基础之上的,因此这就注定了她和橘则光的婚姻走不长远。天元五年(982年)二人成婚。一年后,清少纳言生下了可爱的儿子橘则长。一家三口度过了一段甜蜜但却短暂的时光。婚后三年,橘则光与清少纳言二人之间的性格差异日渐明显,加之官场的人事纷扰,两人终于因不堪相互忍受而分道扬镳。此前一年,老父清原元辅病逝。离婚和父亲病逝这两件事,使清少纳言陷入悲痛与怨恨中,这成为她人生的重要转折。后来,清少纳言在宫中供职之时又与橘则光重逢,但二人之间却以兄妹相称,终未能重归于好。

在还没有入宫供职的时候,清少纳言经常参加一个皇后藤原定子在后宫举办的诗会。在一次文学聚会上,藤原斋信朗读白居易的诗句"兰省花时锦帐下",并要求与会者对下句。正当其他文人雅士苦苦思索之际,清少纳言机敏对答"谁会寻访斯草庵"。在一众名流列席的宫廷诗会中,她巾帼不让须眉,众人对她的天禀与机智无不惊叹赞美。

清少纳言逐渐步入她所向往的宫廷风雅世界,成为皇后中宫定子的女官。定子皇后对清少纳言的才华极为欣赏,清少纳言也对定子皇后怀有敬慕之情,两人可谓是一见如故。这样,清少纳言才有了入宫供职的重要契机。她入宫后,虽然得到定子皇后的宠爱和庇护,却受到公卿和官人的嫉妒与白眼。

好景不长,由于宫廷的权力斗争,中宫定子先被幽禁,后被逐出宫廷，寄居在伯父家。这时，宫中谣言四起，后宫同僚中伤清少纳言外通政敌。为表忠心，清少纳言愤而辞官。宫廷权力斗争结束之后，定子皇后重返宫中，清少纳言也立即回宫侍奉忧郁成疾的定子。二人历经沧桑却依旧情谊深厚，可谓异体同心。长保二年（1000年）冬，定子皇后病逝。此时，与定子对立的中宫彰子想挽留清少纳言在自己身边侍奉，清少纳言断然拒绝，不愿为新贵效力。多年以后，已仙逝的清少纳言仍被中宫彰子一派的以《源氏物语》而闻名于世的紫式部所诋毁。

在平安王朝后宫的女官中，清少纳言的确是一个个性独特的女子。与那个时代女性的优雅温柔所不同的是，清少纳言坚毅不服输。她敢于直接顶撞藤原斋信、藤原行成这样鼎鼎大名的文官，也敢于肆意嘲笑宫中的庸人愚才。她的直白刚毅似乎是平安时代温雅之流里激浪而起的闪亮浪花。

清少纳言出宫之后，嫁给和自己有年龄差距的摄津守藤原栋世，生有一女，名为小马命妇。不久，藤原栋世病故，从此清少纳言再未出嫁，并落发为尼，不知所终。《古事谈》以"鬼形之法师"来形容她出家时的样子，可见她当时的落魄与凄凉。而更令人嗟叹的是，相传在宽仁元年（1017年），其兄长清原致信被源赖亲杀害时，她更是惨遭牵连。清少纳言曾留下这样一首哀叹自己晚景凄凉的和歌，歌曰："老者望月空悲切，隐居山中甚孤寂。"在这短短两句的和歌中，清少纳言将自己晚年隐居山中的悲怀吐露无遗。

清少纳言一生中的许多经历并不明朗，正如一位日本学者所说，她的经历"犹如挂在雨后天空的彩虹，异常灿烂绚丽，可是它的两端却像没入水中似的，有许多地方弄不清道不明"。

无论如何，家庭生活的经历和宫廷生活的丰富见闻，为清少纳言写下《枕草子》这部随笔集奠定了人文基础。谈及《枕草子》这部集子的创作动机，清少纳言强调："这只是凭着自己的兴趣,将自然想到的感想,随意记录下来"。她在题跋中这样写道:"这部随笔集,是在幽居家中,闲来无聊,将自己所见所想的事记录下来,本来是没有打算让别人看的。这里面有些篇目,失言之处在所难免,别人看来,实是不妥。所以,本来准备藏而不露,没想到却已暴露在世上,此乃不幸之事也。"然而,清少纳言所谓的"不幸之事"却为千百年来的读者带来一场文学盛宴。

《枕草子》是清少纳言一生除却和歌以外唯一的传世作品,全书十二卷,约分三百段(各版本不一,多者三百零五段),题材广泛,内容丰富,其中涉及四季的节令、情趣,宫中的礼仪、佛事人事,都城的山水、花鸟、草木、日月星辰等自然景象,以及宫中主家各种人物形象和人际关系,有赞颂也有贬抑,还议论歌谣、和歌、小说、绘画、舞乐、艺道、棋道、语言,乃至猜字谜、踢球游戏等。

此书展现了贵族的优雅风范。《枕草子》反映了平安时期的谐趣内涵,优美有趣。这种谐趣之美的内涵既描绘了自然的清静美好,又抒写了日常生活的喜乐哀愁,折射出了清少纳言风雅雍容的审美态度,由此反映了日本贵族阶级闲雅的审美情趣。《枕草子》表现出的明快之美,与当时王朝审美意识的主流"物之哀"的审美思想并驾齐驱,代表了日本平安王朝另一种审美趋向,开创了新的美学范畴。所以,《枕草子》被称作"阳性""青春"而又"富于高度理智"的文学作品。

在景物描写方面，清少纳言秉着自己极富个性的主观精神和积极饱满的生活热情，去捕捉事物刹那间的美，因此，其笔下的景色总是充满生机，清新有趣，毫无颓败之色。如："春天是破晓的时候'最好'。渐渐发白的山顶，有点亮了起来，紫色的云彩微细地横在那里，这是很有意思的。"作者着眼于破晓之时的春天，描绘了一种充满生机的清新之美。这是《枕草子》的开篇和流传最广的一句，透过这部经典之作，一个有情有趣的世界展现在千年之后的读者眼前。

在散文体裁方面，《枕草子》独创了散文随笔这一新颖的体裁形式，为后世日本文学发展开辟了新的空间。散文最大的特点是形散而神不散，笔调灵活自如，情感饱满丰盈。如"九月九日，晨间微微有雨，菊花带繁露，花上覆棉自是愈染香味，特饶情趣……"这一片段的描写包含了天气、花朵、树叶、篱笆甚至是芒草上小小的蜘蛛网，最后由景及人，抒发对时光易老的感慨。

在语言风格方面，《枕草子》表现出了明快简洁的特点。清少纳言善于以朴素的语言来直抒胸臆。"很有意思"这样的句子是清少纳言惯用的说法，简单的几个字就能表达出作者对事物的喜爱或者对生活的热爱。

莎士比亚

| 剧作家、诗人，欧洲人文主义文学的集大成者

威廉·莎士比亚（1564年—1616年），出生于英格兰中部斯特拉特福镇的一个商人家庭，少年时代曾在当地文法学校接受基础教育，学习拉丁文、哲学和历史等，接触过古罗马剧作家的作品。他虽受过良好的基本教育，但后因家道中落，辍学谋生，所以从未上过大学。莎士比亚幼年时，常有著名剧团来乡间巡回演出，因此培养了他对戏剧的爱好。1585年前后，22岁的他离开家乡去了伦敦。

当时伦敦城中的任何人可能都不会想到，就是这个从外省小镇来的默默无闻的年轻人，日后竟然成为一个英国人世世代代引以为自豪的伟大戏剧家。

从他离开家乡到1592年这段时期，富于进取精神的莎士比亚在剧院门前为贵族顾客看马，这虽然是打杂，但毕竟跟戏曲挂了钩，莎士比亚尽心尽力地把这份工作干得很好，所以骑马来的观众都愿意把马交给他。莎士比亚常常忙不过来，只得找一批少年来帮忙，他们被叫作莎士比亚的孩子们。莎士比亚头脑灵活，

口齿伶俐，工作之余，还悄悄地看舞台上的演出，并坚持自学文学、历史、哲学等课程，还自修了希腊文和拉丁文。当剧团需要临时演员时，他近水楼台先得月，再加上他的才华，慢慢地被安排演一些配角。由于他出色的理解能力和精湛的演技，他不久便被剧团吸收为正式演员，进而改编和编写剧本。他除了参加演出和编剧，还广泛接触社会，常常随剧团出入宫廷或来到乡间。这些经历拓宽了他的视野，为他的创作打下了基础。

伦敦戏剧团的许多演员都是从小就"练功夫"的，而莎士比亚在20多岁才进入这个行业，但这并不影响什么，在1592年的时候莎士比亚就已经声名鹊起了，成为伦敦极其优秀的演员。有"大学才子"之称的剧作家罗伯特·格林有一篇文章攻击当时的一些演员，告诫剧作家"不要相信他们；其中有一只暴发户式的乌鸦，用我们的羽毛装点自己，用一张演员的皮包起他的虎狼之心；他写了几句虚夸的无韵诗就自以为能同你们中最优秀的作家比美；他是个地地道道的打杂工，却恬不知耻地以为举国只有他能震撼舞台"。"虎狼之心"是从莎剧《亨利六世》下篇中引来的一句话，而"震撼舞台"则是影射莎士比亚的姓氏（shake意即震撼，spear意为长矛）。

莎士比亚开始写的剧本多半是改编旧剧或同其他剧作家合作，稍后才独立创作。他在伦敦有经营印刷出版业的同乡世交菲尔德。莎士比亚在1593年发表的第一部作品《维纳斯与阿多尼斯》就是由菲尔德出版的。莎士比亚的剧团从1594年开始一直受宫内大臣的庇护，称为"宫内大臣剧团"，1603年詹姆斯一世登位又改称"国王的供奉"。他同当时一些新贵族如埃塞克斯伯爵颇有交往。他的剧团也常到女王宫廷演出，夏季或瘟疫流行时期，则到外省演出。

莎士比亚不仅如我们所知那样，是个杰出的剧作家，还自始至终都活跃在表演舞台上：1592年，他就已经是一名著名的演员了；1598年，他在《人各有癖》一剧中担任主要演员；1603年，在《西加纳斯》中，他被列入"主要的悲剧演员"之一；1608年，开始着手使用布莱克福莱尔戏院时，他仍然是戏院里的主要男演员之一。

可以说，自从登上戏剧舞台，莎士比亚一直都在坚持不懈地演出。不过，他的抱负并不是演戏或戏院管理。在戏剧事业的初期，他就已承担起戏剧写作的工作了，而且还十分成功。

由于自己本身就是个演员，莎士比亚对与戏剧有关的一切技术方面的事务也十分熟悉。比如，他对演员的独白道词就很留意，同时还能适当地给予批评和建议。在《哈姆雷特》上演时，他就曾指出演员们在演出时所犯的通病，并给予演员恰当的指导。

演员的身份也让莎士比亚较同时期其他剧作家更占优势。通常的剧作家都是按照戏院老板的要求来写剧本，根本不关心他们写的剧本在观众中会产生什么效果；而莎士比亚不同，他在自己的剧本演出时随时在场，有时还亲自在剧目中扮演角色，因此他也能确定自己的剧本是否可以达到预期的效果。这也许就是他的剧作一直能却持久不衰的主要原因。

莎士比亚早期的剧作并不出色，但他对左右观众情绪的技巧却把握得相当纯熟。以他当时二十八九岁的年纪，自然还没有深厚的功力写出《哈姆雷特》这样精彩的剧本，而观众也没有相应的心理能力来接受它。因此，莎士比亚一直都是通过创作来学习，与观众一同成长。

天才的人并非都是一举成名，相反，他们都会经历一个比较艰难的起步过程。莎士比亚也是如此。他初期创作的作品显得稚嫩而拙劣，观众的反应也很平淡，但重要的是他一直都在关注观众的反应，并一直以观众的反应作为自己创作的基准。

莎士比亚早期最成功、最轰动的剧作是有关"蔷薇战争"的三个连续的剧本《亨利六世》上、中、下三部曲。《亨利六世》创作完成后，莎士比亚紧接着又创作了《理查三世》，这部剧在时间和剧情上都与《亨利六世》的下篇紧密连接在一起。剧本主要描写了爱德华四世的弟弟理查在争夺爱德华四世的王位时所采取的各种阴谋狡诈的手段。在这部戏剧中，莎士比亚第一次以一个人物为中心来组织情节。1592年3月3日，剧场上演了莎士比亚编写的历史剧《亨利六世》和《查理三世》，结果观众好评如潮，接连几天都盛演不衰，创下了这个剧团演出票房的最高纪录。

1594年春可以说是莎士比亚写作生涯的转折点。《维纳斯与阿多尼斯》已经成功，《鲁克丽丝受辱记》也正在迈向成功。如果莎士比亚继续在这条道路上行走，只为伯爵和伊丽莎白时代的读者写诗，那么他那善于刻画角色的才华就可能会被永远埋没。

《爱的徒劳》比较鲜明地提出了反对禁欲主义的观点，提出了人的正常肉体需求和物质享乐需求，并以剧情的方式为之进行了理直气壮、热情洋溢的辩护。同时，莎士比亚还在这部喜剧中揭示了生命的意志、爱情的合理性等原则，对虚伪的禁欲主义进行了辛辣的嘲讽。因而，这部作品也是莎士比亚喜剧作品中讽刺性最强的一部。

在英国，每年的6月23日夜晚被称为仲夏夜。传说称这天夜里神仙会在森林中举行欢宴，凡人如果进入森林就会着魔。根据这一传说，莎士比亚创作了他最富有幻想色彩和浪漫情调的一部喜剧——《仲夏夜之梦》。据说，这部戏是莎士比亚应某位贵族之约创作的，为的是在仲夏之夜的一场喜庆的婚礼上演出用，因此取名为《仲夏夜之梦》。这部戏中不仅有为庆祝婚礼而作的新婚歌，还有描绘甜蜜爱情及不受父母之命，自由选择伴侣的主题在里面。这是一个纯粹的浪漫爱情故事，是在仲夏夜所做的一场美妙的梦。剧情的最大特点就是线索错综复杂地交织在一起，通过三个层次即现实世界、梦幻世界和神话世界来一一展开。

1601年,莎士比亚37岁,他在伦敦这个繁华的都市已经生活了16年,从一个血气方刚、充满理想的青年成长为一个成熟的中年男子。

此时的莎士比亚阅历丰富、思想成熟,透过种种浮华的表面现象,他清楚地看见了社会的黑暗和罪恶。疾恶如仇、富于人文理想的莎士比亚对这些黑暗和罪恶不可能熟视无睹、无动于衷。再加上生活中遭遇丧子、丧父之痛,也让他逐渐悟透了人生的许多真谛。

与此同时,多年来创作历史剧和喜剧所积累的丰富经验也让他有足够的艺术功力去反映社会现实,表达自己深刻的思想。于是,他开始转向悲剧创作。

莎士比亚所有的悲剧中,《哈姆雷特》是最著名的一部,剧情是丹麦王子哈姆雷特为父报仇的故事。1603年,也就是伊丽莎白时代结束的那一年,《哈姆雷特》由莎士比亚的同乡菲尔德印刷出版,并在伦敦各大书店上架。

莎士比亚的创作晚期被称为传奇剧时期,他开始转向传奇剧的创作。这种转变既与当时的戏剧时尚有关,也是他自身创作思想发展的结果。

从喜剧时期的快乐情绪到悲剧时期的沉重情绪,再到传奇剧时期的快乐情绪,莎士比亚创作时期的思想发展可以说是走了一个轮回。但是,这并不是一种简单的重复,而是一种更高级的"复归",是一个否定之否定的过程。

在最初的喜剧创作时期,莎士比亚的心情是单纯而快乐的。怀着对人文主义理想的坚定信念,莎士比亚在现实中寻找各种实现理想的途径。所以,初期他对理想世界的表现是比较单纯而具体的。

而在传奇剧创作的时期,英国社会现实开始变得日渐黑暗,詹姆斯一世的统治也日渐趋向反动。这样一来,实现人文主义理想的任何途径都在残酷的现实面前被否定了。在现实的世界中找不到出路,莎士比亚只有借助传奇戏剧的形式,将自己的人文主义希望寄托于乌托邦式的理想世界。因此,此时他的戏剧对理想世界的表现是朦胧的,甚至带有一定的空想色彩。

在创作晚期,莎士比亚共创作了四部传奇剧,分别为《泰尔亲王配力克里斯》《辛白林》《冬天的故事》和《暴风雨》。

莎士比亚的戏剧不但思想深刻,在艺术上也达到了炉火纯青的程度,具有很高的审美价值。莎士比亚的戏剧情节生动丰富,在他的剧作中,往往有两条或两条以上的情节线索,形成多样化的戏剧冲突。如《哈姆雷特》中有三条为父复仇的情节线索交织在一起,以哈姆雷特的复仇为主线,雷欧提斯和小福丁布拉斯的复仇为辅线。后两位的复仇,一个是尽孝道,一个是为争得骑士荣誉,他们带着浓厚的封建色彩的复仇行动,更突出了哈姆雷特复仇的社会意义。莎士比亚还非常善于在紧张尖锐的戏剧冲突中安排剧情,冲突的双方在斗争中的地位不断变化,形成波澜起伏且富有戏剧性的情节。如哈姆雷特与奸王克劳迪斯一开始只是互相试探而没有直接交锋,通过"戏中戏"而进入正面交锋,哈姆雷特摧毁了奸王的心理优势,但由于误杀波罗涅斯而由主动转为被动,奸王借机将他遣送英国,重新控制局势。哈姆雷特粉碎了奸王借刀杀人的阴谋回到丹麦后,却又落入另一个借刀杀人的阴谋——"友谊比剑"。全部剧情随着人物性格的发展跌宕起伏,曲折复杂，扣人心弦。

莎士比亚塑造了众多栩栩如生、个性鲜明的人物形象，在他剧作中的人物不是单一的、平面的，而是多面复杂的。如哈姆雷特既是个脱离群众的封建王子，又是个满怀抱负的人文主义者；奥赛罗既是一个忠于爱情的情种、奋勇杀敌的勇士，同时又是一个脾气暴躁的统帅、杀害无辜的凶手；夏洛克一方面是个凶残吝啬的高利贷者，一方面又是个虔诚的教徒。剧作还描写出了同一人物前后不同时期的性格发展轨迹，如哈姆雷特从一个抱有崇高信念的快乐王子到对人与社会悲观失望的忧郁王子，这样使人物形象更加真实可信。

莎士比亚还善于在人物的对比中突出主人公性格。在《哈姆雷特》中，哈姆雷特、雷欧提斯、福丁布拉斯三人对待复仇问题的不同态度的鲜明对比，突出了哈姆雷特作为先进人文主义者的特点。哈姆雷特与霍拉旭同样都是人文主义者，但是遭遇不同、地位不同，霍拉旭理智冷静，哈姆雷特热情深沉，更加反衬出哈姆雷特精神世界的深刻性。莎士比亚也擅长用内心独白手法直接揭示人物的内心世界。《哈姆雷特》中哈姆雷特的重要独白有六处之多，每次都能推动剧情发展，为完成人物性格塑造起了关键作用。最著名的是第三幕第一场的那段"生存还是毁灭"的独白，表现了哈姆雷特对人生的思索、苦闷与彷徨。

莎士比亚的戏剧语言丰富多彩，具有个性化、形象化的特点。莎翁是语言大师，他的词汇特别丰富，据统计他剧中用到的词汇量达29000，远远超过了他同时代的其他作家。他的人物语言不仅符合人物的身份和性格，而且贴合人物当时所处的特定环境，和人物的戏剧动作相衬相依。如哈姆雷特清醒时是典雅的语言，符合王子的身份；装疯时用的是逻辑混乱、晦涩难解的语言，符合精神病患者的特点。他还善于使用恰当的比喻、双关语、成语和谐语，不仅丰富了表现力，而且有浓郁的生活气息。

莎士比亚全部作品的基本思想是人文主义或称人道主义，用他的语言说，就是"爱"。他的作品就是"爱"的观念多方面的表现。人文主义是新兴资产阶级反封建的思想武器。莎士比亚的作品反映了新兴资产阶级的理想。他对生活感受深，善于思考，艺术修养高，作品的形象性强；他吸收了欧洲各国的新文化、新思想，因而他的作品深刻而生动地反映了 16 世纪至 17 世纪的英国现实，集中地代表了整个欧洲文艺复兴的文学成就。

笛 福

| 英国小说之父，现代新闻报道之父

丹尼尔·笛福（1660年—1731年）原姓福，1703年后自称笛福。出身于伦敦一个信奉长老会教的油烛商人家庭，属于中下层资产阶级，父亲经营屠宰业，双亲都是长老会教徒，不信仰英国国教。笛福从小就在长老会的学校里接受教育，但从没有上过大学。不满现状的精神也深深地影响到了少年的笛福，从小他就被熏陶成一个不安分的漂泊者，一个对生活具有观察力的评论家。

笛福刚过婴儿期，伦敦就发生了两件大事——瘟疫和伦敦大火。灾难造成了数以万计的家庭在饥饿的生死线上挣扎。幸运的是笛福一家躲过了这场灾难，不过笛福的父亲詹姆士·福"与贫苦做斗争，与它斗争一辈子"的价值观在笛福的心里留下了深深的印象。过了几年，笛福被父亲送到一家私立学院，同时父亲对他说："我希望你做一个牧师，如果做不成的话，就去做个商人吧！我希望如此。总之我对你的期望是一个有成就的绅士。"

笛福一直保持不同于国教信仰的宗教立场，政治上倾向于辉格党。他在学习当牧师多年后，才发觉自己并不适合宗教生活，于是在 20 岁的时候，笛福选择了经商——做袜子的代理商，卖烟酒、布匹、烟斗等。笛福是一个有才干，有主见，有思想的年轻人，但是他的钱包却总是空空如也，他总是不能把他自己的想法付诸实践。

1688 年，资产阶级赶走了斯图亚特王室，重新掌了权。28 岁的笛福为了还清债务，养活妻子和孩子，一边经商，一边从事政治活动。他开始贩卖一种新商品——思想。在写了若干篇诗歌和小册子后，笛福感觉写作只能给他带来微不足道的财富，于是他又回到了生意场，成为英国币制改革的顾问。对于一个破产者来说这有点怪异，不过笛福确实是商人了。

在工作了一段时间后，不安分的笛福发现作为一名政府的雇员，收入和理想都不能达到他所希望的目标，于是不仅会写还能说会道的笛福找到几个朋友凑了几百个金币开了一家砖瓦厂。笛福这一次发达了，他购置了一辆马车，买了新房，几年的时间里他还清了所有的债务。这时他闲暇时间多了，曾经养家糊口的写作生活变成了他的业余爱好。他写作了各种书籍，发表长篇演说来攻击英国法律所谓的正义："这些全是蜘蛛网法律，小苍蝇被困住了，大苍蝇冲了出去。"他写了一部讽刺诗《地道的英国人》来斥责英国人对外族尤其是荷兰人的不地道行为。于是他出名了，获得了英国国王威廉三世的青睐。用笛福自己的话来说就是这位"最伟大最善良的王子"给了他很多奖赏，并让他成为皇家顾问。

笛福的很多烦恼都是由其性格中奇特的矛盾引起的。他是一个具有物质欲望的道德完善的人，他的野心有的时候会压倒他的道德，但有的时候他的道德又会压倒他的野心。尽管他常常用两面派的方法去与人打交道、做生意，但却从来不会对自己的信仰采用同样的方法。在政治上笛福会写出违背内心的文章，但是在宗教上他却永远不会出卖自己的良心。他对国会中非国教徒的观点进行辩护，无论这种观点的对错。他为了维护不信服国教的人们而出版了一本小册子，使得国会大为愤怒。这时候，威廉三世已经去世，新上任的女王安妮是一个虔诚的国教徒。在她的旨意下，笛福被通缉，捉拿他的赏金价值五十英镑。1703年7月9日，他被判戴着刑具示众三次，罚款三百，并被囚禁。敢于说实话的笛福却获得了群众的拥护，在大家的欢呼中走进牢房。不过人们总是善忘的。在笛福入狱的几个月中，人们忘记了这位敢于说实话的人。这时笛福的砖瓦厂已经破产，家人也挣扎饥饿的边缘，这时一个不知道是笛福的贵人还是主人的家伙出现了，他是英国新任命的国务大臣罗布特·哈莱。他用特殊的方法从监狱中捞出了笛福，并和笛福做了一个交易：他让笛福重获自由，笛福为他舞文弄墨。

笛福为了自由接受了这个条件，成了政府的代言人。在哈莱的庇护和财政的支持下，笛福创办了《评论》杂志，主要为哈利的英格兰－苏格兰联合政策争取支持。此后11年间他一直往来于英格兰和苏格兰之间，充当哈利及其继任者托利派戈多尔芬的秘密情报员，收集舆论。这时候笛福的化名是亚历山大·格德斯密斯。在此期间，他又因写文章而短期入狱，但从未终止为辉格党当政者收集情报、办报、写文章的活动。

但是政治这东西真的不适合笛福。后来，哈利倒台了，也带着他的支持者一起倒下去了。没有政治嗅觉的笛福又一次锒铛入狱。不过这次入狱也让笛福摆脱了奴仆困境。可是曾经的政治生涯并没有给他带来利益，也没有让他安享晚年。

这时候的笛福也终于认清了自己，他不是个商人，不是个写小册子的，不是个政客，而是个写小说的。他的一生都在朝着这个方向摸索。他所承担的所有角色都是从内部了解人类活动而做出的努力：工厂主、商贩、无信仰者、调解人、保守派、同志、间谍。"如果你想描述一个人的罪恶，那么你就必须进入到这个人的角色中去。"终于，笛福成为一个人类的诠释者。

他生命的最后十年创作活动惊人。1719年，年近60岁的笛

第一部分 外国文学家的故事

福发表了第一部小说《鲁滨孙漂流记》,大受欢迎,它成功地塑造了一个理想化的资产者的形象,在欧洲小说史上是一项创举。1720年又写了《鲁滨孙的沉思集》。此后,他写了4部小说:《辛格尔顿船长》《摩尔·弗兰德斯》《杰克上校》和《罗克萨娜》。此外他

还写了若干部传记,如《聋哑卜人坎贝尔传》《彼得大帝纪》;几部国内外游记,如《新环球游记》《罗伯茨船长四次旅行记》《不列颠全岛纪游》。他还有几部关于经商的书,如《使伦敦成为世界最繁荣都市之道》。

笛福的《鲁滨孙漂流记》是一部流传很广的代表作。小说源于一个真实的事件。1704年苏格兰水手赛尔科克在海上叛变,被抛到智利海外荒岛,在那里度过了5年漂流时光,最后得救。笛福受到这一事件的启发,写成此书。故事的大致情节是:鲁滨孙不听父亲劝诫,出海经商贩卖黑奴,在海上遇难,流落荒岛28年,在岛上与自然斗争,收留了野人星期五,后来救了一艘叛变船只的船长,并搭船回到英国,后来又去巴西经营种植园致富。此外还有两部续集——第二部写他旧地重游,以岛的主人自居,开化岛上居民,又视察巴西种植园,接着到世界各地冒险,包括中国和西伯利亚;第三部则是一部道德说教的作品。

《辛格尔顿船长》写主人公幼年被绑架,成人后当了海盗,在非洲和东方冒险致富的故事。有人认为《摩尔·弗兰德斯》是笛福最好的小说。主人公是一个女贼的女儿,出生在监狱,被一个好心肠的市长收养,长大后她靠勾引男子、多次结婚和偷窃为生,被判刑发配到美洲弗吉尼亚,与一前夫经营种植园终其一

生。《杰克上校》的主人公幼年就沦为小偷,当过兵,被贩卖到弗吉尼亚,最后成为种植园主,回到英国。《罗克萨娜》的主人公是法国新教徒的女儿,流落在英国,嫁给了伦敦一个酒商,后被遗弃,再后来在其他地方沦为妓女,又嫁给一个荷兰商人,商人负债入狱,她也在悔恨中死去。

据说笛福曾与26家杂志有联系,有人称他为"现代新闻报道之父"。他的作品,包括大量政论册子,共250篇,无一不是投合资产阶级发展的需要,写城市中产阶级感兴趣和关心的问题。如《维尔夫人显灵纪实》对一个流行的鬼故事作了逼真的报道;《瘟疫年纪事》写1665年伦敦大瘟疫,把这场鼠疫的发生、传播、引起的恐慌场景,以及死亡数字、逃疫的景况写得让人如身临其境。当时法国马赛鼠疫流行,引起了人们的特别关注,笛福的作品满足了市民对鼠疫的好奇心。

笛福的小说继承了文艺复兴时期西班牙流浪汉小说的传统,往往描写一个出身低微的人靠机智和个人奋斗致富获得成功的故事。当时的社会不容许这种人出头,他或她只好不择手段,干一系列欺骗、盗窃以至出卖肉体的勾当。作者出于清教徒道德观,总是使他笔下的主人公表示悔恨,立誓不干坏事,但环境又一再迫使主人公违背誓言。

笛福对他所描写的人物理解较深,他善于描写个人在不利的环境中克服困难的事件。他书中的主人公有聪明才智,充满活力,不信天命,相信"常识"且情节结构不落斧凿痕迹。他尤其擅长描写环境,细节逼真,虚构的情景写得使人如身临其境,不得不信服。他的语言自然,不引经据典;故事都是以主人公自述的方式写作,使读者感到亲切。

在福体弱多病,无人陪伴,债主不断上门,孩子们也对他撒手不管。1731年,丹尼尔·笛福去世,终年71岁他像生活在荒岛上长达28年之久的他的小说主人公鲁滨孙一样,孤独而又恐慌。

斯威夫特

| 爱尔兰讽刺文学大师。

乔纳森·斯威夫特（1667年—1745年），出身于爱尔兰首都都柏林一个贫困家庭，他的父亲早在他出生前 7 个月就已去世，作为孤儿，斯威夫特从小由叔父抚养成人。他 6 岁上学，在基尔凯尼学校读了 8 年。1682年，15 岁的斯威夫特就读于都柏林著名的三一学院，而他是一个厌恶神学的人，除了对历史和诗歌有兴趣外，别的一概不喜欢，这就导致了学院最终在他毕业的时候给了他一张"特许学位"的文凭。之后，他在三一学院继续读硕士，一直到 1688 年。

斯威夫特还小的时候，便已经接触了当时的社会政治，这也促使他形成了分析事物的才能和敏锐的观察能力。1688 年，爱尔兰面临英国的侵略，在爱尔兰社会动荡时期，斯威夫特的叔父去世了。无奈之下，斯威夫特中断了自己的硕士课程而前往英格兰寻找出路。

在英格兰，他先是居住在法恩海姆的摩尔庄园，担任威廉·邓波尔爵士的私人秘书，直到 1699 年邓波尔去世。他在担任秘书期间，在摩尔庄园阅读了大量古典文学名著。他受到吞浦尔"崇古非今"的影响，倾向于古学。1697年，他写了《书的战争》和《桶的故事》两部作品，但直到1704年才发表。《书的战争》描写了作品孰优孰劣问题在17世纪末年的英国学术界引起的一场争论。吞浦尔"崇古非今"是18世纪英国假古典派复古拟古反动文学主张的先声，事实上这种倾向代表当时封建贵族保守的要求，企图标榜古人作品和新文学相对抗。《书的战争》是在这种思想的影响下写成的，就内容而言并没有进步意义；但是斯威夫特在这部作品中初次显示了他的讽刺才能，他对当时学究式的烦琐考证和脱离实际的学术研究予以尖锐的批评。他借用了培根在《新工具》中的关于蜘蛛和蜜蜂的比方，提出文艺和科学应该为人类服务，它们应该像蜜蜂一样为人类带来蜜和光，而不应该是一面肮脏无益的蛛网。和《书的战争》同时发表的《桶的故事》却是一部意义深远的杰出的讽刺作品。斯威夫特这次把矛头指向教会，同时对于当时贫乏的学术、浅薄的文学批评和社会恶习也予以抨击。他通过三兄弟的形象淋漓尽致地讽刺了天主教会、英国国教和喀尔文教派。都自认为是基督教的正宗，遵照《圣经》的指示行事，事实上却阳奉阴违。虽然斯威夫特本人是英国国教的牧师，他却能大胆地批评基督教徒的虚伪和无耻。《桶的故事》是英国启蒙主义者批判教会的重要作品之一，也是斯威夫特第一部重要的文学作品。

吞浦尔爵士逝世后，斯威夫特回到了爱尔兰，担任都柏林附近拉腊柯尔地区的牧师。他为了教会事务时常到伦敦去。1710—1713年间斯威夫特在伦敦住了两年半。他在伦敦期间卷入了党派的斗争，很受托利党首领的器重。1710年托利党人上台执政后，他担任了该党《考察报》主编。托利党人为大土地所有者，战争不能给他们带来好处，因此他们为了迎合英国人民厌恶战争的心理，猛烈攻击辉格党人的好战政策。斯威夫特写了许多揭露辉格党人的贪婪和反对战争的小册子，其中最有名的一篇是《同盟国和前任内阁在发动和进行这次战争的行为》。辉格党人在18世纪初叶执掌内阁政权，推行反人民的战争政策。英国和荷兰、瑞典同盟对法国进行长期的战争——西班牙王位继承战争。战争给人民带来沉重负担，却给资产阶级带来了巨额利润。斯威夫特的小册子唤起英国人民反对战争、坚决要求统治集团和法国缔结和约的愿望，对反对战争的英国舆论起到了重要的作用。斯威夫特当时所写的政论虽然是为托利党人服务的，但他反对几个殖民主义国家统治阶级争夺权益的战争，却是符合全体人民的利益的。他这一段政治经验使他对英国统治集团的贪污腐化和资产阶级的丑恶有了进一步的认识。

1714年斯威夫特回到爱尔兰，对爱尔兰人民的苦难有了进一步的了解，于是积极号召爱尔兰人民为自由独立而斗争。1720年他发表了《普遍使用爱尔兰的工业产品的建议》，主张爱尔兰人民发展自己的工业，拒绝使用英国货，以抵制英国殖民者的残酷剥削。1723年英王的情妇肯德尔公爵夫人获得了在爱尔兰铸造半便士铜币的特许状，接着又把它卖给了英国商人威廉·伍德，赚了一万英镑。伍德只要用价值六万英镑的铜就可以铸造价值十万零八百英镑的半便士铜币，可获暴利四万英镑。这对于贫困的爱尔兰人民是严重的掠夺。斯威夫特就化名垂皮尔发表了几封公开信。他号召爱尔兰人民坚持斗争，一致拒绝使用半便士铜币。为什么伍德敢于以暴利剥削爱尔兰人民呢？他说那仅仅是因为伍德是一个英国人。英国当局在爱尔兰人民的群起抵抗的压力下，被迫减少发行额四万英镑来缓和局势，并派出一位大臣到爱尔兰来镇压。凶狠的英国统治者不肯轻易让步，据说反动的英国首相涅皮坡尔曾经发誓要把半便士铜币塞入爱尔兰人民的咽喉。斯威夫特对爱尔兰人民说："你们要知道根据上帝的、自然的、各国的和你们本国的法律，你们是也应该是和你们的英国弟兄一样的自由人民。"爱尔兰人民在斯威夫特的领导和鼓舞下终于取得了胜利，英国当局被迫收回成命。但是《垂皮尔书简》却具有更为深远的意义，它发出了爱尔兰人民争取自由独立、摆脱英国殖民统治的最强音。斯威夫特在这一事件后受到广大人民群众的热烈爱戴，成为爱尔兰人民的英雄。1726年他最后一次访问英国归来，都柏林人民为他鸣钟举火，并组织仪仗队把他送回寓所。

斯威夫特在晚期的作品中，斥责了英国统治集团的腐朽政治，并在一定程度上揭露了资产阶级唯利是图的剥削本质。就在这个时期，斯威夫特完成了他的不朽的讽刺杰作《格列佛游记》。此后他还写了许多满怀忧愤的讽刺作品。最著名的一个小册子叫《一个使爱尔兰的穷孩子不致成为他们父母的负担的平凡的建议》。斯威夫特用反语法提出了一个"公平、全家而可行"的建议，指出爱尔兰人民已经贫困到什么地步，对残酷剥削爱尔兰人民的英国统治者提出了有力的控诉。

《格列佛游记》是一本以里梅尔·格列佛船长的语气描述他游历四国经历的游记体讽刺小说。

在《格列佛游记》第一卷所描绘的小人国的情景其实指的便是大英帝国，反映当时的英国国内托利党和辉格党常年不息的斗争和对外的战争，突出政客们在一些国计民生毫不相干的小节上钩心斗角的实质；第二卷则是描写了大人国国王对船长里梅尔·格列佛引以为荣的英国选举制度、议会制度以及种种政教措施进行的尖锐的抨击，从而凸显自己对当时英国各种制度及政教措施的怀疑和否定；第三卷将讽刺的锋芒指向了当时的英国哲学家、科学家、发明家、评论家和史学家等；第四卷利用船长里梅尔·格列佛回答的一连串的问题来揭露战争的实质、法律的虚伪和不择手段以获得公爵地位的可耻行为等。

乔纳森·斯威夫特是英国处在启蒙主义时期的作家。他的作品对英国的资本主义进行了猛烈的抨击，而不像绝大多数的英国启蒙主义作家一样反对封建主义和讴歌资本主义。斯威夫特创作的是现实主义的作品，而不是英国文学界长期以来所崇尚的古典主义文学。在他的作品当中反映的是普通人民生活的艰辛与困苦，这也是他的作品具有极高文学价值的原因。

布 封

| 18世纪法国博物学家、作家

布封（1707年—1788年），也译作"布丰"。生于法国孟巴尔城的一个律师家庭，原名乔治·路易·勒克来克，因为继承关系而改姓德·布封。布封从小接受教会教育，爱好自然科学，特别是数学，1728年大学法律本科毕业后，又学了两年医学。1730年，布封结识了一位年轻的英国公爵，一起游历法国南方、瑞士和意大利。他在这位公爵的家庭教师、德国学者辛克曼的影响下，刻苦研究博物学。1733年，布封进入法国科学院任助理研究员，发表过有关森林学的报告，还翻译了英国学者的植物学论著和牛顿的《微积分术》。1739年，布封当上了副研究员，并被任命为皇家御花园和御书房总管，直到逝世。

布封任总管后，除了扩建御花园外，还建立了"法国御花园及博物研究室通讯员"组织，吸引了国内外许多著名专家、学者和旅行家，收集了大量的动物、植物、矿物样品和标本。布封利用这种优越的条件，从事博物学研究，埋头著述。1749年，《自然史》的前三册一出版就轰动了欧洲学术界。由于它用唯物主义的观点解释了世界的起源,被"神学堡垒"巴黎大学神学院指控为"离经叛道",要给予"宗教制裁"。布封被迫写信给神学院声明自己"无意'反驳'圣经",并保证将来出版《自然史》第四册时把这封信刊在卷首。后来他在《自然史》中,为了躲避神学家的耳目,经常抬出上帝的名字,但又悄悄地对人说"只要把这名字换掉,摆上自然力就成了",实际上仍旧坚持他的唯物主义立场。《自然史》各册的陆续出版,给布封带来更大的声誉。1753年,他当选为法兰西学院院士。1777年,法国政府在御花园里给他建立了一座铜像,底座上用拉丁文写着:"献给和大自然一样伟大的天才。"这是布封生前获得的最高荣誉。

《自然史》是一部博物志,包括地球史、人类史、动物史、鸟类史和矿物史等几大部分,综合了无数的事实材料,对自然界做了精确、详细、科学的描述和解释,提出了许多有价值的创见。达尔文在《物种起源·导言》中称他是"以现代科学眼光对待这个问题的第一人"。

作为科学家,布封颇受诋毁;作为文学家,他却受到普遍的颂扬。他写的《自然史》,笔锋富于感情,其中《自然的分期》是一部史诗,他描写狮、虎、豹、狼、狗、狐狸的猎食,海狸的筑堤时,用形象的语言作拟人的描写,生动活泼,直到今天仍为人们所喜爱。布封在法兰西学院入院仪式上的讲演《风格论》中提出,一个作家必须将自己的思想载入不朽的文字,才能不为他人所掠夺,而垂于久远。思想是公物,而文笔(风格)则属于作家自己,科学在不断进步,科学论点肯定要被新的研究成果超过,而文章风格却是后人无法代替的。

法语中一般说的"文如其人"或"文即其人",就是从布封的名言"风格是属于个人的"引申而来的。《法国文学史》对布封的评价是"以卷帙浩繁的《自然史》而闻名"。资产阶级文学史家根据气质、性格等次要原因,把布封视为"与启蒙运动作家截然不同""游离于18世纪之外"的作家。但从布封所宣传的唯物宇宙观、重思想内容的文艺思想以及属于人文主义传统的社会政治理想来说，他与18世纪的启蒙运动是完全合拍的。他虽然在自然科学方面以他自己的方式进行工作，但他的贡献汇入了启蒙思潮这一时代精神的主流。他的《自然史》，以其基本的唯物主义思想和鸿篇巨制与狄德罗主编的《百科全书》有某些相似，当然，其战斗性远远不能和《百科全书》相比。

布封这样热情洋溢地唱着人的颂歌：凭着他的智慧，许多动物被驯养，被驾驭，被制服，被迫永远服从他；凭着他的劳动，沼泽被疏干，江河得以治理，险滩急流被消灭，森林被开发，荒原被耕作；凭着他的思考，时间被计算出来，空间被测量出来，天体运行轨迹被识破；凭着他由科学产生出来的技术，海洋可横渡，高山可跨越，各地人民之间的距离缩短了，一个个新大陆被发现，千千万万孤立的陆地都置于他的掌握之中；总之，自从有了《自然史》后，大地的全部面目都打上了人力的印记……

大自然之所以能够全面发展，之所以能逐步达到我们在现代所看到的这样完善，这样辉煌的状况，都完全是借助于我们人类的双手。这种热烈的赞颂，反映了当时新兴资产阶级积极进取的精神面貌。《自然史》具有文学价值和较高的艺术性的是对动物的描绘。布封不是用完全客观主义的态度去介绍这些动物，而是带着亲切的感情，用形象的语言替它们画像，因而描写生动具体、饶有兴味。

在他笔下，小松鼠驯良可爱，大象温和憨厚，鸽子夫妇相亲相爱。布封还往往把动物拟人化并予以赞扬，赋予它们以某种人格——马像英勇忠烈的战士，狗是忠心耿耿的义仆；啄木鸟像苦工一样辛勤劳动，得到作者的同情；海狸和平共处、从不争斗，引起他的向往；他把狼比喻为凶残而又怯懦、"浑身一无是处"的暴君，他把天鹅描绘为和平的、开明的君主。布封通过资产阶级人性论的眼光，将动物拟人化，反映了他的社会政治观点，表现了他对封建专制主义政治的不满，寄托了他对"开明君主"的期许的历史唯心主义理想。他的动物肖像具有寓言的含义，而又渗透了资产阶级的立场和观点。

歌 德

| 德国著名思想家、作家、科学家,魏玛古典主义最著名的代表。

约翰·沃尔夫冈·冯·歌德(1749年—1832年),德国著名思想家、作家、科学家,魏玛古典主义最著名的代表。作为诗歌、戏剧和散文作品作者,他是最伟大的德国作家之一,也是世界文学领域一个出类拔萃的光辉人物。

歌德,出身于法兰克福一个富裕市民家庭,1765年进入莱比锡大学学习法律;1770年进入斯特拉斯堡大学继续学习法律,次年获得法学博士学位;1771年在法兰克福任律师。1773年他写了一部戏剧《铁手骑士葛兹·冯·伯利欣根》,从此蜚声德国文坛。1774年发表了书信体小说《少年维特的烦恼》,更使他名声大噪。接下来创作了长诗《普罗米修斯》,诗剧《浮士德》的初稿等。这些作品表现作者对封建社会的不满和反抗。从1775年开始,歌德热衷地质学、矿物学、人体解剖学、植物学的研究,撰写多部关于自然科学的著作。1776年开始为魏玛公国服务。从1794年起,歌德同席勒交往并密切合作,促进了德国古典文学的繁荣。两人合写《赠辞》,讥笑了当时文坛的市侩作风,随后竞相创作叙事谣曲,写出了《掘宝者》《神和舞妓》

等一批优美歌谣。

歌德晚年过着隐居生活,孜孜不倦地进行创作。历时数十年他终于完成了两部名著:《浮士德》和《威廉·迈斯特》。

在歌德的心目中,父亲是严厉的。歌德的母亲则用不同于父亲的温柔体贴的母爱安抚、保护、激励着歌德,促使他愉快地、始终如一地对学习怀有浓厚的兴趣,并竭力培养他对文学的正确理解能力。

歌德小时候,母亲常常把他放在自己的膝头,给他讲述各种各样有趣的故事。母亲的语言表达能力很强,词也十分丰富,歌德常常听得如痴如醉。也许正是继承了母亲的这种才能,歌德在自己的朋友中间,总是以知晓各种妙趣横生的笑话而出名。歌德成年以后,母亲仍是他共同探讨创作的伙伴。同时,母亲还起着激发他创作热情的作用。对于儿子的作品,母亲是凡作必读,并总能给予恰如其分的评论。歌德深有感触地说:"从父亲那里,我得到了一副强壮的体魄和做一个正直人的人生观,从母亲那儿,则继承了她乐观的性格和语言表达能力。"

歌德从赫尔德那儿得到的教诲是深刻的。正是这位赫尔德,给他揭示了诗歌领域一个新的世界——民歌。赫尔德曾广泛收集、发掘民间文学宝库,并于1778—1779年出版了《各民族人民的声音》一书。受赫尔德的影响和鼓励,歌德也开始在斯特拉斯堡周围一带进行民歌收集。同民歌的接触,使歌德这一时期诗歌创作发生了根本性的变化,特别是这一时期的抒情诗的创作为他日后成为一个伟大的德国诗人奠定了坚实的基础。其中最为突出的便是《赛森海姆之歌》。

在诗中,他打破惯例,向读者直抒胸臆;他用的是阶梯式结构:在赞美了春天、生机勃勃繁花似锦的大自然之后,诗人祈求爱情,作为至高无上的法则,它证明了大自然的"自强不息"。他针对德国市民的恋爱和婚姻生活由经济基础决定的准则,发出了爱情至上的呼声,宣布相爱者在道德上是平等的,同时指出了这种恋爱关系的社会意义。这种把颂诗的结构和民歌的形式融合成一种新的抒情诗体的情况,在德国诗歌中还从未有过。

早在莱比锡求学期间,歌德就接触到了莎士比亚的作品。他最早接触的是《莎翁选粹》,后来一直认为这是他生平最快乐的时期。莎士比亚的剧作,使歌德的精神视野大为开阔,他感到有一个重大的题材要写,而且这题材又不能在狭隘的舞台上以及只适合于一出简单戏剧的短暂时间中演出。

在阅读了出版于1731年的《葛兹自传》之后,他在这个骑士身上找到了自己的理想人物形象。他决定将有关材料重新作历史性的处理,同时又欲充分发挥个人的艺术想象力,从而使戏剧在形式上能够超越舞台的限制,且力求使情节生动鲜活起来。

《葛兹自传》完成后,歌德找到好友默尔克,让他看了看稿子。默尔克很赞赏,给予了较高的评价。年底,歌德又把它寄给了赫尔德,后者给他提出了一些较苛刻的意见。于是,歌德又对剧作进行了"修改",其实基本上是重写一遍,改写本于1733年完成。改写本《葛兹自传》更为深刻地揭示出了剧中主要人物的内心冲突,着重刻画了骑士葛兹的自救者形象,而不是像初稿那样着重描写被压迫农民自发的强大斗争。这部作品一面世,立即轰动了德国,成为文坛上的一件大事,并引起广泛而巨大的反响。评论家魏兰特撰文说它是一个"美丽的怪物",进而指出:"要是我们有更多这样的怪物就好了。"

1774年2月初到3月初的四个星期之内,歌德一气呵成完成了《少年维特的烦恼》这部书信体小说。《少年维特的烦恼》充满着一个处在德国"狂飙突进"时代的青年人的爱和恨、对美好生活的向往和对腐朽社会的控诉。书中的维特是一个能诗善画、纯洁多情、热爱自然的青年。他来到了一个僻静的乡村,完全沉浸于大自然的生命中,就像一只蝴蝶,在香海里遨游。与小孩儿和平民的接触,更使他和悦天真。他在一次舞会上认识了一位年轻活泼的姑娘绿蒂,对她一见倾心。可是绿蒂已经订了婚,不能把爱情献给维特。7月,绿蒂的未婚夫回来了,维特终于从甜梦中惊醒,他想就此离开;于是,维特自己哄自己,徘徊流连不忍离去。但是,他以前纯真的天趣,已不复存在了;心胸里开始矛盾了,情感与理智开始冲突了。他认识到自己矛盾的现状,却没有力量超脱,他已经想到了自杀……

作者在这里描绘了一个叛逆者挣脱时代一切束缚的必然的生活感情。进步的知识分子由此受到了鼓舞,因为书中描写的主人公就是他们中间的一员。《少年维特的烦恼》出版后,歌德成为为全世界称赞的文学家。

众所周知,歌德是一位伟大的诗人、小说家、戏剧家和杰出的思想家;但是却很少有人知道,他还是一个科学研究者,而且涉猎的学科广泛:他从事研究的有动植物形态学、解剖学、颜色学、光学、矿物学、地质学等,并在个别领域里取得了令人称道的成就,如他在1784年发现了人的颚间骨。虽然法国科学家魏克·达苏在此之前四年就已经发现了,但歌德是在自己不知情的情况下独立完成的。歌德还是一个政务活动家,做过魏玛公国的大臣,推行过一些进步政策。

然而更少有人知道,歌德还是一位画家,更准确地说,是一位有相当造诣的风景画家。歌德的天性极其活跃,他的求知欲非常旺盛;他把他的精神触觉伸向人类知识的各个领域,他要占有映照人类内心世界和观察、认识外部世界的所有手段。他的智慧、勤奋,他那深邃的目光、敏锐的感官,以及他长达82个春秋的高寿,使他在不同领域里——首先是在文学创作上——都做出了巨大的贡献。在绘画艺术上他无比的执着,从童年直到老年,始终怀着浓烈的兴趣,并几乎一直热情地进行实践,画作达2700幅。这其中绝大多数是风景画,也包括他进行科学研究时所绘的画下图以及他对人体进行的临摹等。

歌德与文学艺术大师们的交往也令人击节。1794年7月下旬的一天,歌德和席勒做了一次坦率的交谈,气氛友好、活跃,消除了双方的一些误会和心理障碍,相互间有了一股吸引的力量。歌德开始承认:"席勒的吸引力是巨大的,他把靠近他的一切人都把握得紧紧的。"一周以后,两位诗人再次在耶拿晤面交谈。这次谈的不再是自然科学,而是文学艺术——两人各就自己的创作、理论以及对德国文学现状的看法等交换了意见,他们的见解竟然很一致,这使席勒大为惊讶。

在这次畅谈之后,席勒写了一封信给歌德,在这封信中以犀利的眼光精辟地分析了歌德的精神历程,而当时还没有任何一个人像他那样深刻而准确地对歌德做出评价。在信中,他也谈到自己的弱点。最后,席勒阐述了双方观点上可能一致的地方,并指出了歌德为他主持的新杂志撰稿的可能性。歌德在复信中说:"在这一周里有我的生日,而对于我的生日来说,没有任何礼物能比您的来信使我更感快慰的了。"紧接着,他也表达了今后两人合作的愿望:"我们双方彼此清楚了我们目前达到的地方,这样我们就更能不间断地共同合作。"

此后,歌德盛情邀请席勒来魏玛家中做客,共同拟订了一个旨在繁荣民族文化的合作计划。于是,两位诗人硕果累累的合作时代开始了,这一合作为歌德带来了"一个新的春天",更为德国文学带来了一波新的繁荣。

德国的天才音乐家路德维希·凡·贝多芬比歌德小21岁,青年时代他就曾读过歌德的《葛兹自传》和《少年维特的烦恼》,歌德的抒情诗更是一再激起他的创作欲望,1810年,贝多芬为歌德的《埃格蒙特》谱写了乐曲。

1811年4月12日,贝多芬给歌德写了一封信。信中倾诉了对诗人的景仰之情,并希望听取对《埃格蒙特》配乐的意见。6

月 25 日，歌德回了一封信，表示希望能在魏玛上演这部由贝多芬谱曲的悲剧，并相信它会给自己和贝多芬的崇拜者带来更多欢愉。

1812 年夏天，贝多芬和歌德双双来到卡尔巴特的特普利策。歌德到达时，贝多芬已到了一周了，但他并不知道歌德来了。歌德便主动去看贝多芬，于是两位伟人见面了。当晚，歌德写信给他妻子说："在我见过的艺术家当中，没有谁比他更专注、更有毅力和更诚挚可亲的了。"

老年的歌德尊重贝多芬的为人和才华，但是对贝多芬愤世嫉俗的革命精神却理解不了。对贝多芬来说，歌德却使他感到有些失望。这位诗人只是一个极留意礼节的社交家，温文尔雅，从不肯尽情倾吐。贝多芬期望的对美的批评、理性的批评，歌德却一句也没有。他觉得这次见到的歌德，与他想象中的《少年维特的烦恼》《葛兹》的作者相距甚远。

从 1813 年 10 月始，歌德把兴趣集中到了遥远的中国。他先后在图书馆借阅了十多部有关中国的书籍，其中包括中国游记和中国哲学方面的著作。他通过英法文译本读了一些中国小说和诗歌，如《好逑传》《玉娇梨》《花笺记》《今古奇观》等。他一直想把《好逑传》写成一部长诗；读过《赵氏孤儿》之后，歌德受到启发，他又计划写一部戏剧。1827—1829 年，他写了 14 首题名为《中德四季晨昏杂咏》的抒情诗，抒发了他对中国这一东方古国的憧憬。

通过接触中国的文学作品，歌德从中看到人类共同的东西。他在同助手爱克曼的谈话中阐述了他对中国的理解："中国人在思想、行为和情感方面，几乎和我们一样；只是在他们那里，一切都比我们这里更明朗，更纯洁，更合乎道德……"他从中国文学谈到德国文学与法国文学，进而提出了"世界文学"这一全新概念。他说："我愈来愈深信，诗是人类的共同财产。世界文学的时代已快来临了。现在，每个人都应该出力使它早日来临。"值得一提的是，20年后，马克思和恩格斯的《共产党宣言》也以另一思路提出了"世界文学"这一概念。

歌德是德国民族文学最杰出的代表，他的创作把德国文学提升到全欧洲的先进水平，并对欧洲文学的发展做出了巨大贡献。

普希金

| 俄国极负盛名的文学家，为俄罗斯文学大厦构建奠定了深厚基石的人

亚历山大·谢尔盖耶维奇·普希金（1799年—1837年），俄罗斯著名诗人、小说家，现代俄国文学的创始人、19世纪俄罗斯浪漫主义文学主要代表人物，同时也是现实主义文学的奠基人、现代标准俄语的创始人。他在俄国文学土壤中播下的种子福荫整个俄国文坛，滋养与激励了俄国文学的创作，被盛誉为"俄罗斯文学之父""俄罗斯诗歌的太阳""青铜骑士"。

1799年6月6日，普希金出生在莫斯科一个古老的贵族家庭。他的双亲赋闲，伯父是一位著名诗人，父母也爱好文学，家里沙龙经常高朋满座。在家庭教师的照料下，普希金自幼熟读古典著作，接受了正统而严格的贵族教育，8岁时便显露出独特的文学天赋，已经可以用法语写诗。他的农奴出身的保姆常常给他讲述俄罗斯民间故事和传说，使得他从小就领略了俄罗斯语言的丰富性，并对民间创作产生了浓厚的兴趣。

1811年，普希金进入贵族子弟学校皇村学校学习，年仅12岁就开始了文学创作生涯。之后，在中学考试中他朗诵了自己创

作的《皇村怀古》，表现出了卓越的诗歌创作才能，特别是他的诗作、韵文以优美和精巧得到了广泛的赞赏。

在早期的诗作中，普希金常常效仿浪漫派诗人巴丘什科夫和茹科夫斯基，学习17世纪至18世纪法国诗人安德烈·谢尼埃的风格，并在不断的创作与学习中进步。他逐步摸索出自己独特的创作风格，并且不断在文学的道路上跋涉，试图追寻更广阔的视野以便更加丰富自己的创作。而在皇村中学学习期间，校内悄悄蔓延的法国启蒙思想熏陶了他。他结交了一些反对专制与蛮横的十二月党人的禁卫军军官，他们后来成长为进步人士。由此，反对沙皇专制、追求自由思想的种子在他的心里不可抑制地生根发芽。

1817年，他从皇村学校毕业，在外交部任职，同时积极参加文学和社交活动。由于被十二月党人及其民主自由思想深深地感染，他义无反顾地投入到敢于发声的、与十二月党人秘密组织有联系的文学团体"绿灯社"中去。这一年，他创作了反专制、歌颂自由的政治抒情诗《自由颂》。

普希金在诗中运用了生动的民间语言，全诗从内容到形式都不同于古典主义诗歌，向贵族传统文学提出挑战。他明朗清新的抒情风格、自由乐观的进步精神充分显现，而那些"自由诗歌"在文坛上的影响与日俱增，沙皇当局对此极为恐慌。沙皇亚历山大一世说："普希金弄得俄国到处都是煽动性的诗歌，所有青年都争相传诵，应该把他流放到西伯利亚去。"

果然在1820年春，普希金被判处流放西伯利亚，只是由于茹科夫斯基等著名诗人的奔走，才以调任名义被变相流放南方。然而在此期间，他并没有颓丧懊悔或者惶惶不安，而是更加频繁地与十二月党人交往，甚至参加了一些十二月党人的秘密会议。

到了任上，他的长官温厚谦和，派他去考察民情。年轻的少年总是喷涌起不可磨灭的创造力，在会晤过十二月党人的领袖以后，他写出了杀死暴君的诗篇《短剑》（1821年），这首诗在十二月党人中广为流传，成为革命的号角。同时，他领略了南方绮丽的风光：雄伟的山脉，浩瀚的海洋，峻峭的海岸，广阔的草原，无一不给他灵感，使他写出了一组叙事诗《高加索的俘虏》《强盗兄弟》等，这些作品充满了积极的、叛逆的浪漫主义色彩。从此，他的创作倾向更为明确了，自由而生动的描写加上诚挚的感情抒发，使他的作品更加引人入胜。

1826年，十二月党人起义失败后不久，新继任的沙皇想要收买人心而召回普希金，普希金却不为所动，坚定不移地表示："我会站在叛乱者的行列里。"1827年，他写出了《阿里昂》一诗："舵手死了，水手们也都死了，只剩下我一个隐秘的歌者，被暴风雨掷到了海岸，我依旧唱着昔日的颂歌。"表达出与十二月党人共命运的决心。

1828年，他在与专制的抗争和对自由的讴歌中，迎来了自己生命中最美好的爱情。诗人在舞会上偶遇了一生挚爱的娜塔丽娅·尼古拉耶夫娜·冈察洛娃，诗人一见钟情，立刻向她求婚，次年被接受随即订婚。

在此期间，由于他仍旧毫不吝惜地挥洒自己的创作才华，高举自由的大旗，1830年金秋，他被再次流放到他父亲的领地，过了两年幽禁生活。在这里他钻研俄国历史，收集民歌故事和童话，大大丰富了创作内容和民族特色。这是他一生创作的丰收时期，在文学史上被称为"波尔金诺的秋天"。他完成了自1823年开始动笔的诗体小说《叶甫盖尼·奥涅金》，塑造了俄罗斯文学中第一个"多余人"的形象，这成了他最重要的作品。《驿站长》更是开创了俄国文学"小人物"题材的先河。

1836年他创办了文学杂志《现代人》。该刊物后来由别林斯基、涅克拉索夫、车尔尼雪夫斯基、杜勃罗留波夫等任编辑，《现代人》一直办到19世纪60年代，不仅培养了一大批优秀的作家，而且成为俄罗斯进步人士的喉舌。

然而好景不长，由于普希金的进步思想威胁着沙皇的统治，引起彼得堡统治集团的不满，他们终于使用了阴谋手段。在沙皇的支持下，丹特士男爵开始疯狂追求娜塔丽娅，一时间，娜塔丽娅与丹特士之间的流言在当时俄国上层社会流传开来，统治集团借机挑起两人的决斗。为了自己的妻子，也为了自己的荣誉，普希金最终选择了决斗。

1837年1月，普希金瞒着妻子去决斗。他在一家甜食店里喝完了他一生中最后一杯咖啡，然后在朋友丹扎斯的陪同下，走出店门，乘上雪橇来到小黑河畔。这一天，天空布满了阴霾，在凛冽的寒风中，死一般的静穆下，一声清脆的枪声响起。

曾经胜过一次次决斗的普希金这次没有那么幸运，他在决斗中身负重伤，被抬回家时还对妻子说："我多么幸福啊，我还活着，你就在我身边。你放心吧，你没有过错，一切都会好的。"然而天妒英才，两天后，"俄罗斯诗歌的太阳"陨落，年仅38岁。

普希金是俄罗斯近代文学的奠基者和俄罗斯文学语言的创建者。果戈理曾说："他像一部辞书一样，包含着我们语言的全部宝藏、力量和灵活性……在他身上，俄罗斯的大自然、俄罗斯的灵魂、俄罗斯的语言、俄罗斯的性格反映得那样纯洁，那样美，就像在凸出的光学玻璃上反映出来的风景一样。"普希金的诗歌代表了一个民族的骄傲，具有鲜明的艺术特色；在艺术上，他"第一个将俄罗斯的美的艺术形象给予我们"。普希金的诗歌没有华丽的辞藻，只是充满了单纯的内在美。普希金善于在生活中的每一个角落捕捉到诗意，并且用异常简洁的语言表现出来。普希金还善于抓住事物的特征，像浮雕一样表现人物栩栩如生的形象。在他的笔下，山川、河流、花朵、树木和人物都显得诗意葱茏，令人神往，使人陶醉。他所描绘的一幅幅画面是清新而迷人的，这种独创的意境使读者得到了美的感受，读过余味无穷。

普希金一生写了 800 多首抒情诗，其中《致大海》（1824年）、《致凯恩》（1825年）、《冬天的黄昏》（1825年）、《我曾经爱过你》（1829年）、《假如生活欺骗了你》等都是俄国古典诗中的珍品。《鲁斯兰与柳德米拉》《巴奇萨拉的喷泉》《致大海》《渔夫和金鱼的故事》《迟开的花朵更可爱》《十月十九日》《枉然的馈赠》《你和您》《当我以臂脯》《当我紧紧拥抱着》《哀歌》《茨冈》《为了遥远的祖国的海岸》《歌者》《够了，够了，我亲爱的》《我的朋友，时不我待》《假如生活欺骗了你》《致西伯利亚的囚徒》《我的名字》《青铜骑士》《我羡慕你，大海勇敢的船夫》《自由颂》《致恰达耶夫》等都是他的优秀诗作。除此之外，诗体长篇小说《叶甫盖尼·奥涅金》和现实主义历史剧《鲍利斯·戈都诺夫》（1825年）也都是普希金为人称道的力作。

普希金作品崇高的思想性和完美的艺术性使他具有世界性的重大影响，他的作品被译成多国文字。普希金在他的作品中表现了对自由、对生活的热爱，对光明必能战胜黑暗、理智必能战胜偏见的坚定信仰，他"用语言把人们的心灵燃亮"的崇高使命感和伟大抱负深深感动着一代又一代的人。他的作品激发了不少俄罗斯音乐家的创作激情和灵感。以普希金诗篇作脚本的歌剧有《叶甫盖尼·奥涅金》《鲍利斯·戈都诺夫》《黑桃皇后》《鲁斯兰与柳德米拉》《茨冈》等，普希金的抒情诗被谱上曲，成了脍炙人口的艺术歌曲；还有的作品被改编成芭蕾舞剧，成为舞台上不朽的经典。

巴尔扎克

| 法国现实主义文学大师

巴尔扎克（1799年—1850年），出身于法国中部古城图尔的一个中产者家庭。因为这一天正是圣奥诺雷节，因此家人为他取名为奥诺雷·德巴尔扎克。巴尔扎克虽然是长子，父母却并不喜欢他，因此他很少得到家庭的温暖，出生不久便被送到图尔近郊，由一个宪兵的妻子抚养，几乎被家人遗忘。8岁时，他被送到一所教会学校寄读。教会学校的学习制度古板而严肃，教师冷漠而残酷。家庭温暖的缺失，学校的冷漠，让巴尔扎克爱上书籍，在书籍中寻找乐趣。他说："只有读书才能维持我的头脑活着。"离开教会学校之后，巴尔扎克中学就读于黎毕德拉学校，大学就读于巴黎法律专科学校。

大学毕业后，本该成为一名律师的巴尔扎克不顾家人的反对，毅然地走上了文学创作的道路。家人对此冷嘲热讽，父亲更是刻薄地训斥："你是个十足的笨蛋！伟大的诗人8岁就能写诗，你16岁时连作文还写不好！要当作家，你就滚吧！"但巴尔扎克执意坚持，父亲只好妥协，但和巴尔扎克约定，给他两年的时间，两年后如不成功他就要去当律师，否则就停止对他的经济支持。

经过几个月的努力，巴尔扎克写出了第一部作品——五幕诗体悲剧《克伦威尔》。他在家里举行朗诵会，结果听的人都睡着了。两年的试验期很快过去了，巴尔扎克没有写出像样的作品，但他仍然坚持，恼羞成怒的父亲断绝了他的经济来源。失去了家庭经济支持的巴尔扎克，立即陷入贫困的境地，不得不卖文求生，发表了许多"日常消费"的浪漫小说，但依然没改变他的困境。1825年他又异想天开，与一位出版商合作，出版古典作品，谋求利益，结果欠债达万余法郎。为了还债，巴尔扎克相继经营印刷厂、铸字厂，结果是债台高筑。负债累累的巴尔扎克为了躲债，经常在贫民区生活，看着那里的人做买卖、争吵，为生存而奔忙，巴尔扎克觉得他此时才真正体验了生活。这些经历为他的创作积累了丰富的素材。

在巴尔扎克负债累累期间，还发生一桩趣事。有一天晚上，巴尔扎克醒来，发觉有个小偷正在翻他的抽屉，他不禁哈哈大笑。小偷问道："你笑什么？"巴尔扎克说："真好笑，我在白天翻了好久，连一毛钱也找不到，你在黑夜里还能找到什么呢？"小偷自讨没趣，转身就要走。巴尔扎克笑着说："请你顺手把门关好。"小偷说："你家徒四壁，关门干什么啊？"巴尔扎克幽默地说："它不是用来防盗，而是用来挡风的。"

1829年，巴尔扎克终于完成了他的第一篇用现实主义手法写成的长篇小说《朱安党人》。

这篇小说描述了1800年法国布列塔尼在保皇党煽动下，发生了反对共和国政府的暴动。所有的成功都离不开汗水的浇灌。为了写这部小说，巴尔扎克曾细心研究有关暴动的历史文献，亲自去布列塔尼调查山川形势和农民生活，访问暴动的目击者和参加者，还从友人柏尔里公爵夫人那里收集了许多关于朱安党人的掌故。这部取材于现实生活的作品为他带来了巨大声誉，也为法国批判现实主义文学奠定了第一块基石。

从此，巴尔扎克的创作进入了一个全新的时代。此后，1830—1832年，作为文坛新秀，他接连创作了17部中短篇小说，显现出惊人的创作速度与才华。在这一段时间进行创作时，巴尔扎克有时候一个晚上能写两篇短篇小说，三天写一篇中篇小说，两个星期就完成一部长篇小说，而且没有一部粗制滥造。

巴尔扎克的创作在1828—1835年期间逐渐成熟，形成了自己的风格。这一期间，他创作了短篇小说《刽子手》，中篇小说《高布赛克》《夏倍上校》，长篇小说《高老头》《驴皮记》。

短篇小说《刽子手》以法国对西班牙政府的占领为背景，通过描写西班牙人民在这场战争中的无畏和英勇，赞扬西班牙人民反抗侵略、宁死不做亡国奴的英雄主义精神。

长篇小说《高老头》是巴尔扎克的代表作品。主人公高老头是法国大革命时期起家的面粉商人，中年丧妻，他把自己所有的爱都倾注在两个女儿身上。为了让她们能跻身上流社会，高老头从小给她们良好的教育，她们出嫁时每人给了80万法郎的陪嫁。可他的两个女儿生活放荡，挥金如土，他的爱轻而易举被金钱至上的原则战胜了。最后高老头潦倒地死去，没有一个女儿去看他。《高老头》着重揭露批判的是资本主义世界中人与人之间赤裸裸的金钱关系。

巴尔扎克在写《高老头》期间发生过一件非常有趣的事情。巴尔扎克写小说往往全神贯注，完全沉浸在小说的世界，甚至将其当作现实。一次，一个朋友来拜访他，在门外就听见了巴尔扎克悲痛的哭声。朋友进了门，吃惊地问他怎么回事。他答道："高老头刚刚死了。"

1835—1842年是巴尔扎克的批判现实主义时期，代表作有中篇小说《比哀兰德》《卡迪央王妃的秘密》，长篇小说《幻灭》

《古物陈列室》《纽沁根银行家》《查赛·皮罗多盛衰记》，戏剧《伏脱冷》。

《幻灭》主要讲述了两个有才能、有抱负的青年理想破灭的故事。作者将这两个青年的遭遇与整整一代青年的精神状态，与整个社会生活，特别是巴黎生活的影响紧紧联系在一起，使之具有了普遍意义。

1843—1848年属于巴尔扎克创作的晚期，这阶段他的主要作品有短篇小说《经纪人》，中篇小说《外省村人》《奥诺丽娜》，长篇小说《农民》《交际花盛衰记》《贝姨》《邦斯舅舅》。

《农民》是巴尔扎克的现实主义长篇巨著，它的结局具有震撼人心的历史悲剧的深度与力量——深受封建剥削之苦的艾格庄农民，经过艰苦的斗争，撵走了资产阶级代表人物蒙戈奈伯爵之后，发现自己竟更深地陷入封建生产关系的泥淖。艾格庄农民与蒙戈奈是两败俱伤，坐收渔利的却是比蒙戈奈更狡猾凶狠的封建吸血鬼。艾格庄的历史出现了大倒退。这是巴尔扎克谱写的一曲令人痛惜的法国农民的悲歌。

纵观巴尔扎克的作品，大多体现出了这样的风格：他塑造不同阶级、不同阶层、不同职业的人物形象，使作品成为一幅由两千多个人物构成的广阔的社会画面；他极力赞扬他所描写的英雄人物；他的作品往往折射社会现象，针砭时弊。

而这种现实主义风格中永远有一种巴尔扎克式的激情，这种激情使平凡的现实产生出深刻的洞见，使脏污甚至血腥的场面产生崇高的精神感召，这使他的现实主义风格远别于19世纪欧洲现实主义画派崇尚真实的宗旨，而产生类似浪漫主义绘画大师德拉克洛瓦的感人魅力："自由引导人民！"而巴尔扎克作品中的莱加奈斯一家视死如归的高贵气质则透出人类最崇高的呼声："不自由，毋宁死！"巴尔扎克的这种激情是他小说现实主义的灵魂，西方评论界称之为"提高的现实主义"，因为巴尔扎克在他的小说中总是不可避免地将自己的同情、赞美、讽刺和批判融进人物自身的行为方式之中。

巴尔扎克的人物模式受到莎士比亚悲剧，莫里哀喜剧人物以及但丁《神曲·地狱篇》影响，通过人物再现手法来抓住人物典型个性进行描写。

巴尔扎克在法国文学史上的地位十分重要。在他之前，法国小说一直未能完全摆脱故事的格局，题材内容和艺术表现力都有一定局限。巴尔扎克拓展了小说的艺术空间，几乎无限度扩大了文学的题材，让社会的方方面面，包括那些仿佛与文学的诗情画意格格不入的东西都能得以描绘。

他借鉴了其他文学题材的特点，把戏剧、史诗、绘画、造型等多种艺术形式融入小说创作中，在西方文学史上第一次如此巨大的丰富了小说的艺术技巧。批评家泰纳称赞他道："真正使他成为哲学家，而且超乎一切伟大艺术之上的，是把他的所有作品，联合成一部作品，部部作品都是互相连接，同一个人物重复出现，而彼此关联……从来没有艺术家聚积了这么多的光辉于其所要描写的人物，而且从来也没有这样的完美……巴尔扎克之所以真正伟大，就在他握住了现实，而且握住了全体，他的伟大的系统，又把他的绘画有力地统一起来，忠实而且有趣。"

巴尔扎克对现实主义文学最大的贡献在于他对典型人物形象和社会风俗的细致刻画，并表达人物性格在社会环境中的变化和发展。他以"编年史的方式"逐年描绘上升中的资产阶级对贵族社会日甚一日的冲击。他所塑造的人物高老头、葛朗台、高布赛克、拉斯蒂涅、吕西安、贝姨、伏脱冷等几乎已经成为文学史不同类型资产阶级代表人物的样板形象，对此后的现实主义文学产生了深远的影响。这些人物虽然都很典型，却并不像狄更斯所塑造的人物那样僵化，而是每个人物具有鲜明的个性色彩。

雨 果

| 法兰西的莎士比亚

维克多·雨果（1802年—1885年），19世纪前期积极浪漫主义文学的代表作家，人道主义的代表人物，法国文学史上卓越的资产阶级民主作家，雨果被人们称为"法兰西的莎士比亚"。他一生写过多部诗歌、小说、剧本、各种散文和文艺评论及政论文章，在法国及世界有着广泛的影响力。

雨果1802年2月26日出生在法国白桑松一个军官家庭。雨果刚出生时，身体非常虚弱，以至于接生的人认为这孩子是不可能养活的。渐渐长大后，雨果的身体也一直不好。因为身体不好，他什么都做不了，时常愁眉苦脸，一个人坐在角落里，无缘无故地流眼泪。看着多病的雨果，父亲十分担心，时常抽出时间教育和开导雨果。

怎样才能让孩子好起来呢？父亲终于想出了一个办法。一天，父亲提出要带雨果去爬山，想通过锻炼增强他的体质。听说要爬山，原本没精打采的雨果高兴起来。临行前，父亲告诉他要做好吃苦的准备，不许中途放弃，雨果愉快地答应了。

第二天，父亲将雨果带到了郊外的山脚下，他们要爬的这座山并不高，只是路比较难走，坑坑洼洼，杂草丛生。刚刚上路的小雨果充满了好奇，他蹦着跳着，一边走一边玩。但没有一会儿，他便气喘吁吁、上气不接下气地坐在地上了。父亲允许他休息一会儿再出发。他们就这样走走停停，可当雨果又一次提出要休息时，父亲却拒绝了，他告诉雨果这座山并不高，而他们也已经休息了好几次，他应该坚守之前的承诺，继续坚持走下去。

小雨果只得咬着牙站起来，继续深一脚浅一脚地向上攀爬。眼看就要到山顶了，他却一不小心绊倒了，膝盖擦破了皮，开始哭了起来。父亲帮他处理了一下伤口，安慰他不要哭，要像个男子汉一样坚强。

小雨果以膝盖受伤为由向父亲提出不想再爬山要回去的请求。父亲告诉他："我们再走几步就到山顶了，你的伤并不要紧，一定不要半途而废。"在父亲的鼓励下，小雨果终于到达了山顶。当他们坐在山顶的石头上俯瞰远处的景色时，父亲留意到小雨果的神情中流露出一种说不出的喜悦和自豪。于是，父亲借着这个机会告诉他："如果刚才我们中途放弃了，现在就不会看到这么美丽的景色了。做任何事情都一样，如果认准了，就一定不要半途而废。"

从此，父亲经常抽空带小雨果去爬山、游泳、骑马、打猎，小雨果的身体一天天强壮起来。这些有意义的活动，不仅锻炼了他的身体，还磨炼了他的毅力，使他变得健壮且坚强。

这对雨果后来的文学创作产生了重大影响。他总是以惊人的毅力知难而进，逆境逢生，在他不懈的努力和坚持下，终于成为一代文学大师。他笔耕不辍，一生多数时间都在创作，很多优秀的文学作品在他笔下应运而生，这些作品成为人类文化宝库中一份十分辉煌的文化遗产。

中学时代，雨果爱上文学创作，对文学产生了浓厚兴趣，开始写诗。雨果16岁时已经能创作杰出的诗句，21岁时出版诗集，声名鹊起。1845年，法王路易·菲利普授予雨果上议院议员职位，自此雨果专心从政。1848年法国二月革命爆发，法王路易逊位。雨果在这段时间四处奔走鼓吹革命，为人民做出巨大贡献，赢得新共和政体的尊敬，随后晋封伯爵，并当选国民代表及国会议员。三年后，拿破仑三世称帝，雨果对此大加攻击，于是被放逐国外。此后20年间在各处漂泊，直至1870年法国恢复共和政体（法兰西第三共和国），雨果才结束流亡生涯，回到法国。在此期间，雨果完成小说《悲惨世界》。1885年，雨果辞世，人们在潘德拉为他举行国葬。

雨果的早期创作先受消极浪漫主义的影响，在1827年完成了思想上的质变——转向了民主主义，并举起了积极浪漫主义的大旗。

雨果与诗人维尼等人创办《保守文艺双周刊》。由于从小受家庭的影响，雨果最初的作品大多是歌颂保王主义和宗教。他于1822年发表第一本诗集《颂歌集》，获得路易十八的年金赏赐。随后相继出版《新颂歌集》和《颂诗与长歌》，在内容和形式上均有所突破。在此期间，还发表两部中篇小说《冰岛魔王》与《布格·雅尔加》。但随着自由主义日趋高涨，雨果的政治态度发生改变，1823年他与浪漫派文艺青年缪塞、大仲马等人组成"第二文社"，开始明确反对伪古典主义。

1827年，雨果为自己的剧本《克伦威尔》写了长篇序言，即浪漫派文艺宣言。在序言中雨果反对古典主义的艺术观点，提出了浪漫主义的文学主张：坚持不要公式化地而是具体地表现情节。在这一时期雨果善于巧妙地结合现实主义和浪漫主义两种方法。在他浪漫主义巨著中，就有真实的典型人物，有时运用现实主义和浪漫主义两种方法塑造一个人物。他特别宣扬滑稽丑怪与崇高优美的对照原则。这篇序言则成为声讨古典主义的檄文，是浪漫主义运动的重要宣言，是浪漫主义文艺理论的经典，在法国文学批评史上占有重要地位。《〈克伦威尔〉序言》同时作为雨果的创作进入第二时期的标志，他在这篇序言中正式与消极浪漫主义决裂。

1830年七月革命前后，封建复辟王朝被推翻。雨果热情赞扬革命，歌颂那些革命者，写诗哀悼那些在巷战中牺牲的英雄。七月革命后，雨果也在政治上进一步走上左翼的道路。1831年，雨果的长篇小说《巴黎圣母院》问世，这部小说是雨果最富浪漫主义的小说。小说通过描写善良的吉卜赛少女爱斯梅拉达在中世纪封建专制下受到摧残和迫害的悲剧，反映了专制社会的黑暗，反动教会的猖獗和司法制度的残酷，突出了反封建的主题。雨果的民主主义思想逐渐增长。这种思想还具有不彻底性。30年代后期，雨果的思想和创作开始发生危机，直到1848年二月革命，危机才结束。

雨果的第三个创作时期，现实主义更加明显，也是创作者的批判性达到最高峰的时期。

在这一时期，雨果被迫流亡国外达19年之久。流亡期间，雨果从未停止过文学创作，不断创作文学作品与拿破仑的独裁政权进行斗争。他出版了一本辛辣嘲笑拿破仑三世的政治小册子——《小拿破仑》，同时还撰写了揭露政变过程的小册子《罪恶史》，用政治讽刺诗集《惩罚集》来鼓舞爱国志士的斗志。1856年，雨果出版了诗集《静观集》，该诗集概括了雨果在1830—1855年间的所思所想所感。

雨果的最后一个时期，创作仍然是以爱国主义和人道主义为主导思想，一方面，作品在革命事业中起了一定作用，另一方面，消极性更为明显了。

1862年，雨果的长篇小说《悲惨世界》问世，书中揭露了资本主义社会的尖锐矛盾和贫富悬殊，描写了下层人民的痛苦命运,提出了当时社会的三个迫切问题:贫穷使男子潦倒,饥饿使妇女堕落,黑暗使儿童羸弱。猛烈抨击了资产阶级法律的虚伪。小说受到全世界人民的欢迎。雨果的作品篇幅很长,有的是离题、重复、无用的发挥,例如《悲惨世界》预计写六卷,最终却写了十卷。全面兼顾也是他的特点。语言方面,形容语往往出人意料。

从体裁来看,雨果的创作可分为四个方面。

诗作方面——有着瑰丽的色彩,充满天马行空的想象力,以及绝妙的音乐性,多方面的文字与巧妙的用韵法,达到优雅、精美、雄伟、朴实的非常境界。

小说方面——多半写社会小说描写人生百态为主,融合现实主义与浪漫主义,情节生动、结构离奇、感情澎湃、气势磅礴,脍炙人口。

剧作方面——打破希腊悲剧的三一律,开创了悲喜交杂的浪漫剧。运用丰富的想象、强烈的情绪、无边的气魄、美丽的诗词,营造一种强烈而矛盾的戏剧效果。

画作方面——作品包括名著插画、人物画、风景画。描绘作品中的情节,展现内心的思绪,而以水墨画西方山水。在他19年流亡期间,形成了雨果绘画的主题。

雨果在艺术手法上最为突出的一个特点是:描写经过夸张的、非凡的人物和非凡的情节。他的主人公或者是做出了极其英雄的行为,或者是做出了极其残暴、卑劣的行为。他们的性格特点都经过夸张,情节也是非凡的。雨果善于铺陈情节，经常是矛盾一个紧接一个而来，他充分运用巧合、偶遇等手法，使故事曲折有致，引人入胜。雨果的创作是他关于对比的美学见解的实践。他喜欢显著的对比。作品的环境描写就离不开这个原则。他善于描写巨大的场景和巨大的事件，例如滑铁卢战役等。同时作者喜欢在作品中站出来书写自己的主观感受，他充满激情地表现自己的爱和憎，从而引发读者共鸣。

安徒生

| 世界儿童文学的太阳

汉斯·克里斯汀·安徒生（1805年—1875年），出身于丹麦菲英岛欧登塞的一个贫苦鞋匠家庭，早年在慈善学校读过书，当过学徒工。受父亲和民间口头文学影响，安徒生自幼酷爱文学，少年时代就对舞台产生兴趣，幻想当一名歌唱家、演员或剧作家。11岁时父亲病逝，母亲改嫁。

1819年，14岁的安徒生只身来到首都哥本哈根，在哥本哈根皇家剧院当了一名小配角。经过8年奋斗，终于在诗剧《阿尔芙索尔》的剧作中崭露才华，被皇家艺术剧院送进斯拉格尔塞文法学校和赫尔辛欧学校免费就读，历时5年。1828年，升入哥本哈根大学，在大学里他刻苦学习，博览古典名著，为后来的文学创作打下了基础。毕业后的安徒生始终没有工作，靠稿费维持生活。1838年他获得作家奖金——国家每年拨给他200元非公职津贴。安徒生终身未成家，1875年8月4日病逝于商人朋友麦尔乔家中。

安徒生是一个来自社会下层的作家，贫困的童年生活让他对丹麦人民的痛苦有很深切的体会，并为后来的创作提供了素材。

安徒生的文学生涯始于 1822 年。早期主要撰写诗歌和剧本。进入大学后,创作日趋成熟,曾发表游记和歌舞喜剧,出版诗集和诗剧。1833 年,出版长篇小说《即兴诗人》,这是他成人文学的代表作,这篇小说的出版为他赢得了国际声誉。"为了争取未来的一代",安徒生决定给孩子们写童话。1835 年,他的第一本童话集《讲给孩子们听的故事》问世,其中收录了《打火匣》《小克劳斯和大克劳斯》《豌豆上的公主》《小意达的花儿》四篇童话。从这一年起,每年圣诞节都有一本新童话来到孩子们身边。他整整写作了 43 年,直到生命结束,共创作了 168 篇作品,作品被译成 80 多种语言。那诗一般的语言、宛转曲折的情节,使他的童话在他在世时就已成为世界上拥有读者最多的读物。

安徒生一生写过三部自传,反映了他自己不幸的身世,同时也表现了丹麦的社会矛盾,具有深刻的现实性和人民性。

安徒生在晚年所著自传中这样描述他的一生:"人生就是一个童话。我的人生也是一个童话。这个童话充满了流浪的艰辛和执着追求的曲折。我的一生居无定所,我的心灵漂泊无依,童话是我流浪一生的阿拉丁神灯!我所走过的每一个城市就是我生命旅程中的一个个驿站,记录着一个个丰富多彩、变化多端的故事……这是我一生历史的一个个篇章。"

从鞋匠和洗衣妇的儿子,到享誉世界的童话作家,安徒生的一生就好似一部童话。

家境贫寒,相貌丑陋,不善言辞,使年幼的安徒生饱受他人的嘲笑和欺负。所幸的是,家人在精神世界里留给了他一笔宝贵的财富。身为鞋匠的父亲,有着极高的文学修养;母亲勤劳善良,祖母的脑子里也装着很多故事。闲暇时,安徒生总是静静地听着家人讲那些温暖的故事。在亲人们的这些故事的感染下,安徒生受到了很大的影响。这对他之后的童话创作是有潜移默化的影响的。就像《海的女儿》里安徒生对海底景色的描写一样:

"那里还生长着最奇异的树木和植物，它们的枝干和叶子是那么柔软，只要水轻微地流动一下它们就流动起来，好像活的一样。所有的大鱼小鱼在这些枝子中间游来游去，就像天空的飞鸟。海里最深的地方是海王宫殿所在的处所。它的墙是用珊瑚砌成的，尖顶的高窗子是用最亮的琥珀造成的；不过屋顶上却铺着蚌壳，它们随着水的波动可以自动开合。这是怪好看的，因为每个蚌壳里面都含有亮晶晶的珍珠。随便哪一颗都可以成为皇后帽子上最主要的装饰品。"或许，现实中，没有这些富丽堂皇的东西，但至少精神上的东西可以弥补这个缺陷。"奇异的树木和植物""大大小小的鱼""美丽富饶的海王宫"……如果不是一个有着丰富精神内涵，善良乐观的人，又怎会写出如此美好、引人入胜的想象中的海底世界呢？

　　早年的经历让安徒生尝尽了人间冷暖，这为他日后的创作提供了大量的素材。《丑小鸭》的前部分就是他童年生活的真实写照：丑小鸭在族群中因为丑受到了大家嘲笑和欺负，鸡啄它，其他的动物打它，咬它。可怜的鸭妈妈虽然很爱自己的孩子，但却给不了它保护。在鸭妈妈的规劝下，丑小鸭最终开始了它的流浪生活。

　　安徒生也一样，14岁时，父亲过世，为追求艺术，安徒生下定决心离开家乡欧登塞到首都哥本哈根寻求发展，前方的一切都是未知的，他选择的这个方向让他走了很远、很远。

　　正如生活中的每个人一样，实现梦想的道路上总有坎坷和迷茫。安徒生也不例外，经历过百转千折，磕磕绊绊，他才辗转到了童话这条路上。

　　从故乡欧登塞出发，来到哥本哈根，一心想在艺途闯荡一番的安徒生先是选择了唱歌，但随着引以为傲的嗓子声带被撕裂，这个梦想破灭了，他也被迫从音乐学院退学；想当演员，但所写的剧本屡遭退稿，无奈，这个梦想也无疾而终；想当舞蹈演员，但因为相貌的丑陋而被拒之门外。他不断寻找着自己的位置,却一次次的失败,他想到过放弃,甚至一度想结束自己的生命。但是这对一个有梦想的人来说,是可耻的。真正的勇士,就是在一次次失败的洗礼下愈战愈勇的。调整好自己后,想当诗人的他又继续尝试着写作,一部部戏剧,一篇篇小说,笔耕不辍。就这样如璞玉一般的安徒生渐渐地被打磨出来了。艰苦的生活并没有让他放弃,渐渐地,一切都步入了正轨。安徒生继续追逐着他写作的梦。关于他的追梦途中有一个很重要的节点,《安徒生传》中有一段描写说,有一天,安徒生在思考谁最需要他的写作,他的答案是丹麦的孩子,特别是穷苦的孩子。因为有着同样穷苦的童年,因此他想用他的作品将美好的东西带给那些穷苦的孩子,让他们凄惨的生活有一丝温暖,让他们懂得热爱生活,热爱一切美好的东西。思考再三,他觉得最能表达这些东西的文学形式就是童话。就像他给朋友的一封信中说:"我现在要开始写给孩子们看的童话,你要知道,我要争取未来的一代。"不久他在另一封信中谈到他的童话创作时说:"这才是我不朽的工作呢!"于是他终于开始了他的童话创作。

"童话在某些人的眼里虽然是'小儿科',但是却有别的文学作品所'望尘莫及'的地方,那就是它可以在'幻想'中驰骋,创造出美丽、迷人、新鲜的意境,表达出其他文学作品所不能表达出的东西。"安徒生用"童话"做外衣,把一个个故事用幻想和夸张加工,在小孩、成人、老人的眼前呈现出一个个无比神奇,无比奇妙的真善美的世界。

30岁的安徒生出版了他的第一本童话集——《讲给孩子们听的故事》,这本童话集让他名声大噪,从此踏上了著名作家的坦途。

安徒生把自己的现实人生融进他的童话故事里,然后再将自己的人生体验用童话表达出来。在这个幻想的童话世界里,安徒生并没有一味地表现自己艰难的人生。

安徒生创作童话的高峰时期正值法国大革命后民族民主运动高潮时期。此时的社会主要矛盾为资本主义的发展与封建统治阶级的矛盾，因此，在他的童话中，主角并不局限于公主、王子、骑士，更多的是小资产阶级的手工业者，如磨坊主、裁缝、鞋匠、铁匠甚至是士兵。这也是安徒生的伟大之处，他用童话作为武器对社会进行了无情的讽刺和鞭挞，又对普通善良的劳动人民予以毫不吝啬的赞美，歌颂着世界的爱与美。

《卖火柴的小女孩》是一篇现实性很强的作品。它以小姑娘最终冻死在圣诞节的街头为结尾，反映了现实社会的无情与黑暗，但是同时也表达了对美好世界的憧憬和向往。小姑娘为了得到一丝光明和温暖，划了几次火柴，可每次都能看见不同的东西：壁炉、烤鹅，以及最爱她的外婆。最后一次为了让外婆留久一点，她划开了所有的火柴，最终慈祥的外婆抱着她向着没有饥饿和寒冷的地方飞去。

《小意达的花儿》就是歌颂爱与美的代表作。"花儿"是美的象征；而小意达对花儿的呵护是爱的表现；王宫里的花儿对平民的花儿打招呼，道晚安是平等的象征。爱是人的本质，而美是永恒不灭的。就像花儿说的："明年夏天我们就可以又醒过来，活的更美丽。"

《拇指姑娘》则是对底层人民赞美的典型之作。拇指姑娘出身底层，身材娇小，仅有拇指一般大，她美丽却过于弱小。她在离家后的路途中遭遇了种种坎坷和不幸。她是那样的善良可爱，虽身处困境，却依然帮助他人。她热爱光明，向往阳光下的生活，她憧憬温暖的国度和大自然美丽的景致。从拇指姑娘的身上我们不难看出生活在社会底层的劳动人民的美好品质，和对美好生活的向往。结尾的光明和圆满也寄托了作者对美好的憧憬。

《皇帝的新装》虽不是安徒生的原著，但经过他的改编和加

第一部分 外国文学家的故事

工,作品对人性中虚伪,愚蠢和荒诞有了更为辛辣的讽刺和蔑视。最后的真相选择从一个小孩的口中说出,也体现出作者对下一代的寄托和期望。

这一切都说明,安徒生对生活的体验深刻,对生活的观察细致敏锐。就是这样的生活,才造就了伟大的童话之父!

安徒生的童话总是能在不经意间流露出"童年的精神气质",他总是从儿童的角度对生活中的点点滴滴进行细致入微的观察。他讲述故事的方式,他对作品中人物的塑造,还有儿童语言的运用,都体现了安徒生对童年的体会和关注。

虽然童话中慢慢掺入了现实的东西,但童话还是童话,安徒生的童话始终保持童话应有的思想和语言。

用童年的视角描写一个成人的世界。童年与成年看起来似乎是一种对立,但实际上,他们是可以完全一致的。儿童文学的独特美学特质在于它的"双重内涵"。所谓的"双重内涵是指成人(作家)与儿童(读者)两种审美意识协调互渗的结果,这种双重审美内涵也是儿童文学特质的基本内涵"。安徒生有一颗童心,有了童心就不会弄虚作假,反之就会失去世界原本的纯真动人之处。正是因为安徒生的童心,他才会用童心创作,用童心创造童话,说出比成人更简朴却更深刻的哲理和感悟。有了童心,他才会自由穿梭在成人和儿童的世界,让每一篇童话都生机盎然,意义非凡。虽然在他后期作品中的现实成分和表现出来的感情基调都让人感到低沉、郁闷,但这些作品的可贵之处在于,它们不只是在揭露黑暗,而是在苦难中饱含深情。

安徒生的童话是给全世界孩子最好的礼物，甚至是每个人的礼物，无论是小孩、大人还是老人。他开始写童话后，曾对一位朋友说："我用我的一切感情和思想来写童话，但是同时我也没有忘记成年人。当我在为孩子们写一篇故事的时候，我永远记住他们的父亲和母亲也会在旁边听。因此，我也得为他们写一点东西，让他们想想。"所以，他的童话不仅是写给天真的孩子们的，也是写给饱经风霜的大人们的。

安徒生在童话浓厚的诗情和丰富的想象力中，注入了深厚的现实主义思想。既生动活泼又富有深意，具有极高的艺术欣赏价值。小孩读起来有趣，大人读起来受益，老人读起来更深刻地体会到人生的意义。这样伟大的作品，与一些大师们为成人所写的名著相比毫不逊色，成为"永恒的经典"自然也当之无愧。

安徒生童话以其对现实无比清醒的透视，使他的艺术技巧到主题思想都经受了数百年的时间考验。尤其是主题思想，对于我们今天，甚至是处在社会主义今天的人们仍有很积极的意义。

比切·斯托夫人

| 被美国总统林肯誉为：写了一本书，酿成一场大战的小妇人

比切·斯托夫人（1811年—1896年），出生在美国康涅狄格州利奇菲尔德的一个牧师家里。幼年因父亲关系颇受加尔文教派影响，青年时期因其叔父萨缪尔·福特的影响接受了自由主义信仰，一生基本上都是在宗教的氛围中度过的。她喜欢读司各特的浪漫小说，这在她后来的著作中有明显反映。

1832年，斯托夫人在青年时代随全家迁往距南部蓄奴制只隔一河之遥的辛辛那提，在一座女子学校教书，写了一些关于新英格兰生活的随笔。比切·斯托夫人随父亲在辛辛那提一直住到1850年。她在中学任教不久结识了莱恩神学院的教员卡尔文·斯托，随后与斯托结婚，两人生养了六个孩子。在这段时间，酷爱读书的她偶尔为杂志撰写短文和小说。除了学习神学外，她还大量地阅读拜伦和司各特的作品，这两位著名作家对她以后的创作产生了很大的影响。

辛辛那提市位于俄亥俄州的俄亥俄河河畔，郊外是星罗棋布的大农奴主种植场。当时，那里是北美废奴运动的中心之一，在市区经常能听见反对黑奴制的激昂的演讲。同时辛辛那提还是各地逃奴的避难地，黑奴通过"地下铁道"，把辛辛那提作为中转

站，然后逃奔加拿大或北方自由州。她亲眼看到南部奴隶主残酷压迫下的黑奴的悲惨生活。基督教的博爱思想和政治上的民主主义理想，使她对黑奴的命运十分关注。

斯托夫人一家对黑奴也深表同情，利曼·比彻的家里就安置过逃奴，这使斯托夫人有机会亲耳听到逃奴诉说悲惨的遭遇，控诉奴隶制的种种罪恶。后来，斯托夫人又得到一次机会，与朋友一起访问了肯塔基州梅斯维尔的几个种植场，耳闻目睹了黑奴劳动和生活的惨状——这就成了《汤姆叔叔的小屋》里谢尔比种植场的雏形。斯托夫人的弟弟是个商人，经常往返于新奥尔良和"红河"郡之间，他给斯托夫人讲述了许多关于南方奴隶主暴戾恣睢、惨绝人寰的真实故事，特别是他讲述了在密西西比河一艘商船上邂逅的一个凶残的奴隶主的劣迹，使斯托夫人大为震惊。后来，斯托夫人便在此人的基础上成功地塑造了莱格利这个反面人物形象。

1850年，她随丈夫迁至缅因州。在那里，斯托夫人逐步成为一个坚定的废奴主义者。

有一天，斯托夫人接到嫂嫂的来信，嫂嫂爱德华·比切夫人在信中请求她写点东西，让全国人民都能知道可恶的奴隶制的本来面目。当时，斯托夫人家里人都支持她，而且他们也是废奴运动的积极参加者。她的哥哥爱德华曾在波士顿一个教堂里发表慷慨激昂的废奴演讲，她的另一个哥哥亨利·华德在布鲁克林教堂举行引人注目的、特殊的、让黑奴获得自由的拍卖。所以，斯托夫人表示要像哥哥一样，她一定要把这些写出来，以唤起大多数人的良知。她说："上帝帮助我吧。我将要把我所了解的事情写出来。只要我活着，我就一定写。"

斯托夫人在她40岁的时候创作了刻画农奴制悲惨的小说《汤姆叔叔的小屋》。有一次，她在布伦斯威克教堂做礼拜，突然创作灵感涌上心头，汤姆叔叔的遭遇渐渐在她脑海里形成一个完整的故事。当天下午,她回到家,锁上门就写起来。一时间文思泉涌,稿纸不够,她就用食品包装纸代替。几天后,《汤姆叔叔的小屋》的第一章就写出来了。写完第一章后,斯托夫人念给丈夫和孩子们听,他们深受感动,斯托先生鼓励妻子继续写下去,说:"这样写下去,你就可以写一部了不起的书。"

接着,斯托夫人写信给在华盛顿的好友甘梅尔·贝利,吐露了写作《汤姆叔叔的小屋》的计划。甘梅尔·贝利是华盛顿的一家废奴主义刊物《新民族时代》的编辑,从她在辛辛那提主办《慈善家》时起,甘梅尔·贝利就是斯托家的至交好友。斯托夫人在给她的信中说,《汤姆叔叔的小屋》可以在《新民族时代》分三至四期连载。甘梅尔·贝利很高兴,立即复了信,并寄上300美元作为约稿费。从1851年6月起,《汤姆叔叔的小屋》就开始在这家主张废奴的周刊上连载发表。结果,情况大出意料,斯托夫人越写越长,笔下的人物、情节、对话像滚雪球似的不断扩展,《汤姆叔叔的小屋》竟在《新民族时代》上连载了近一年(四十多期),后结集出版。令她没有想到的是,正是这本书,导致了一场伟大的解放黑奴的南北战争。小说连载完以后,斯托夫人说:"这小说是上帝自己写的,我只不过是上帝手里的一支笔。"

斯托夫人通过主人公老黑奴汤姆和其他奴隶的命运声讨了南部蓄奴制的罪恶。小说深入地描写美国南部各处奴隶主对黑奴的残酷压迫、剥削,刻画了形形色色奴隶主的嘴脸,既有伪善的谢比尔,也有凶相毕露的勒格里。小说也描写了不同类型的奴隶形象,既有笃信基督屈从于命运的汤姆,也有挺身向奴隶制做斗争的乔治。小说一问世,立刻在美国国内外引起极大的重视和反响。1862年,林肯总统在白宫接见斯托夫人,在评价她的书时,随手在扉页上题词为"写了一本书,酿成一场大战的小妇人",不管这句话是否开玩笑,但有一点可以肯定:在19世纪中期,对斯托夫人的这部作品心怀虔敬的绝非林肯一人,从它仅次于《圣经》的销量就可见一斑。从最初走红到一度绝版,文学既是助力器,又是政治变革的导火索。

《汤姆叔叔的小屋》对社会发展的影响是深远的,为美国废奴运动赢得了200万同情者和支持者。在谈到斯托夫人的历史地位时,柯克·门罗认为:"她不仅在世界著名妇女中是出类拔萃、名列前茅的,而且在决定美国人民命运的最关键的历史时刻,她的影响超过其他的任何一个人……当然,废除奴隶制不是、也不可能是一个人能功成业就的事,它是众人的事业,但是,《汤姆叔叔的小屋》所产生的影响是最伟大的,最深远的。"

当奴隶制已成为历史的1873年,斯托夫妇迁居到康涅狄格州首府哈特福德市森林大道77号。这幢18世纪的别墅共有三层,内有17个房间,屋外有花园,斯托夫人与丈夫和一对孪生女儿一起在此愉快地生活,直到1896年斯托夫人去世。美国人民为纪念这位"影响了美国历史的女性",将她的故居辟为纪念馆。一百多年过去了,斯托夫人仍是美国人民深爱的作家,是她让人们懂得:一部文学作品能够长久不衰地被世人喜爱,一个重要原因,即它让读者感到了作家那颗悲悯之心。因为在她看来,如果毫无目的,将是一件有害的事情,对身心都会造成损害。为了写《和仙女作圣诞节旅行》一书,斯托夫人参阅了30多种书籍,对世界上各种圣诞节的风俗进行了研究。创作《跟兔子作复活节旅行》一书时,为了全面了解各国复活节的风俗习惯,她把匹兹堡的图书馆跑了个遍。有一段时期,她差不多天天在动物园,同时博览各种动物参考书,那是她在为写《我在动物园里的朋友》一书做准备。

在她离世很久以后,斯托夫人的儿子和孙子用诗一般的语句颂扬《汤姆叔叔的小屋》:"像燃起的熊熊烈火,闪亮了天边;像汹涌的感情潮流席卷走眼前的一切,然后越过浩瀚的大海,将影响波及全球。全世界都在思索和谈论着它。"

夏洛蒂·勃朗特
"现代女性小说"的楷模

夏洛蒂·勃朗特（1816年—1855年），出身于英国北部约克郡的一个贫穷牧师家庭。夏洛蒂在家里排行老三，上面有两个姐姐、下面有两个妹妹和一个弟弟，家里生活十分贫苦。她们的母亲在孩子们还很年幼时便患肺癌去世，这使全家陷入了不幸。失去了母亲，孩子们的童年就像没有阳光的深冬，凄凉而没有欢乐。所幸的是，她们的那位穷牧师父亲学识渊博，他亲自教孩子们读书，指导他们看书读报，这些都给了孩子们很大的影响，也引发了他们对文学的兴趣。

夏洛蒂的家居住在荒凉偏僻的山区，再加上这个家庭一向离群索居，因此她们游玩的场地只有一望无际的沼泽和无边的旷野。她们常在旷野里散步，感受着旷野的气氛，特别是艾米莉，她表面沉默寡言，内心却热情奔放，她将对旷野的感受全写进了《呼啸山庄》，这构成了《呼啸山庄》的独特氛围。为了打发寂寞的时光，孩子们便常常读书、写作诗歌以及杜撰传奇故事。孩子们自办了一个手抄的刊物《年轻人的杂志》，自编自写自读，这给他们带来了莫大乐趣，对夏洛蒂以后成为著名的作家是一个初步锻炼。

在1824年的时候，夏洛蒂和她的姐妹、弟弟一起被送到了豪渥斯附近的柯文桥一所寄宿学校读书。在上学的第二年，学校里流行伤寒，而她的两个姐姐都染上此病，被送回家后没几天都在痛苦中死去。此后，父亲就赶紧把夏洛蒂和弟弟接回家，从那以后，那里的一切就在夏洛蒂的心灵深处留下了可怕的印象。她永远忘不了这段生活，后来在她的小说《简·爱》中，她又饱含着痛切之情对这一段经历作了描绘。而小说中可爱的小姑娘海伦的形象，就是以她的姐姐玛丽亚为原型的。

在她15岁的时候，夏洛蒂来到了罗海德办的学校读书，为了能够补贴家用，供弟妹们上学，于是边读书边外出做家庭教师。一天，夏洛蒂带着书来教一位阔小姐。这位阔小姐十分娇气，说勃朗特身上有异味，而且穿得土里土气的，挑剔这挑剔那。更可恨的是那位阔小姐的母亲竟然让夏洛蒂吃剩菜、剩饭。屈辱的家教生活激起了她强烈的愤怒之情。夏洛蒂倍感歧视和孤独，她憎恨家庭教师这个行当，两次都只工作了几个月就离开了，但这段经历却为《简·爱》提供了极其重要的素材。在艰苦、闭塞的生活中，夏洛蒂经常利用晚上的一点余暇写作，作为对一天枯燥乏味的辛劳工作的一种解脱。

这一段时期，她一直没有停止创作活动。1836年，也就是夏洛蒂20岁时，她壮起胆子将自己写的几首诗寄给了当时著名的桂冠诗人罗伯特·骚塞，不料骚塞竟认为文学不是妇女的事业，而且认为夏洛蒂没有特殊的才能。他绝不会想到，正是这个他认为没有特殊才能的夏洛蒂·勃朗特，在10年后会成为轰动英国文坛的作家。

夏洛蒂姐妹曾打算在本村合办一所学校，教当地孩子读书，这样也许能维持生计。可惜，最终办学的理想还是破灭了。这时她的弟弟兰威尔由于环境的刺激,染成了酗酒的恶习,并为此丢掉了工作,成为家庭的负担,最后不幸患病去世。在三个月后,艾米莉也染上结核病,相继去世。为此夏洛蒂担心小妹妹安妮也会染上,不幸的事情却偏偏接踵而至。安妮得病后拖了 5 个月,最终也离开了人间。1845 年秋季的一天,夏洛蒂偶然看到艾米莉写的一本诗集,她深受感动,想到写作也许是一条出路,于是,她动用了去世的姨妈留给她的遗产,自费出版了一本诗集,但尽管诗写得很美,却未能引起人们的注意,只卖掉了两本。这些打击像"一盆盆冷水",迫使夏洛蒂改写小说。这一年,夏洛蒂写成了《教授》,但却被出版商退回。

她在不到 30 年的时间里,先后失去了她的母亲和五个兄弟姐妹,让她那能言善辩的天性被消磨殆尽,取而代之的则是沉默和羞怯。剩下的只有思考,对自己、亲人、自然、宗教和对社会的思考和冥想成了她终身的伴侣。

在她 30 岁的时候,夏洛蒂感觉到自己要抽身于自己所习惯、所依赖的那个想象的世界了,于是她开始逼真地描述现实,她要用笔来还原成它们原来的样子。她埋头创作长篇小说《谢利》,并在 1849 年 8 月完成,同年 10 月出版。《谢利》使她获得巨大

成功。这之后,她便去了伦敦。在伦敦的几年里,她结识了不少作家,其中最有名的是萨克雷和盖斯凯尔夫人。盖斯凯尔夫人成了她的挚友,两人过从甚密。1853年她完成并出版了长篇小说《维莱特》,并于同年11月开始创作长篇小说《爱玛》。在1846年的时候,她父亲的视力急剧下降,准备做手术。而夏洛蒂就是在这种照顾病人的操劳中,开始动笔创作自己的小说《简·爱》。这段时间,她感觉自己文思如泉涌,于是她奋笔疾书,充分利用属于自己的一些时间。也就是这样,夏洛蒂按照自己的思路一直创作下去,经过了许多个构思和创作的夜晚,她的小说《简·爱》问世了。1847年,《简·爱》通过了出版商的审查。夏洛蒂的《简·爱》因题材的新颖和感情的真挚立即引起当时评论界的重视,这部作品的出现,引起了文学界强烈的轰动。然而人们没有想到,她的成功却源自她那孤独、苦闷和不幸的生活。

人们普遍认为,《简·爱》是夏洛蒂·勃朗特"诗意的生平"的写照,是一部具有自传色彩的作品。

小说设计了一个很光明的结尾——虽然罗切斯特的庄园毁了,罗切斯特先生自己也成了一个残废,但我们看到,正是在这样的情况下,使简·爱不再在尊严与爱之间矛盾,而同时获得满足——她在和罗切斯特结婚的时候是有尊严的,同时也是有爱的。

小说告诉我们,人的最美好的生活是人的尊严和爱,小说的结局给女主人公安排的就是这样一种生活。毕竟在当时那个社会环境中,要将"人的价值=尊严+爱"这道公式付之实现常常离不开金钱的帮助。人们似乎都疯狂地为了金钱和地位而淹没爱情。在穷与富之间选择富,在爱与不爱之间选择不爱。很少有人会像简这样为爱情为人格抛弃所有,而且义无反顾。《简·爱》所展现给我们的正是一种化繁为简,是一种返璞归真,是一种追求全心付出的感觉,是一种不计得失的简化的感情,它犹如一杯冰水，净化每一个读者的心灵，同时引起读者，特别是女性读者的共鸣。

　　1854年6月29日，38岁的夏洛蒂不顾固执的老父的反对，和阿贝尼科尔斯牧师结了婚。迟来的爱情给她带来了慰藉和欢乐，但婚后的幸福竟是那么短暂，6个月后的一天，夏洛蒂和丈夫到离家数英里的荒原深处观看山涧瀑布，归途中遇雨受寒，此后便一病不起。1855年3月31日，38岁的夏洛蒂不幸离开了人间，同时还带去了一个尚未出世的婴儿。

　　夏洛蒂·勃朗特虽然一生仅写了《教师》《简·爱》《谢利》和《维莱特》四部小说，其中《教师》一书还是在她去世后才出版，但她在文学史上却有着相当重要的地位。在她的小说中，最突出的主题就是女性要求独立自主的强烈愿望。这一主题可以说在她所有的小说中都顽强地表现出来，而将女性的呼声作为小说主题，这在她之前的英国文学史上是不曾有过的——她是表现这一主题的第一人。

　　此外，她的小说还有一个特点，那就是人物和情节都与她自己的生活息息相关，因而具有浓厚的抒情色彩。女性主题加上抒情笔调，这是夏洛蒂·勃朗特创作的基本特色，也是她对后世英美作家的影响所在。后世作家在处理女性主题时，都不同程度地受到她的影响，尤其是关心女性自身命运问题的女作家，更是尊她为先驱，并把她的作品视为"现代女性小说"的典范之作。

屠格涅夫

| 伟大的现实主义艺术大师

伊凡·谢尔盖邪维奇屠格涅夫（1818年—1883年），俄国19世纪伟大的现实主义作家，主要作品有长篇小说《罗亭》《贵族之家》《前夜》《父与子》《处女地》，中篇小说《阿霞》《初恋》等。他以写作中短篇小说和长篇小说闻名，《散文诗》是他晚年的代表作。

屠格涅夫出生于俄国奥廖尔省一个富裕的世袭贵族家庭，父亲是一名骑兵团团长，屠格涅夫16岁的时候父亲去世。妈妈脾气很不好，经常体罚仆人，有时会因为一个小小的过失就把农奴流放到西伯利亚去，这种性情也表现在对待儿子的态度上，她认为孩子不打不成才，经常打骂自己的孩子。屠格涅夫后来回忆说：
"在我生长的那个环境里，打人、拳头、耳光等等，简直成了家常便饭。"童年时代的屠格涅夫就憎恨农奴主的暴行。

1833年屠格涅夫进入莫斯科大学文学系，一年后转入圣彼得堡大学哲学系语文专业，学习经典著作、俄国文学和哲学。1838年前往柏林大学学习黑格尔哲学。在欧洲，屠格涅夫见识了更加现代化的社会制度，他被视为"欧化"知识分子，主张俄国学习西方，废除包括农奴制在内的封建制度。

1843年春，屠格涅夫和他的老师李根（中文译名）共同发表叙事长诗《巴拉莎》，这首长诗标志着他从浪漫主义转向现实主义。屠格涅夫的叙事长诗《巴拉莎》受到了别林斯基的好评，此后二人建立了深厚友谊。在这之后，屠格涅夫开始逐渐转向了散文创作。第一篇散文作品是中篇小说《安德烈·柯洛索夫》。继而发表叙事诗《地主》和中篇小说《彼土什科夫》。他还创作了许多剧本，其中《食客》《贵族长的早宴》《单身汉》等，主要内容是反映贵族生活和风习。

他与托尔斯泰的友谊、决裂、和解，更是俄国文学史上一段精彩插曲。屠格涅夫很欣赏托尔斯泰的才华。托尔斯泰在克里米亚服役时，屠格涅夫写信给他说："您已经足以证明您不是个懦夫，再说戎马功名终究不是您的事，您的使命是当个作家，当个思想和语言艺术家。您的武器是笔，不是战刀。"

后来他们成了好友，可多年之后，两人在诗人费特家里做客闲聊时，谈到屠格涅夫非婚女儿的教育问题，对他拿钱给女儿做慈善，托尔斯泰甚为反感，认为这是一种贵族老爷的教育方法。两人争论起来，越争越凶，屠格涅夫气得要掴托尔斯泰耳光，托尔斯泰甚至要与他决斗。后来在朋友们劝说下，事态才得以平息，但从此两人关系的破裂长达17年之久。

1878年，50岁的托尔斯泰忏悔自己的一生，给远在巴黎的60岁的屠格涅夫发去一封真诚的道歉信，表示要和他言归于好。他写道："我记得我在文学上的名望全靠您的栽培，我还记得，您多么爱我的作品和我个人。关于我，您可能也会有同样的回忆，因为有一个时期我是真诚地爱过您。我现在真诚地（如果您能原谅我的话）向您献出我能献出的全部友谊。在我们这个年纪，唯一的幸福是与人们和睦相处。如果我们之间能建立这种关系,我将感到非常高兴。"屠格涅夫读信后感动得哭了。从此之后,两人重新恢复的友谊一直保持到生命终点。

上文提及的屠格涅夫的"非婚女儿",是他从德国留学回国后在斯巴斯克耶庄园与一个缝纫女工所生,后来交给女歌唱家波林娜·维亚尔多抚养。说起与波林娜的关系,这又是屠格涅夫的一大"轶事"。波林娜是著名的西班牙女中音歌唱家,1843年到俄国巡演,在圣彼得堡主演歌剧《塞维利亚理发师》,当时25岁的屠格涅夫在森林狩猎时遇见她丈夫维亚尔多,并应他的邀请去看了这出歌剧,结果被波林娜的歌声和气质所迷恋,甚至发展为终生不渝的眷恋而一生未娶。他追随她出国,长期旅居国外。他与维亚尔多也成了好友,除了一起打猎,还合作把普希金的长诗《叶甫盖尼·奥涅金》和果戈理的传记《塔拉斯·布尔巴》译为法语。

1855年屠格涅夫发表剧本《村中一月》,逐步开始关心知识分子与贵族的冲突问题。1856年他发表小说《罗亭》,塑造了一个具有革命激情,但是缺乏行动的小贵族的叛逆者的形象。

1860年他发表小说《前夜》,塑造了一个革命者英扎罗夫的形象,杜勃罗留波夫非常看重这篇小说,发表了《真正的白天何时到来?》的评论,断言"前夜离随之而来的白天总是不远的",认为屠格涅夫描绘了革命的前夜。屠格涅夫不同意这一断语,希望涅克拉索夫不要发表这篇评论,涅克拉索夫没有同意,导致了屠格涅夫和《现代人》杂志的决裂。

1862年屠格涅夫发表小说《父与子》,主人公巴扎罗夫狂傲,重视行动,重视科学实验,是作者假想的新人形象,但是遭到民主派的抨击。

1860年代后期,他长年居住在国外,结识了许多外国作家,与法国作家乔治·桑、福楼拜、都德、左拉和莫泊桑等人关系密切。他向西欧介绍俄罗斯文学,特别是普希金和列夫·托尔斯泰的作品。

19世纪70年代，屠格涅夫定居法国。期间他创作了一系列"回忆的中篇小说"，如《草原上的李尔王》《普宁与巴布宁》和《春潮》等。1877年他发表了最后一部长篇小说《处女地》。在生命的最后几年里，远离祖国的屠格涅夫还写了83篇散文诗，表达了他暮年的情怀。

1883年8月22日，屠格涅夫病逝于巴黎。根据他生前的遗嘱，遗体被运回俄国安葬在圣彼得堡的沃尔科夫墓地的别林斯基墓旁。

在文学史上，屠格涅夫是第一个把社会理想引入爱情的人。他笔下的爱情故事均以悲剧结尾，这是由19世纪40—70年代俄国社会现实决定的，这是时代的悲剧，社会的悲剧。屠格涅夫的创作具有鲜明的时代特征和强烈的批判精神。他的创作忠实于现实主义原则，把注意力主要集中在贵族知识分子和平民知识分子的生活和命运上，以擅长女性形象塑造而著称于世。他创作的一个最根本的倾向就是不追随某种社会思潮，而致力于描绘和建塑俄罗斯民族特有的人情风俗、民族的伦理观念以及具有鲜明的民族性格的俄罗斯民族风骨。这对俄国文学的发展产生了良好的影响。

福楼拜

> 自然主义文学鼻祖,西方现代小说的奠基者。

居斯塔夫·福楼拜(1821年—1880年),法国著名作家。代表作有《包法利夫人》《圣安东尼的诱惑》《情感教育》等。

福楼拜的父亲是法国西北部诺曼底地区鲁昂市一位著名的外科医生,从1818年起任鲁昂市立医院院长。福楼拜从小在医院的环境中长大,对解剖尸体习以为常,这种环境培养了他与宗教格格不入的思想。

福楼拜的父亲是香槟人、母亲是诺曼底人,他具有这两种民族的特征:性格开朗,同时具有北方民族的冷漠。最早把他引向文学这个美丽世界的是女佣人玉莉,她是一位讲故事的能手,小福楼拜常常在她旁边一坐就是一整天,从小受到浪漫幻想的熏染。

在常人眼里,福楼拜智力低下,却显露出文学天赋。他自幼喜欢文学,阅读了大量名著。在1834年,福楼拜自己编辑了一份手抄小报《艺术与进步》。

1840年，福楼拜按照父亲的希望和安排在巴黎大学法学院注册入学，但他对法律丝毫不感兴趣，大部分时间仍住在鲁昂，很少去课堂上课，却把大量时间花在阅读文学作品和结交文人上。在巴黎，他结识了仰慕已久的文艺界名人雨果。

1844年福楼拜突发神经官能症（类似癫痫），从此中断学业，常年住在父母的克鲁瓦塞别墅，此后便专心致志从事文学创作。

他一生交友不广，不喜欢社交，很少外出旅游，除了为创作需要去收集素材。他在青年时期与作家杜冈、诗人布耶结下深厚的友谊，一有新作，总是先念给他们听。这二人写作成就不大，但却有很好的艺术鉴赏力和判断力，能够直言不讳地提出比较中肯的意见，对福楼拜在创作上由浪漫主义转向现实主义起了不可或缺的作用。同他关系不错的还有乔治·桑、左拉、莫泊桑等。

1845年，福楼拜在父亲过世后，继承了不少遗产，同母亲以及外甥女一道住在鲁昂市郊的克鲁瓦塞别墅，与母亲相依为命，过着较稳定的生活，直至母亲去世。这座别墅位于塞纳河畔，风光秀丽，清静宜人，从此，福楼拜终身在此挥笔苦战。他与世无争，淡泊人生，关门闭户，潜心创作，把艺术作为自己的信仰。

1880年，福楼拜因中风去世，终年59岁。

对社会的深入了解使福楼拜看到了生活的黑暗。福楼拜经历了法国七月革命、二月革命、第二帝国等。他看到了社会繁荣背后的政治腐败、物欲横流、道德堕落、人与人之间的尔虞我诈。因此，他对生活在这种社会环境中的女性的一些行为，表现出极大的理解。

他看到女性地位低下，也发现很多底层女性的美德。福楼拜从母亲身上看到了女性的善良与正直、从身边一些女子的身上发现了女性的温柔与勇敢，因此，他对女性身上体现出来的某些品质特别给予肯定。

医院环境影响了福楼拜对人生苦难的看法。他小时候时常看到病人瘦削的身影、苍白的面孔，显得那么痛苦、忧伤、孤独和无助。他自己所患的疾病，也给他带来了痛苦。父亲和妹妹的相继去世，也让他感受到生命的短暂。可以说，病人的情景、自己的病痛、亲人的死亡，在福楼拜的心里画满了无名的悲哀和惆怅，这造成了他对人生的悲观失望。

福楼拜写作靠的不是灵感，而是勤奋、好友的建议和忠告以及敏锐的观察。他苦下功夫，追求的是一种理想文体。福楼拜不允许自己在同一页上两次使用同一个词。

1843年起，福楼拜开始尝试创作长篇小说；1845年，福楼拜完成《情感教育》最初的初稿。

福楼拜是一个纯粹的作家。他没有工作和职业，创作是他的全部生活，而艺术是他整个的生命。他说："人生如此丑恶，唯一忍受的方法就是躲开。要想躲开，你唯有生活于艺术，唯有由美而抵于真理的不断的寻求。"他不出卖文字，更不出卖灵魂，他用许多年写一部小说。他不在报刊上发表文章，有的小说完成后一搁便是20年，修改后再发表。

福楼拜是一位一生都面临着巨大矛盾的作家，甚至可以说他本身就是一个矛盾组合体。就连福楼拜本人在自我剖析时也不得不承认他自己是一个性格中充满了矛盾的"整日醉醺醺的奇怪的动物"。他29岁那年，当母亲催促其尽快结婚时，他便找理由拒绝，称自己是一个内向的人，但身体里又流淌着沸腾的血液、头脑中满是充满激情和躁动的想法，时而安静时而激奋。十年后，他又一次向龚古尔兄弟告白了自己的个性：我的身体里住着两个人。一个是你们现在看到的，紧缩的上身、沉甸甸的屁股，生来就是为了伏案写作的人；另一个喜欢游荡的，一个真正的快乐的游荡者并且迷恋着充满变化的生活。

福楼拜是个非常极端的人。在他思想中，他认为爱与憎同样至高无上、不容妥协。福楼拜在 1866 年 12 月 13 日写给尚特比小姐的信中提及他对于友情的理解："我们所喜爱的无论是某一种动物还是一个人（其实，人与动物的差别并不大），这种感情的美就在于我们懂得爱。我们自身的价值就存在于爱的力量。"对他而言，这种对友谊的珍视绝不仅限于言语中，在生活中他也是这样做的。

路易·布耶是福楼拜最亲密的朋友，也是他文学作品的"接生婆"，福楼拜一生都极为珍视与之的真诚友谊。在布耶死后，福楼拜代其写完了他最后的剧作 *Le sexe faible*，出版了他的诗集并为其作序。

福楼拜除了早期创作的作品《狂人之忆》（1839 年）、《斯玛尔，古老的秘密》（1839 年）、之外重要的作品有《包法利夫人》（1857 年）、《萨朗波》（1862 年）、《情感教育》（1869 年）和《圣安东尼的诱惑》（1874 年），另外有短篇小说的合集《三故事》，一部未完成的小说《布瓦尔和佩居榭》等。他还写有大量的书信。他在书信里表现自我，在小说中却将自己隐藏起来。

福楼拜从 1848 年开始写作《圣安东尼的诱惑》，1872 年最后定稿，这期间三易其稿，于 1874 年出版。福楼拜曾一次次开始写作这部小说，又一次次搁笔，欲罢还休。圣安东尼诱惑了福楼拜达 25 年之久。福楼拜自己说过，圣安东尼就是他自己。圣安东尼是基督教古代隐修院的创始人，他一生曾抵制过魔鬼的种种诱惑。

《包法利夫人》出版以后，福楼拜对欧洲社会现实非常厌倦和失望。他试图逃离这个世界，于是，他将目光投向了古老的迦太基王国，投向了非洲。他说："我的灵魂的深处，就藏有我从小呼吸的北方的晨雾；我生而具有野蛮民族的忧郁、迁徙的本能，而且从心厌憎人生，使他们不得不离开他们的故乡，于是离开他们的故乡,仿佛离开他们自己。"于是,他创作了历史小说《萨朗波》。故事发生在第一次布匿战争之后,迦太基的雇佣军马托率众哗变,他爱上了迦太基统帅的女儿萨朗波。经过多次血腥而残酷的战斗,最后雇佣军被击败,马托被处以死刑,萨朗波也随即气绝而亡。

在社会交往方面,福楼拜"拒绝一切派别",憎恶现实主义之类的称谓。他什么党也不加入,什么社团也不感兴趣。他恨现实主义,所以他才写《包法利夫人》。他倡导"作家隐居"的写作原则。

福楼拜的一生中与自然主义作家、理论家左拉等都有着十分密切的交往,左拉是他的友人,著名的自然主义作家莫泊桑是他晚年的得意弟子。

1875年12月,福楼拜与他亦师亦友的法国女作家乔治·桑发生了一场有关美学思想的论争。在这次论争中,福楼拜说:"说到我那些朋友,你添了一句'我这一派'我事先拒绝一切派别","我不能另来一个我的气质以外的气质,或者另来一套不是根据我的气质发展起来的美学","而且注意,我憎恨众口一词那种被叫作现实主义的东西,虽说人家把我派作它的大祭司之一"。他很讨厌别人将他归为某一类,从不承认自己和任何主义有关,尤其是现实主义。

福楼拜是19世纪法国继司汤达、巴尔扎克之后又一位伟大的现实主义小说家,在现实主义向现代主义转型中,福楼拜起到了承前启后的作用。他是19世纪现实主义的杰出代表,是现实主义的集大成者;但他又被誉为现代主义"鼻祖"。他提倡的"客观化写作"为现代主义叙述中零焦聚的使用提供了范例,出于对现实和历史的厌恶,他在创作中非常重视描绘平庸的日常生活,这使得其作品在情节构造上出现一种日常化的趋势。这一创作手法也给现代主义作家很大启发,并最终导致了"淡化情节"

这种现代主义创作手法的出现。文章以客观化写作、情节的日常化为切入点。福楼拜的"客观的描写"不仅有巴尔扎克式的现实主义,又有自然主义文学的现实主义特点,尤其是,他对艺术作品的形式——语言文体风格的推崇,已经包含了某些后现代意识。新小说作家极力推崇福楼拜对现实主义的创新,并进一步加以发展。他们对艺术形式的追求已呈现出后现代文学特有的"崇无趋势",从这个意义上说,新小说作家正是继承了福楼拜的现实主义,才可能大大地跨越了一步。

法布尔

| 法国昆虫学家、动物行为学家、作家,人称"昆虫界的荷马""昆虫界的维吉尔"

让·亨利·卡西米尔·法布尔(1823年—1915年)出生于法国南部普罗旺斯的圣莱昂的一户农家里,从小家境十分贫困。由于母亲要照顾年幼的弟弟,他从3岁到6岁,一直寄养在玛拉邦村的祖父母家。这是个大农家,有许多比他年长的小孩。法格睡前最喜欢听祖母说故事,而寒冷的冬夜里则常常抱着绵羊睡觉。他和小伙伴们打土仗,捉"俘虏",玩占山为王的游戏,几乎成了一身泥土的"野"孩子。小小的法布尔有一点与其他孩子不同,他对大自然里发生的事情特别感兴趣。不论是水里的游鱼、空中的飞鸟、花丛中的蝴蝶……他总喜欢给自己提出一连串的问题:"鱼儿睡不睡觉?""鸟儿长不长牙齿?""蝴蝶为什么这样漂亮?"……这些问题,大人们也常常回答不出来。于是他时常留心观察飞禽和昆虫,自己寻找答案。

一个深秋的夜晚,睡在祖母身边的法布尔,突然听见房屋背后,荒草滩里响起一阵"叽——叽"的虫鸣声,声音清脆好听。

是蟋蟀？可声音比蟋蟀的小多了。是山雀？但山雀又不会连续叫个不停，更何况在漆黑的夜晚。

"奶奶，奶奶，这是什么在叫呀？"法布尔问。祖母开始打瞌睡了，迷迷糊糊地答道："睡吧，也许……是狼。"法布尔不愿推醒奶奶，又挡不住虫鸣的诱惑，他悄悄地穿上鞋，开了门，摸黑到草丛中去，想看个究竟。野草划破了他的手，也没有把那只小虫找到。

法布尔7岁时，家里送他到邻村的一所小学读书。这是一所设备非常简陋的学校，全校只有一间茅草屋，一名教师。这位老师是一位动物爱好者，饲养了猪、鸡、羊、鸽子、黄莺、蜜蜂，还有一只招人喜爱的小刺猬。法布尔在这儿除了学习功课，还学到了不少小动物方面的知识。

小法布尔对动物特别是昆虫的兴趣越来越浓。一天，父亲赶集回来，给他买了一张"动物挂图"和一本寓言集。寓言集里有许多禽兽、小虫的精美插图，法布尔爱不释手，他逐渐痴迷，开始了对昆虫的研究。

有一回，他在大路边，发现一群蚂蚁在搬运一只死苍蝇。蚂蚁们像在紧张地从事一项巨大工程，有的拼命拉，有的调兵遣将，有的传递信息……多繁忙的劳动场面啊！法布尔被吸引住了，他趴在路边，掏出放大镜，一动不动地观察蚂蚁们的行动。下地劳动的人们从他身边走过，看见他趴在那儿；他们结束劳动回家时，他还趴在那儿。他们无法理解小法布尔的行为，说："这孩子大概中了邪！"法布尔为了捕捉一只小虫，常常喘着气跟着虫子奔跑。有时候，为了不损伤虫子的腿或翅膀，他宁愿自己绊一跤。

一年冬天，他生病躺在床上。当他看到几只冻僵了的昆虫时，便把它们放进自己的怀里。昆虫慢慢地苏醒了，法布尔特别高兴。法布尔研究昆虫，进入了"忘我"的境界。

在法布尔9岁时,全家搬到罗德斯镇,父亲以经营咖啡店为生。法布尔进入王立学院,担任望弥撒仪式助手而免交学费。在学校期间,学习拉丁语和希腊语,喜欢读古罗马诗人维尔基里斯的诗。之后,因为父亲经商失败,法布尔一家不断搬迁。

1842年法布尔从师范学校毕业后,成为卡尔班托拉小学的老师,年薪700法郎,因热心教学,深获好评。法布尔上野外测量实习课时,从学生那里获得了涂壁花蜂的知识,也由于这种蜂而开始阅读布兰歇、雷欧米尔等人著的《节肢动物志》,从此倾心"昆虫学"。

1857年,他发表了《节腹泥蜂习性观察记》,这篇论文修正了当时昆虫学祖师莱昂·杜福尔的错误观点,由此赢得了法兰西研究院的赞誉,被授予实验生理学奖。这期间,法布尔还倾力投入到对天然染色剂茜草或茜素的研究中去,当时法国士兵军裤上的红色,便来自茜草的粉末。

1859年,法布尔获得了此类研究的三项专利。后来,法布尔应公共教育部长维克多·杜卢伊的邀请,负责一个成人夜校的组织与教学工作,但其自由的授课方式引起了一些人的不满。于是,他辞去了工作,携全家在奥朗日定居下来,这一住就是十余年。在这十余年里,法布尔完成了后来长达十卷的《昆虫记》中的第一卷。期间,他多次与好友一同到万度山采集植物标本。此外,他还结识了英国哲学家米尔,但米尔英年早逝,使两人先前酝酿的计划"沃克吕兹植被大观"因此夭折。同时,一场不幸降临到法布尔身上:他共六个孩子,其中唯一与父亲兴趣相投、热爱观察大自然的儿子儒勒年仅十六岁便离开了人世。此后,法布尔将发现的几种植物献给了早逝的儒勒,以表达对他的怀念。

在法布尔写《昆虫记》期间,有这样一些有趣的故事。他为了研究昆虫,花费了一生的时间如醉如痴地观察昆虫的习性。有一次,他爬上果树观看蜣螂的活动入了迷,直到树下有人叫"抓小偷",他才从昆虫王国的迷梦中惊醒过来。

还有一天的大清早,他在路上散步,忽然听见蛐蛐的叫声,于是他循着声音来到一块石头旁,观察蛐蛐的活动。几个农夫早晨去摘葡萄就看见了他,到黄昏收工时,他们看见法布尔还在那里。他们实在不明白,这个人怎么花了一天的工夫,只看一块石头,简直是中了邪!其实他们不知道,法布尔在观察石头旁的蛐蛐呢。

1878年,他曾以"沃克吕兹的真菌"为主题写下许多精彩的学术文章。他对块菰的研究也十分详尽,并细致入微地描述了它的香味,美食家们声称能从真正的块菰中品出他笔下所描述的所有滋味。

1879年,法布尔买下了塞利尼昂的荒石园,并一直居住到逝世。这是一块荒芜的不毛之地,但却是昆虫钟爱的土地,除了可供家人居住外,那儿还有他的书房、工作室和试验场,能让他安静地集中精力思考,全身心地投入到各种观察与实验中去,可以说这是他一直以来梦寐以求的天地。就是在这儿,法布尔一边进行观察和实验,一边整理前半生研究昆虫的观察笔记、实验记录和科学札记,完成了《昆虫记》的后九卷。如今,这所故居已经成为博物馆,静静地坐落在有着浓郁普罗旺斯风情的植物园中。

《昆虫记》是法布尔创作的长篇生物学著作,共10卷。该作品是一部概括昆虫的种类、特征、习性和求偶、交配的昆虫生物学著作,记录了昆虫真实的生活,表述的是昆虫为生存而斗争时表现出的灵性,还记载着法布尔痴迷昆虫研究的动因、生平抱负、知识背景、生活状况等内容。作者将昆虫的多彩生活与自己的人生感悟融为一体,从人性角度去看待昆虫,字里行间都透露出作者对生命的尊敬与热爱。1907年《昆虫记》全十卷完成后,法布尔因此被世人誉为"动物心理学的创始人"。1911年,法布尔因此书而被法国文学界推荐为诺贝尔文学奖候选人。

法布尔半生坚持自学,先后取得了文学学士学位、数学学士学位、自然科学学士学位,并于1885年获得自然科学博士学位。法布尔精通拉丁语和希腊语,喜爱古罗马作家贺拉斯和诗人维吉尔的作品。他在绘画、水彩方面也几乎是自学成才,留下许多精致的菌类图鉴,曾令诺贝尔文学奖获得者、法国诗人弗雷德里克·米斯塔尔尔赞不绝口。

法布尔晚年时,《昆虫记》的成功为他赢得了"昆虫界的荷马"和"昆虫界的维吉尔"的美名,他的成就得到了社会的广泛承认。法布尔虽然获得了许多科学头衔,但他依然朴实如初,为人腼腆谦逊,过着清贫的生活。他的才华受到当时文人学者的仰慕,其中包括英国生物学家达尔文和1911年诺贝尔文学奖得主——比利时剧作家梅特林克以及德国作家荣格尔、法国哲学家柏格森、诗人马拉美、普罗旺斯文学家鲁玛尼耶等。由于《昆虫记》中精确地记录了法布尔进行的试验,揭开了昆虫生命与生活习惯中的许多秘密,达尔文称法布尔为"无法效仿的观察家"。当他居住在塞利尼昂时,不少学者、文学家们纷纷前去拜访他。法布尔在自己的居所曾接待了巴斯德、英国哲学家米尔等学者,但与他们的通信并不频繁。公共教育部长维克多·杜卢伊将法布尔举荐给拿破仑三世,后者授予他荣誉勋位勋章。法国政治家雷蒙·普恩加莱途经塞利尼昂,特意绕道荒石园向他致意。

拥有多重身份的法布尔的作品种类繁多:作为博物学家,他留下了许多动植物学术论著,其中包括《细草:专利与论文》

《阿维尼翁的动物》《块菰》《橄榄树上的伞菌》《葡萄根瘤蚜》等；作为教师，他曾编写过多册化学物理课本；作为诗人，他用法国南部的普罗旺斯语写下了许多诗歌，被当地人亲切地称为"牛虻诗人"。此外，他还将某些普罗旺斯诗人的作品翻译成法语；闲暇之余，他还曾用自己的小口琴谱下一些小曲。然而，法布尔作品中篇幅最长、地位最重要、最为世人所知的仍是《昆虫记》。这部作品不但展现了他科学观察研究方面的才能和文学才华，同时还向读者传达了他的人文精神以及对生命的无比热爱。

列夫·托尔斯泰

> 19 世纪中期俄国批判现实主义作家、思想家、哲学家

列夫·尼古拉耶维奇·托尔斯泰（1828 年—1910 年），出身于图拉省的名门贵族。家族谱系可以追溯到 16 世纪，远祖在彼得一世时就获得封爵，父亲参加过 1812 年的卫国战争，以中校衔退役；母亲是一位公爵的女儿。托尔斯泰一岁半丧母，9 岁丧父，先后由两位姑母监护。

托尔斯泰从小就接受典型的贵族家庭教育。1844 年考入喀山大学东方系，攻读土耳其、阿拉伯语，准备当外交官。然而期末考试不及格，第二年转到法律系。但他对学业不上心，迷恋社交生活，同时对哲学尤其是道德哲学产生浓厚兴趣，喜爱卢梭为人及其学说，并广泛阅读文学作品。1847 年 4 月退学回到亚斯纳亚·波利亚纳。这是他母亲的陪嫁产业，在兄弟分配产业时归他所有。他的漫长一生绝大部分时间就在这里度过。

回到庄园后，他试图改善农民生活，但因为得不到农民的信任而不得不中止。1847 年的秋天，他又为农民子弟兴办学校。旋即离开庄园，到图拉省行政管理局任职，并被提升为十四品文

官，终日在亲友和莫斯科上流社会之间周旋。但他渐渐对这种生活和环境感到厌倦，1851年4月底随同服军役的长兄尼古拉到高加索，以志愿兵身份参加袭击山民的战役，后来作为"四等炮兵下士"在高加索部队中服役两年半，晋升为准尉。之后，他加入多瑙河部队。克里木战争开始后，自愿调赴塞瓦斯托波尔，曾在最危险的第四号棱堡任炮兵连长，并参加这个城市的最后防御战。在各次战役中，看到平民出身的军官和士兵的英勇精神和优秀品质，加强了他对普通人民的同情和对农奴制的批判态度。

托尔斯泰在高加索时就开始创作，在《现代人》杂志上陆续发表《童年》《少年》和《塞瓦斯托波尔故事》等小说。他从塞瓦斯托波尔来到彼得堡，作为有名气的新作家受到屠格涅夫和涅克拉索夫等人的欢迎，并逐渐结识了一批作家和批评家。在这里，他因不谙世故和放荡不羁而被视为怪人，对于他不喜爱荷马和莎士比亚也使大家惊异。不久，他同车尔尼雪夫斯基相识，但不同意后者的文学见解。当时德鲁日宁等人提倡为艺术而艺术的所谓"优美艺术"，反对所谓"教诲艺术"，即革命民主派所主张的暴露文学。托尔斯泰倾向于德鲁日宁等人的观点，但又认为任何艺术不能脱离社会生活。到1859年，他同《现代人》杂志决裂。

1856年底，托尔斯泰以中尉军衔退役。第二年到法国、瑞士、意大利和德国游历。法国的"社会自由"博得了他的赞赏，而巴黎断头台一次行刑的情景却使他深感厌恶。他在瑞士看到英国资产阶级绅士的自私和冷酷，激起了很大的愤慨。这次出国拓宽了他的文学艺术的视野，增强了他对俄国社会落后的清醒认识。

对于19世纪50年至—60年代之交的农奴制改革以及革命形势，托尔斯泰的思想是极为矛盾的。早在1856年，他就曾起草方案，准备以代役租等方法解放农民，并在自己庄园试行，因为农民不接受而没有实现。他同情农民，厌恶农奴制，却认为根据"历史的正义"，土地应归地主所有，同时因地主面临的是要性命还是要土地的问题而深深忧虑。长兄尼古拉的去世，更加深了他的悲观情绪。在农奴制改革中，他作为本县和平调解人，在调停地主和农民的纠纷时，常常同情农民，又招致贵族农奴主的敌视。

1857年冬天，托尔斯泰与御医、八品文官安·叶·别尔斯的女儿索菲亚·安德烈耶夫娜结婚。在他的一生中，他的夫人不仅为他操持家务，治理产业，而且还为他誊写手稿，但她始终没能摆脱世俗的偏见，过多地为家庭和子女利益着想，不能理解世界观激变后托尔斯泰的思想，夫妻的不和造成了家庭悲剧。

当革命形势逐渐转入低潮时，托尔斯泰也逐渐克服了思想上的危机。他脱离社交，安居庄园，购置产业，过着俭朴、宁静、和睦而幸福的生活。他花费六年时间完成巨著《战争与和平》。这段时间较重要的事件是1866年他出席军事法庭为士兵希布宁辩护。希布宁因不堪军官的虐待打了军官的耳光，虽经托尔斯泰为之奔走、呼号，但终被枪决。这一事件使他开始形成反对法庭和死刑的看法。

托尔斯泰心灵的宁静与和谐没有保持多久。有次，他因事途经阿尔扎马斯，深夜在旅馆中突然感到一种从未有过的忧愁和恐怖。这就是"阿尔扎马斯的恐怖"。在这前后，他在致友人书信里谈到自己近来等待死亡的阴郁心情。他研读各种哲学和宗教书籍，也没有找到答案。他甚至藏起绳子，不带猎枪，生怕为了求得解脱而自杀。这些思想情绪在创作《安娜·卡列尼娜》时得到鲜明的反映。

从此，托尔斯泰厌弃自己及周围的贵族生活，不时从事体力劳动，自己耕地、缝鞋，为农民盖房子，摒绝奢侈，持斋吃素。他也改变了文艺观，指斥自己过去的艺术作品包括《战争与和平》等巨著为"老爷式的游戏",并把创作重点转移到论文和政论上去,以直接宣传自己的社会、哲学、宗教观点,揭露地主资产阶级社会的各种罪恶。1891年—1893年和1898年,先后组织赈济梁赞省和图拉省受灾农民的活动;他还努力维护受官方教会迫害的莫洛康教徒和杜霍包尔教徒,并在1898年决定将《复活》的全部稿费资助杜霍包尔教徒移居加拿大。

托尔斯泰在世界观激变后,于1882年和1884年曾一再想离家出走,这种意图在他80年代—90年代的创作中颇多反映。在他生前的最后几年,他意识到农民的觉醒,因自己同他们的思想情绪有距离而不免悲观失望;对自己的地主庄园生活方式不符合信念又很感不安。他的信徒托尔斯泰主义者和他夫人之间的纠纷更使他深以为苦。最后,他于1910年11月10日从亚斯纳亚·波利亚纳秘密出走。在途中患肺炎,20日在阿斯塔波沃车站逝世。遵照他的遗言,遗体安葬在亚斯纳亚·波利亚纳的森林中,坟上没有竖立墓碑和十字架。

凡尔纳

| 科幻小说之父

儒勒·凡尔纳（1828年—1905年），法国19世纪探险小说作家，科幻小说的创始人。

儒勒·凡尔纳出生在南特，1848年赴巴黎学习法律，写过短篇小说和剧本。1863年起，他开始发表科学幻想冒险小说。凡尔纳的晚年不是十分幸福，创作减少并进入衰弱期。《喀尔巴阡古堡》有一定的自传性，表现了生活中隐秘的侧面。1905年3月17日，凡尔纳出现偏瘫症状，24日失去知觉，25日早晨8点去世。全世界纷纷电唁，悼念这位伟大的科幻作家。

凡尔纳生长在海边，对大海饱含狂热的爱，自由的个性从小便根深蒂固。他的父亲是一名颇有名气的律师，作为长子的凡尔纳被家庭寄予厚望，继承父业。但凡尔纳热爱海洋，向往远航探险。11岁时，他志愿上船当见习生，远航印度，结果被家人发现截回了家。凡尔纳为此挨了一顿狠揍，并躺在床上流着泪保证："以后只躺在床上幻想旅行。"也许因为这一童年经历，客观上促使凡尔纳一生驰骋于幻想之中，创作出众多的著名科幻作品，被誉为"科学幻想小说的鼻祖"。

凡尔纳的作品形象夸张地反映了 19 世纪"机器时代"人们征服自然，改造世界的意志和幻想，并成为西方和日本现代科幻小说的先河，我国的科幻小说大多也受到他的作品的启发和影响。凡尔纳的作品情节惊险，人物生动，融知识性、趣味性、创造性于一炉，他提出了许多自然科学方面的预言和假设。在某种意义上，可以说他又是一个预言家，他的作品中提前半个世纪，甚至是一个世纪就预想到了某些极其令人惊异的科学发现。即使到了今天，某些科学数据居然与他书中预见的有着某种惊人的巧合，似乎是在冥冥之中还关注着我们现今科技的发展。他的作品被译成数十种语言在世界各地广为流传，深受数亿读者的喜爱，代表作为三部曲《格兰特船长的儿女》《海底两万里》《神秘岛》。

《神秘岛》是凡尔纳著名的三部曲中的最后一部。在该书中，凡尔纳讲述了美国南北战争时期，有五个被围困在南军城里的北方人，趁着偶然的机会，乘气球逃了出来。但中途遭遇风暴，落在太平洋的一个荒岛上。这五个人没有灰心丧气，而是团结一心，以集体的智慧克服了重重困难，在荒岛上安顿了下来。他们动手制造出陶器、玻璃、风磨、电报机……自给自足，丰衣足食。他们还挽救了被格兰特船长罚在另一荒岛的罪犯，使之恢复人性，成为忠实的伙伴。在荒岛上，他们得到了《海底两万里》中尼摩船长的暗中保护，屡屡化险为夷。最后，搭上格兰特船长之子——罗伯特·格兰特—指挥的邓肯号，回到了他们日思夜想的祖国。

整部小说文笔流畅清新，充满了对自然界绚丽多彩、鬼斧神工的景色的细腻生动的描写，流露了对壮丽神奇的大自然的由衷热爱。并且，在充分颂扬了人类与大自然做斗争的伟大创造力的同时，也表达了对大自然的景仰与敬畏之情。

《神秘岛》的成功之处,不仅在于情节的波澜起伏、人物的逼真刻画、幻想和科学的完美结合,更重要的是贯穿于全书中的人文主义精神与爱国主义相交织的情怀。在这部作品里,作者描写的故事情节,有在荒岛上人与大自然的搏斗、技术上的创新和从无到有的创造性劳动,这些都深深吸引着读者。作品洋溢着乐观主义精神,深信人类无穷的创造力和科学的巨大力量将使人类建立一个理想的社会。

《神秘岛》共有五个主要人物,但作者对他们并没有很多的正面描写,但是随着故事的展开和情节的深入,这些人物迥异的性格特点生动传神地呈现在读者眼前:智慧博学、坚毅果敢的工程师赛勒斯·史密斯,知识渊博、文韬武略的《纽约先驱报》战地记者吉丁·史佩莱,耿直善良、勇于冒险的水手潘克洛夫,才学兼备、勤奋好学的少年赫伯特,忠厚温和、心灵手巧的黑人纳布。此外,还有改邪归正、勤劳谦恭的前罪犯艾尔通。在小说中他们团结一心,取长补短,构成了一个完美的团队。其中,工程师赛勒斯所占的地位举足轻重,他是整个殖民小队伍的领袖和灵魂,也是19世纪欧洲随着科学技术发展而产生的"人定胜天"思想的化身和象征,作者在书中所提到的科学知识,几乎全部是假借工程师之口表达出来。

《神秘岛》继承了凡尔纳科幻小说的一贯特点:虚幻但不过分脱离现实。他的幻想都是基于科学知识,因此并不让人产生不可捉摸的感觉。他在作品中巧妙地融入了丰富的科学知识,让读者在欣赏故事的过程中也自然而然地受到了科普知识的熏陶,其中蕴含的冶金学、爆破学、工程学、水利学、动植物学、天文学、物理学等各方面的科学知识,让一部作品既引人入胜,又极富教育意义。

对于凡尔纳一生创作了一百多部小说的壮举,至今仍让人难解。凡尔纳很多重要作品都与现实生活有密切的关系,他或者从生活中某件事情受到触发，或者从某一个科学研究得到灵感，然后才得以展开想象的翅膀。

比如他的成名作《气球上的五星期》。这部小说以非洲探险为题材，其中对尼罗河的源头作了精确的描述，这方面的地理知识是从英国人斯佩克那里获得的，但斯佩克在1862年7月28日首先发现了尼罗河的河源，而《气球上的五星期》发表于1863年元旦。英国航海家约翰·富兰克林是一个狂热的探险家，热衷于征服大西洋西北航道，多次在北极地区出生入死。他最后一次探险是在1845年，率领两艘船从英国利物浦出发，最后船在极地地区被流冰夹住，138名船员全部罹难。凡尔纳被这个真实的故事深深吸引，写出了《哈特拉斯船长历险记》。其他还有很多，比如写《地心游记》主要受他的一个朋友塞恩特·克莱尔·德维尔的启发。德维尔是一个地理学家，热衷于火山探险。他给凡尔纳讲解火山喷发的原理和喷发时的壮丽景象。通过与德维尔交谈，凡尔纳开始构思一个到地心旅行的故事。除此之外，他很多小说也对火山喷发浓墨重彩，将其作为重要情节。我们应该记得，《格兰特船长的儿女》中，格里那凡等人在智利的一座高山上遭遇火山爆发，随即引发的地震竟然使他们所在的山头一路飞驰，大家乘坐了惊魂的"地震快车"。《神秘岛》的结尾也是动人心魄的火山喷发，它把荒岛众人几年苦心经营的世外桃源毁于一旦。凡尔纳创作《海底两万里》的念头是受法国"潜水鸟号"潜艇的模型启发的，这个巨大的潜艇模型在1867年的巴黎博览会上展出。可见，凡尔纳虽然主要写科幻小说，但这些作品的产生与现实都有密切的联系。他的海洋小说也一样。如果没有凡尔纳对海洋的热爱，我们很难想象他能写出那些精彩绝伦的作品。他的外甥莫里斯曾说："我的舅舅心中只有三种爱好，自由、音乐和海洋。"我们注意到，凡尔纳把这三种喜好赋予了《海底两万里》中的主人公尼摩船长。尼摩船长与儒勒·凡尔纳之间有一种复杂、难以言喻的映射关系。这部小说结尾,"鹦鹉号"击沉了敌舰,阿龙纳斯教授目睹一场屠杀,无数海员和士兵与战舰一同沉入海底。这时阿龙纳斯对尼摩船长的情感经历了一个非常复杂的转变过程,一方面,因其残忍而痛恨他,另一方面,"这时,尼摩船长在这离奇古怪的布景中突然变得高大起来,他的特点也被放大了,他成了超人,已经不再是我的同类,他是水中人,是海中神"。

据莫里斯所说,凡尔纳的爱好除海洋外,还有自由。自由是凡尔纳的精神底色,是他毕生的追求。尼摩船长躲避陆地和人类,在海底追寻自由的生活,在我们看来,难保凡尔纳没有同样的愿望。他对世俗生活有明显的厌倦之情。自由与海洋这两大爱好,对凡尔纳来说其实难以截然分开。他对海洋的看法,兼有感性和理性两个方面,但无论哪一条支流,最后都汇入到自由的精神之海。感性的方面不难理解,包括从小到大的生活环境,个人的气质爱好等。理性的方面,凡尔纳被称为科学家中的文学家和文学家中的科学家,他对与海洋有关的自然科学、人文动态密切关注,他以文学家和科学家的双重身份始终站在时代的制高点上俯瞰海洋,他对海洋的看法能够代表19世纪下半叶欧洲的海洋意识。

赫茨尔是凡尔纳的知音。凡尔纳创作出《气球上的五星期》后,16家出版社不予理睬,但赫茨尔对此书颇为赏识,与凡尔纳签订合同,一年为其出版两本科幻小说。《气球上的五星期》出版之后,凡尔纳的创作进入了一个多方面的探索时期,他试验多种写法,朝多种方向进行探索,一发不可收拾。每年出版两本,囊括了陆地、海洋和天空……此后探索停止,开始成熟,进入平稳的发展时期,创作出《80天环游地球》《太阳系历险记》《两年假期》等优秀作品。

凡尔纳的故事生动幽默,妙语横生,又能激发人们尤其是青少年热爱科学、向往探险的热情,所以一百多年来,一直受到世界各地读者的欢迎。

凡尔纳是一位非常优秀的通俗小说作家,有一种能够把自己的幻觉变得能够触摸的本领,其感觉是全方位的,从平淡的文学中传达出某种人类的热情。凡尔纳的作品里充满了知识,但他本人却是一名宇宙神秘主义者,对世界有一种神秘的崇拜。他写的虽然都是平凡小事,但读后仍使我们激动不已。正如1884年罗马教皇在接见凡尔纳时曾说:"我并不是不知道您的作品的科学价值,但我最珍重的却是它们的纯洁、道德价值和精神力量。"

马克·吐温

| 一切当代美国文学都源于一本叫《哈克贝利·费恩历险记》的书

马克·吐温（1835年—1910年），出生在美国密苏里州佛罗里达的一个乡村贫穷律师家庭。由于家庭收入微薄，在上小学时，小马克·吐温就不得不自己打工帮家里减轻负担。父亲去世后他开始了独立的劳动生活，在经历多次失败之后毅然决定以写文章为生。他一般用"马克·吐温"这个笔名代替自己的真名"萨缪尔·兰亨·克莱门"。

1864年马克·吐温在旧金山结识了幽默作家阿沃德和小说家布哈特，得到他们的鼓励和帮助，提高了写作的技巧。1865年在纽约一家杂志发表幽默小说《卡拉维拉斯县驰名的跳蛙》，使他闻名全国，此后便经常为报刊撰写幽默文章。在创作过程中，他不断学习外来文化，弥补自己在创作过程中的缺陷，使自己的作品一步步迈向社会舞台。

1870年2月，马克·吐温与24岁的奥莉维亚·兰登，一位富有的纽约煤炭业经销商的女儿结了婚，从此，社会地位提高了。在婚后不久，在写给一位友人的信中，他流露出一种幸运的情感:"我拥有了……唯一爱过的心上人……她是最理想的姑娘,最可爱、最温柔,最优雅……她是女性中最完美的珍宝……"马克·吐温期望她能"改造"他这位仅有着朴素风格的幽默作家。

马克·吐温不可掩饰的"低俗"的西部之声终于有机会迸发出来。《汤姆·索亚历险记》发表于1876年,随后不久,他便着手写续篇《哈克贝利·费恩历险记》。传记作家埃佛莱特·埃默森认为,这本书的创作使马克·吐温从他"自愿接受的文化桎梏中"暂时解脱出来。

"所有现代美国文学都源于一本叫作《哈克贝利·费恩历险记》的书",海明威在1935年给赫尔曼·梅尔维勒和其他人的临终遗言中写道。海明威的评论特别谈到了马克·吐温经典作品中的口语化语言,正是由于马克·吐温在美国首次以普通民众的生动、原味而不装腔作势的语言来创作伟大的文学。

构思和写作《哈克贝利·费恩历险记》花费了马克·吐温多年的时间,这期间的1881年他发表了小说《王子与乞丐》一书,受到他的家庭和友人赞许,颇吸引读者;1883年,他出版了《密西西比河上》,一本趣味十足的旅行指导书。《哈克贝利·费恩历险记》最终于1884年发表,马克·吐温后来的作品影响力再也没有超过这本书。

随着马克·吐温开始把赚钱视为自己的日常事务,商业活动和写作对他具有了同等价值。1885年,他作为出版商成功发行了一本刚去世的前总统尤利塞斯·格兰特的回忆录。马克·吐温把时间过多花费在这本书的推销以及其他一些风险性极大的商业活动中,然而他未得到预期的业绩。他的出版公司最终破产了。

1889年,马克·吐温发表了《亚瑟王宫廷的康涅狄格州的美国佬》,1894年发表的《傻瓜威尔逊》,一本被评论家描述为"苦涩"的伤感小说。他还写了一些短篇小说、小品文以及包括研究圣女贞德在内的其他几本书。

马克·吐温荣获过多种荣誉称号,包括来自英国牛津大学和美国耶鲁大学授予的学位。作为 19 世纪后期一位最著名的美国人,他受到人们的普遍欢迎,也是世界上享誉最高的知名人物之一。马克·吐温到世界各地旅行,尤其是 1889 年—1896 年环球演讲的成功使他挣到了足够多的钱偿还了债务。

任何人的发展都会受到社会洪流的影响,具有探索精神的马克·吐温在美国的社会发展中吸取了丰富的养料,用一支笔细腻地勾画出美国波澜壮阔的近代史。

马克·吐温作为美国批判现实主义文学的代表人物,其创作闻名于世界。随着生活阅历加深,他对美国表面繁荣掩盖下的社会现实有了更清醒的认识,他开始在作品中探讨一些深刻的社会问题,这个时期是马克·吐温创作的黄金时代,也是他在继续观察社会的基础上加深对美国的政治制度、生活方式、思想情操的思考和探索时期,尖锐的讽刺和无情的揭露是这一时期作品的主要特点。其作品的基调也由早期的幽默乐观转为无情的揭露和辛辣的讽刺,笔锋更加犀利,讽刺更加激烈,幽默讽刺中批判的成分增强了。作品中广阔的生活画面和丰富的人物形象,反映了作者艺术技巧更加成熟,作品更具有魅力,更为丰富多彩。

马克·吐温一生写了无数佳作,他的作品有以下三个特色。第一,他在西部幽默传统的基础上,发挥极度夸张的艺术想象。

第二，作品常常以第一人称"我"为主人公，这个"我"像中国相声里的主人公一样，扮演各种喜剧性人物。他们大都天真、老实、无知，思想单纯，什么事都一厢情愿，结果常常事与愿违。马克·吐温用天真老实人做主人公是有意识的。主人公总是怀着某种理想或某种单纯的想法，但在现实中处处碰壁，说明他这个理想是不实现的，行不通的，而他越不明白这一点，就越表现出理想与现实的差距。第三，他的作品幽默中含有讽刺。他在《马克·吐温自传》里总结他写幽默小说的经验，说"为幽默而幽默是不可能长久的。幽默只是一股香味儿和花絮。我老是训诫人家，这就是为什么我能够坚持三十年"。三十年是指从他开始写作至写自传时为止。他所谓"训诫人家"是说他写小说含有抑恶扬善的严肃的创作目标。

他的早期创作，如短篇小说《竞选州长》《哥尔斯密的朋友再度出洋》等，以幽默诙谐的笔法嘲笑美国民主选举的荒谬和民主天堂的本质。中期作品，如长篇小说《镀金时代》、长篇代表作《哈克贝利·费恩历险记》等，则以深沉、辛辣的笔调讽刺和揭露像瘟疫般盛于美国的投机、拜金狂热。

马克·吐温在创作游记《密西西比河上》这部作品时一针见血地揭露过政党和新闻媒体沆瀣一气，马克·吐温提道："那个时候领航员是世界上所有的人当中唯一不受任何约束和完全独立的人物。国王是贵族社会不自由的仆人；国会带着选民铸成的锁链开会；而报纸的编辑总和某一个政党联系在一起；如果不照顾自己的信徒的意见，就没有一个传道者能够自由发言和全说真话；作家只不过是读者的奴仆，作者写作的时候坦率而无畏，但后来，到排印之前又要或多或少地减掉自己作品的锐气。"由此可见，马克·吐温是看穿了美国政党和选举的真实性的，并且毫不隐讳地给予了抨击。《竞选州长》更是马克·吐温对美国社会民主政治制度进行的全方位揭露和抨击。小说风格幽默诙谐，用短小的篇幅挖掘出了美国选举制度的腐败与黑暗，思想极为深刻，它揭露了美国所谓"民主"的选举制度的黑暗内幕，暴露了资本主义选举制度的虚伪性。

马克·吐温一生著述丰富，在 19 世纪至 20 世纪这样一个特殊的背景下，曾经通过直接或间接的媒介接触中国，他强烈的人道主义立场和社会责任感使他的中国观更具进步性。他激励更多人要勇于与邪恶力量做斗争，积极地维护自己的应有权益。他还写过一些同情中国移民、反对帝国主义侵略中国的作品。他支持中国人民反对帝国主义，为中国人的权益伸张正义。近百年以来，中国学术界对马克·吐温及其作品的研究在不同时期呈现出了不同的特点，人们的生活态度也随着历史的不断变迁而发生改变。与此同时，人们对文学的审美心理也有所改进，不再一味地追求没有魅力的作品。他幽默的创作风格引发了众多中国读者的青睐，其作品也在中国广泛传播。

马克·吐温的小说折射出他那个时代美国人民丰富的精神世界以及他们的物质生活的风貌。他以自己幽默的特点打动了更多读者，使自己的作品和精神流传于世界各地，也给世界人民留下了深刻的印象，产生了深远影响。

亚米契斯

| 《爱的教育》 被誉为现代意大利人必读的十本小说之一

埃迪蒙托·德·亚米契斯（1846年—1908年），生于意大利的一个小镇，自幼酷爱学习和写作，是一位多产作家，意大利民族复兴运动时期的爱国志士。青年时代，他矢志从军，参加争取祖国的独立、自由和民主战斗，曾参加1866年解放意大利的战斗。后来，他担任军事刊物《战斗的意大利》特派记者，写了不少通讯、报道和短篇小说，把民族复兴运动时期的意大利军队，  作为祖国解放和复兴的重要力量予以热情颂扬。22岁那年，他的处女作《军营生活》发表，这本书就是这段难忘的生活的结晶。而脍炙人口的小说《卡尔美拉》是他诸多作品中的一篇佳作。亚米契斯退伍后，致力于文学创作，以明快清新的笔触，记叙各国的风土人情，代表作有《西班牙》《摩洛哥》《君士坦丁堡》《爱的教育》等。亚米契斯于1908年3月12日，突发心脏病死亡。

1886年，《爱的教育》出版。这本书为亚米契斯赢得了世界声誉，使他的创作生涯达到顶峰。就作家而言，他童年的种种遭遇——社会的、时代的、民族的、地域的、自然的条件对他幼小生命的折射，这一切以整合的方式，在作家的心灵里形成了最初的却又是最深刻的意向结构核心。《爱的教育》就建立在亚米契斯的生活背景上。

那时的意大利受法国大革命的影响，爱国情绪高涨，这在亚米契斯幼小的心灵上留下了不可磨灭的印记。尽管意大利在1870年实现了民族统一，但人民生活的处境并没有得到改善。亚米契斯受意大利民族解放运动领袖马志尼的影响很大，作为一个民族主义者和人道主义者，他认为教育问题具有重大意义。亚米契斯希望借助学校教育，借助博爱、宽容的精神，传播现代文明。他写作的初衷是心向社会，心系国家的。

夏丏尊先生翻译《爱的教育》时，说过这样一段话："教育没有情感，没有爱，如同池塘没有水一样。没有水，就不成其池塘，没有爱就没有教育。"爱是一次没有尽头的旅行，一路上边走边看，就会很轻松，每天也会有因对新东西的感悟、学习而充实起来。于是，就想继续走下去，甚至投入热情，不在乎它将持续多久。这时候，这种情怀已升华为一种爱，一种对于生活的爱。

《爱的教育》是一本日记体小说，写的是一个小学四年级学生安利柯一个学年的生活，全书共一百篇文章，主要由三部分构成：四年级小学生安利柯的十个月日记；他的父母在他日记本上写的劝诫、启发性的文章；以及老师在课堂上宣读的十则小故事。其中《少年笔耕》《小抄写员》《寻母三千里》等篇目尤为知名。它弘扬伟大的爱国主义，歌颂人与人之间团结友爱的高尚情怀；它鼓励人们消除阶级观念，在日常生活的交往中，努力实现各阶级人民相互尊重和相互平等。《爱的教育》在相当长的时间里一直是整个意大利的青少年们成长过程中的精神食粮。

该小说充满着童年情趣，用通俗简短的语言讲述了一个个小故事。如《高尚的行为》中的卡罗内同情弱小的克罗西，主动承担责任，他的行为是值得我们学习的。正如日记中所写："今天发生的事情，让我们真正了解卡罗内的为人"。《全班第一名》的德罗西"是全班同学学习的榜样，我有点嫉妒他，但他不仅成绩好，而且很热情有绅士风度，我更加佩服他了"。这些故事写出了同学之间纯洁的爱，充满了童年乐趣，一件小事在孩子眼中可能会被无限扩大化，孩子的矛盾复杂心态被淋漓尽致地展现出来。《我的母亲》《热爱祖国》等写出了父亲深沉的爱。老师"每月的故事"更是一个个有意味的故事。《帕多瓦的爱国青年》《伦巴第的小哨兵》《佛罗伦萨小抄写员》《撒丁岛的小鼓手》《爸爸的护士》等故事是老师先让孩子抄写然后在课堂朗读的，在意大利小学教育当中收到了很好的效果。在这种寓教于乐的方式中，让小学生更好地理解了什么是坚持，什么是勇气，什么是孝心，什么是爱国等。

在《我们的老师》中，作者通过描写老师的表情和语言，勾勒出一个慈祥、亲切而又不失威严的好老师，当他看到同学扮鬼脸时，他并没有责怪，而是说了一句"以后不要这样了"！这一个小小的故事体现了老师用真心感化学生，而不是简单的批评。最感人的老师是思里科父亲的老师，一个84的老人，他把一生都献给了教育事业，他每年留出每个学生的作业保存起来，作为他永久的回忆。当然，小说还写了《学校里的女教师》，她们温和、乐于助人、为人善良。《病中的老师》里的老师生活拮据，重病中却想着孩子们，如"我在发高烧。我病得快死了，记住，要用心学算术，多做练习，开始做不出，休息一下继续做，还不行？再休息一下，再从头开始。要慢慢来、向前走，不要着急，头脑发热……"写出了一个尽职尽责的老师形象，是"春蚕到死丝方尽，蜡炬成灰泪始干"的真实写照。

父母对孩子的爱也是无私的。孩子是父母的希望,是父母的一切。有句话说得对,家长是孩子的第一任老师。孩子从呱呱坠地的那一刻起,就接受了父母的教育。父母在孩子的成长过程中起着很重要的作用,他们不仅要言传身教,还要把握着孩子发展的方向。在《爱的教育》中,无论是来自底层的父母,还是有钱有势的绅士,他们大都是以正面的积极的姿态出现的,没有当今社会上父母对孩子的溺爱,而是严格要求孩子们,引导他们与人为善,和睦相处。

该小说不仅写出了人间的多种真爱,也用许多故事告诉了读者一些道理。正如许多小标题一样,告诉读者不要有虚荣心和嫉妒心,要怀有感恩之心,做任何事情要有勇气,有胆量,有毅力。《爱的教育》在写父子之爱,同学之爱,师生之爱时,逐渐上升为对社会、祖国的爱。

《爱的教育》这本意大利文的著作,原标题是"Cuore"。如果直译的话,应该是"心"的意思。用"心",也就是用"真诚的心和平等的概念"来对待你身边的每一个人,是该书的教育主旨,也是这本书有局限,甚至可以说最"失败"的一个地方。作为一个专业的新闻工作者,作者对自己生活的那个时代有着深刻的认识,他明知道在那个年代里,人与人最大的交流障碍在于他们分属于不同的阶级,而这一点不是简单的对"心"的召唤能解决的,但是,他却没有勇气把自己心灵深处最真实的想法讲出来,而只能采取逃避和迂回的办法来号召所有的青少年都做一个有"心"的孩子。这一点,作者自己早就认识到了,所以,在《爱的教育》获得成功之后,他在一些媒体上对自己的所谓"理智上"和"感情上"的矛盾作了深刻的自我批评。

《爱的教育》一书与意大利作家亚历山德罗·曼佐尼的《约婚夫妇》齐名,被誉为现代意大利人必读的十本小说之一;同时,在意大利人的心中,它也是19世纪意大利最伟大的十本小说之一。1929 年,《爱的教育》被评为"对当代美国文化影响最为重大的书籍之一"。1986 年被联合国教科文组织列入《具有代表性的欧洲系列丛书》中。1994 年被列入世界儿童文学最高奖——国际安徒生奖《青少年必读书目》之中,被译成数百种文字,销量已超过 15000000 册,成为世界最受欢迎的读物之一。

100 年来,《爱的教育》始终畅销不衰,截至 2017 年,已有 100 多种文字的译本,并且多次被改编成动画片、电影、连环画、影响遍布全世界,成为一部最富爱心及教育性的读物,是世界公认的文学名著,并且是一部人生成长中的"必读书"。

莫泊桑

| 批判现实主义作家、短篇小说巨匠

居基·德·莫泊桑（1850年~1893年），生于法国西北部诺曼底省的一个没落贵族家庭。父亲游手好闲，把家产挥霍一空之后去了巴黎的一家银行工作。父母分居后，母亲带着莫泊桑回到了家乡。13岁的莫泊桑被送到一所教会学校读书，但由于从小受到富有浪漫气质的母亲的影响，他无法忍受学校的沉郁气氛。1868年，他因为写了一首爱情诗而被学校开除，于是来到勒阿弗尔的公立学校学习。在那里，他得到了帕尔纳斯派诗人路易·布耶的指导。1869年中学毕业后，莫泊桑去巴黎攻读法律。第二年普法战争爆发，他应征入伍，担任文书和通讯工作。法军战败，莫泊桑在大溃退中险些被俘。次年退伍，开始了他默默无闻的小职员生涯。但就在他平淡而似乎毫无出路的生活中出现了一个重要的人物——母亲童年时的好友福楼拜。福楼拜悉心指导莫泊桑写作，成为一段文坛佳话。作为莫泊桑的写作导师，福楼拜不仅指导莫泊桑如何遣词造句，还锻炼了他观察生活的能力。莫泊桑的作品中那些鲜明而真实的形象

无不来自细心的观察和精确的表达。

莫泊桑师从福楼拜的时候,两位文学大师之间还留下了一个非常有趣的故事。当时福楼拜看到门前马车如云,便告诉莫泊桑,你把每天门前的情况详细记录下来,并长此以往。可莫泊桑看了几天,觉得没什么可记的,就再去问福楼拜。福楼拜说:"装饰华丽的马车和简陋的马车有何区别,烈日炎炎下马车是如何行驶的,狂风暴雨中马车又是如何行驶的,马匹下坡时是如何行驶的,马匹上坡时又是如何行驶的,车夫的吆喝是什么样的……如果你能像画家一样,通过外在的行为和语言,传神地表达出他们的心理状态,你的写作便过关了。"过了几日,莫泊桑将写下来的习作交与福楼拜看。福楼拜又说另一番话:"光仔细观察还不够,还要能够发现别人没有发现和没有写过的特点。你要描写一堆篝火或一棵树,就要努力去发现它们和其他的篝火、其他的树木不同的地方。当你走过一个坐在自家店门前的杂货商面前时,走过一个吸着烟斗的守门人面前时,走过一个马车站面前时,就要学着用画家的手法把守门人的身材、姿态、面貌、衣着及全部精神、本质都表现出来,让读者看了以后,不至于把他同农民、马车夫或其他任何守门人混同起来。当你能做到这些的时候,你才是真正有进步了!"

莫泊桑回到家后按福楼拜的要求,全神贯注地观察马车在晴天和雨天、上坡和下坡时行驶的不同样子,还仔细观察了赶车人在暴风雨中和烈日下的不同表情……他将观察到的这些材料写进作品里,再送给福楼拜看。福楼拜看了他的文章后满意地笑了,他对莫泊桑说:"虽然你观察得仔细,写作有了进步,但贵在坚持啊!"

莫泊桑定期将自己写的短篇小说寄给福楼拜,请他批阅。但让莫泊桑感到奇怪的是,收到的回信经常是没有一个字的点评,等于是原封不动地寄还。为了了解真相,有一天,莫泊桑前往老师家,想一探究竟。结果一进门,就看见老师家的书桌上,放着厚厚的一堆文稿,其中包括自己前几天寄给老师的新作。自己的新作上面依然没有一个字的评点，疑惑之余，他接着翻看老师的新作，发现了一个奇怪的现象：每张10行的稿纸，老师都只写了一行，其余9行都是空白。他忍不住惊奇地问："老师，您这样写，不是太浪费了吗？"福楼拜笑着说："这是我一向的习惯。一张10行的稿纸，只写一行，其他9行都是留着修改用的。"莫泊桑听了，恍然大悟，深深敬佩老师对写作的认真态度。于是，他继而提出了自己的疑惑："为什么您对我每次寄出的新作都不做点评呢？是不是我的作品，您干脆就没看过呢？"福楼拜听了，爽朗地笑着说："你猜对了。说实话，你寄来的作品，我确实没看过。不是因为我忙，没时间看，而是现在根本就不必看。你从现在起，天天努力去写就是了。十年之后，你的东西，我一定认真去看，并给出相应的修改意见。"莫泊桑明白了，自己现在写的东西，大多幼稚可笑，没有思想深度，且文笔浅显，尚须磨炼。这之后的十年中，莫泊桑每天都认真写作，并且一如往昔，定期将新作寄给老师。而福楼拜收到后，看也不看便寄还莫泊桑。他的意思是——我收到了，你的努力我看见了，接着写吧！十年来，莫泊桑习惯了这样的教学方式。每次收到老师寄还的稿件，不用拆开，他也知道里面没有一个字的评点。但他依然坚持寄稿，就是在无言地告诉老师："我又写了新作，我还在写呢！"十年后的一天，福楼拜收到莫泊桑写的短篇小说《羊脂球》，对他说："这篇可以拿去投稿，应该能够发表。"于是，莫泊桑将《羊脂球》投了出去，此篇小说一发表便立刻获得了空前的轰动，莫泊桑从此一举成名。此后，他的短篇小说频繁问世，成为高产作家，被誉为"短篇小说之王"。十年磨一剑，谦虚的莫泊桑，埋头写作十年，终于成就了人生的辉煌。

　　《羊脂球》写的是被敌军占领的里昂城里十几位居民同乘一辆马车出逃的故事。一辆马车就是一个社会的缩影。作者通过乘客们出逃的不同原因，一路上的表现，特别是对羊脂球前后不同态度的变化，表现了他们不同的社会身份和性格特征。莫泊桑曾参加过普法战争，此经历成为他日后创作《羊脂球》这类作品的一个重要主题。

莫泊桑并不是一个以思想见长的作家。在现实生活里，他是一个思想境界并不高的公务员，对现实生活的认识并不深刻丰富。因此，他的短篇缺乏隽永的哲理或深蕴的含义，他在其中所要表现的思想往往是浅显的。在短篇小说中，几乎很少接触历史的、政治的问题，但他作为普法战争的参加者，却对这场民族灾难有严正的思考。他在短篇小说中所表现出来的爱国主义思想与带有民主主义色彩的和平主义思想，可算是他作品中最严肃、最认真的思想，是他创作中所发散出来的一束最炽热的精神火花。

在思想性上另一值得肯定的价值，是对资产阶级上流社会的批判与讽刺。他揭露得较多的是资产者的道德沦丧、生活放荡；他还比较多地揭示了资产阶级家庭中的冷酷，这种冷酷有时表现为漠然与隔阂的关系，有时则演化为深刻的仇恨和尖锐的矛盾。另一颇具特色的内容，是对小人物、公务员、雇员的人道主义的同情。由于莫泊桑本人就是公务员行列中的一员，他对小公务员虽不乏讽刺与嘲笑，但基本上是抱怜悯的态度。在他看来，这些公务员实际上过着一种监牢的生活。他从人的正常生活的观念出发，写出了行政牢房在人身上造成的扭曲与异化并寄予同情，使他的短篇具有了人道主义色彩。

莫泊桑一方面对劳动人民有着同情，另一方面他又不止一次描写下层人物中的人性恶；一方面他对纯洁忠贞的爱情作赞颂，另一方面他又乐于描写纵欲淫乱的故事；一方面他对资产阶级共和派、民主党有辛辣的讽刺，另一方面他的又不止一次在字里行间对社会主义者、巴黎公社加以丑化；一方面他在小说里表现了清晰的思想，另一方面他小说又表现出神秘主义情绪与精神变态的迹象。他短篇中所有这些消极因素，反映了莫泊桑性格的另一个方面，即他作为一个世俗的、染有放荡的恶习、精神不甚健康的公务员的那一面。

莫泊桑是法国文学史上短篇小说创作数量最大、成就最高的作家,其 300 余篇短篇小说的巨大创作量在 19 世纪文学中是绝无仅有的。他的短篇所描绘的生活面极为广泛,实际上构成了 19 世纪下半期法国社会一幅全面的风俗画,更重要的是,他把现实主义短篇小说的艺术提高到了一个前所未有的水平,他在文学史上的重要地位主要就是由他短篇小说的成就所奠定的,被誉为世界短篇小说之王,可见其文学成就之辉煌。

莫泊桑的主要成就有三个方面,一是他开启了全面创作的文学年代,二是他改变了人们对于小说创作的认识,三是影响了人们对于小说艺术的看法。莫泊桑大部分时光都用于小说创作之中,当他的《羊脂球》发表之后,很多人开始了文学创作,法国文坛上一度出现了百花齐放的局面。

莫泊桑的短篇小说创作方法十分特别,也让人们感觉到了莫泊桑文学创作的新鲜生命力,并且让他快速地跻身于世界一流的文学大师之中。此外,莫泊桑的细腻文笔也受到了人们极大的追捧,他的悲观主义色彩也成为世界文坛一道独特的风景。莫泊桑的成就其实还有很多,他的创作手法以及文章的布局构思十分精巧别致,也都成为人们争相模仿的对象。莫泊桑受到了很高的礼遇,他晚年时因为疾病的困扰而创作了一些长篇小说,虽然不及短篇小说享誉世界,但也有着极高的艺术成就。

王尔德

> 19世纪80年代美学运动的主力和90年代颓废派运动的先驱，以其剧作、诗歌、童话和小说闻名，唯美主义代表人物

奥斯卡·王尔德（1854年—1900年），生于爱尔兰都柏林的一个家世优越的家庭，他是家中的次子。他的父亲是一个外科医生，母亲是一名颇有才华和名气的诗人、政论家。

王尔德从小就深受父母的影响，他一生中最好的教育是从他父亲的早餐桌上和母亲的会客厅中得来的。

1865年，11岁的小王尔德进入波尔托拉皇家学校学习。6年后，王尔德年满17岁，从波尔托拉学校毕业，于10月份考入都柏林的三一学院。在那里，他的学业平平，但在临毕业前，却由于《希腊喜剧诗人残篇》的论文而获得了帕克利主教金质奖章。1874年进入牛津大学马格林达学院攻读古希腊经典著作。在牛津，王尔德受到了沃尔特·佩特及约翰·拉斯金的审美观念影响，并接触了新黑格尔派哲学、达尔文进化论和拉斐尔前派的作品。此时，年仅20岁的王尔德开始为杂志撰稿。

1878年，第一部精装的《王尔德诗集》在伦敦出版，收录了他一年前完成的部分诗作。这本薄薄的小册子，标志着王尔德正式走上文坛。虽然年轻的王尔德还没有获得一个文学奖项，但

服装惹眼、谈吐机智、特立独行的他在伦敦社交界已经小有名气，一些杂志甚至刊登讽刺他的文章。

1881年11月，王尔德在美国做了一个精彩的巡回讲座。1883年王尔德从美国归来不久，来到了当时文艺新思潮的中心——巴黎。雄心勃勃的王尔德，下决心要效仿半个世纪前的巴尔扎克，在这繁华之都登上荣誉的殿堂。他处处模仿巴尔扎克的生活习性，甚至根据众人皆知的"巴尔扎克的手杖"的样式定制了一根镶嵌着绿松石的白色手杖开始了向巴黎社交界的进军。

在定居巴黎期间，王尔德结识了龚古尔、雨果、都德等作家，著名女演员伯恩哈特，社交界名流、虚无主义者维拉等人。他把自己的诗集献给大家，但得到的评价却截然不同。龚古尔对他的才华大为赞赏，而雨果却对之不屑一顾。在"征服巴黎"的同时，王尔德依然加紧创作，这是他实现目标的唯一途径。他完成了一部名为《派迪哀公爵夫人》的情节剧，同第一部剧本《维拉》一样，显得很不成熟，但它却是后来的小说《道林·格雷的画像》的雏形。相比之下，同期写成的叙事诗《斯芬克斯》更能充分显示他的文学才华。巴黎给王尔德留下了美好的印象，但由于挥霍无度，经济上出现了困难，半年后，他不得不返回伦敦。

王尔德真正的文学生涯从1888年起到1894年止，只持续7年时间。1887年，他担任《妇女世界》主编，在杂志上发表了他的一些小说、评论和诗。王尔德的作品以其辞藻华美、立意新颖和观点鲜明闻名，他第一部值得纪念的著作，是1888年出版的《快乐王子》，这部书对儿童和成人都很有吸引力。1891年，王尔德唯一的长篇小说《道林·格雷的画像》问世，后来他又发表了散文《社会主义下人的灵魂》，这两部作品都十分成功。

《道林·格雷的画像》讲了一个将幻想和现实奇妙地糅合在一起的富有象征意义的故事。王尔德通过这一故事指出，美是高于一切的。画像之所以能得到生命，甚至能比现实中的真人更能体现其本来面目，是因为哈尔华德在创作肖像时，没有掺杂丝毫功利与道德的杂念，倾注了单纯的对"美"的追求。它寓意着艺术比现实更能忠实地反映特性和现象的精神及本质，这正是王尔德哲学和美学思想的精髓所在。可以看出，这篇小说的灵感来源于他一向奉为典范的巴尔扎克的作品《驴皮记》，但所表现的主题及内涵无疑要比后者丰富得多。

书中主人公之间的矛盾实际上就是作者内心矛盾的写照。在一封给崇拜者的信中，王尔德曾明白写道："巴齐尔·哈尔华德是我心目中我自己的形象，亨利爵士是世人心目中我的形象，道林是我自己愿意成为的形象。"然而，这部小说并不是简单的自我剖析，它涉及许多王尔德本人及他同时代人极感兴趣的问题，如艺术、道德和生活的相互关系，美的欣赏与滥用，等等。这些问题有的作者得出了自己的答案，有的则没有。即使是作者自以为已得出的答案，是否正确作者也并不能肯定。日后的王尔德最终陷入了格雷面临的美与道德冲突的困境中，并在向道德挑战的危险游戏中毁灭了自己。

《道林·格雷的画像》出版后，读者评价非常不一致，这种争论无形中给王尔德带来了巨大的名声。然而，就在众人无休无止的争论声中，王尔德已把创作目标集中转向了他久欲涉足的戏剧领域，并最终获得了更大的成功。可以说他的每一部戏剧作品都受到热烈的欢迎，有一个时期，伦敦的舞台上竟同时上演着他的三部作品。1892年，王尔德自称"带有粉红灯罩的摩登沙龙剧作"，《温德米尔夫人的扇子》一剧在圣詹姆斯剧院上演并大获成功。1895年1月3日，《理想丈夫》首演；2月14日，《认真的重要性》首演。两部戏均观众如云，好评如潮。

这时的王尔德已与萧伯纳、威廉·阿切尔等人被称为英国戏剧复兴运动的台柱，声名与日俱增，他走到了事业和生活的顶峰。然而，在日益纯熟的写作技艺掩盖下，作品的思想性越来越浅薄,个人生活也逐渐放纵颓废,竟从蔑视俗人的偏见陷入不承认一切社会准则和人伦道德的邪路上。终于,一场意想不到的灾祸降临到春风得意的王尔德头上,彻底改变了他的命运。

19世纪末的维多利亚女王时代,英国上流社会新旧风尚冲突激烈,王尔德的自由作风和大胆的政治作风很快使他成为这场冲突的牺牲品。1895年,昆斯贝理侯爵因儿子阿尔弗莱德·道格拉斯与王尔德交往而令父子不和,他公然斥责王尔德是一个鸡奸者。对此,阿尔弗莱德被愤怒的王尔德上诉,告侯爵败坏他的名誉。结果王尔德上诉失败,更被反告曾"与其他男性发生有伤风化的行为"。根据当时英国1855年苛刻的刑事法修正案第11部分,王尔德被判有罪,在瑞丁和本顿维尔监狱服了两年苦役。

1897年获释后,王尔德立刻动身前往巴黎,英国已经让他绝望,不再有丝毫留恋。他移居法国第普附近的一个小村庄。1898年,他完成了他的最后一部诗作《雷丁监狱之歌》。诗中写他同狱的一个犯人,因为杀死了自己的爱人被处以绞刑。贯穿全诗的主题是爱情与死亡和犯罪不可分割。他得到的最终结论是:"所有的人都杀死他之所爱。"此后数年,他在穷愁潦倒中度过。1900年11月30日,在加入了罗马天主教数天之后,这位命运乖张的天才离开了人间,5年后,《狱中记》部分篇章由阿尔弗莱德摘编出版,全文则直到1962年才公之于世。这部被誉为"王尔德最后一部杰作"的惨痛心史,已成为英国散文史上的经典之作。

王尔德唯美主义思想体现在下面的三个方面。

艺术没有善恶。王尔德坚信艺术的独立生命和自身价值，追随颓废派之后，反对艺术的功利性，主张艺术不受道德约束，艺术家应是绝对自由和傲世独立的。他说："艺术的宗旨是展示艺术本身""艺术家是美的作品的创造者，没有艺术家就没有伦理上的好恶，也就无所谓道德不道德。"就如小说《道林·格雷的画像》中所描述的，主人公为了感受艺术的美，而杀死了自己的心上人，短暂的伤心之后他沉溺于这种伟大的悲剧美感之中。他认为悲剧才是真正的美。如果从伦理上讲，这是不道德的，而这是艺术，一切只为了美。王尔德也把这种唯美主义艺术当成一种生活态度，现实生活中他爱上了比自己小很多的一个俊美青年，并且承认自己迷恋他的身体。他也因此入狱，并且付出了惨痛代价。

一切艺术都是无用的。王尔德认为艺术除了表现自身之外，不表现任何东西，它和思想一样，有独立的生命，而且纯粹按自己的路线发展。因而他醉心于艺术形式美的追寻，并断言只有风格才能使艺术不朽。既然艺术的目的只是创造美，而美的目的只是自身，那么怎样才能创造出这种"纯艺术""纯美"来呢？他在《社会主义制度下人的灵魂》中回答说，艺术的美是具有独特气质而又不受任何约束的，艺术家只是为了享受创作快乐的单纯目的，凭想象创造出来的。他强调了美的超功利性、主观性和享乐性。这种美是超越的美、升华的美、空灵的美、神秘的美，也是康德美学中的与"附庸美"相对立的"自由美"。这种美所产生的快乐，也不单纯是官能上、感觉上的快乐，而是游离人生的快乐，对于美的乐园的神往与沉浸其中的快乐。在《道林·格雷的画像》和《莎乐美》所揭示的灵与肉尖锐冲突的主题中，我们所看到的正是王尔德要灵化肉感的主张。在莎乐美执着追求美与爱而拥抱死亡的沉溺中，都有一种唯美主义的哲学倾向。

艺术应当脱离生活，游离人生。他认为美高于一切，艺术高于生活，艺术的美与价值不存在于生活与自然之中，艺术应该超脱人生。他说："一切坏的艺术都是返归生活和自然造成的，并且是将生活和自然上升为理想的结果。"又说："唯一美的事物，是与我们无关的事物。""艺术越抽象、超理想化，就越向我们揭示出时代的特征。"他反对唯物论，也反对自然主义和现实主义的创作原则。他不无偏激地说："19 世纪对现实主义的憎恶，犹如从镜子里照见自己面孔的凯列班的狂怒。"又说："作为一种方法，现实主义是一个完全的失败。每一个艺术家应该避免的两件事是形式的现代性和题材的现代性。"因而他提倡写"美而不真实的故事"，即所谓"撒谎的"的作品，他的唯美主义作品中的主人公，无论是道林·格雷、莎乐美，还是快乐王子，都是非现实的、虚构的、珍奇的。这些人物活动的背景，也都是超现实的，人为想象的，远离人生的。

契诃夫

| 俄国剧作家和短篇小说大师,与法国作家莫泊桑和美国作家欧·亨利并称为"世界三大短篇小说家"

安东·巴甫洛维奇·契诃夫(1860年—1904年)的祖父和父亲都曾是农奴,他在家里活下来的六个孩子中排行第三。凭借自己的勤劳和智慧,契诃夫的祖父当上了自己所从属的地主家的糖厂经理,并积累了一笔钱,终于为自己和全家赎了身。父亲的商店经营惨淡,契诃夫从小就生活在艰辛之中。父亲对孩子非常严厉,

经常打骂。尽管如此,契诃夫对父母始终非常孝顺。母亲经常给儿女们讲故事,而且讲得很好。她讲的主要是她和她的服装商人父亲在整个俄国旅行的故事。契诃夫从小就喜欢喜剧和表演,这为他后来的剧作家之路打下了基础。契诃夫后来曾说:"我们的天赋源自我们的父亲,但我们的灵魂源自母亲。"后来,他进入当地的一所希腊小学读书。父亲的杂货铺破产后,他靠当家庭教师读完中学,1879年进入莫斯科大学学医,1884年毕业后在兹威尼哥罗德等地行医,广泛接触平民和社会,开始文学创作。

由于家境困难,契诃夫开始以文学记者的身份为一些幽默刊

物写些短小的幽默作品,借以维持生活,他就这样开始了文学生涯。这些搞笑作品艺术价值不是很高,但可读性很强,而且也能见容于当时的书刊监督机关,他逐渐拥有了一批读者。渐渐地,他的名声开始传播。他早期的幽默作品中也有一些针砭时弊、讽刺社会不良现象和世态人心的佳作。之后,他将短篇小说《给博学的邻居的一封信》发表在《蜻蜓》杂志上,这既是他小说的处女作,也是他的成名作。当时他正在上大学一年级,署名"安托沙·契洪捷"。文中讽刺了一个不学无术而又自命不凡的旧式地主的愚昧无知,发表后受到了读者的热烈欢迎。此时他写作校稿,一时间作品数量很多。不少人很快知道了有这样一个爱挖苦人的作者,他也引起了一些著名作家的关注。他结识了著名风景画家列维坦,并成为至交。

他早期作品多是短篇小说,如《胖子和瘦子》《小公务员之死》《苦恼》,表现了"小人物"的不幸和软弱以及劳动人民的悲惨生活和小市民的庸俗猥琐。而在《变色龙》及《普里希别叶夫中士》中,作者鞭挞了忠实维护专制暴政的奴才及其专横跋扈的丑恶嘴脸,揭示出黑暗时代的反动精神特征。

为了创作出表现重大社会课题的作品,契诃夫只身一人,先坐火车,后骑马、乘船,来到政治犯流放地库页岛进行实地考察。库页岛上地狱般的惨状和西伯利亚城市的贫穷给契诃夫留下了深刻的印象,使他对黑暗的现实有了更进一步的认识,逐渐改变了不问政治的做法,开始著述揭露沙俄专制制度下的内幕,著名的中篇小说《第六病室》就是猛烈抨击沙皇专制暴政的作品,该小说使列宁阅读后都受到很大震动。报告文学《库页岛旅行记》也是这次考察之后的产物。这一年,他发表了短篇小说《贼》《古塞夫》,创作了独幕笑剧《被迫无奈的悲剧角色》《结婚》等作品。

《农民》极其真实地描述了俄国农民在19世纪八九十年代极

度贫困的生活现状,表现了他对农民悲惨命运的关心同情,而《在峡谷里》则揭露富农穷凶极恶的剥削,反映了资本主义渗透农村的情况,说明作者把表现俄国社会阶级斗争列入其创作主题,在《新娘》中,他相信旧制度一定灭亡,新生活早晚会来!

随着20世纪初社会运动的进一步高涨,契诃夫意识到一场强大的、荡涤一切的"暴风雨"即将降临,社会中的懒惰、冷漠、厌恶劳动等恶习将被一扫而光。他转向戏剧创作,主要作品有《伊凡诺夫》《海鸥》《万尼亚舅舅》《三姊妹》《樱桃园》等,作品曲折地反映了俄国大革命前夕一部分小资产阶级知识分子的苦闷和追求。

1898年,他加盟莫斯科艺术剧院,结识了高尔基,并与之建立了深厚的友谊。他们两人经常在一块儿研究戏剧和小说的发展情况,并研究如何为俄国的戏剧发展开辟新的道路。他开始与康斯坦丁·斯坦尼斯拉夫斯基、丹钦科等人进行创造性的合作,对俄国舞台艺术做出了重大改革。他也帮助斯坦尼斯拉夫斯基形成了自己的戏剧理论。这一年,他完成并发表了中篇小说《姚内奇》,对"人变庸人"的过程做了深刻的艺术展现。然后,他创作和发表了"短篇三部曲":《醋栗》《套中人》《有关爱琴的故事》。这三部小说对社会上的庸俗现象和僵化的思想进行了嘲笑和批判。这些作品体现了契诃夫小说的特色:不追求情节吸引人,而注重人物性格的塑造,让人物的不同性格形成冲突与矛盾,进而反映社会现实。这使得他的短篇小说可以给予读者以思考和长期的深刻印象。在具体描写上,他认为:"越是严密,越是紧凑,就越富有表现力,就越鲜明。"列夫·托尔斯泰因此非常推崇契诃夫,说:"他就像印象派画家,看似无意义的一笔,却取得了无法取代的艺术效果。"高尔基也曾说:"俄罗斯的短篇小说是契诃夫同普希金、屠格涅夫一道创立的,他们都是'不可企及'的。"

后来,《樱桃园》在莫斯科艺术剧院首演,由康斯坦丁·斯坦尼斯拉夫斯基执导,将全剧变成了一部悲剧,大获成功。不久,契诃夫出现了严重的哮喘,为防止因肺炎造成的病情恶化,他前往德国的温泉疗养地黑森林的巴登维勒治疗。在此期间,契诃夫怀着对中国人民的美好感情,曾约高尔基一同访问中国,但因久病不治而未遂心愿。1904年7月15日因肺病恶化,契诃夫在巴登维勒与世长辞。他的遗体被运回俄国,后葬于莫斯科。

契诃夫代表作《变色龙》《套中人》堪称俄国文学史上精湛完美的艺术珍品,前者成为见风使舵、善于变相、投机钻营者的代名词;后者成为因循守旧、畏首畏尾、害怕变革者的符号象征。契诃夫以卓越的讽刺幽默才华为世界文学人物画廊中增添了两个不朽的艺术形象。他的名言"简洁是天才的姊妹"也成为后世作家孜孜追求的座右铭。

泰戈尔

| 印度诗人、文学家、社会活动家、哲学家和印度民族主义者

拉宾德拉纳特·泰戈尔（1861年—1941年），出身于印度加尔各答市一个富有的贵族家庭。他的祖父和父亲都是社会活动家，支持社会改革。哥哥、姐姐也都是社会名流。泰戈尔自幼厌恶正规学校的教育，几乎没有完成过任何完整的学校教育，全靠家庭熏陶和刻苦自学度过少年时代。

泰戈尔在童年时代就崭露诗才。8岁开始写诗，12岁开始写剧本，14岁发表了爱国诗篇《给印度教徒庙会》，15岁发表了第一首散文诗《野花》，17岁发表了叙事诗《诗人的故事》。这些早期作品的特点是梦幻多于现实，富于浪漫主义色彩。

1878年，他遵从父兄意愿赴英国留学，最初学习法律，后转入伦敦大学学习英国文学，研究西方音乐。1880年回国，年仅19岁的泰戈尔便成为职业作家，从事文学创作。1884年，离开城市到乡村去管理祖传田产。

19世纪90年代是泰戈尔创作的旺盛期。诗集《心中的向往》是他的第一部成熟作品。著名诗作《两亩地》的发表，标志

着泰戈尔从宗教神秘主义走向深刻的人道主义。这一时期的诗作还有《金帆船》《缤纷集》等五部抒情诗集和一部《故事诗集》。此外,他还创作了60多篇短篇小说,其中的《素芭》《摩诃摩耶》等被列入世界优秀短篇小说杰作之林。

1901年,泰戈尔在孟加拉国博尔普尔附近的圣地尼克坦为改造社会创办了一所学校,从事儿童教育实验。1912年,这所学校成为亚洲文化交流的国际大学。由于英国在孟加拉国推行分裂政策,1905年印度掀起民族解放运动的第一次高潮,泰戈尔去加尔各答并积极投身民族解放运动,创作出了许多爱国诗篇。这一时期是他创作的最辉煌时期,他出版了8部孟加拉文诗集和8部英文诗集,其中《吉檀迦利》为泰戈尔赢得世界性声誉。这一时期重要的诗集还有《园丁集》《新月集》《飞鸟集》等。1886年,发表了《新月集》。1910年,泰戈尔又发表了史诗性长篇小说《戈拉》和象征剧《国王》等。但不久同运动其他领袖发生意见分歧,他不赞成群众焚烧英国货物、辱骂英国人的"直接行动",而主张多做"建设性"工作,如到农村去发展工业、消灭贫困愚昧等。他于1907年退出运动,回圣地尼克坦过隐居生活,埋头创作。1913年,他因英文版《吉檀迦利》荣获诺贝尔文学奖,成为获此奖项的第一位东方作家。从此闻名世界文坛。获奖理由:"由于他那至为敏锐、清新与优美的诗;这诗出之于高超的技巧,并由于他自己用英文表达出来,使他那充满诗意的思想业已成为西方文学的一部分。"随后,加尔各答大学授予他博士学位,英国政府封他为爵士。

1919年,印度掀起第二次民族解放运动高潮,为寻求民族解放道路,他走遍五大洲,发表了许多著名演讲。这时期突出成就是政治抒情诗,分别收在《非洲集》《边沿集》《生辰集》等作品中。第一次世界大战爆发后,他先后十余次远涉重洋,访问几十个国家和地区,传播和平友谊,从事文化交流。1919年,发生阿姆利则惨案,英国军队开枪打死的 1000 名印度平民,泰戈尔声明放弃英国政府新授予的爵士称号和特权,以示抗议。1930年,他访问苏联,写有《俄国书简》。他谴责意大利法西斯侵略阿塞亚比尔,支持西班牙共和国政府反对法西斯头子佛朗哥。第二次世界大战爆发后,他写文章斥责希特勒的不义行径。他始终关心世界政治和人民命运,支持人类的正义事业。许多批评家说,诗人是"人类的儿童"。因为他们都是天真善良的。在现代的许多诗人中,泰戈尔更是一个"孩子的天使"。他的诗正如这个天真烂漫的天使的脸;看着他,就"能知道一切事物的意义",就感到和平,感到安慰,并且知道真相爱。

在泰戈尔的诗中含有深刻的宗教和哲学的见解。对泰戈尔来说,他的诗是他奉献给神的礼物,而他本人是神的求婚者。他的诗在印度享有史诗的地位。他本人被许多印度教徒看作是一个圣人。泰戈尔参加领导了印度的文艺复兴运动,除诗外还写了小说、小品文、游记、话剧和 2000 多首歌曲。

他的散文内容主要是社会、政治和教育,他的诗歌,除了其中的宗教内容外,最主要的是描写自然和生命。在泰戈尔的诗歌中,生命本身和它的多样性就是欢乐的原因。同时,他所表达的爱也是他的诗歌的内容之一。

泰戈尔的一生是在印度处于英国殖民统治的年代中度过的。祖国的沦亡,民族的屈辱,殖民地人民的悲惨生活,都深深地烙印在泰戈尔的心灵深处,爱国主义的思想一开始就在他的作品中强烈地表现出来。他虽然出身于富贵家庭、生活在矛盾错综复杂的社会里,但他的爱憎是分明的,创作思想是明确的,始终跟上了时代的步伐。他曾在民族独立运动高潮时,写信给英国总督表示抗议殖民统治,并高唱自己写的爱国诗歌领导示威游行。印度人民尊崇他、热爱他,称他为诗圣、印度的良心和印度的灵魂。

泰戈尔生逢急剧变革的时代,受到印度传统哲学思想和西方哲学思想的影响。但他世界观最基本最核心部分还是印度传统的泛神论思想，即"梵我合一"。在《缤纷集》中，他第一次提出"生命之神"观念。他对神的虔诚是和对生活、国家与人民的爱融合在一起的。但这使他的诗歌也蒙上了浓厚的神秘主义色彩。另外，他提倡东方的精神文明，但又不抹杀西方的物质文明。这些都使

他的思想中充满了矛盾而表现在创作上。

综观泰戈尔一生思想和创作发展，可大体分三个阶段：幼年直至1910年前后，他积极参加反英政治活动，歌颂民族英雄，宣扬爱国主义，提倡印度民族大团结。1907年开始过隐居生活直至1919年再次积极参加民族运动，爱国主义激情稍有消退，政治内容强的诗歌被带有神秘意味的诗歌所取代，也受了西方象征主义、唯美主义诗歌的影响，宣扬的是爱与和谐。从1919年阿姆利则惨案开始直至逝世，他又开始关心政治，积极投身民族解放斗争，作品的内容又充满了政治激情，视野也开阔了，对世界和人类都十分关心。可以说，泰戈尔一生的创作既有"菩萨慈眉"，也有"金刚怒目"。他的诗歌受印度古典文学、西方诗歌和孟加拉国民间抒情诗歌的影响，多为不押韵、不雕琢的自由诗和散文诗；他的小说受西方小说的影响，又有创新，特别是把诗情画意融入其中，形成独特风格。

泰戈尔长达60余年的艺术生涯中，他继承了古典和民间文学的优秀传统，吸收了欧洲浪漫主义与现实主义文学的丰富营养，在创作上达到炉火纯青的地步，取得了辉煌成就，成为一代

文化巨人。1913年，获诺贝尔文学奖，英国政府封他为爵士。

泰戈尔诗歌分为三类：早期故事诗、中期抒情诗和晚期政治诗。他的诗作中，爱祖国、爱人类、爱自然、爱生活的美好情感和对神的信仰、对现实的苦闷失望交织在一起，构成了起伏跌宕的乐章。

他的主要风格在于将抽象的思想观念、深邃的哲理意识和无形的精神活动变成生动可感的、具体有形的艺术形象。

泰戈尔善于通过拟人化和形象化的艺术手段表达自己的思想意图。典型的宗教性的文学作品，是献给神的歌，是一部充满了哲学思想的颂神色彩的抒情诗。这神是从印度哲学中玄而又玄的梵这个抽象概念演化而来的一个具有人格的有形的具体的神的形象，事实上，我们也可以说泰戈尔的哲学思想受到古希腊文化的深刻影响，它把印度宗教崇拜的单一的那个神，变换为人神合一的形象，这样一个宗教神的形象包含了诗人的哲学思考、内心向往和仰慕，他被赋予了各种可感的具体的形体：上帝、天父、朋友、同志、父亲、国王、主人。泰戈尔使这个形象在现实中活动，在人群中歇脚，在阳光下、阴雨中生活，具有和人相同的生命、思想和灵魂，而这些都明显受到希腊神话的影响，而他描写的这个神的形象有时又幻化为太阳、光明、云、风等自然形象，表现出神的无限威力、无上人格，深深烙上了希腊神话和传说的印记。实际上，他所创造的这个神的形象，正是泰戈尔宣传的人格、人心和人性的抽象概念的形象化，在这里贯穿了泰戈尔的宗教哲学思想，即人神是统一的，可以互换。

泰戈尔诗歌的鲜明特征和独特风格还体现在他的诗歌融抽象的哲理性和浓郁的抒情性于一体。泰戈尔的诗歌流传最为广泛的是他的抒情诗，这些饱含激情的抒情诗中往往充满了深邃的哲理但同时又漫溢着浓厚的抒情性。

由于泰戈尔的诗歌创作受到西方文学的影响，因此他的诗歌突破了浪漫主义直抒胸臆和现实主义客观白描惯用手法，往往用象征主义的手法将抽象的意念和内心世界的变化借具体物象来暗示或显现。如：春天、雨季、夜晚、阳光、白昼、天空等都是诗人常用的意象，泰戈尔特别强调运用象征主义的艺术表现形式，如他的《新月集》《飞鸟集》《园丁集》等，其中的新月即象征童心，飞鸟则象征自由，而园丁象征爱情的奉献，等等。除此之外，诗人还喜欢用短小的诗句表达深远的思想和哲理，并且也喜用寓言来传达思想，这也是印度传统文学的表现形式之一，是诗人对印度传统文化的继承。

卡雷尔·恰佩克
| 剧作家、童话寓言家、科幻文学家

卡雷尔·恰佩克（1890年—1938年），生于捷克波希米亚北部的马列·斯瓦托尼奥维采，父亲是一位乡村医生，出诊回来后他经常以充满激情的语调对家人演讲。在父亲的影响下，恰佩克8岁时就开始写一些打油诗和应景短句。母亲很有文化教养，感情丰富，她培养了恰佩克的浪漫精神和想象力。1909年，恰佩克进入查理大学学习哲学，1915年获得博士学位。他的哥哥是个作家，因为其爱国心和正义感而遭到法西斯的残害。恰佩克从查理大学哲学系毕业后任新闻记者并开始文学创作。

作为捷克20世纪初期文坛上最活跃的人物之一，他深受西方哲学和文学的影响，1913年便开始翻译法国现代派诗人的作品，如阿波利奈尔的《美好的文学》。第一次世界大战后他到过许多国家，写有《意大利书简》《英国书简》《西班牙之行》《牧场之国》和《北方之行》等。

20世纪20年代起，恰佩克就善用虚幻、象征的现代派手法，并用这种现代派手法写了许多科幻作品，其中最具代表性的作品则是他在 1920 年写的一部讽刺剧《罗素姆万能机器人》。

《罗素姆万能机器人》描写了在大西洋的一个岛屿上,有一家制造和生产机器人的罗素姆万能机器人公司。老罗素姆着手制造机器人是为了向神挑战,而小罗素姆则继承了他的成果,将人造人的人体结构加以简化,从而使之能够批量生产。10 年之后,机器人已渗透到世界上所有的劳动领域,被夺走饭碗的工人开展了取缔机器人的斗争。而政府则把武器发给机器人,以镇压工人运动;同时还将机器人武装起来,迫使他们投入战争。而随着机器人大量被生产出来,无须再用人从事劳动,人口增长停止了,出生率接近于零。一些人预感到人类有灭绝的危险,但罗素姆机器人公司的负责人却听不进去,继续扩大机器人的生产规模。同时罗素姆机器人公司还对机器人制造技术加以改进,使之具有思想。这样一来,具有反抗意志、不听使唤的机器人越来越多,他们的暴乱使人类面临更大的灭绝危险。面对这种危机,工程师毅然烧毁了所有制造机器人的文件。但这样一来,人们也失去了最后的王牌。结果,除了这位知道机器人秘密的工程师,其他人都被杀死了。不能生育的机器人在不断老化,其数量也在逐渐减少。他们想要工程师说出制造机器人的秘密,但工程师却保持沉默。终于有一天,工程师突然听到了最后两个机器人的笑声,这气声是由两种不同性别的机器人发出的。工程师威胁说要解剖他们,可两个机器人却互相庇护,并同时感知到了人类的思想和感情——于是,他们成了新的亚当和夏娃。

这就是卡雷尔·恰佩克创作的著名的四幕戏剧《R. U. R》,并于 1921 年正式公演。《R. U. R》一经公演便引起巨大轰动,后被视为"荒诞派"戏剧的开山之作,卡雷尔·恰佩克也因此被称为欧洲理性戏剧最具代表性的剧作家之一,与马雅科夫斯基、高尔基、萧伯纳、布莱希特等人并列。

从这个故事中我们还可以看出,这部戏剧反映了当时社会劳苦大众的艰辛生活。卡雷尔·恰佩克痛恨这种盲目追求利润的社会状态，但又担心革命的结果是共同毁灭，因此他的思想里充满了矛盾，作品反映出作者痛苦的内心世界。曾以《绞刑架下的报告》而闻名于世的捷克作家伏契克曾在一篇评论卡雷尔·恰佩克的文章中指出："他真愿意自己生活在其中的这个世界，是一个能为所有人完全忍受得了的乃至不必进行任何激烈改革的世界；可是，他又不能不感觉到事实并非如此。所以说他是诗人，他的作品常常流露出由于这一感觉而引起的痛苦情绪。"

从科幻文学的角度而言，这部戏剧最重要的意义在于一个新名词的诞生——机器人。卡雷尔·恰佩克根据 Robot（捷克文：劳役、苦工）和 Robotnik（波兰文：工人）创造出 Robot（机器人）一词。由于该剧所造成的影响，这一词汇后来为欧洲各种语言吸收而成为世界性词汇，并为科幻文学发扬光大。

卡雷尔·恰佩克创作有数部长篇小说，其中有三部科幻小说，分别是《绝对大》（1922年）、《克拉克特》（1924年）、《鲵鱼之乱》（1936年），此外还有一篇中篇科幻小说《流星》（1934）。卡雷尔·恰佩克还写过两部带有幻想色彩的戏剧：《马克洛布罗斯秘密》和《白死病》。

除科幻文学作品外，卡雷尔·恰佩克也创作童话作品。他一生共创作了8篇童话，如《鸟和天使的童话》《狗和精灵的童话》《流浪汉的童话》等，后被收入《恰佩克童话集》，其中的插图均为其兄约瑟夫·恰佩克所绘。

从他1921年创作的《昆虫生活》这一剧作不难看出，恰佩克早期作品的特点是悲观的、消沉的，在思想上处于矛盾的状态。《昆虫生活》（全名《昆虫生活中的景象》），是一部三幕哲理剧，是作者早期和他的哥哥约瑟夫·恰佩克合著的，描写了一个饱经沧桑、被社会和家庭遗弃的流浪汉在弥留之际漫游昆虫界的见闻。在这部哲理剧中，昆虫界象征人类社会，昆虫象征人类社会中形形色色的人。因此，在剧中昆虫界的昆虫所穿服装与人类大致相同。在该剧中，恰佩克以昆虫世界比喻人类社会，揭露了资本主义社会的弊端，对人类的前途感到绝望。剧中的流浪汉本想在昆虫世界中寻找生存的意义，但他却失望地发现没有任何收获。在无奈的流浪中，流浪汉进行着徒劳的探索，最后在无奈与徒劳中结束了自己的生命。这个哲理剧是恰佩克兄弟对罪恶的资本主义社会的无情控诉，昆虫界则是人类社会的缩影。他早期的几个剧本，从不同的角度揭露了资本主义社会的黑暗与罪恶。

作为一名杰出的童话寓言家，他尤为擅长幽默和幻想。他的童话作品以鸟禽牲畜和幻想的形象来揭露、讽刺社会生活中的丑恶现象。1936年哈佩克出版了著名的长篇科幻小说的代表作《鲵鱼之乱》。在该作品中，他运用现实主义、虚幻和象征的现代手法歌颂了工人阶级的团结战斗，表现了反法西斯主义的战斗精神。作品中采用寓意和童话手法讽刺和抨击资本主义社会中的丑恶现象和法西斯主义。

不可否认的是，卡雷尔·恰佩克是一位具有进步思想的作家，他与哥哥合写的一些作品，如散文《明亮的深潭》《克拉克诺什山的花园》等，大多主题鲜明，猛烈地抨击了当时社会的弊病。同时，他还指出科学技术的巨大进步将导致整个人类世界的毁灭；认为科学必须为人民服务。另外，他关于人类掌握原子能的预言也已成为现实，因而他的作品在国际文坛上享有盛誉。

《一个园丁的一年》是卡雷尔·恰佩克所写的少数自然文学作品之一，被认为是"这个来自波希米亚乡下的农民留给世人最珍贵的礼物"。不同于他其他著作的是，本书通过20多篇文笔灵动、趣味隽永的小品文，描绘出了一个笨拙却乐天的园丁在12个月里收拾花园的故事。在这本书中，卡雷尔以极大的耐心，跟读者分享了"如何盖一座小花园""如何成为一个园丁""一粒种子怎样发出幼芽""怎样等待雨露的滋润"等田园生活的乐趣，全书看似夸张却蕴含哲理，通过园丁在一年中的辛勤劳作，揭示出微渺的人类应该好好看待生命中的每一天，珍惜身边所有的亲人与朋友。

卡雷尔·恰佩克善于把抽象的感受力具体化，把艰深的哲思转化为可以被孩子们的想象力捕获的童话故事，充分体现了一个天才作家了不起的创造力。在开辟了感知事物的"通道"后，他所写的故事文本本身，又开辟了表达情感和智慧的"通道"。在他的短篇童话《邮差的故事》中，面对无数封各种各样的邮件，他告诉我们一种破解这些信件秘密的方法：负责分拣信件的小矮人依靠触摸信件感到的温度来确定信件的价值，换句话说，他们依据写信人的感情来判断每封信是冷是热，或是有没有价值。感情深的信件是温暖热烈的，没有感情的信则是冷冰冰的。卡雷尔通过这封神秘的来信，一封由恰佩克写给我们的、充满深沉感情的滚烫的信，将哲理转化成童话故事，用童话故事告诉孩子们哲理。

卡雷尔·恰佩克对生活有着非凡的热情，他的兴趣广泛，除文学之外，园艺、绘画和摄影都令他沉醉，《我的小狗达森卡》中那些可爱的达森卡"玉照"就由他本人拍摄，为自己的作品画插图更是常事。他的哥哥约瑟夫·恰佩克，作为一位画家，为卡雷尔·恰佩克的作品画了大量的插图，《猫狗小英雄》与《我和花草有约》中的精彩插图就出自约瑟夫·恰佩克之手。

《猫狗小英雄》中卡雷尔·恰佩克笔下的小狗"达森卡"顽皮、善良，即使是惹祸也让人不忍责怪，字里行间无不透露出平等、博爱的笔触，无时无刻都能感觉得到他对达森卡倾注的浓浓情感，让我们觉得达森卡是那么平凡，同我们身边的任何一条小狗一样，达森卡又是如此生动，毛茸茸的样子跃然纸上。哥哥绝妙的插图，与弟弟的文字相得益彰，默契得天衣无缝。哥哥用简单的线条，勾勒出文字中的童话世界，跟弟弟比起来，更富趣味性的奇思妙想在他的书中比比皆是。他笔下的人物造型，与另一位捷克著名插画家约瑟夫·拉达创作的"好兵帅克"形象有异曲同工之妙。

卡雷尔·恰佩克曾先后获得四次国家奖，在文学上有着巨大成就。此外，他还担任过捷克笔会的主席，并与人共同建立了斯洛伐克笔会。他真正为儿童写的童话虽然只有几篇，却可称为世界童话的精品。同时，他也是第一个创造出"机器人"这一世界名词的人。为纪念卡雷尔·恰佩克对科幻文学的巨大贡献，世界科幻小说协会将其科幻翻译奖命名为"恰佩克科幻翻译奖"。

海明威

| 美国作家、记者，被认为是 20 世纪最著名的小说家之一

欧内斯特·米勒尔·海明威（1899 年—1961 年），出生于美国伊利诺伊州芝加哥市郊区的奥克帕克。一家六个孩子中他排行第二。他母亲让他练习拉大提琴，他父亲教他钓鱼和射击，海明威的童年似乎没有创伤。他是一个热情的、好竞争的标准美国男孩：学习成绩好，体育运动全面发展，参加辩论团，学校乐队里拉大提琴，编辑学校报纸《吊架》，还给文学杂志《书板》投稿，写短篇小说和诗。高中毕业之后，拒绝就读大学的海明威，18 岁时成为在美国举足轻重的《堪城星报》的记者，开始了他的写作生涯。《堪城星报》工作 6 个月的经历使海明威受到了良好的写作训练。

1918 年，第一次世界大战爆发后，海明威不顾父亲的反对辞掉了记者一职，并尝试加入美国军队以观察第一次世界大战的战斗情况。但海明威由于视力缺陷导致体检不及格，只能被调到红十字会救伤队担任救护车司机。在前往意大利前线途中，他在德国炮火轰炸之下的巴黎逗留。他并没有在安全的旅馆停留下

来,反而尽量去接近战场,在前线待了一个星期。在这个星期最后一天的下半夜,海明威在意大利东北部皮亚维河边的福萨尔达村,为意大利士兵分发巧克力的时候,被奥地利迫击炮弹片击中。他旁边的一个士兵被打死了,在他前面的另一个士兵受了重伤。他拖着伤兵到撤退时,又被机关枪打中了膝部;当他们到达掩护所的时候,重伤的伤兵已经死去。海明威腿上身上中了 200 多片碎弹片,他在米兰的医院里住
了三个月,动了十几次手术,大多数弹片都取了出来。这时候,离他 19 岁生日还差两个星期。

　　海明威说过,"对于作家来说,有战争的经验是难能可贵的。但这种经验太多了,却有危害。"被炮弹击中不仅摧残了海明威的身体而且也使他的大脑遭受创伤,影响更长、更深远。一个直接的后果是失眠,黑夜里他整夜睡不着觉。五年之后,海明威和妻子住在巴黎,他不开灯仍然睡不着。在他的作品中,失眠的人处处出现:《太阳照常升起》中的杰克·柏尼斯;《永别了,武器》中的弗瑞德里克·亨利和涅克·阿丹姆斯;《赌徒、修女和收音机》中的弗莱才先生;《乞力马扎罗的雪》中的哈利和《一个干净明亮的地方》中的老年侍者都患失眠症,害怕黑夜。那个年老的侍者说:"这毕竟只是失眠。有这病的人一定不少。"菲利普·扬对海明威的个性作了出色的、合乎情理的心理学分析,提出一个论点,说他这次创伤而引起的情绪,非他理性所能控制。

海明威晚年反复地、着了魔似的搜索这类似的经验，来驱除那种精神创伤；如果办不到，他就不断地通过创作来再现这个事件，为的是控制它所激起的忧虑。

战争过后，他回到了故乡。橡树园热情欢迎他的英雄归来，但是海明威的父母亲感到厌烦，因为这个年轻人除了写作别无雄心，又极为乐意接受家庭的供养。有效时间他为多伦多《每日星报》和《星报周刊》写特写。他姐姐玛茜琳尼写道，他刚过完21岁生日，母亲提出最后通牒：要么找一个固定的工作，要么搬出去。海明威搬了出去，到芝加哥当了一年《合作福利》的编辑，这是一份宣传合作投资的机关报。那年冬天，他认识了他在文学界第一位重要的朋友舍伍德·安徒森，并且通过安徒森，认识了"芝加哥派"的其他成员。此后两年，海明威成了《星报》驻欧洲的流动记者，人住在巴黎，兼写关于日内瓦与洛桑国际会议的报道，包括希土战争的简练的戏剧性电讯。他偶尔写一点轻松但观察敏锐的印象游记，内容是瑞士滑雪、西班牙斗牛和德国战后生活。

在这段时间里，他写小说、写诗，想找一个出版商发表他一篇文章，但一直没有找到。他凭舍伍德·安徒森的一封介绍信，带着他的作品去见葛屈露德·斯泰因，斯泰因喜欢这个年轻人，他派头简直像大陆上的人，一双眼睛"好奇得有感情"，她鼓励他当作家，不过劝他应该完全放弃新闻记者的工作，把散文修改得更加精练一些："这里描写很多，又写得不十分好。从头来，写得集中一些。"庞德也喜欢这位新到的作家，同他一起散步、拳击，鼓励他继续写诗。五月份和六月份，海明威头一次公开发表作品——一篇只有两页的讽刺性寓言《神妙的姿势》和一首只有四行的诗《最后》。这首诗是补白，填补威廉·福克纳六节诗留下的空白。一家新奥尔良的杂志《两面派》把这两篇作品都发表了，他的这番运气，靠的是舍伍德·安徒森的帮忙。

1925年,司各特·菲兹杰拉德还没有认识海明威的时候,艾德蒙·威尔逊已经给他看过海明威的作品,菲兹杰拉德印象很深,并催促斯克利布纳公司的麦克斯威尔·珀金斯去约稿。珀金斯写了信,但因为邮递方面的错误晚到了十天,海明威已经接受了安徒森的出版者波尼和利夫赖特公司 200 美元的预支稿酬,出版他的短篇小说集《在我们的时代里》,其中包括同名集子中发表的早期的速写,还接受出版公司对于他接下来的两本书的约稿。

1926 年 10 月斯克利布纳公司出版了《太阳照常升起》,不到 30 岁的海明威成了有定评的文学家。作为一位作家,他第一部长篇小说销路不错,也博得了好评。尤其是 1929 年发表《永别了,武器》的时候,他已经有了足够的经历,形成他对人类命运的看法和极能表现这种看法的文体风格。虽然他艺术上的发展还没有结束,但是他后来写的东西至多是技巧更为精致,更有光彩,把他已经写过的主题加以变化罢了。

1937—1938 年,他以战地记者的身份奔波于西班牙内战前线。在第二次世界大战期间,他作为记者随军行动,并参加了解放巴黎的战斗。1940 年,海明威与费孚的婚姻结束,在这段期间,身体健康问题接踵而至,对海明威造成了很大困扰。同年,海明威发表了以西班牙内战为背景的反法西斯主义的长篇小说《丧钟为谁而鸣》；1950年，以"二战"后的威尼斯为背景的《过河入林》出版，马尔克斯就曾表示："没有《过河入林》，就没有《老人与海》。"

1941年底太平洋战争爆发后，海明威立即将自己的游艇改装成巡逻艇，侦察德国潜艇的行动，为消灭敌人提供情报。1944年，海明威随同美军去欧洲采访，在一次飞机失事中受重伤，但痊愈后仍深入敌后采访。第二次世界大战结束后，他获得一枚铜质奖章。

海明威的内心蕴藏着巨大的能量，他在62年的生涯中，写下了许多不朽作品，一生的伟大文学成就是他53岁创作的名篇《老人与海》中体现出来的。《老人与海》是一部融信念、意志、顽强、勇气和力量于一体的书，它让人彻底懂得了打不垮的坚不可摧的精神力量。它围绕一位年老的古巴渔夫，与一条巨大的马林鱼在离岸很远的湾流中搏斗而展开故事的讲述，完美地体现了海明威所说的"你尽可把他消灭掉，可就是打不败他"的思想。这部文学作品为海明威赢得了诺贝尔文学奖的至高荣誉，成为经典的文学作品，影响了一代又一代的读者。同样是这样的一部文学作品，其中蕴涵了海明威的内心世界和矛盾的心理斗争。这部文学作品折射出了海明威的创作特色，小说语言平常如水，简单易懂，有着现实的人物和故事情节，在叙事风格上更是"冰山原则"的完美运用，通过对人物日常生活的描写来展现出自己矛盾的内心世界。海明威塑造出的硬汉形象成为文学界的经典，是对人类精神的高度赞扬，这些也都是小说《老人与海》能够让海明威获得诺贝尔文学奖的重要因素之一。

海明威的写作风格是注重现实，脚踏实地。他的文风简洁洗练，很少使用比喻、拟人，喜欢直截了当。"世界文学处处都有海明威的影响，但你又不能辨认出哪一处是海明威的，他的影响是弥漫性的，其神韵已渗透到世界文学的天地中。"

　　文学是语言的艺术，借助语言的表现才能得以成为具体的作品。海明威在语言的运用方面是世界上最具有特色的大师之一，他以文笔简洁、明快著称。他大刀阔斧地削去一切花花绿绿的比喻，不用或少用形容词，写短句，爱用日常语言，净化了文学语言，创造了具有自己特色的"海明威风格"。海明威的作品，得力于他多年新闻记者的功底，形成了一种简明、清新、干净的散文文体，人称"电报式风格"。

圣埃克苏佩里

> 他以星空中的人为视角的《小王子》(Le Petit Prince,) 一书销量已过亿册, 被誉为"销量仅次于圣经的书"

安托万·德·圣埃克苏佩里(1900年—1944年),出身于法国一个没落贵族家庭。父亲有伯爵头衔,在保险公司任职,母亲懂音乐,爱绘画,艺术修养很高。4岁时,父亲患脑出血溘然去世,其母携带姐弟五人离家先后住到姨妈和外祖母的祖传房产中。圣埃克苏佩里第一次乘火车旅行即对机械产生浓厚兴趣,梦想有朝一日能飞上天空。母亲的姨祖母也是年轻守寡,常邀请他们一家到她的庄园同住。庄园在圣·莫里斯·德·莱芒,位于里昂东北30公里处,那里是圣埃克苏佩里童年的天堂。

1909年,一家人迁居勒芒市。圣埃克苏佩里进圣克鲁瓦教会中学读书,但学校里沉闷的气氛使这位爱好幻想的少年颇感压抑,因此被视为一个不守规矩的学生。1912年夏天,圣埃克苏佩里经常徘徊于学校附近的安贝利欧机场,当年颇有名气的飞行员魏德林被圣埃克苏佩里的热情好动所感动,带着他飞上天空,这是他第一次飞行。同年,圣埃克苏佩里开始拜师学拉小提琴。

1914年，他14岁时，第一次世界大战爆发。他的母亲参加护理伤员的工作，将圣埃克苏佩里兄弟二人送进蒙格雷中学寄宿。兄弟二人不愿受森严刻板的约束，只待了一个学期便催促母亲将他们"从这个巫婆的巢穴里拯救了出来"，随后一家人居住在瑞士的弗里堡。圣埃克苏佩里从小便聪明好学，喜爱写诗歌，玩弄机械，但做事却容易分心，爱遐想，因此功课平平。

任何一个身份的确立都需要付出巨大的努力，作家、飞行员，但圣埃克苏佩里的多重身份还远不只此。在法国文学史上占有重要地位的圣埃克苏佩里还是发明家（获得13项航空科技发明的专利权）、现役军人、战地记者、哲学家、冒险家、法国公民……拥有多重身份的圣埃克苏佩里的一生在常人看来是短暂而丰美的。虽然这样的人生对他自己而言，只是源于本能好奇心的自然而然的人生奋斗，与任何其他人的奋斗没有太大区别。而在圣埃克苏佩里的众多身份里面，最让人感动的是他的这三个身份：飞行员、作家和民族英雄。

圣埃克苏佩里对自我的认知首先是一个出色的飞行员，其次才是一个作家。1921年—1923年，他在法国空军服役，先是后备飞行员，后成为民航驾驶员，参加为开辟法国—非洲—南美洲国际航线的工作。他在各种艰苦条件下都飞过，还曾经因为飞机失事被困雪山七天。平常他抓紧时间在各种艰苦条件下写作，成绩斐然。

他是人类文学史上通过飞行讨论人生与人类文明的第一人。圣埃克苏佩里早期的两篇中篇小说《南方邮航》与《夜航》的创作灵感均来自他亲身的工作经历。

没有翅膀的人类天生向往飞行，能够驾驭飞机遨游天际的飞行员时至今日仍受人艳羡。飞行员这一职业表面上自由浪漫，实质上却对智商、体商和情商都有很高的要求，从业人员必须接受严格的训练掌握过硬的技术，要具有极大的勇气、高度的责任感和自我牺牲精神。在圣埃克苏佩里的年代，自动导航仪尚未问世，飞机时速低，航空图不全面，气象资料欠缺，无线电尚未普遍使用，圣埃克苏佩里所供职的法国邮政航空公司要求飞行员驾驶升限仅5200米的飞机，迂回而过7000米高的崇山峻岭，在欧洲、非洲和南美洲之间传递邮件，随后又开展夜间航班以增加相对于陆路和水路的邮政航空的竞争优势，每一次夜间飞行，甚至每一次飞行都充满不可预知的凶险，第一代与第二代的法国民航飞行员也从中得到培养和成长。圣埃克苏佩里是法国用飞机运送邮件的先行者之一，也是这一艰难历程的忠实记录者。

《南方邮航》平静而直截了当地描写了当值飞行员的死亡。所有人都知道法比安的死亡已经注定，而夜航仍将继续。圣埃克苏佩里清晰地告诉所有人：飞行员需要用生命来承担责任，飞行员个体的死亡无损于责任的继续担当。

飞行员是星空中的人。飞行这个职业赋予从业人员更多的与星空亲密接触的机会。日出日落，圆月弦月，茫茫的黑夜，广袤的星空，变幻的云层，连绵的山脉，蜿蜒的河流，无垠的大海，狭小的机舱，时空的转换，无边的寂静与孤独，或迷人温馨或枯燥乏味的风景。

圣埃克苏佩里以星空中的人为视角的《小王子》一书自问世以来受到了全世界读者的喜爱，销量至今已过亿册，被誉为"销量仅次于圣经的书"。该书以第一人称叙述了一个飞行员与一个小王子在沙漠中的邂逅。小王子来自一个仅能容身一人的小小外星球，因为与一朵虚荣娇气的玫瑰发生了不愉快，他离开了自己的星球，从一个星球走到另一个星球，遇到了很多奇怪的成年人：有强烈权力欲的国王、爱慕虚荣的人、酒鬼、为计算金钱忙碌的企业家、点灯人、地理学家。最后小王子来到了地球，与狐狸和蛇交上了朋友，找到了爱的意义，回到自己的星球去照顾那朵属于自己的平凡玫瑰。圣埃克苏佩里本人也被无数读者想象成书中纯真的小王子和那个困顿的成年飞行员的混合化身：每一个人都有很多面的性格与形象。

相对于海洋与群山，沙漠是人类地理概念上一个壮丽、充满想象而又艰涩的词汇。1936年，身为飞行员与冒险家的圣埃克苏佩里为了挑战自己，也为了改善经济状况，想创造从巴黎直飞西贡的远程飞行记录，以争夺法国空军军部颁发的一笔15万法郎的奖金，结果飞机坠落在利比亚的大沙漠里，他与机械师在沙漠中被困四天，幸而在濒临死亡的边缘被当地阿拉伯人搭救。这样的亲身经历使得沙漠对圣埃克苏佩里具有了相当的现实意义：巨大的沙丘，迷失，脱水濒死，严酷的气候，痛苦，绝望，幻觉，坚持，幸运。外来者只有依靠真诚、智慧、谋略与勇气才有可能获得当地人的友谊与帮助，从沙漠中脱困。从此，圣埃克苏佩里的作品中，故事常常发生在沙漠之中。飞行在给予飞行员超越这个星球上的平庸生活的同时，也逼迫他们不得不去面对这个星球上荒凉角落里的严酷现实。

20世纪40年代初，德国迅速崛起，"刀刺在背"的历史让德国人普遍不安，怀着对第一次世界大战战败后被过度惩罚的复仇之心，凭借其强大的军事技术对比优势，纳粹德军在希特勒指挥下发起闪电战长驱直入攻入法国。巴黎沦陷，法国投降。全世界为之震惊，认为是欧洲伦理与文明的崩溃，法兰西不复存在。面对咄咄逼人的"德国战车"，战争初期的国家与个人都表现出了相当复杂的心理。英国在其铁腕政治领袖丘吉尔以及英国王室的号召下不再绥靖，坚守英伦三岛，誓死血战到底。美国出于自身利益，选择孤立政策，不顾沦陷国的希冀与期望，在沉默中长期观望。面对纳粹德国的高压，部分法国作家选择了与纳粹合作沦为法奸，又有一部分法国作家选择远离法国本土避开战火。圣埃克苏佩里在亡国之痛中离开法国，流亡美国，在巨大的痛苦与抑郁中创作了《空军飞行员》，号召抵抗侵略。此书被公认是第二次世界大战中民主国家抵抗文学的杰作。随后圣埃克苏佩里重返法国，以超高龄加入法国空军直接参战并最终为国捐躯。

圣埃克苏佩里短暂的一生为全人类留下了丰厚的精神遗产：他生前出版了《南方邮航》《夜航》《人的大地》《空军飞行员》《小王子》；在他罹难之后，法国继续出版了他的作品《要塞》《青年时代的信札》《笔记》《给母亲的信》《生命的意义》。难以想象一个全职飞行员能有如此旺盛的文学创作力，能达到如此的生命高度，其充满诗意与哲理的童话作品《小王子》更跻身全世界最负盛名的文学作品之列。即使身受重伤，也不妨碍圣埃克苏佩里创作的激情与能力的发挥。

圣埃克苏佩里的早期作品文笔朴素、感情真挚；后期作品逐渐走向哲学化、抽象化，尤其是《要塞》给读者相当沉重的阅读压力。在圣埃克苏佩里去世后，他的人生价值被全世界再度审视。作为杰出的飞行员、伟大的作家，法国人以各种方式纪念着他：他的肖像曾被印在法国50法郎的货币上，他的出生地——法国里昂机场以他命名，他工作过的地方图卢兹有他和小王子的铜像和以他命名的街道。

·第二部分·
中国文学家的故事

古代部分

屈 原
| 杰出爱国诗人、政治家

屈原(公元前339年—公元前278年),战国时期楚国诗人、政治家。出生于楚国丹阳秭归(今湖北宜昌)。芈姓,屈氏,名平,字原,是楚武王熊通之子屈瑕的后代。屈原从小受到良好的教育,见闻广博,记忆力很强,通晓治理国家的道理,熟悉外交应对的辞令。对内与楚怀王谋划商议国事,发号施令;对外接待宾客使臣,应酬诸侯,深得楚怀王的信任。

屈原

他曾担任楚怀王的左徒,这是一个仅次于最高行政长官令尹的一个官职。他提倡"美政",主张对内举贤任能,修明法度,对外力主联齐抗秦。因遭楚国贵族排挤诽谤,被先后流放至汉北和沅湘流域。楚国郢都被秦军攻破后,屈原自沉于汨罗江,以身殉国。

屈原是中国文学史上第一位伟大的爱国诗人,主要作品有《离骚》《九歌》《九章》《天问》等。他是中国浪漫主义文学的奠基人,"楚辞"的创立者和代表作家,开辟了"香草美人"的传统,被誉为"辞赋之祖""中华诗祖"。屈原作品的出现,标志着中国诗歌进入了一个由集体歌唱到个人独创的新时代。以屈原作品为主体的楚辞是中国浪漫主义文学的源头之一,《离骚》与《诗经》的《国风》并称"风骚",对后世诗歌产生了深远影响。

1953年,在屈原逝世2230周年之际,世界和平理事会通过决议,确定屈原为当年纪念的世界四大文化名人之一。在这一年的端午节,北京举行了隆重的纪念屈原的集会和楚文物的展览,展示了屈原祠和屈原墓的照片。在屈原去世2230年之后,中国和全世界的人们还在用各种方式纪念他。

屈原以上古帝王颛顼氏为先祖,与楚王是本家,被称为楚国公族。到了屈原这一代,屈氏家族中当大官的人不多,只有屈原和后来被秦国俘虏的大将屈丐。屈原虽然出身贵族,但因自幼生活在平民大众之中,加以家庭的良好影响,因此十分同情贫穷百姓。

公元前321年,秦军进犯楚境,屈原组织乐平里的青年奋力抗击,他一方面对青年们进行战斗鼓动,一方面巧用各种灵活的战术,机智勇敢地给敌人以沉重打击,展示出了非凡的才华,得到楚怀王的提拔,当了一个差不多相当于副县长的官。但屈原才华出众,逐渐深得楚怀王信任,公元前319年,擢升为左徒,这个官职相当于左丞相,对内与怀王谋划商议国事,发号施令;对外接待宾客,应酬诸侯。

经过多年的征战,诸侯国形成了战国七雄的局面。到了屈原时代，燕、赵、韩、魏已经不再强大，位于西方的秦国最为强大，时常攻击六国。楚国名士公孙衍提出合纵，即联合六国一同抗秦。屈原积极参与此事，就在出任左徒的那年秋天，他便首次出使齐国，组织合纵攻秦。在公孙衍和屈原的共同努力下，终于促成楚、齐、燕、赵、韩、魏六国君王齐集楚国的京城郢都，组成联盟，并让楚怀王做了联盟领袖。因为这事，屈原得到了怀王的重用，很多内政、外交大事，都让他自行做主。

公元前317年，楚怀王积极进行改革，屈原也忙于变法改革的各项事务，制定并出台各种法令。由于深入进行的变法改革，触及了楚国旧贵族们的利益，引起了他们的极大不满和憎恨。

上官大夫靳尚和屈原同在楚国为官，看到楚怀王如此信任屈原，非常嫉妒。楚怀王让屈原拟定法令，屈原起草尚未定稿，靳尚就在怀王面前谗毁说："大王叫屈原制订法令，大家没有不知道的，每一项法令发出，屈原就夸耀自己的功劳说：'除了我，没有人能做的'。"怀王很生气，也意识到自己给予屈原的权力过大，便开始逐渐疏远屈原。

屈原痛心怀王听信小人之言，不能明辨是非，忧愁苦闷之下，写出了《离骚》。"离骚"，就是遭到忧愁的意思。

屈原的官职被罢免了。后来秦国准备攻打齐国，但齐国和楚国结成合纵联盟互相亲善，秦惠王对此担忧，就派大臣张仪假装脱离秦国去离间楚国。张仪用厚礼和信物呈献给楚怀王，对怀王说："秦国非常憎恨齐国，齐国与楚国却合纵相亲，如果楚国确实能和齐国绝交，秦国愿意献上商、於之间的六百里土地。"楚怀王起了贪心，信任了张仪，就和齐国绝交，然后派使者到秦国接受土地。张仪却假装摔断了腿，三月不上朝不见人，三个月之后楚国使臣才见到张仪，张却抵赖说："我和楚王约定的只是六里，没有听说过六百里。"楚国使者非常愤怒，离开秦国，回去禀告楚怀王。

于是，楚怀王先后两次兴师伐秦于汉北楚古都丹阳（今河南西峡、淅川一带），结果都被秦国打败，楚军损失8万人，大将屈丐、裨将军逢侯丑等70余人被秦军俘虏，汉中郡沦陷。随后，秦军又攻取楚地汉中（今陕西汉中）600里，设置汉中郡。

公元前312年，楚怀王重新起用屈原，让他出使齐国，目的是齐楚两国缔结新的联盟。公元前310年，屈原仍事楚怀王，任三闾大夫。处于权宜之计，楚怀王起用屈原为齐使，当屈原从齐国回来后又被楚怀王疏远。公元前299年，秦国攻占楚国八座城池，秦昭襄王约楚怀王在武关见面。屈原和昭睢都劝楚怀王不要赴会："秦，虎狼之国，不可信，不如无行。"可怀王幼子子兰却怕失去秦王欢心，竭力怂恿怀王前去。于是，楚怀王前往武关赴约，被秦王扣押，最后客死秦国。秦国把怀王灵柩运回楚国安葬。屈原得此消息大悲，创作了千古名篇《招魂》，要招回楚怀王的魂魄。

怀王的长子顷襄王即位，任用他的弟弟子兰为令尹。楚国人和屈原都抱怨子兰，因为他劝怀王入秦而最终未能回来。令尹子兰得知屈原怨恨他，非常愤怒，终于让上官大夫在顷襄王面前说屈原的坏话。顷襄王发怒，放逐了屈原。

流放是从郢都出发，先到鄂渚，后入洞庭，转年，到达长沙，屈原在这块先王始封之地，心中涌起浓浓的宗国之情。他在沅江边漫游，在大泽边上边行走边吟唱，脸色憔悴，身体枯瘦。渔父看见他，问道："你不是三闾大夫吗，为何到了这种地步？"屈原说："世上的人都混浊，唯独我清白。众人都喝醉了，唯独我清醒。所以被放逐了。"渔父说："圣人不死板地对待事物，而能随着世道一起变化。世上的人都混浊，你为什么不搅乱泥沙扬起水波同流合污呢？众人都喝醉了，你为什么不也去吃酒糟喝薄酒一同烂醉呢？为什么要思虑深远，行为高尚，让自己遭到放逐呢？"屈原说："我听说，刚刚洗过头发的人，一定要掸去帽子上的尘土,刚刚洗过澡的人,定要抖掉衣服上的灰尘。怎能让自己洁净的身子,受到脏东西的玷污?我宁肯跳入湘水,葬身江鱼的腹中。怎能让高洁的品质沾染上世俗的污垢呢?"渔父微微一笑,用桨敲击着船舷而离去,唱道:"沧浪之水清兮,可以濯吾缨;沧浪之水浊兮,可以濯吾足。"于是自顾离去,不再和屈原说话。这就是著名的《楚辞·渔父》里描写的画面。

于是屈原于无限愁悯中写下了《怀沙》赋。在公元前278年的一天,他抱着石头在汨罗江沉江而死。

这一天,就是端午节。端午节又叫端阳节、重午节、午日节、龙舟节等,是上古初明祭祀龙祖的节日。因为在这一天大诗人屈原自沉汨罗江,人民为了怀念他,便把这一天作为屈原纪念日。

楚国人民的儿子,也是华夏民族的优秀子孙屈原去了,这年他61岁。他的死大义凛然,浩气磅礴,重于泰山。屈原的诗里就说过人的精神与德操是可以不朽的:"与天地兮同寿,与日月兮齐光。"屈原投江自尽以后,楚国有宋玉、唐勒、景差等人,都爱好文学,而以善作赋被人称赞。但他们都效法屈原辞令委婉含蓄的一面,始终不敢直言进谏。从此,楚国国力日衰,几十年后,终于被秦国灭掉。屈原自沉汨罗江一百多年后,汉代官员贾谊,上任长沙王的太傅,路过湘水时,写了文章来凭吊屈原。

一百多年后的太史公马迁说:"我读《离骚》《天问》《招魂》《哀郢》,为他的志向不能实现而悲伤,到长沙,经过屈原自沉的地方,未尝不流下眼泪,追怀他的为人。看到贾谊凭吊他的文章,文中又责怪屈原如果凭他的才能去游说诸侯,哪个国家不会容纳,却自己选择了这样的道路!读了《鹏鸟赋》,把生和死等同看待,认为被贬和任用是不重要的,这又使我感到茫茫然失落什么了。"

一千年后,唐代啸傲今古的诗仙李白,独推崇屈原,在《江上吟》诗中说:"屈平词赋悬日月,楚王台榭空山丘",盛赞屈原人品、作品光照千古,哪里是帝王豪奢的建筑可以比拟的。

我们中国人为两年多年前,有这样的诗祖屈原而骄傲。

司马迁

司马迁(公元前 145 年—不可考)字子长,夏阳(今陕西韩域)人,一说龙门(今山西河津)人,西汉史学家、散文家。西汉史官司马谈之子,任太史令,因替李陵败降之事辩解而受宫刑,后任中书令。发奋继续完成所著史籍——《史记》,被后世尊称为史迁、太史公、历史之父。《史记》是历史散文里程碑式的杰作,代表了中国历史散文的最高成就,被鲁迅誉为"史家之绝唱,无韵之离骚"。

要讲司马迁的故事得从一个放牛娃说起。先来想象一下这样一幅画面:在大西北的黄土地上,有一片绿油油的水草和丰美的洼地,风一吹,牛羊成群显现。一群不识字的放牛娃正围绕着一个识字的放牛娃,听他讲书本上读来的故事,还有从他父亲那听来的有关长安的故事。这个识字的放牛娃就叫司马迁。

司马迁的父亲司马谈是汉武帝时的一名史官,司马迁从小在父亲的指导下习字读书,十岁的时候就能诵读《尚书》《左传》《国语》等书。他父亲看他那么聪慧好学,完全是个可塑之才,就在他 12 岁那年,做了一个重大的决定,让他离开了故乡龙门,来到了京城长安在自己身边生活。

后来,在父亲的推荐下,司马迁 12 岁师从大学者孔安国;

14岁时又拜师董仲舒,读《春秋》。孔安国和董仲舒都是当时的大学者,儒家思想也因此在司马迁的生命里扎了根。

20岁的时候,他父亲就让他游历祖国山川,遍访民间,收集那些遗落的故事。他乘坐的是官府送公文的驿车,由于父亲和老师都是朝廷官员,他受到了优待,减少了很多麻烦。他带的东西不少,除了简单的生活用品,更多的是用作记录的竹简、绢帛和毛笔。还有最最重要的就是书。

司马迁离开长安后,朝着东南方向出发抵达南阳(今河南),弃车乘船,顺汉水长江而下。华夏大地,三千年文明史,做笔记、画草图,叩问山川历史。走了7年,他把竹简上读来的古人拜访个够。他在汨罗江畔凭吊屈原,长时间徘徊不去;他溯流北上访太湖东岸姑苏台,想象吴越交战的壮观情景;他沿吴淞江而下,到申这个地方寻访战国四大公子之一的楚国春申君的遗宫;他过淮阴,看过韩信母亲的坟冢;他至沛郡丰县,听曹翁讲汉高祖刘邦的故事……

他足迹遍布江淮、齐鲁国大地和中原,更出行到巴、蜀、滇南。他不只是观风景,发点思古之幽情,他要考察,要询问老者,辨别真伪,顺藤摸瓜,展开合理想象。为了一个细节,他会多方求证,不惜跑远路,往返折腾。

司马迁一生中一共有三次游历,游历的目的就是为了探访历史遗迹,搜集各地流传的逸闻趣事。他在后来写的《史记》里,司马迁经常提到游历所探访的地方,说自己的见闻,例如在写《春申君列传》中提道:我到楚地参观过春申君的老宅,那房子真是壮观啊!

公元前110年,司马迁完成了第三次游历,回到洛阳见到了父亲司马谈。这时司马谈已经病重,他抓着儿子的手流着泪说:"当年孔子编修旧有的文献典籍,振兴被废弃的礼乐和王道,整理《诗》《书》,并作《春秋》,现在的学者才有所依循",然而,自此至今诸侯兼并，战乱频发，史籍散佚，记载中断。如今汉朝兴起，海内一统，对于明主贤君和忠臣义士，他作为太史却没能记下他们的事迹，很是不甘。司马世家都是史官，父亲希望司马迁能完成他的遗愿，编一本像《春秋》那样的伟大的史学典籍。

公元前 108 年，38 岁的司马迁当上了太史令，开始为写《史记》做准备。公元前 104 年，42 岁的司马迁开始动手写《史记》的初稿。

从黄帝到汉武帝，历时三千年，多少国家兴起，多少国家销声匿迹，其中牵涉多少人、多少事，要怎么写才能让历史呈现出它原本的风貌，这是困扰司马迁的一大难题。

过去的史书都自有一套表现形式，例如《春秋》和注解它的《左传》是依年代的顺序来记载的，称作"编年体"；《国语》是依不同的国家来记载事情，称作"国别体"。这些叙事手法都有各自的特点，但都不是司马迁想采用的形式。司马迁认为历史中的人物有的雄霸天下，有的坎坷一生，有的为朋友奋不顾身，有的为一己私利可以不择手段……他认为"人"是历史的中心，《史记》最后就是以人物作为编写主体，这就是"纪传体"。司马迁是中国历史上第一个使用"纪传体"来写历史的人，而《史记》也被后世尊为"纪传体之祖"。

司马迁把历史人物分为三个阶层，分别放在三个系列之中：帝王一类放在"本纪"；王侯、功臣、名相一类放在"世家"；有特别作为而不论出生，或是境外异族的，都放在"列传"。至于"表"的设计，是用来陈列大事件所发生的时间，为方便浏览，分别作年表和月表。"书"这个体裁，是用来记载礼乐律历等文化制度方面的事。

本纪、表、书、世家、列传——司马迁就是用这五种体例来进行《史记》的写作，规模宏大，却一点也不拘泥。

司马迁天生聪慧，出生在史官家庭从小受到良好的熏陶和教育,加上他游历天下搜集到很多遗落的素材,但他在史学上能有如此造诣更是跟他的人生经历有关,即先逢绝境,后出绝唱。

把司马迁逼上人生绝境的就是李陵败降事件。

汉武帝天汉二年,也就是公元前99年,汉朝和匈奴关系很紧张,战争一触即发。汉武帝想让他自己最宠爱的一位嫔妃李夫人的兄长李广利去攻打匈奴,好让李广利借着军功封侯,为了保证李广利顺利从军,他让名将李陵为李广利做后勤保障。李陵却提出来愿意带步兵五千单独出征,以分散匈奴对李广利的军事压力。汉武帝觉得李陵很不给他面子,于是告诉李陵,他没有多余的骑兵给予后援,于是李陵就带着五千步兵出征。一开始,一路捷报,后来遇到了匈奴大单于带着的三万骑兵,虽然兵力悬殊,但是单于并没有占到便宜。李陵的五千步兵骁勇善战,凭借武器弩机,虽然且战且退,但也杀死了匈奴兵万余人。匈奴调来八万援兵,包围了李陵的军队,李陵弩机的弓箭也没有了,在弹尽粮绝之际,李陵的副将战死,他也被匈奴捉住,后来投降了。

汉武帝大怒,群臣都声讨李陵的罪过,司马迁说:"李陵是国士,一向怀着报国之心。他只领了五千步兵,吸引了匈奴全部的力量,杀敌一万多,虽然战败降敌,其功可以抵过,我看李陵并非真心降敌,他是活下来想找机会回报汉朝的。"司马迁本想安慰一下愤怒的汉武帝,也想替李陵说句话,哪知汉武帝一听,更是勃然大怒。公孙敖营救李陵没有成功,就谎报李陵为匈奴练兵以期反击汉朝,汉武帝下令族灭李陵全家,而司马迁也以"欲沮贰师,为陵游说"被汉武帝打入死牢。

按照汉代的规定,打入死牢的人,有三种处理办法:第一,接受死刑;第二,拿出50万钱赎罪;第三,接受宫刑(切除男性生殖器官)。

当时,司马迁已经开始写《史记》6年,他不愿愧对父亲的遗愿,更不愿看着自己的心血付之东流,轻易放弃生命,他只有后两种选择。虽然他们家是皇帝身边的史官，但是薪资却不高，根本拿不出 50 万钱赎命。这样，他只好选择第三种，接受宫刑。但是，在古时，人们都信奉身体发肤授之于父母，现在要把作为男性尊严的器官切掉，这是莫大的侮辱，司马迁内心非常纠结与痛苦。他不愿意放弃自己的理想，也难以接受这残酷的刑法。最后，司马迁忍辱负重选择了让他身体痛苦、精神遭受折磨的宫刑。他只有一个信念，那就是一定要活下去，一定要把《史记》写完，正因为还没有完成《史记》，他才忍辱负重地活了下来。那年，他 47 岁，宫刑给了他极大的打击，以至于很多年之后，他谈起此事仍然说自己会脊背发麻，全身冒汗。他没有再去祭拜过他的父母，他认为此时的他是愧对祖宗的。对此，有学者评价说，这时，作为一个男人的司马迁已经死了，作为一个士大夫的司马迁也已经死了，但是一个影响后世的太史公得到了新生。

这就是改变司马迁一生的李陵事件。这一变故改变了司马迁的生命观、价值观。比如《史记》里讲述的那个给我们留下"一诺千金"的成语的季布的故事，就能看出司马迁对人物的评价发生了改变。季布本是项羽的大将，多次打败刘邦的军队，刘邦在战胜项羽之后，就下令缉拿季布。后来夏侯婴为季布说情，刘邦便重用了季布。季布为人仗义，好打抱不平，以信守诺言、讲信用而著称。所以楚国人中广泛流传着"得黄金百斤，不如得季布一诺"的谚语。"一诺千金"这个成语也是从这儿来的。司马迁在记录季布的故事时，他就认为季布非常有才，但这才能不能白白浪费，一定要发挥出来才有价值，所以，他忍辱负重地活下来。其实，司马迁是用这样的生命观和价值观来衡量自己，忍辱负重地活下来。他说："人固有一死，或重于泰山，或轻于鸿毛。"

李陵事件也改变了司马迁的价值观，对金钱有了全新的看法。他认为追求富有是人的本性，没有过错的，只要取之有道。

天下熙熙，皆为利来；天下攘攘，皆为利往，提出了追逐物质利益的正当性。

公元前91年（征和二年），《史记》全书完成。全书130篇，52.65万余字，包括十二本纪、三十世家、七十列传、十表、八书，对后世的影响极为巨大，被称为"实录信史"，被鲁迅先生誉为"史家之绝唱，无韵之离骚"，列为前"四史"之首，与《资治通鉴》并称为"史学双璧"。

曹 植

| 著名诗人，建安文学代表人物之一

曹植（192年—232年），字子建，沛国谯县（今安徽省亳州）人，是三国时期魏国丞相曹操与卞皇后所生第三子，生前曾为陈王，去世后谥号"思"，因此又称陈思王。

曹植是三国时期著名的文学家，建安文学代表人物之一，魏晋南北朝时被誉为文章典范，代表作有《洛神赋》《白马篇》《七哀诗》等。后人因其文学上的造诣而将他与父亲曹操、大哥曹丕合称为"三曹"，今存的《曹子建集》为宋人所编。曹植的散文同样亦具有"情兼雅怨，体被文质"的特色，题材丰富多样，成就卓越。南北朝时期诗人谢灵运有"天下才有一石，曹子建独占八斗"的评价。王士祯说汉魏以来两千年间诗家堪称"仙才"的，就只有曹植、李白、苏轼三人。

说起曹植，我们就想起了"煮豆持作羹，漉菽以为汁。萁在釜下燃，豆在釜中泣。本自同根生，相煎何太急"伴随这首诗一起流传的还有一个故事。传说曹操死后，曹植的哥哥曹丕做了皇帝，因曹植聪明过人，才华横溢，曹丕心怀嫉妒，担忧他皇位不稳，总想找个机会谋害他。一天，曹丕就把弟弟曹植叫来，命令他在自己跟前走七步路，走完七步就得做出一首诗来，写不出来就要砍他的头。曹植早就看出哥哥居心不良，一边走一边想，还不到七步，这首诗就吟诵出来。此诗巧妙地用豆萁和豆子来比喻他们是同根兄弟，哭诉为何要相互残杀？

《三国志》记载，曹植的父亲曹操，三国时魏国丞相，文能倚马赋诗，武能定国安邦，被后人称为治世之能臣，乱世之奸雄。卞夫人为曹操生了四个儿子分别是曹丕、曹彰、曹植和曹熊。曹植出生于192年，当时曹操在北方尚未站稳脚跟，缺乏固定的根据地，家眷常随军行止，因此幼年的曹植同众多兄弟们一样，是在戎马倥偬的生活中度过的。

曹操文学造诣极高，在他四处征战的过程中，写有许多脍炙人口的诗篇，如我们耳熟能详的《观沧海》《短歌行》等。曹操爱读书，也爱教儿子们读书。曹丕8岁能作文，曹植更是自小聪慧，才10岁出头，就能诵读《诗经》《论语》及先秦两汉辞赋，诸子百家也曾广泛涉猎。他思维敏捷，谈锋健锐，进见曹操时每被提问常常应声而对，脱口成章。曹操曾经看了曹植写的文章，惊喜地问他："你请人代写的吧？"曹植答道："言出为论，下笔成章。父亲不信我，可以随便再定题目，我再写就是了！"

建安十五年（210年）的初冬，曹操率领儿子和僚属们登上刚刚落成的铜雀台。台建在城楼之上，十丈之高。漳水从台下流过，黄鹄在水上翻飞。邺城四周一望无余，是一种肃杀，也是一种浩阔。曹操命儿子们作赋赞美这高而宽阔的楼台。在众人之中，只有曹植提笔略加思索，一挥而就，第一个交卷，取名《登台赋》。相对于哥哥曹丕，曹植的文章更得父亲曹操的赏识和喜爱。

建安十六年（211年）秋，刚行冠礼的曹植暂时告别了在邺城宴饮游乐、吟诗作赋的优游生活，慨然请缨，随父西征。曹操深知乱世不能靠文治得天下，他很赏识曹植，所以他带着曹植出征。一路上跋山涉水，晓行夜宿。当西征大军辗转到帝都洛阳时，曹植被眼前的一幕惊呆了：饱受战火的洗劫，洛阳城往日的繁华消逝得无影无踪，到处都是残垣断壁，荆棘丛生，昔日气势雄浑的皇宫已成一片废墟，湮没在杂草间，片片黄叶满城乱舞。一阵悲悯在曹植的心底散开。但满怀立功垂名之心的曹植旋而又被未来的征战所激励，他随西征军离开洛阳，继续前进。经过一年多的兼并战争，西部最终结束了混乱局面。凯旋的曹植不久即被封为临淄侯。

曹植不爱奢侈品，也不爱华丽的服装，除了爱喝酒，没有不良嗜好。性格随和，不爱装腔作势，爱读书，也有好文采。两个妹妹出嫁了，母亲想念女儿，让曹植写了《叙愁赋》。诗词歌赋对他来说，是取之不尽用之不竭的才华。他跟随父亲行军，在涡水边被要求作赋，他就扬鞭策马，在桥上一徘徊，立刻挥笔写就。没过几年，曹操又增加他五千户封邑，加上原来就有的五千户，20多岁的曹植成了年轻的"万户侯"。

有一天，曹植去曹操面前，请求征辟天下闻名的才子邯郸淳作为自己的文字诗从。曹操想了想，问他，你哥哥也想要邯郸淳作为自己的五官将文学，你知道吗？曹植摇了摇头。想了想，对曹操说，可以让邯郸淳先来见见我吗？他究竟想为谁工作，让他自己选择。

邯郸淳去见曹植的那天，天气特别热，烤得人如同蒸笼上的白面馒头。邯郸淳到的时候，并没有见到曹植。家臣请他入席，抱歉地说，我家主人正在沐浴敷粉，一会儿就来了。不一会儿，只见一个披散着头发，外衣挂在腰上的胡人踏着节拍，跳着胡舞，旋进室内。五段舞毕，胡人又从怀里掏出九个丸铃，一个接着一个往天上抛去，叮叮当当，一抛一接，九个丸铃如同被无形的细线牵引，像一道彩虹挂在空中。抛丸之后是剑舞，一套表演下来，邯郸淳鼓掌叫好，左右看看，却依然不见主人曹植。正奇怪,胡人缓步走向他,吟诵起俳优小说数千页。邯郸淳正怀疑哪里来的文武双全的胡人,那人却在他面前站定,从容笑道:"先生,你看我怎么样?"

邯郸淳震惊万分,才知道这家伙就是曹植。于是曹植整肃仪容,又与邯郸淳谈天地造化,论古今英雄豪杰。邯郸淳从此就住在曹植身边了。

曹植虽有才能,却恃才放旷,在人的关系处理上缺乏才能。建安七子之一的陈琳常与曹丕曹植兄弟一道宴饮,但曹植不喜欢他,写信给杨修,在这封《与杨德祖书》中,他说:"陈琳在辞赋上有些才能,但自我吹嘘跟司马相如一脉相承,这就是'画虎不成反类犬'。我之前嘲笑他,他却向别人讲我专门写文称赞他。"信中语气的讽刺嘲弄溢于言表。曹操为爱子曹植选择的属官,大多是稳重成熟有教养的名士,比如司马孚、邢颙,邢颙是曹操给儿子们选家吏时专门点名的楷模。这些人再三规劝曹植说话要留口德,恃才傲物不是恰当的存身之道。曹植对邢颙那套刻板做事的习惯十分看不上,跟邢颙闹僵,跑去向刘桢发牢骚。刘桢专门写信劝说他,你对我好,却怠慢邢颙,这在别人看来是亲近不肖,疏远贤德,让我为难。曹植跟王粲关系好,王粲却是一个看不得别人比他更受礼遇的家伙。总之,渐渐地,愿意教导匡正曹植的人都离他远去,剩下的,都是跟他一样聪明、骄傲却棱角分明,甚至刻薄的人。

建安二十二年,曹操外出征战,在邺城没人管束的曹植又一次喝得酩酊大醉,他赶着曹操的马车穿过了只有重大礼仪才能通过的司马门。曹操盛怒之下处死了管理马车的公车令,并封了曹丕为世子。

公元219年,襄阳战争打响了,曹仁被关羽围困,曹操封曹植为南中郎将,让他带兵出征解救曹仁。当传令的人到曹植那里去的时候,曹植正醉得瘫坐于床不能起身,传令兵只好回禀曹操说曹植不能受命,曹操非常生气,曹操下决心不再宠爱他。

曹植对命运的苦难缺少警觉,他认为得到和失去,都是天命如此。优裕而自由的青年时代,养得他天真正直,对于稍纵即逝的际遇缺少机敏,不懂变通。曹操在长安去世的时候,曹丕在邺城。长安一片混乱,青州军离散,曹彰却手握重兵而来,想扶曹植继位。曹植问曹彰,你难道不记得袁绍儿子兄弟相残的故事了吗,果断拒绝。他不知道哪怕成了"君臣",本质还是兄弟。曹丕做了魏王,立刻把兄弟们赶到他们的封地,不许乱跑。曹植只好听话,从母亲身边邺城离开,回到临淄,去做他的临淄侯。但他没有想到,连祭奠刚去世的父亲,都会遭到曹丕的拒绝。

黄初二年,朝廷派在临淄的监国使者奏报说曹植醉酒,傲慢,出言不逊,甚至劫胁使者。犯下目无朝廷的重罪。曹植立刻被押解去京都,在路上被贬爵安乡侯,于是从六年之前的"万户侯",骤降为一个吃喝都拮据的"百户侯"。转过年去,曹植被监国使者诬告,再次千里迢迢被从山西押解到洛阳请罪。最后,在母亲的劝说下,曹丕宽宥了曹植的罪行,给他加了封邑,却又让他再次转徙鄄(juān)城。带着"愿批心自说陈"但"君门以九重,道远河无津"的愤懑,曹植来到了洛水边。他做了一个梦,梦见一个美而有灵的女神,可以托付他的一腔热情,可以抚慰他的愤怒失意,与他在现实中碰见的每个人都不一样。他现在身堕泥沼了,但他也配得上这份纯洁高尚的爱慕。这就是后来有名的《洛神赋》。

《洛神赋》是曹植辞赋作品的杰出代表。作者借助丰富的想象,通过梦幻的境界,描写人神之间的真挚爱情,抒发因"人神殊道"无从结合而产生的惆怅之情。

这篇赋的可贵之处在于作者能够将抒情与人物描写有机地结合在一起。所抒之情,真挚而凄婉;人物刻画描写细致入微,丝丝入扣。

东晋大书法家王献之称这篇赋在历史上有着非常广泛和深远的影响。顾恺之都曾将《洛神赋》的神采风貌形诸楮墨。南宋元明时期，一些剧作家又将其搬上了舞台，比较著名的如汪道昆的《陈思王悲生洛水》。至于历代作家以此为题材，见咏于诗词歌赋者，难以数计。

　　后来，曹植还是承担着他从小就在这个家庭里承担的责任——贺瑞、哀诔、歌功颂德。曹丕改朝换代当皇帝那会儿曹植大哭一场，写了词采华茂的《大魏篇》，描述因为曹丕称帝而出现的灵符祥瑞。在曹植一次次被监国使者恶意中伤，为了得到进京当面说清楚的机会，他只能对曹丕写下"迟奉圣颜，如渴如饥"的心里话，以卑微的语气剖白自己。

　　兄弟之间产生了多少恩怨。当年，曹丕是看着他开司马门一路狂奔出去的，有一万个不再信任他的理由。不信任他，防备他，可毕竟曹植也还是他的兄弟，年纪越大，曹丕就越记得小时候的事情。小时候，杨修曾经送自己把王髦剑，很多年后，他又一次看见这把剑，杨修却已不存在了，杨修是被父亲曹操赐死的，他不能对杨修的死表示什么，只好把铸剑人招来，赏赐一些粮食。当曹丕感到自己快要死了时，就是黄初六年的冬天，曹魏征讨孙权无功而返之后，曹丕忽然想要去看一看弟弟曹植。于是一行人浩浩荡荡到了雍丘。这么多年针锋相对，哪怕促膝而谈，再也不能坦坦荡荡叙说手足情深了。曹植小心翼翼地感谢曹丕愿意与他重修旧好，原谅他从前的错误。曹丕给他讲笑话，他诚惶诚恐；陪他一起嗟叹少年过往。他胆战心惊。曹丕最后只好找话说，我还记得父亲从前专门提到过，汉代的皇帝奢侈浪费，衣箱里积存的衣服从没穿过，最后都烂掉。父亲说他死后，要把自己的衣物都分掉。我带来一些，也许你用得上。于是留下衣服十三种，又带着鼓吹行仗，浩浩荡荡走了。

　　转过年去没几个月，曹丕就死了。

在曹丕做皇帝的这7年，曹植经历了他人生最跌宕起伏的一段，让他在残忍中获悉人生本来的真相。现在，《慰情赋》失传，我们无从知道他究竟写了些什么。

太和六年（232年），曹植改封陈王，11月，曹植在忧郁中病逝，时年41岁，遵照遗愿，将其葬于东阿鱼山。后人称之为"陈王"或"陈思王"。

陶渊明

| 东晋末期南朝宋初期诗人、文学家、辞赋家、散文家

陶渊明（约 365 年—427 年），字元亮（又一说名潜，字渊明），号五柳先生，私谥"靖节"，东晋浔阳柴桑（今江西九江）人。东晋末期南朝宋初期诗人、文学家、辞赋家、散文家。曾做过几年小官，后辞官回家躬耕。田园生活是陶渊明诗的主要题材，作品有《饮酒》《归园田居》《桃花源记》《五柳先生传》《归去来兮辞》等。

陶渊明的曾祖父陶侃为东晋建国立下汗马功劳，军功盖世，是东晋的开国元勋，官至大司马。

陶渊明的父亲陶逸，曾做过安城太守，后来因皇室豪族争战不断，辞官归乡，过起了隐居的躬耕生活。给孩子取名"渊明"，寄予诚实笃厚、聪慧贤明的期望。陶渊明从小聪明伶俐，勤学好问，他父亲教他读儒家经典，给他讲曾祖父的故事，希望把他培养成有德有才的人。陶渊明自幼便立志要像曾祖父陶侃一样大济苍生，名扬四海。

影响陶渊明一生的还有外祖父孟嘉。孟嘉是江州一带有名的儒士。陶渊明 8 岁时，父亲去世，孟嘉便将他接到自己身边照

顾。孟嘉饱读诗书,文采斐然,其人清逸温雅,淡泊处世。大将军桓温就曾问他:歌妓弹唱,为什么听起来弦乐不如管乐,管乐不如歌喉之声?孟嘉说:那是因为逐渐接近自然的缘故。4年后,外祖父去世,留下的遗物就只有一室经书。家境微薄,陶渊明只好半耕半读。陶渊明深受外祖父孟嘉的精神熏陶,钟爱自然,寄迹山林,正直淳朴。"猛志逸四海,骞翮(hé)思远翥(zhù)"建功立业的思想,"少无适俗韵,性本爱丘山"崇尚自然的情趣,就在陶渊明心底扎下了根。

东晋取士按"九品中正制",也就是做官要靠各级推选,这就造成"上品无寒门,下品无士族"的社会不公。陶渊明虽然才华横溢,也出身于高官豪门,可惜父亲去世太早,门第逐渐衰落,也就做官无门了。28岁那年,他写了一篇《五柳先生传》。

这篇文章,成了陶渊明早期生活的自画像。年近"而立",壮志难酬,穷困潦倒,家徒四壁,环顾萧然,却能心安自如。他娴静少言,不慕名利。他好读书,却并不愿意探寻经书奥理。每有领会时候,欣欣然忘了吃饭。他又特别喜好饮酒,家贫不能常得,亲友们知道他嗜酒,有时备酒招待。他不拘小节,到了亲友家开怀畅饮,常喝得酩酊大醉回家。他并不忧虑贫贱,不汲汲追求富贵;写文章也只为了表达自己的志趣,自得其乐。他愿做古帝王无怀氏、葛天氏时候的百姓,过着安贫乐道,无忧无虑的生活。

《五柳先生传》是陶渊明绘声绘色的自画像,此后"五柳先生"就成了陶渊明的别号。后人有诗写道:"陶潜彭泽五株柳,潘岳河阳一县花。"29岁那年,陶渊明才得以初仕。江州刺史王凝之赏识陶渊明的文采,邀他去做祭酒,祭酒就是主管教育的小官员。陶渊明踌躇满志来到江州,本以为可以一展身手,却被迎头浇了一盆冷水。当时人们等级观念很重,士族歧视庶族,入学读书的多数公卿贵族,官宦子弟多数顽劣难管。虽然陶渊明曾祖父立下赫赫战功,但家境败落,他入仕为官也常常遭人瞧不起。王凝之也不务正事,还将公款挪作他用。陶渊明发现自己根本"不堪吏职",只好辞职回家,继续躬耕生活。

直到陶渊明34岁那年,因家境困顿,已到了如他诗中所写"环堵萧然,不蔽风日,短褐穿结,箪瓢屡空"的地步,他才投奔荆州刺史桓玄,当了3年幕僚。虽然桓玄跟他外祖父孟嘉交情深厚,却蓄意谋反,陶渊明看不下去了,借母亲去世辞官回家,后又去刘裕手下做了一年参军,后刘裕篡权,这也不是陶渊明所能认可的。

政权更迭、争名逐利下最终受苦的还是百姓,眼见田园荒僻,饿殍遍野,陶渊明既痛恨自己无能为力,又痛恨统治者荒淫无道。忧悲之余,又有辞官归隐的想法,遂递上辞表。叔父陶夔(kuí)劝他:"你不做官,怎么养活一家老小?我举荐你去做彭泽县令吧。"陶渊明虽不情愿,但想到妻儿,也只好听叔父的安排。义熙元年八月,陶渊明带着朝廷诏命往彭泽赴任。

彭泽县城临长江,景色壮丽,大江对面有小孤山,江侧有澎浪矶,这里流传不少优美的神话故事。按当时制度,县令属于基层长官,品级次于刺史、郡守。陶渊明任彭泽县令虽然尽心尽力,可是官场的事,件件叫他焦虑揪心,又无可奈何。上司不断催逼田赋捐税,有壮丁流亡也要追究县令,州府来的官员,总是趾高气扬,大摆排场,陶渊明对这一套十分反感。后来,因为与农人谈庄稼事而怠慢了郡里派来的督邮,忿然道出了心里话:"吾不能为五斗米折腰,拳拳事乡里小人邪!"于是解下官服,转身离开彭泽县衙大堂,扬长而去,回乡务农了。他在彭泽县令任上仅80余天。

陶渊明从29岁出任江州祭酒,到41岁辞去彭泽县令,前后共13年。这期间,他一直处于入仕与归隐的矛盾之中,最终选择了终生归隐田园的道路,这也是他人生的转折点。

他清楚地意识到："十年仕途是尘网，世事与本心相违。"无论是为了建功立业，还是养家糊口。东晋的官场自上而下已是污浊不堪，自己再也不想待在这里了，唯有平静安宁的田园生活，才是自己的乐土，才是心灵的归宿。晋朝少了个县令，历史上却留下了许多名篇。归隐后，陶渊明有感而发，写下了著名的《归去来兮辞》。

这里劳作虽辛苦，陶渊明选择南山作为隐居之所。陶渊明诗意大发，写下一首《归园田居·其三》：

种豆南山下，草盛豆苗稀。

晨兴理荒秽，带月荷锄归。

道狭草木长，夕露沾我衣。

衣沾不足惜，但使愿无违。

陶渊明境随心动，他总是淡然随性，淳朴悠闲，于是周遭环境也跟着明亮起来。归隐第三年，陶渊明家遭遇了火灾，陶渊明带领家人抢在立秋之前盖好了新居，并种了一大丛菊花，吟出了那首脍炙人口的诗：

结庐在人境，而无车马喧。

问君何能尔？心远地自偏。

采菊东篱下，悠然见南山。

山气日夕佳，飞鸟相与还。

此中有真意，欲辨已忘言。

"采菊东篱下，悠然见南山"将陶渊明超凡脱俗的心态展现得淋漓尽致。有人评价：陶诗如其人，平淡中见警策，朴素中见绮丽。后世喜欢陶诗、崇拜陶渊明的人数不胜数，苏轼就说："每体中不佳，辄取读，不过一篇，唯恐读尽后，无以自遣耳。"还说，自己并不只是好陶诗，更是仰慕陶渊明的为人。

陶渊明最为后人称道的是著名的《桃花源记》："晋太元中，武陵人捕鱼为业。缘溪行，忘路之远近。忽逢桃花林，夹岸数百步，中无杂树，芳草鲜美，落英缤纷，渔人甚异之……"

其实，每个人心中都有一个桃花源，那里住着最干净、最光明的自己。陶渊明用桃花源表达了坚守了一生一世让他内心安然的高洁和真实。备受后人推崇的，不单单是他的才华，更多的是文化修养以及生活态度。

李 白

| 唐代伟大的浪漫主义诗人，诗仙

李白（701年—762年）字太白，号青莲居士。祖籍陇西（今属甘肃）。唐代伟大的浪漫主义诗人，现存诗歌1000余首，他的诗歌善用比喻和夸张的手法，想象奇特而丰富，被人们称为诗仙。

李白是盛唐文化孕育出来的天才诗人，其非凡的自负和自信，狂傲的独立人格，豪放洒脱的气度，充分体现了盛唐士人的精神风貌。李白的魅力，就是盛唐的魅力。

诗仙李白给我们留下丰富精神大餐的同时，也留下了许多千古之谜。他的家世和出生地至今还是一个谜。一般认为李白祖籍为甘肃天水，5岁后随父迁居蜀州。是唐剑南道绵州昌隆（后避玄宗，讳改为昌明）的青莲乡，在那里度过了少年时代。

相传李白读书山中，很贪玩，常常逃学。有一天，他又逃出去，过了小溪，正巧碰见一个老太太在磨一根铁棒。李白很好奇，问这是磨来干什么？老太太说做针。李白听了哈哈大笑，你也太笨了吧，这么大一根铁棒啥时才能磨成针呢？老太太听了，微微一笑说："功到自然成耳。"李白受到很大的触动，回去之后，开始发奋学习。

是不是真有这么一个故事，史料上没有记载，值得我们相信的是，李白家境富裕，非常有文化教养。李白从小饱读诗书，胸怀雄心壮志，他认为自己是一个奇才，要干一番大事业。

李白 18 岁那年，辞别父母，开始云游天下。那时候，他还没有什么名气，只在四川周边走走。可是走着走着，名气就走大了。四川山清水秀，是个好地方，但李白有着雄心壮志，小小的四川盆地已经容纳不下他，所以他要走天下，用自己的才华建功立业。李白在 25 岁左右出川，开始游历天下。

在湖北襄阳境内，李白结识了唐朝著名的山水田园诗人孟浩然。孟浩然比李白年长 12 岁，出生于公元 689 年，生活的年代正是唐朝最鼎盛时期，并且他很早就非常有名了。那时李白还是一个无名小卒，见到孟浩然时，急忙呈上自己的作品，孟浩然夸赞李白的诗写得十分有味道，还把李白留下来住了十几日，两人谈古论今，意气相投，成了非常要好的朋友。

大概在此两三年后，李白和孟浩然在黄鹤楼相见，送别时写下了千古名篇《黄鹤楼送孟浩然之广陵》：

　　故人西辞黄鹤楼，烟花三月下扬州。
　　孤帆远影碧空尽，唯见长江天际流。

后来李白很有名气了，对孟浩然依然不忘旧情，写下了《赠孟浩然》：

　　吾爱孟夫子，风流天下闻。
　　红颜弃轩冕，白首卧松云。
　　醉月频中圣，迷花不事君。
　　高山安可仰，徒此揖清芬。

李白一直很欣赏汉代司马相如的文章，看到司马相如盛赞云梦泽，便慕名前去游览。云梦泽位于江汉平原，李白到了位于今湖北境内的安陆，娶了前任宰相的孙女为妻，生了两个孩子。但婚姻并未拴住他的心，他头脑里尽惦念着长安，十年之后，又踏上了云游的征程。

在路上，李白不仅写出了大量脍炙人口的诗歌，又结交了许多好朋友，如杜甫、王昌龄、贺知章等人，另外，每到一处，都有人热情接待。有一次，曾任安徽泾县县令的汪伦以高规格的无微不至的招待感动了李白。

揖别的那天，汪伦非常慷慨，送李白名马八匹、绸缎十捆，还精心组织了能歌善舞的群众聚岸欢送。李白挥袖登船，忽然从林中钻出一干穿红披绿的人们，沿岸排开，歌舞连天，场面壮观。李白感动万分，禁不住心潮澎湃，触景生情，诗兴大发，一挥而就，写下千古名篇《赠汪伦》：

　　李白乘舟将欲行，忽闻岸上踏歌声。
　　桃花潭水深千尺，不及汪伦送我情。

可是，在诗仙李白看来，这些都不是他所要追求的，在那个时代，有钱有名都不是人生的最高境界，唯有做官才是。李白一心想做官，要干一番大事业。

在游历中，李白集聚着知名度，不断地写自荐信，终于在40岁出头的时候，经玉真公主和贺知章的推荐，进入翰林院，任翰林院待诏。

有一次，唐玄宗和杨贵妃春日赏牡丹，突然觉得配上诗歌就更美了，立刻召见李白。李白挥笔写下《清平调三首》，第一首最有名：

　　云想衣裳花想容，春风拂槛露华浓。
　　若非群玉山头见，会向瑶台月下逢。

李白的才气让皇帝也折服了。可李白号称诗仙，也称酒仙，喝酒也误事啊！杜甫在《饮中八仙歌》写道：

　　李白斗酒诗百篇，长安市上酒家眠。

天子呼来不上船，自称臣是酒中仙。

李白喝酒误过大事。据说有一次，皇帝差使太监找李白写诗，结果李白烂醉如泥根本叫不醒，最后用冷水泼醒，勉强写了几首。李白喝了酒之后，也控制不住自己的情绪，一次喝高了，正挥笔写诗，有些得意忘形，把脚一抬，让皇帝宠臣高力士给他脱靴。这让皇帝也有些受不了，最后打发他离开京城，"赐金放还"。

对李白来讲，流放夜郎，是他一生中遇到的最大挫败。公元755年爆发了安史之乱，唐玄宗第十六子永王李璘打着靖难的旗号，招兵买马，挥师东下，其实是想趁机扩大地盘当皇帝。兵过九江时，刚好碰见游历在此的李白，觉得他名气与才气都非常大，可以利用，便征召他为幕僚。怀才不遇的李白以为终于有用武之地了，不假思索地答应了，因此卷入皇权争夺战的漩涡里。随着玄宗第三子即太子李亨即位，李璘兵败被杀，李白以附逆罪而被逮捕。原本要腰斩的，幸亏郭子仪在唐肃宗面前替李白说了许多好话，才改判为流放夜郎。

李白想象中的夜郎纵然荒天野地，但也不乏苍凉的诗意。他的一首很著名的诗《闻王昌龄左迁龙标遥有此寄》，就提到了夜郎：

杨花落尽子规啼，闻道龙标过五溪。
我寄愁心与明月，随风直到夜郎西。

原是安慰被贬官远徙的好友王昌龄，表示无论天涯海角，我的思念都伴随头顶的一轮明月与你同在。夜郎虽远，毕竟还有清风，还有月光。哪想如今，他自己落得比王昌龄还惨。

李白取道四川赴贬地，走到半路，传来唐肃宗赦免李白的消息。自以为已走上不归路的李白，重获自由，五味杂陈。他连忙自白帝城放舟东下江陵，去老丈人家探望悲伤欲绝的妻子。在船上吟出一首《早发白帝城》：

朝辞白帝彩云间，千里江陵一日还。

两岸猿声啼不住，轻舟已过万重山。

夜郎这个像天一样高，像山一样重压在李白心头的地名，想不到轻而易举就翻篇了，命运真像一场恶作剧。

李白一生中有很多转折点，其诗篇如黄河之水天上来滔滔不绝，其履历也如黄河九曲十八弯一般蜿蜒曲折。以附逆罪流放夜郎，是李白生活与创作最重要的转折点，生活中的这一大不幸，却给他的创作带来大幸运：李白真正地看破红尘了，如果说当年被皇帝"赐金放还"时，他仍然是在半梦半醒之间，流放夜郎，他诗篇中的人生境界开始朝向大彻大悟，视名利富贵如浮云转变。尤其重要的，是多了份悲伤：

生者为过客，死者为归人。

天地一逆旅，同悲万古尘。

被赦免之后的李白，依然无立足之地，在贫病交加中，死于族叔当涂县令李阳冰家中，享年62岁。李白的一生，自由不羁，才华横溢，是继屈原之后又一伟大的浪漫主义诗人。李白的诗，能摆脱排律格调等形式上的束缚，吸收民歌流畅的语言，倾吐自己复杂的思想感情，具有积极昂扬的精神，对后世影响极大。他的诗还被译成多种文字，成为世界文学宝库中的浪漫主义经典。

杜 甫

| 诗圣

杜甫（712年—770年），字子美，自号少陵野老。汉族，河南巩县（今河南省巩义）人。唐代伟大的现实主义诗人，与李白合称"李杜"。

公元712年，诗圣杜甫诞生于河南巩县，西去不远便是东都洛阳。

杜甫之所以能够成为诗圣，和他好的家风是分不开的，杜甫的爷爷杜审言是初唐时期著名诗人，近体诗的奠基人之一，做过著作郎，主持过当时的高等学府国子监事务。从青年时代就以诗文负盛名，与崔融、李峤、苏味道并称"文章四友"。

杜甫的父亲叫杜闲，在兖州做官，很有文化，但是名气和才能既比不上他的儿子，也比不上他的父亲。

杜甫自打开蒙学诗，除了古诗经典，前人诗集，也诵读祖父手书的诗集，其中的五言律诗他全能熟诵。后来他在诗里自豪地提到这个文化传统，说过"诗是吾家事"。

杜甫的人生跟时代有关，以安史之乱为界，可以分为两段。前半段过着无忧无虑的官少爷生活，人家苦读是为了参加科举考试，寻求功名利禄。杜甫是喜爱读书，却不为科考，显得自由自在，年纪轻轻便云游祖国大好山河。19 岁时，出游山西临猗县；20 岁时，漫游吴越，历时 3 年。24 岁时参加科举，考试落榜，依然不在意，继续游历。因为父亲在山东做官，杜甫省亲，开启齐赵之旅。在五岳之尊——泰山上，写下了千古名篇《望岳》。

  岱宗夫如何？齐鲁青未了。
  造化钟神秀，阴阳割昏晓。
  荡胸生层云，决眦入归鸟。
  会当凌绝顶，一览众山小。

如此气势磅礴，一点没有落榜的愁绪，这一游就是 5 年，《壮游》里可见其自在：

  放荡齐赵间，裘马颇清狂。
  春歌丛台上，冬猎青丘旁。
  呼鹰皂枥林，逐兽云雪冈。
  射飞曾纵鞚，引臂落鹜鸧。

  公元 744 年，32 岁的杜甫依然是衣食无忧的杜家少爷，在河南洛阳遇见了当时已经很有名的、他非常仰慕的诗人李白，时年李白 43 岁，他刚被唐明皇赐金放还，心情非常郁闷，途经洛阳时，在杜甫父亲府上偶遇杜甫。

  科举考试并不顺利，闲居无聊的杜甫，忽见李白，满心崇拜，两人约好了不久后一同游走。接下来的两年中，李白和杜甫三次见面、两次同游，结下了深厚的友谊。在杜甫的诗中可以找到当年的影子："醉眠秋共被，携手日同行。"（《与李十二白同寻范十隐居》）

  唐玄宗李隆基当政时，因为宠爱杨贵妃，不理朝政，许多大事都交给宦官李林甫处理。李林甫口蜜腹剑，加剧了许多社会矛盾。公元 755 年，大将军安禄山带领他的部下史思明起兵，很快就打到了洛阳，这就是历史上著名的安史之乱。公元 759 年，李白加入永王的军队去讨伐安禄山，欲大展宏图，不料却陷入了永王和唐肃宗的兄弟权力之争，并因此被扣上了附逆的罪名，被流放夜郎。杜甫对李白日思夜想，做梦都梦见了，于是写下了《梦李白二首》。

在李白去往夜郎的路上，走到白帝城时，得到皇帝赦免。杜甫获悉，写下了《天末怀李白》：

> 凉风起天末，君子意如何。
> 鸿雁几时到，江湖秋水多。
> 文章憎命达，魑魅喜人过。
> 应共冤魂语，投诗赠汨罗。

杜甫对李白可谓重情重义，从留下来的诗作看，杜甫对李白的牵挂更多。

天宝五年，已经34岁的杜甫决定去长安寻求官职。天宝六年，唐玄宗亲自举办了一场特科考试，杜甫本来信心满满，然而，杜甫又落榜了，这次居然所有考生全部落榜！作为主考官的宰相李林甫蒙蔽皇帝说："野无遗贤。"意思是，所有有才能的人都在朝廷呢！

杜甫义愤填膺："微生沾忌刻，万事益酸辛！"可屋漏偏逢连夜雨。这时杜甫父亲去世，靠山没了，杜甫不得不放下面子，去求个一官半职，饱受奚落，写下"朝扣富儿门，暮随肥马尘。残杯与冷炙，到处潜悲辛"的著名诗句。

天宝十四年，经过十年的等待，杜甫终于等来了一个"右卫率府胄曹参军"的职位，听起来好像很不错，其实就是个看大门的——负责看管兵器库。虽然觉得委屈，杜甫还是如期上任，可安史之乱爆发了，杜甫一家人匆匆逃难，历尽千难万险将家人安顿在鄜州后，杜甫告别妻儿，在乱世中独自踏上征程，打算投奔新继位的肃宗皇帝。可是上路没多久，路遇叛军，押回已经沦陷的长安，整整一年后才得以逃脱。杜甫写道，"麻鞋见天子，衣袖露两肘"。这次得了一个左拾遗的职位，可没多久被贬到华州做司功参军，路遇干旱，他辞职携一家老小远走秦州。杜甫生命中最艰苦的一年到来了。听说那里远离战乱，风调雨顺。结果抵达后诸事不顺，连个落脚的房子都找不到……

> 有客有客字子美，白头乱发垂过耳。
> 岁拾橡栗随狙公，天寒日暮山谷里。
> 中原无书归不得，手脚冻皴皮肉死。
> 呜呼一歌兮歌已哀，悲风为我从天来。

在逃难途中，杜甫在安史之乱中见到老翁别老妪的泪水，新妇送征夫的牵挂，战士无家可归的荒凉，写下了《三吏》《三别》这些伟大的诗篇！

被困长安，眼见曾经繁华喧闹的帝都断壁残垣，满目疮痍，痛心疾首地写下了《春望》。

> 国破山河在，城春草木深。
> 感时花溅泪，恨别鸟惊心。
> 烽火连三月，家书抵万金。
> 白头搔更短，浑欲不胜簪。

被叛军所俘，与妻儿天各一方，音讯两绝，清辉满地的秋夜，想到妻子肯定也在千里之外望月垂泪，为自己生死未卜而牵挂，写下了感人肺腑的《月夜》。

> 今夜鄜州月，闺中只独看。
> 遥怜小儿女，未解忆长安。
> 香雾云鬟湿，清辉玉臂寒。
> 何时倚虚幌，双照泪痕干？

战乱阻隔，手足离散，一句"月是故乡明"，打动了多少游子的心。

《月夜忆舍弟》
> 戍鼓断人行，秋边一雁声。
> 露从今夜白，月是故乡明。

有弟皆分散,无家问死生。

寄书长不避,况乃未休兵。

杜甫的最后十年,是在西南地区度过的。到了成都,在朋友的帮助下改建了成都草堂,终于过上了一段平稳的生活,写下不少富有诗情画意的诗作。

《绝句》

两个黄鹂鸣翠柳,

一行白鹭上青天。

窗含西岭千秋雪,

门泊东吴万里船。

日子安定,眼中万物也都变得美好生动起来:"圆荷浮小叶,细麦落轻花。""细雨鱼儿出,微风燕子斜。""江碧鸟逾白,山青花欲燃。"对美好生活有了期待:"好雨知时节,当春乃发生。随风潜入夜,润物细无声。"

看到百姓生活艰苦,杜甫写道:"朱门酒肉臭,路有冻死骨";听到叛乱平定,狂喜之下更是写下了"白日放歌须纵酒,青春作伴好还乡"的快意之句;他不是军事家,但是写出了至理名言:"射人先射马,擒贼先擒王。"上了年纪,杜甫感叹岁月:"无边落木萧萧下,不尽长江滚滚来。"

晚年,朋友去世,杜甫一家离开成都前去吊唁,行至夔州,老病缠身,无力前行,就此客居三年。此时50多岁的杜甫已深受肺病、风湿、风痹等疾病侵袭,耳聋齿落,风烛残年。又是九九重阳节,两鬓霜雪的杜甫独自登上白帝城外的高台。

深秋时节,山川绵延萧瑟,天空辽阔,晚风猎猎而过,山谷中群猿哀啸,沙渚上飞鸟还巢,漫山遍野的枯叶随风纷扬而下,滚滚东逝的江水从不曾为谁停留……

独处悠悠天地之间,回首往昔,壮年漫游时的潇洒不羁,长安求职的困顿蹉跎,烽火乱世的心惊胆战,西南漂泊的游子之思

刹那间齐聚而来,千般沧桑,万种感慨,汇集一处凝成了一首"古今独步,七言律诗第一"的旷世之作:

《登高》
  风急天高猿啸哀,渚清沙白鸟飞回。
  无边落木萧萧下,不尽长江滚滚来。
  万里悲秋常作客,百年多病独登台。
  艰难苦恨繁霜鬓,潦倒新停浊酒杯。

  768年初,杜甫一家乘舟出峡再次上路,可是由于时局依然混乱,之后的两年间,投靠无门,故乡难归,一家人以船为家如浮萍般在江河中困顿飘零……

  770年,杜甫带着无尽的遗憾,走到了生命的终点,至死他都没能回到阔别多年的故乡巩县,也没能回到寄托毕生理想的帝都长安。

  有人说,杜甫活了59岁,却好像活了两百岁。他一生经历,几乎浓缩了个体生命所能经受的全部苦难。

  杜甫去世43年后,孙子杜嗣业终于有能力将其迁葬回河南老家,并邀请当时的大文豪元稹为其做墓志铭。翻开杜甫沉寂的诗卷,元稹瞬时惊为天人,在杜甫笔下居然没有什么是不能写成诗的,大至家国天下,小至一餐一饭,甚至问别人要东西都是写诗的。1500首诗篇包罗万象,应有尽有,精雕细琢却又浑然天成。不仅在内容上是这样,就连形式、技法、风格也是如此,兼容并包,博大精深。这是一个用生命在写诗的伟大的人。元稹提笔挥毫:"上薄风骚,下该沈宋,古傍苏李,气夺曹刘,掩颜谢之孤高,杂徐庾之流丽,尽得古今之体势,而兼人人之所独专矣。"

  一千多年后。鲁迅说:"我总觉得陶潜站得稍稍远一点,李白站得稍稍高一点,这也是时代使然。杜甫似乎不是古人,就好像今天还活在我们堆里似的。"

韩 愈

| 唐代文学家，唐宋八大家之首

韩愈（768年—824年），字退之，河南河阳（今河南省孟州市）人。祖籍河北昌黎，自称郡望昌黎，世称韩昌黎。唐代杰出的文学家、思想家、哲学家、政治家。晚年任吏部侍郎，又称韩吏部，谥号"文"，又称韩文公。他与柳宗元同为唐代古文运动的倡导者，主张学习先秦两汉的散文语言，打破骈文统领的文风，扩大文言文的表达功能。宋代苏轼称他"文起八代之衰"，明朝人推他为唐宋八大家之首，与柳宗元并称"韩柳"，有"文章巨公"和"百代文宗"之名，作品都收在《昌黎先生集》里。韩愈在思想上是中国"道统"观念的确立者，是尊儒反佛的里程碑式人物。

韩愈出生才两个月母亲就去世了，3岁时父亲也去世了。不幸中的万幸是他有一个大他30岁的哥哥韩会，博学多才，写得一手好文章，在京为官。哥哥嫂嫂特别疼爱他，抚养他长大。

韩愈从小就特别聪慧，很懂事，学习刻苦用功，从不用别人督促。可他的成长之路却并不平坦。公元777年，在唐朝的首都长安（陕西西安）做官的哥哥韩会，因元载案件受到牵连，皇帝将他贬谪到广东的韶州，韩愈也就随兄同行。经过一两个月跋山涉水，才到达韶州。9岁的韩愈在颠沛流离的生活中吃了不少的苦头，领会了人生的不易，一路上也领略了大自然的美丽、壮阔和艰险，增长了不少的见识。

到了韶州，刚刚安定下来，厄运又降临了。哥哥路途劳累，又不适应南方的气候，染上了疾病久治不愈去世了。哥哥一死，韩愈和嫂嫂只得扶灵柩返回故乡。安葬了哥哥以后，已经家徒四壁，一贫如洗。为了生活，嫂嫂带着韩愈来到安徽的宣城，这儿有父兄生前置办的房地，可以勉强读书度日。这不幸的遭遇磨炼了韩愈的意志，使他从小立志，发奋读书。

19岁时，韩愈告别嫂嫂，只身一人来到长安参加科举考试，可一连考了三次都没中。当时主流社会盛行的是骈体文，讲究用词华美，声律对仗，过于追求形式上的奢靡文风，缺乏内容和思想，华而不实。有人认为这是一种戴着镣铐跳舞式的写作，韩愈对这样的文风特别反感，他写文章推崇战国秦汉时期的散体古文，主张文章的形式与内容要统一，即文风要古朴，同时还要有独创性，文章要反映现实。所以他的语言直率大胆，气势雄伟，慷慨激昂，说理透彻，逻辑性强，自然流畅。可这是不合科学考试潮流的，因此屡考不中。

公元792年，24岁的韩愈参加了第四次科举考试，幸亏这次考试遇到了识才爱才的主考官陆贽。陆贽是当时数一数二的文章大家，他的文章虽多是句式整齐、辞藻华丽的骈体文，这也是当时文坛上最流行的文体。但是陆贽善于将战国秦汉时期的散体古文章法融入骈体文当中，能够做到文章的形式与内容的统一。所以韩愈的文风深得陆贽的喜爱。

但是，要想在京城为官，考中进士还不行，还得参加博学鸿词科考试，韩愈又是三考不中，因为他每次都在应试文章中大力倡导古文，他三次不中，还三次上书宰相，可是都没有回音。

迫于生活的压力，韩愈曾给地方上的节度使当幕僚。后来，韩愈在朋友的帮助下，从洛阳回到京城，进了国子监做四门学博士，相当于京师大学堂里的一位老师，总算在京城谋到一职了。他所提倡和不断实践的古文运动，在那一两年内，正走出少数爱好者的范围，形成一个广泛性的运动，韩愈俨然成为这个运动的年轻领袖。他用古文来宣传他的主张，创作了一篇非常重要的论说文《师说》："古之学者必有师。师者，所以传道受业解惑也。人非生而知之者，孰能无惑？惑而不从师，其为惑也，终不解矣。""圣人无常师。孔子师郯子、苌弘、师襄、老聃。郯子之徒，其贤不及孔子。孔子曰：三人行，则必有我师。是故弟子不必不如师，师不必贤于弟子，闻道有先后，术业有专攻，如是而已。"

韩愈在《师说》中强调了从师学习的重要意义与正确原则，批评了士大夫阶层自恃门第高贵，不肯从师学习。更可贵的是提出了三点崭新的、进步的"师道"思想：师是"传道受业解惑"的人；人人都可以为师，只要具有那样的能力；师和弟子的关系是相对的，某一方面比我好，在这一方面他就是我的师。这些思想把老师的神秘性、权威性、封建性大大地减轻了；把师和弟子的关系合理化了，平等化了。

因此，可以想象，这篇《师说》的发表，鼓舞和吸引了多少青年后生啊。

宋代文学大家苏轼对韩愈的评论是："文起八代之衰，道济天下之溺，忠犯人主之怒，勇夺三军之帅。"

"忠犯人主之怒"，写出了韩愈是一个忠贞不贰，敢于直言的人，因此时常得罪权贵，惹恼皇帝。公元803年，35岁的韩愈晋升为监察御史。当时关中地区大旱，韩愈在查访后发现，灾民流离失所，四处乞讨，关中饿殍遍地。目睹严重的灾情，韩愈痛心不已。而当时负责京城行政的京兆尹李实却封锁消息,谎报称关中粮食丰收,百姓安居乐业。韩愈在愤怒之下上《御史台上论天旱人饥状疏》,不仅列举受灾实情,并建议免除百姓当年租税。这一状纸,得罪了李实等权臣,最后韩愈反遭谗害,被贬为连州阳山县令,现在属广东省的清远。

吃了教训,韩愈并没有屈服,连皇帝他一样敢得罪!

唐朝时候,佛教已经盛行。在长安城西"佛教圣地"法门寺,相传塔下地宫里藏着释迦牟尼的真身舍利,三十年一开启,开则岁丰人安。唐宪宗十分迷信佛教,在他的倡导下国内佛事大盛。公元819年,又搞了一次大规模的迎佛骨活动,就是将佛骨迎到长安,让文武百官、后宫嫔妃顶礼膜拜,三天之后还要送到各个寺庙传递供养。一时间,修路盖庙,劳民伤财,官商民等舍物捐款,有深信的甚至倾家荡产都在所不惜。加上当时僧侣人数众多,不但不缴纳租税,还拥有大量的庙宇田地,这实际上更加重了老百姓的负担。韩愈对此事非常不满,但这事不能轻易上书朝廷,因为得罪的可是皇帝。他当过监察御史,有随时向上面提出诚实意见的习惯。这种官职的第一素质就是不怕得罪人,因提意见获死罪都在所不辞。所谓"文死谏,武死战"。其实,那时的韩愈刚刚跟随宰相裴度平定了淮西藩镇之乱,深得皇帝赏识,以军功升为刑部侍郎。韩愈经过一番思想斗争,最后大义战胜了私心,给皇帝递上了《论佛骨表》,可这一递惹来了大祸,而大祸又引来了一连串的故事,成就了他的身后名。

韩愈是个文章大家,奏折也写得很讲究,表达了四个意思:第一,佛教是外来之法,不符合我们的国情,上自黄帝,下至商周,历代著名帝王皆在位长久,寿命达百岁左右。其时中国没有佛法,但"天下太平,百姓安乐寿考"。自后汉明帝时起,佛法传入中国,其后乱亡相继,国运不长。只有梁武帝在位时间稍长,前后好几次舍身施佛,但最终竟为侯景所逼,饿死台城。

"事佛求福，乃更得祸"，历史证明，佛不能保佑国泰民安。第二，开国之初，高祖曾下诏废除僧尼，后因群臣反对而未得实行，你这样做是有悖先祖命令的。第三，即使是释迦牟尼佛本人尚在，奉国命来到我们国家，按照我们的礼仪，也不过在宣政殿接见一次，于礼宾院设宴招待一回，然后赐衣服一套，护送他回国。第四，那所谓佛骨不过是一块脏兮兮的枯骨，烧掉算了。韩愈最后还说：这佛如果真的有灵，有什么祸殃，就让他来找我吧。表现出了一种不怕鬼、不信邪的凛然大气和献身精神。但是，唐宪宗看了，气得把奏折一摔，大喝一声："砍了。"后来，在众人的劝阻下，唐宪宗只是把他赶出京城，贬到八千里外的海边潮州去当地方小官。

韩愈不管在朝廷做大官，还是被贬谪做小官，都为官一任，为民一方，老百姓都很感激他。他被贬潮州，那个地方从前有很多鳄鱼，会爬上岸吃人，害得百姓好苦，人们叫它"恶溪"。有一天，又有一个百姓被鳄鱼吃掉了。韩愈知道后很着急，心想鳄害不除后患无穷，便命令宰猪杀羊，决定到城北江边设坛祭鳄。

韩愈在渡口旁边的一个土墩上，摆了祭品，点上香烛，对着大江宣布道："鳄鱼！鳄鱼！韩某到这里来做刺史，为的是保土庇民。你们却在此祸害百姓。如今姑念你们无知，不加惩处，只限你们在三天之内，带同族类出海，三天不走就五天走，五天不走就七天走。七天不走，便要严处！"从此，江里再也没有看见鳄鱼。

人们把韩愈祭鳄鱼的地方叫作"韩埔"，渡口叫"韩渡"，还把大江叫作"韩江"，江对面的山叫作"韩山"。

柳宗元

| 唐宋八大家之一

柳宗元（773年—819年），字子厚，河东（今山西运城永济）人，因此人们称他柳河东，或者河东先生；又因他被贬谪到柳州做刺史，人们又称他为"柳柳州"。柳宗元是唐宋八大家之一，是唐代的文学家、哲学家、散文家和思想家，是古文运动的倡导者，与韩愈并称为"韩柳"，与刘禹锡并称"刘柳"，与王维、孟浩然、韦应物并称"王孟韦柳"。

柳宗元是个神童型的天才，史书称其小时候"精敏绝伦"，"为文章，卓伟精致"。柳宗元的家族河东柳氏，是我国北方的一个著名的大家族，家族里做大官的人非常多，他的曾祖父就曾官至中书令，相当于现在的总理。但到柳宗元所在的时代，家族势力已渐衰微。他的父亲柳镇，性情耿直，学识渊博，当时虽然官职不高，却"廉洁守志，疾恶不惧"。755年，爆发唐朝历史上的"安史之乱"后，父亲柳镇为躲避祸乱，陪着母亲隐居到王屋山，靠种田耕作养活一家人。柳宗元就是在这个时期，降生人间，给家中增添了不少欢乐。

柳宗元幼小时就聪明绝伦，传说他两岁时会识字读书，且能过目不忘；到他五六岁该上学的年纪，就已认得三千余字，并且已经读完了《诗经》，而且大都能背诵下来。虽然那时父亲柳镇靠种田为生，家中并不富裕，却仍然供柳宗元上学读书。

　　柳宗元上学堂后，开始是学《诗经》，他虽然已经能背诵了，但依然用心再学，把功夫都下在了深刻理解上。后来读史书典籍更是刻苦认真。他认为，像《史记》《汉书》这样的经典著作，不但史料丰富，而且文笔生辉，每篇都是学习写作的最好范文，他常常用来模仿写作。当他八九岁的时候，尤其对西汉时期的诗赋研究已很精深了，这使他在写作方面有了飞跃式的进步，不但手法新颖，富有文采，而且有了他自己的风格特点。

　　安史之乱被平定后，父亲柳镇又入朝为官，受封左卫，把柳宗元带到了长安，好多人都知道柳家有一个文采出众的小儿子。

　　785年，朔方节度使李怀光发动叛乱，走归河中。唐将马燧率军前往平定，逼近河中，两军相遇，拼命厮杀，最后朔方大将军牛名俊挥刀将李怀光斩于马下，河中收复。

　　喜讯传来，朝野上下一派欢腾。有一个姓崔的御史中丞，想写一个贺表进献给德宗，但他自己文化程度不高，需要找人代笔，但找谁写呢？他听说柳镇的儿子柳宗元文采出众，颇有名声，便去请他代写。

　　这一年，柳宗元才13岁，但他历经战乱之苦，对李怀光这等叛军十分仇恨，于是欣然答应。他稍加思考，便一挥而就，题目叫作《为崔中丞贺平李怀光表》。在贺表中，柳宗元愤怒抨击了李怀光的罪恶叛乱行径，深刻分析了其叛乱对国家、对百姓造成的危害，强烈表达了反对分裂割据、渴求统一安定的愿望。这不但是小小的柳宗元的愿望，也是天下众生的愿望。

　　崔中丞接过贺表一看，感到此文论点明确，论据确凿，剖析深刻，感情充沛，且通顺流畅，层次有序，气势磅礴，不由大加赞赏，并在同僚中广泛传阅。一些文人名士看了这篇文章，怎么也不相信是出自一个13岁的孩子之手。因此，柳宗元的名字不胫而走，誉满长安城。

　　柳宗元的一生经历简单，32岁是他人生的分水岭。32岁之前，顺风顺水，平步青云。他出身名门望族，少年聪慧，21岁就中了进士，24岁又通过了博学鸿词科的考试，被授校书郎，接升蓝田尉，由此步入仕途。在文坛上也颇负盛名，他家学渊源深厚，所写文章纵古论今，气势宏大，当时的士人都仰慕，纷纷登门求教，柳家常常门庭若市。

　　永贞元年，唐顺宗重用王叔文主持政务，推行新政。王叔文领导"永贞革新"，这一革新运动和柳宗元实行仁政民本的政治主张相吻合，于是他便积极投身其中。在这场革新运动中，还有一个著名的核心人物，就是写"山不在高，有仙则名。水不在深，有龙则灵"的刘禹锡。柳宗元和刘禹锡是同一年考中的进士，都仰慕对方的才学，政治主张又极其一致，就成了非常要好的朋友。但革新运动严重触及了宦官、官僚和藩镇的利益，在他们的联合反对下，仅历时100多天就宣告失败。柳宗元等8人因此被贬为边远各州的司马，这就是历史上非常有名的"八司马事件"。

　　805年，柳宗元32岁被贬到永州，刘禹锡被贬到朗州，他们互相写诗通信鼓励对方。在此期间，柳宗元和在朝廷身居要职的好朋友韩愈展开了一场哲学论战，他写《天说》来陈述自己的观点，刘禹锡写了三篇《天论》来支持柳宗元。

　　柳宗元在永州一待就是十年，这十年期间尽管朝廷有过很多次赦免，但皇帝在每次赦免中都把这"八司马"除外。815年正月，柳宗元忽然接到朝廷诏书，召八司马等人进京。这让贬居十年早已心灰意冷的柳宗元猛然间激起了一阵惊喜。柳宗元一路跋山涉水，同年二月回到了京城长安。可来到京城后不久，一件小事又让柳宗元等人的命运陡然逆转。

815年三月,刘禹锡邀请柳宗元等人去京城里的玄都观看花。触景生情,刘禹锡随意作诗《元和十年,自郎州承召至京,戏赠看花诸君子》,诗中唱道:"紫陌红尘拂面来,无人不道看花回。玄都观里桃千树,尽是刘郎去后栽。"诗的后两句是开玩笑的话,他讥讽那些靠排挤自己得到提拔的朝臣,"语涉讥刺",蔑视那些新贵像满园桃花一样,不值一顾。没想到这激怒了唐宪宗和旧派朝臣,在京城引起了一场风波。

八司马随即又被贬放到"五谷不毛处",柳宗元为柳州刺史,刘禹锡被放置最远的播州。播州在今天的贵州遵义,当时异常荒凉,是个人口不足五百户的小州。刘禹锡家有八十多岁老母,同去必就死地,分离也是死别。面对此情此景,身体已经很差,刚刚回到长安没两个月的柳宗元上书皇帝,要与刘禹锡交换地方,他说:"播非人所居,而梦亲在堂,万无母子俱往理。"生死之间,微言大义。虽然皇帝并不一定要听柳宗元的建议,但足可以看出柳宗元为朋友两肋插刀的精神品质。幸好当时御史中丞裴度伸出援手,刘禹锡才没去播州,贬去了连州做刺史。

柳宗元在柳州最终待了四年,宪宗大赦天下,宪宗被裴度说服,召柳宗元回长安之际,他却在柳州因病去世,年仅46岁。一直到生命终结,他都和刘禹锡保持书信往来。柳宗元去世时留下了两儿两女,还有个最小的儿子柳周七还没有出生。当时刘禹锡护送老母亲的灵柩路过衡阳,听闻此消息伤心欲绝,立即停下来为柳宗元料理后事,为他写了凭吊文章,整理他留下的书稿,柳宗元的儿子周六,也由刘禹锡收养,后来也考中了进士。

在人生最为意气风发的年纪却遭受贬谪,这对柳宗元来讲是极其致命的一击。但是,对于才华超群的柳宗元,这些生活的苦难,心情的苦闷却是创作的财富。正因为被贬,柳宗元得以寄情山水,实现与自然的对话,他在永州时,写了8篇山水游记——

《永州八记》，是他散文中的精品，其中最为人们称道的是《小石潭记》。

从小丘西行百二十步，隔篁竹，闻水声，如鸣珮环，心乐之。伐竹取道，下见小潭，水尤清冽。全石以为底，近岸，卷石底以出，为坻，为屿，为嵁，为岩。青树翠蔓，蒙络摇缀，参差披拂。

潭中鱼可百许头，皆若空游无所依，日光下澈，影布石上。佁然不动，俶尔远逝，往来翕忽。似与游者相乐。

潭西南而望，斗折蛇行，明灭可见。其岸势犬牙差互，不可知其源。坐潭上，四面竹树环合，寂寥无人，凄神寒骨，悄怆幽邃。以其境过清，不可久居，乃记之而去。

这是一篇不可多得的记游文字，写景状物绘声绘色，生动传神，可以见出作者观察之细，用笔之妙。开篇未见小潭，先闻水声，因闻水声，转觅小潭，即表现出行文的曲折变化；篇中写水之清却于水着墨不多，而是借石之底、鱼之游、日光之影来表现，可谓匠心独具；至于篇末对清冷寂寥之境的描摹和气氛的渲染，更隐然展示出被贬者凄楚悲苦的心态，令人读后为之怦然心动。

柳宗元的山水游记上承郦道元《水经注》的成就，并有突破性的提高，体现了真正的艺术性的文学，美的文学。他不是对山水纯客观的描写，而是在描写中贯注了一股浓烈的寂寥思绪，借助对山水的传神写照来表现一种永恒的悲悯情怀，也安放自己被贬谪的凄苦心地，使自己在自然的美景中获得暂时的忘却，达到与自然的合一，实现自我的救赎。

柳宗元特别善于讲故事，他在被贬谪期间写过许多小动物的寓言故事非常有趣，比如《黔之驴》。

我们都知道寓言故事其实是借助故事阐释一定道理的，然而读柳宗元的寓言故事，一定要从不同角度去读。从老虎的角度，我们会懂得不要盲目惧怕看起来庞大的事物；从驴的角度，我们或许得到的启发就是在敌人面前，不要盲目暴露自己的弱点；那从作者柳宗元的角度，他为什么会写这样的故事，这个故事对他自己有怎样的启示呢？这就需要从了解柳宗元一生的故事，了解他的心境的角度去解读。像这样有趣的寓言故事还有《临江之麋》《永某氏之鼠》《蝜蝂传》等。

柳宗元体察了大量民情，写了许多这样的传记，成就了他在文学上的辉煌。后人之所以称颂他，便在于他为民着想的品行。即使在地方为官，也造福了地方百姓。在柳州任上，柳宗元废除奴俗，对已经沦为奴婢的，自己出资为他们赎身。他还发展生产，凿水井，修城池，广植树，使柳州的经济得到了发展；他还发展教育，兴办学校，改变了柳州落后闭塞的状况。全国各地的学子钦慕柳宗元的才名，不远千里前往柳州向他请教。

柳宗元有德于民，柳州百姓在他死后为他修建了"柳公祠"和衣冠冢，以寄托人们的哀思。柳宗元的《河东先生集》共45卷，外集二卷，包括论说、寓言、传记等五类文体。论说包括哲学、政论等文章，以及议论为主的杂文。其特点是笔锋犀利，论证精确。《天说》为哲学论文的代表作，《封建论》《断刑论》《晋文公问守原议》《桐叶封弟辨》等为政论的代表作。

欧阳修

| 唐宋八大家之一。

欧阳修（1007年—1072年），字永叔，号醉翁，六一居士。欧阳修是北宋时期杰出的政治家、文学家，唐宋八大家之一，在政坛上经历宋仁宗、宋英宗、宋神宗三朝，官至翰林学士，参知政事，枢密副使，是北宋王朝的核心决策者之一，参与了著名的庆历新政。在文学上，欧阳修是在宋代最先开创一代文风的文坛领袖，领导了北宋诗文革新运动，继承并发展了韩愈的古文理论，他散文创作的高度、成就与其古文理论相辅相成，从而开创了一代文风。他在史学、经学、金石学方面也成就斐然，他是一代开宗立派的重要人物，奠定了宋代文风的基础。

公元1007年，欧阳修出生于绵州，就是现今四川绵阳。当时他父亲任绵州军事推官，老年得子，非常高兴，那年他父亲已经56岁了。不幸的是，欧阳修3岁的时候，他父亲就去世了。欧阳修是家里的独子，与母亲郑氏相依为命，孤儿寡母只得到湖北随州投奔欧阳修的叔叔。叔叔家也不富裕，好在欧阳修的母亲郑氏是受过良好教育的大家闺秀，常用芦苇秆当笔，在沙地上教欧阳修读书写字。欧阳修的叔叔也不时给予关怀，总算没有让童年的欧阳修失去基本的教育。

欧阳修自幼喜爱读书，常从城南李家借书抄读，他天资聪颖，又刻苦勤奋，往往书不待抄完，已能背诵；少年习作诗赋文章，文笔老练，有如成人。他的叔叔由此看到了家族振兴的希望，曾对欧阳修的母亲说："嫂子不必担忧家贫子幼，你的孩子有奇才！不仅可以创业光宗耀祖，他日必然名闻天下。"欧阳修10岁时，从李家得唐《昌黎先生文集》六卷，甚爱其文，手不释卷，这为日后北宋诗文革新运动播下了种子。

欧阳修虽然少年聪慧，可他的科举之路并不顺畅，还可谓坎坷。他16岁和19岁时，两次参加科举都意外落榜。

可欧阳修才气过人深得文人的赏识，也有人说欧阳修一生有贵人相助。出现在他一生中的第一个贵人就是胥偃。胥偃曾做过湖、舒二州的通判，权力仅次于知府。胥偃欣赏欧阳修的才气，把他收在门下。1029年的春天，由胥偃保举，22岁的欧阳修就试开封府最高学府国子监。同年秋天，欧阳修参加了国子监的解试。欧阳修在国子学的广文馆试、国学解试中均获第一名，成为监元和解元，又在第二年的礼部省试中再获第一，成为省元，也算是"连中三元"。他也觉得自己很了不起，在即将到来的殿试中，肯定能夺得状元，还特意为自己做了一身新衣服，准备到时候穿。欧阳修在广文馆有个同学，叫王拱宸，这就是著名女词人李清照的外曾祖父。王拱宸当年才19岁，也获得了殿试资格，他非常敬佩欧阳修的才气，也觉得欧阳修一定能中状元。一天晚上，王拱宸想跟欧阳修开个玩笑，调皮地穿上欧阳修的新衣服，得意地说："我穿状元袍子啦！我穿状元袍子啦！"没想到，殿试那天，欧阳修没中状元，真的是王拱宸中了。

欧阳修虽然没考中状元，但也获得了不错的名次，被授任将仕郎，试秘书省校书郎，充任西京（洛阳）留守推官。欧阳修金榜题名的同时，他也迎来了洞房花烛。宋代有"榜下择婿"的风俗，朝廷中的高官都喜欢在新科进士中挑选乘龙快婿。欧阳修刚一中进士，就被恩师胥偃定为自己的女婿。

欧阳修一生中的贵人除了他的老师——后来成了他老丈人的胥偃之外，还有他的顶头上司，吴越忠懿王钱俶之子、西京留守钱惟演。别人做官，大多是兢兢业业，渴望业绩出色，更上一层楼。而他不一样，每天过得特别清闲，偶尔约上三五好友，喝酒谈天、吟诗作对，日子过得逍遥得很。一次，欧阳修和几个同事去嵩山游玩，傍晚时分，天空突然飘起了小雪，几个人正准备打道回府。谁料，钱惟演派来的随从到了，还带来了厨子和歌妓，说："官府没什么事，你们不用急着回来，尽情地赏雪吧！"其实，欧阳修和他的朋友们也不是白白地喝酒作乐，消磨时间，浪费生命，而是一边饮酒一边研究诗文。在钱惟演的支持下，欧阳修等人有了充足的时间去琢磨古文创作，后来古文的创作在宋代繁盛一时，留下了无数美文。

其实，欧阳修不仅在顺境时日子逍遥，即使在被贬落魄时也一样过得逍遥自在，他有着豁达的人生观。

欧阳修36岁那年，范仲淹、韩琦、富弼等人推行"庆历新政"，欧阳修也卷入这场革新的浪潮中，新政失败，被贬为滁州太守。在滁州做太守时，只要有空，他就约上朋友，带上美酒，沿着山路走六七里，经过两座山峰中间，见泉水飞流而下，再绕个弯，便看见一座亭子。欧阳修与友人在这里喝酒，看日落，等日出，野花开满了山腰，美不胜收。这一次所见所感，被他记录在不朽名篇《醉翁亭记》中："醉翁之意不在酒，在乎山水之间也。山水之乐，得之心而寓之酒也。"可见，欧阳修对山水、美酒的爱好不减当年。虽已不再年少轻狂，虽然被贬在外，但玩乐的兴致是无穷无尽的，此时，他自号"醉翁"。

1049年，欧阳修回到京城。1054年8月，已经在京城做了大官的欧阳修,又遭受诬陷被贬。命令刚刚下达,仁宗皇帝就后悔了,等欧阳修上朝辞行的时候,皇帝亲口挽留说:"别去同州了,留下来修《唐书》吧。"就这样,欧阳修做了翰林学士,开始修撰史书。与宋祁同修《新唐书》,又自修《五代史记》(即《新五代史》)。

作为一位史官,欧阳修把通达的文笔用于修史,格外得心应手。他主持了《新唐书》的修撰,而实际参与写作的还有很多人。为了防止体例不一,皇帝让欧阳修负责统筹全稿。当时北宋文坛古文发展得有点过火。大家都愿意写古文吸引眼球,导致文章写得越来越生僻难懂,看着吓唬人,其实没什么实际内容,更谈不上艺术价值。其中负责写列传的宋祁,就是一个总喜欢用些生僻字眼的人。

从年龄、资历上说,宋祁是欧阳修的前辈,欧阳修不好直接提出批评意见,但他非常智慧,委婉地讽劝。一天早上,欧阳修在唐书局的门上写下8个字:"宵寐非祯,札闼洪休。"宋祁来了,捻着胡须端详了半天,终于悟出了是什么意思,对欧阳修笑道:"这不就是一句俗话'夜梦不详,题门大吉'嘛,至于写成这样吗?"欧阳修也大笑道:"我是在模仿您修《唐书》的笔法呢。您写的列传,把'迅雷不及掩耳'这句大白话,都写成'震霆无暇掩聪'了。"宋祁听了这一番话,明白了欧阳修的意思,不禁莞尔,以后写文章的风格也平易起来了。

但是,欧阳修对宋祁是格外尊敬的,后边的修撰工作就让宋祁完成列传部分。在《新唐书》修撰完毕,署名的时候,欧阳修坚决要求署上宋祁的名字。这在我们今天看来是太正常不过了,但在宋朝按规定,最后的署名都是按照职位高低来的,那时,欧阳修的职位已经高于宋祁,并且又是负责主修的官员,《新唐书》就应该署名欧阳修,欧阳修却不独占功名,这也看出他的为人豁达。

欧阳修自号六一居士，他自己写了一篇文章《六一居士传》，来介绍这个名字的来历：

客有问曰："六一，何谓也？"居士曰："吾家藏书一万卷，集录三代以来金石遗文一千卷，有琴一张，有棋一局，而常置酒一壶。"客曰："是为五一尔，奈何？"居士曰："以吾一翁，老于此五物之间，是岂不为六一乎？"

欧阳修用自问自答的方式写道：有客人问："六一"是哪六个一呢？他回答说，我家里有一万卷藏书，从夏商周三个朝代以来的金石遗文一千卷，一张琴、一局棋，还常有一壶酒。客人说，这才五个一呢！他回答说，还有我这一个老头儿呀，加上那五个一不是六个一吗？

欧阳修提倡平实文风，对北宋文风转变有很大影响。1057年2月，欧阳修做了礼部贡举的主考官，以翰林学士身份主持进士的考试。在这次考试中，我们熟悉的唐宋八大家里的苏轼、苏辙、曾巩等人，都榜上有名。

当时有个文学派别——"太学体"，领袖刘几是一名太学生，最大的特长就是常玩弄古书里的生僻字词，一般人根本读不懂。欧阳修向来提倡古文要通达平易，最反对"太学体"的文风。在这次考试中，欧阳修也看到一份较好的答卷，文章语言流畅，说理透彻。欧阳修简直就是爱不释手，他估计这是自己的学生曾巩的，这种文风需要鼓励，但毕竟是"自己人"，怕别人说闲话，不好取为第一，就把这份卷子判了个第二。结果试卷拆封后，才发现这份卷子的作者不是曾巩而是苏轼。一代才子苏轼，就这样因为欧阳修的避嫌之心，与状元擦肩而过。与苏轼一同被录取的，还有他弟弟苏辙，以及北宋文坛上的一批重要人物。欧阳修以其卓越的识人之明，为北宋朝廷及整个文学史做了一份突出的贡献。

苏轼考中进士后，给欧阳修写了一封感谢信。欧阳修称赞苏轼文章写得好，说读着他的信，不觉汗出，还不禁感叹苏轼的才气，说三十年后无人记得他欧阳修。这份谦虚、豁达以及对后学的赏识，不仅后人没忘记他，反而留下了美名。

放榜的时候，那些写"太学体"而自高自大的考生发现自己居然没有被取中，纷纷闹事，甚至有人说要到街上截住欧阳修痛打。但皇帝充分相信欧阳修的人品和判断力，给予了他极大的支持。历史也最终证明了欧阳修的正确，北宋文风自此一振。就连"太学体"的领袖刘几也改过自新，更名刘辉，重新参加考试，并获取了功名。

欧阳修穷苦出身，一路被人赏识，走上了高位。他对有真才实学的后生竭力推荐，使一大批当时默默无闻的青年才俊脱颖而出，堪称千古伯乐。这里面包括苏轼、苏辙、曾巩等文坛巨匠，还包括张载、程颢、吕大钧等旷世大儒，他们的出名与欧阳修的学识、眼光和胸怀密不可分。他一生桃李满天下，包拯、韩琦、文彦博、司马光、王安石，都得到过他的激赏与推荐。

欧阳修力主变革文风，并对诗风也进行了革新。他重视韩愈诗歌的特点，并提出了"诗穷而后工"的诗歌理论。作为开创风气的一代文宗，他对词作也有所革新。这主要体现在两个方面：一是扩大了词的抒情功能，沿着李煜词所开辟的方向，进一步用词抒发自我的人生感受；二是改变了词的审美趣味，朝着通俗化的方向开拓，而与柳永词相互呼应。除此，他竟然还写有一部《洛阳牡丹记》，包括《花品序》《花释名》《风俗记》三篇。书中列举牡丹品种24种，是历史上第一部具有重要学术价值的牡丹专著。

他不仅写下了大量的诗文和词，还撰写了《集古录跋尾》十卷四百多篇，简称《集古录》，是今存最早的金石学著作。欧阳修在史学上也有卓越贡献，他主导并参与编写了《新唐书》225

卷，是对《旧唐书》的一种完善和补充，位列"二十四史"之一，后又自编《新五代史》。

有人说，欧阳修最大的成就，不是文学，而是书法。该说法有一定的道理，因为欧阳修是在沙地和石头上修炼的书法，不仅力透纸背，直接在牌匾上抒写，也可入木三分。朱熹后来评他："欧阳公作字如其为人，外若优游，中实刚劲。"

苏 轼

| 唐宋八大家之一

苏轼（1037年—1101年），字子瞻，号东坡居士，四川眉山人。北宋文学家、书画家、美食家。一生仕途坎坷，学识渊博，天资极高，诗文书画皆精。其散文汪洋恣肆，明白畅达，与欧阳修并称欧苏，为唐宋八大家之一；诗清新豪健，善用夸张、比喻，艺术表现独具风格，与他的学生黄庭坚并称苏黄；词开豪放一派，对后世有巨大影响，与辛弃疾并称苏辛；书法擅长行书、楷书，能自创新意，用笔丰腴跌宕，有天真烂漫之趣，与黄庭坚、米芾、蔡襄并称宋四家；画学文同，论画主张神似，提倡"士人画"。著有《苏东坡全集》和《东坡乐府》等。

苏轼于宋仁宗景祐三年十二月十九日（1037年1月8日）出生于四川眉州眉山，是初唐大臣苏味道之后。苏轼的祖父苏序，表字仲先，祖母史氏。苏轼的父亲苏洵，即是《三字经》里提到的"二十七，始发奋"的"苏老泉"。苏洵发奋虽晚，但是很用功。苏轼的母亲程氏也出自当地书香世家，其兄与苏轼的二伯父同一年考中进士。苏轼其名"轼"原意为车前的扶手，取其默默无闻却扶危救困，不可或缺之意。苏轼生性放达，为人率真，深得道家风范。好交友，好美食，创造许多饮食精品，好品茗，亦好游山林。

苏轼是真正的天才。嘉祐元年（1056年），苏洵带着两个儿子苏轼、苏辙，自偏僻的西蜀地区，沿江东下，于嘉祐二年（1057年）进京应试。当时的主考官是文坛领袖欧阳修，小试官是诗坛宿将梅尧臣。这两人正锐意诗文革新，苏轼那清新洒脱的文风，一下子把他们震动了。策论的题目是《刑赏忠厚之至论》，主考官欧阳修拿到一篇文章读来非常高兴，他认为能写出这样漂亮文章的非他们弟子曾巩莫属了，本来这文章应该是第一的，可欧阳修为了避嫌，提笔在文章上判了一个第二，他认为第一与第二也就是名声上的差异而已。

哪知试卷拆开，这篇文章不是曾巩的，考生为苏轼。苏轼在文中写道："皋陶为士，将杀人。皋陶曰杀之三，尧曰宥之三。"这使得饱读经书的欧、梅二公既叹赏其文，却不知这几句话的出处。等苏轼上门拜谢时，欧阳修便问苏轼这典故出自何处，苏轼答道："何必知道出处！"其实言下之意，这是苏轼杜撰的。欧阳修听后，实在叹服，因为这杜撰跟历史事实那么贴切，他完全看不出。不禁对苏轼的豪迈和敢于创新极为欣赏，而且预见了苏轼的将来："此人可谓善读书，善用书，他日文章必独步天下。"

与苏轼一并榜上题名的还有他弟弟苏辙，在科举时代，有"五十少进士"的说法，也就是说五十岁考中进士都算年轻的，在唐朝韩愈参加科考的年代，不是出过"五老榜"吗？考中的人都七十岁了。而苏家两个年轻的儿子竟然一考都中了，这在当时是多么了不起的事。在欧阳修的一再夸赞下，苏轼更是声名鹊起。他每有新作，立刻就会传遍京城。当父子名动京师、正要大展身手时，突然从老家眉山传来噩耗，苏轼、苏辙的母亲病故。兄弟二人立即随父回乡奔丧。嘉祐四年十月守丧期满回京，嘉祐六年（1061年），苏轼应中制科考试，即通常所谓的"三年京察"，皇帝亲自组织考试。他考了一个三级甲等，别以为才三级，其实纵观历史，这个成绩已经是"百年第一"。苏轼授大理评事、签书凤翔府判官。

治平三年，苏洵病逝，苏轼、苏辙兄弟扶柩还乡，守孝三年。三年之后，苏轼还朝，震动朝野的王安石变法开始了。苏轼的许多师友，包括当初赏识他的恩师欧阳修在内，因反对新法与新任宰相王安石政见不合，被迫离京。朝野旧人凋零，苏轼眼中所见，已不是他20岁时所见的"平和世界"。

熙宁四年（1071年）苏轼上书。王安石很愤怒，让御史谢景在皇帝跟前说苏轼的过失。苏轼于是请求出京任职：熙宁四年至熙宁七年（1074年）被派往杭州任通判，熙宁七年秋调往密州（山东诸城）任知州，熙宁十年（1077年）四月至元丰二年（1079年）（1079年）三月在徐州任知州，元丰二年四月调往湖州任知州。

元丰二年（1079年），苏轼43岁，调任湖州知州。上任后，他即给皇上写了一封《湖州谢表》，忠告神宗要亲贤臣，远小人。这本是例行公事，但苏轼是诗人，笔端常带感情，即使官样文章，也忘不了加上点个人色彩，这忠直之言，使他卷入了一场排斥和打击异己的文祸之中。新党们从苏轼的大量诗作中挑出他们认为隐含讥讽之意的句子，一时间，朝廷内一片倒苏之声。元丰fg年七月二十八日，苏轼上任才三个月，就被御史台的吏卒逮捕，解往京师，受牵连者达数十人。这就是北宋著名的"乌台诗案"。乌台即御史台，因其宫署内种植柏树，终年栖息着乌鸦，因此称"乌台"。

"乌台诗案"这一巨大打击成为苏轼一生的转折点。新党们非要置苏轼于死地不可。救援活动也在朝野同时展开,不但与苏轼政见相同的许多元老纷纷上书,连一些变法派的有识之士也劝谏神宗不要杀苏轼。王安石当时退休金陵,也上书说:"安有圣世而杀才士乎?"在大家努力下,这场诗案就因王安石"一言而决",苏轼得到从轻发落,贬为黄州团练副使,本州安置,受当地官员监视。苏轼坐牢103天,几次濒临被砍头的境地。幸亏北宋时期在太祖赵匡胤年间即定下不杀士大夫的国策,苏轼才算躲过一劫。

出狱以后,苏轼被降职为黄州团练副使,相当于现代民间的自卫队副队长。这个职位相当低微,并无实权,而此时苏轼经此变故已变得心灰意冷,苏轼到任后,心情郁闷,曾多次到黄州城外的赤壁山游览,写下了《赤壁赋》《后赤壁赋》和《念奴娇·赤壁怀古》等千古名作,以此来寄托他谪居时的思想感情。苏轼家境困顿,在工作之余,他带领家人开垦城东的一块坡地,亲自下田耕种,以帮补生计。"东坡居士"的别号便是他在这时起的。但是,苏轼能流芳千古,备受人们推崇的原因就是他为人的豁达和乐观。身处被贬,深受困顿之时,苏轼也能怡然自得,寻找到自己的乐趣。他不会种田,就向当地的老农请教,常常跟农民们聊得非常开心。贬官黄州的五年,也是苏轼文学上大为长进的五年。苏辙曾经感叹,原来只是觉得哥哥文章写得好,但没觉得会好出多少来,这以后,完全是难望其项背了。

元丰七年(1084年),苏轼离开黄州,奉诏赴汝州就任。由于长途跋涉,旅途劳顿,苏轼的幼儿不幸夭折。汝州路途遥远,且路费已尽,再加上丧子之痛,苏轼便上书朝廷,请求暂时不去汝州,先到常州居住,后被批准。当他准备要南返常州时,神宗驾崩。常州一带水网交错,风景优美。他在常州居住,既无饥寒之忧,又可享美景之乐,而且远离了京城政治的纷争,能与家人、众多朋友朝夕相处。于是苏东坡选择了常州作为自己的终老之地。

1085年，宋哲宗即位，高太后以哲宗年幼为名，临朝听政，司马光重新被起用为相，以王安石为首的新党被打压。苏轼复为朝奉郎知登州（蓬莱）。四个月后，以礼部郎中被召还朝。在朝半月，升起居舍人，三个月后，升中书舍人，不久又升翰林学士知制诰，知礼部贡举。当苏轼看到新兴势力拼命压制王安石集团的人物及尽废新法后，认为其与所谓"王党"不过一丘之貉，再次向皇帝提出谏议。他对旧党执政后，暴露出的腐败现象进行了抨击，由此，他又引起了保守势力的极力反对，于是又遭诬告陷害。苏轼至此是既不能容于新党，又不能见谅于旧党，因而再度自求外调。

元祐四年（1089年），苏轼任龙图阁学士知杭州。由于西湖长期没有疏浚，淤塞过半，"葑合平湖久芜漫，人经丰岁尚凋疏"，湖水逐渐干涸，湖中长满野草，严重影响了农业生产。苏轼来杭州的第二年率众疏浚西湖，动用民工20余万，开除葑田，恢复旧观，并在湖水最深处建立三塔（今三潭印月）作为标志。他把挖出的淤泥集中起来，筑成一条纵贯西湖的长堤，堤有6桥相接，以便行人，后人名之曰"苏公堤"，简称"苏堤"。苏堤在春天的清晨，烟柳笼纱，波光树影，鸟鸣莺啼，是著名的西湖十景之一——苏堤春晓。苏轼极为享受西湖风光，留下了千古名篇《饮湖上初晴后雨》："水光潋滟晴方好，山色空蒙雨亦奇。欲把西湖比西子，淡妆浓抹总相宜。"

苏轼在杭州过得很惬意，自比唐代的白居易。但元祐六年（1091年），他又被召回朝。但不久又因为政见不合，遭受排挤。此后，苏轼宦海浮沉，出京入京，十分频繁。旧党当权，他转任颍州、扬州。新党上台，绍圣四年（1097年），年已62岁的苏轼被一叶孤舟送到了荒凉之地海南岛儋州（今海南儋州市）。在宋朝，放逐海南是仅比满门抄斩罪轻一等的处罚。苏轼遭到新旧两党排挤，但他达观高雅，并不为之屈服。他把儋州当成了自己的第二故乡，"我本儋耳氏，寄生西蜀州"。他在这里办学堂，振学风，以致许多人不远千里，追至儋州，向苏轼讨教学问。在宋代100多年里，海南从没有人进士及第。但苏轼北归不久，这里的姜唐佐就举乡贡。为此苏轼题诗："沧海何曾断地脉，珠崖从此破天荒。"人们一直把苏轼看作是儋州文化的开拓者、播种人，对他怀有深深的崇敬。在儋州流传至今的东坡村、东坡井、东坡田、东坡路、东坡桥、东坡帽等，均表达了人们的缅怀之情，连语言都有一种"东坡话"。

徽宗即位后，大赦天下，苏轼贬官岭南整7年，终获准北归，不幸在途中染病逝于常州，享年65岁。次年，其子苏过遵循父亲遗嘱，将苏轼灵柩运至郏城县安葬。宋高宗即位后，追赠苏轼为太师，谥为"文忠"。

苏轼一生，饱经磨难而其心不改，钟爱百姓且诗文丰富。他为后人留下诗作数千百，词作三百余，散文近千篇，皆堪称绝妙。一代文豪苏轼以其卓绝千古的诗、词、散文、书法成就，对后世产生了极大影响。

李清照

| 宋代女词人，婉约词派代表

李清照（1084年—1155年），自号易安居士，济南章丘（今属山东）人。宋代女词人，婉约词派代表，有"千古第一才女"之称。李清照巾帼不让须眉，使南渡词坛放出奇异的光彩，她著有《词论》，提出了词"别是一家"之说，确立了词体独立的文学地位。李清照对中国史学的另一个重要贡献，就是协助丈夫赵明诚纂修《金石录》，并历尽艰辛将它保存下来。

李清照自幼生活在文学氛围浓厚的士大夫家庭里，父亲李格非，济南人，进士出身，官做到了礼部员外郎，是北宋大文豪苏轼的学生。李清照的母亲是状元王拱宸的孙女，很有文学修养，也善于赋诗填词。父亲李格非并没有把李清照像古时的那些女孩子一样养在深闺，崇尚女子无才便是德，而是让她从小跟男孩子一样接受教育。李清照天资聪慧，很小就表现出过人的才华，在词坛上崭露头角，得到了诸如苏轼得意门生晁补之等大人物的赞赏。

李清照能成为杰出女词人的另一个重要原因还在于，她并没有把自己封闭在闺房之内,而是常常走向大自然,去感受大自然的和谐美好。常常在美好的日子里,约上好友几人,在溪水中划着小船,在溪边的小亭子里,吟诗论画,饮酒填词,日暮西山依然玩兴未尽。这美丽的景色,这美好的心情让人沉醉,以致忘记了回去的路。玩够了,天也黑了,划着小船回去,却不小心划进了茂盛的荷塘里,吓得早已栖息的鸥鹭不知发生了什么,大叫着扑闪着翅膀飞起来。看着惊飞的夜鸟,划船人也叫起来:"这可怎么办?"这些精致的点面被李清照绘声绘色地刻画出来。

常记溪亭日暮,沉醉不知归路。兴尽晚回舟,误入藕花深处。争渡,争渡,惊起一滩鸥鹭。

如果说这首《如梦令》能让你读到李清照对自然景物的热爱,以及对禽鸟花草的眷顾,另外一首《如梦令》还能让你感受到她情怀的博大与心性的仁慈。

昨夜雨疏风骤,浓睡不消残酒。试问卷帘人,却道海棠依旧。知否,知否,应是绿肥红瘦。

早上醒来了,可是不想起床,似乎昨晚的酒意还未散去,慵懒地躺在床上,想起了昨天夜里刮风下雨了,雨倒是不大,可风刮得太急。正好,小丫头来伺候小姐起床,李清照急忙让她赶快看看院子里的海棠花怎么样了?小丫头一边卷着帘子,一边说:"跟昨天差不多吧。"昨晚那么大的风,怎么可能跟昨天差不多呢?李清照笑她的小丫头,你知不知道,你知不知道,怎么都应该是绿叶肥了,红花瘦了呀!

李清照就是这样一位特别的词人,她的情感世界是独特的,她的艺术表现方式也是独特的。她善于选取自己生活中的起居环境、行动、细节来展现自我的内心世界,她的词就是她人生经历的写照。以上两首《如梦令》是她十六七岁的少女时代的代表作,可以窥见她少女时自由而幸福的生活。她的婚姻生活也是非常幸福美满的，成为人们向往的范本。

李清照18岁那年，与丞相赵挺之的儿子赵明诚结了婚。赵明诚不但诗文写得好，还特别喜爱收藏文物。刚结婚的时候，他正在京城太学读书，没有固定的经济收入，就时常把自己的衣服当了钱，去买喜爱的碑文和字画。李清照为了帮助丈夫收藏文物，也尽量节约家庭开支，吃穿都很俭朴。夫妻俩情趣相投，感情很好。

有一次，两个人用三个月积蓄下来的一千五百钱，买了一张东晋大书法家王羲之的字迹。不久，又有一人把大画家徐熙的《牡丹图》送上门来，李清照和赵明诚展开古画，共同仔细地辨认，断定确实是徐熙亲手画的珍品。画上的牡丹形态不一，花瓣艳丽逼真，茎叶嫩绿可爱。特别是花朵上的粒粒露珠，画得晶莹闪亮，像是在滚动似的，而空中的蝴蝶，也和真的一般。夫妻俩喜欢得不得了，可人家要价太高，他们买不起，遗憾了好久。

李清照和赵明诚经常在一起切磋学问，赵明诚对妻子很敬佩，也有些不服气，总觉得自己的诗词并不比她差。赵明诚外放做官，李清照没有同去。不久，他收到了妻子托人捎来的词《醉花阴》。

薄雾浓云愁永昼，瑞脑消金兽。佳节又重阳，玉枕纱厨，半夜凉初透。

东篱把酒黄昏后，有暗香盈袖。莫道不消魂，帘卷西风，人比黄花瘦。

赵明诚感慨妻子的词写得太好了，自己要用功赶上，花了好几天的时间，终于苦心写成了五十首词，用了妻子词里的三句"莫道不消魂，帘卷西风，人比黄花瘦。"恰巧他的诗友陆德夫来了，赵明诚忙把这些词拿给他看。陆德夫看完之后对赵明诚的词大加赞赏，赵明诚心里正开心时，陆德夫说特别好的是这三句，说着念道:"莫道不销魂,帘卷西风,人比黄花瘦。"赵明诚听了惭愧不已。

随着赵明诚外出做官,夫妻两地分居,李清照原本甜蜜宁静的心弦弹奏出了一首首略带苦涩和幽怨的相思曲,铭刻着女词人的情感历程,锦书传情,心心相印,也成就了一段文学佳话。

红藕香残玉簟秋。轻解罗裳,独上兰舟。云中谁寄锦书来,雁字回时,月满西楼。

花自飘零水自流。一种相思,两处闲愁。此情无计可消除,才下眉头,又上心头。(《一剪梅》)

她的一生,既享受过幸福,也饱经过苦难。

靖康二年(1127年),金人大举南侵,攻破北宋国都汴京城,俘获宋徽宗、钦宗父子,史称"靖康之变",那年李清照44岁,从此开始了颠沛流离的逃亡生活,雪上加霜的是赵明诚于1129年病逝于建康。国家灭亡,丈夫去世,李清照感受到无尽的悲伤与深切的孤独,往日大雁带来的是丈夫的温情与慰藉,现在看到大雁,引发的就是伤心与绝望;从前看到菊花,虽然人比黄花瘦,但看到的是孤芳自赏的潇洒,而今是黄花憔悴凋零,隐藏着生命将逝的悲哀。词的意境一下子就由明亮轻快变成了灰冷凝重。

寻寻觅觅,冷冷清清,凄凄惨惨戚戚。乍暖还寒时候,最难将息。三杯两盏淡酒,怎敌他、晚来风急。雁过也,正伤心,却是旧时相识。

满地黄花堆积,憔悴损,如今有谁堪摘。守着窗儿,独自怎生得黑。梧桐更兼细雨,到黄昏、点点滴滴。这次第,怎一个愁字了得。(《声声慢》)

这首词是李清照的代表作品,把当时国破家亡和离乡背井的愁苦之情写得格外传神。在国破家亡的处境中,李清照饱尝了生活的艰难。虽然她是女性，但依然关心着国家的命运。当时的南宋朝廷采取逃跑和退让政策，不敢和金国抗争，李清照对此十分痛心，她写下了《夏日绝句》。

　　生当作人杰，死亦为鬼雄。
　　至今思项羽，不肯过江东。

　　诗里借歌颂古代英雄项羽打了败仗也不肯过江的精神，讽刺了贪生怕死的官员。多少年来，这首诗一直被人们传诵。

　　李清照和赵明诚没有孩子，在赵明诚死后，李清照的生活充满了悲寂，更让她痛苦的是，在那个动乱的年代如何才能守住她和赵明诚一生心血收藏的金石字画。李清照曾经把一批文物捐赠给了官府，接收的是一个姓李的将军，可后来这批文物去了哪里根本没人知道。这时，她大胆改嫁张汝舟，为自己找一个依靠。哪知，当她嫁给张汝舟后，双方都觉得自己上当受骗了。因为李清照已经年近五旬，早已朱艳失色，张汝舟也不是仰慕她的才华，而是冲着她的金石字画娶的她。结婚之后，张汝舟发现李清照的藏品并没有传说中的那么多，觉得自己上当了，对李清照经常大打出手。李清照本想为自己寻找一个依靠，不但没有找到，还引来一头恶狼，令她的身体和精神都受到了极大的打击。

　　李清照不同寻常的地方就在于她的勇敢，积极与命运抗争。她不愿意过被人束缚的日子，在再嫁后才仅仅一百多天，就做出了一个大胆的决定：要与张汝舟离婚！

　　在中国封建传统观念中，甚至在目前一些偏远的落后地区，男女婚姻都是父母之命，媒妁之言。婚后，夫妻感情再不好，就算遭受家庭暴力，做妻子的都只能忍气吞声，逆来顺受。在古代社会，有几个女子敢说要与丈夫离婚？并且，在宋代法律明确规定，妻子不能主动提出离婚，即便提出离婚，也必须由男方写出休书，离婚方能生效。如果只是女方单方面想离婚，那是不会被批准的。李清照毕竟不是平常之人,她选择了另外一种方式离婚——举报张汝舟科举时作弊,结果张汝舟被治罪。但作为张汝舟的妻子,李清照也会受到牵连入狱。只是朝中官员积极营救才让她只坐牢9天。离婚之后,她依然无家可归,身边也无儿女,只能再次寄居在弟弟家,一直到她离开人世间。

　　李清照的情感世界是独特的,她的艺术表现方式也是独特的。她善于选取自己日常生活中的起居环境、行动、细节来展现自我的内心世界。如《添字丑奴儿》(窗前谁种芭蕉树)中"愁损北人不惯起来听"的动作描写,传神地表现出初到南方时不习惯夜雨霖霪的烦躁心理。而"守着窗儿,独自怎生得黑"(《声声慢》);"怕见夜间出去。不如向,帘儿底下,听人笑语"(《永遇乐》)等动作细节也典型地表现出年老寡居所独有的生活情态和寂寞心境。

　　李清照词的语言独具特色。第一,无论是口语,还是书面语,一经她提炼熔铸,就别开生面,精妙清亮,风韵天然。如"绿肥红瘦"(《如梦令》),"人比黄花瘦"(《醉花阴》),"宠柳娇花"(《念奴娇》),"柳眼梅腮"(《蝶恋花》等),都是"人工天巧,可称绝唱"(王士禛《花草蒙拾》)。而《声声慢》开头连用14个叠字,从动作、环境到心理感受多层次地表现出寡居老人闷坐无聊、茫然若失而四顾寻觅的恍惚悲凉的心态,更是千古创格。第二,李清照善于用最平常最简练的生活化的语言精确地表现复杂微妙的心理和多变的情感流程。如"才下眉头,又上心头"(《一剪梅》)8个字,就生动地传达出心理的曲折变化:收到丈夫的来信,顿感欣慰而喜上眉梢,然独居的寂寞毕竟难耐,相思之情又袭上心头。"只恐双溪舴艋舟,载不动,许多愁。"(《武陵春》)短短三句,也将内心的犹豫和不堪负载的愁苦量化和具体化,既曲折生动又巧妙自然。

　　李清照词语言的清新素雅,很适合表现淡雅清疏的审美境界。她曾赞美桂花是"暗淡轻黄体性柔,情疏迹远只香留。何须浅碧轻红色,自是花中第一流"(《鹧鸪天》)。这既是李清照的审美理想,也可视作其审美境界的艺术写照。无论是写情绘景还是咏物,如《醉花阴》《怨王孙》(湖上风来波浩渺)和《孤雁儿》等,都不用华丽的色彩、富艳的辞藻来装饰,而用白描手法,创造出水墨画般的清婉秀逸的意境。

李清照被誉为中国古代文学史上创造力最强、艺术成就最高的女性作家。她以女性的身份,真挚大胆地表现对爱情的热烈追求,丰富生动地抒写自我的情感世界,不仅比"男子作闺音"更为真切自然,而且改变了男子一统文坛的传统格局,在中国文学史上占有崇高的地位。正如清人李调元所说:"易安在宋诸媛中,自卓然一家,不在秦七、黄九之下。""不徒俯视巾帼,直欲压倒须眉。"

1976年,国际天文学会破天荒地用一位中国古代女人的名字命名水星上的一座环形山"李清照山",从此这位宋代女词人,便穿越时空隧道走向了宇宙。

关汉卿

| "元曲四大家"之首

关汉卿（1234年—1300年），"汉卿"是字，号已斋（一斋、已斋叟），汉族，解州（今山西省运城）人，另有籍贯大都（今北京市）和祁州（今河北省安国市）等说。元  朝杂剧奠基人，"元曲四大家"之首，与白朴、马致远、郑光祖并称为"元曲四大家"。

关汉卿以杂剧的成就最大，据考证知道他共创作了67部，现存18部，个别作品是否为他所作，无定论，最著名的是《窦娥冤》。关汉卿也写了不少历史剧，如《单刀会》《单鞭夺槊》《西蜀梦》等；散曲今存小令40多首、套数10多首。关汉卿塑造的"我是个蒸不烂、煮不熟、捶不匾、炒不爆、响珰珰一粒铜豌豆"（《南吕一枝花·不伏老》）的形象也广为人知，被誉为"曲圣"。

有水的地方的孩子都喜欢玩一个游戏——打水漂。捡一块薄薄的石头，斜平着水面扔出去，看石头在水上漂移，三步、四步，技术好的还有可能五六步。不只在人们借着这个游戏提醒别人小心投资或者白花钱而没有回报时，就常说"小心把钱打了水漂"。显然，人们都明白了，钱是不可能真正拿去玩打水漂的游戏的。但传说，关汉卿小时候就真的用钱打过水漂。

关汉卿的父亲在河东南路当个文墨小吏，俸禄虽然不高，但足够养家糊口。可是狼烟四起，一会儿传言蒙古军攻入雁门关，一会儿又说，蒙古军包围了金中都。衙门里都人心惶惶，无人守职，父亲关恬只好忧心忡忡地回到百里开外的家乡。他怕打乱家里的安宁，没有跟大家透露。可就在此时，五龙峪有人来见关恬。村里要给龙王爷献演一台木偶戏，报答一年风调雨顺的恩德。给龙王爷唱戏是件大事，戏台上少不了要贴一副对联。贴对联也是件大事，当然要请地方上有点名望的人操笔。关恬在晋宁南路供事，一手好字闻名远近，人们便前来求赐。

关恬满怀国家战乱的担忧，哪有编写对联的心情。事情一放下，竟然忘得一干二净，当五龙峪的人再次登门时，才想起这件事。他正要上前道歉，没想到来人却张口称赞他写的对联真好，看戏的人无不夸说，口口相传，轰动了附近乡村，这是来登门致谢的。

原来，五龙峪曾派人请关恬给戏台写一副对联的事，被关汉卿在一旁听到了。看看日期已经临近，父亲却没有动笔，本来他很想提醒父亲的。可是那些日子，父亲愁眉不展，他也不敢多嘴。后来，他做了一个大胆的决定，替父亲写这副对联。关汉卿从小喜欢看戏，他一边磨着墨，一边仿佛进入鼓乐喧闹的戏场。小小的幕布一拉开，一个个雕刻化装成各种人物的木偶就登场亮相。别看都是木头小人，该说则说，该唱则唱，还翻跟头，舞宝剑，看得人眼花缭乱，止不住一个劲叫好。沉浸在木偶表演的热烈气氛里，关汉卿激情澎湃，思绪飘飞。等拿起笔的时候，早已胸有成竹，写下："虽然猴猴蛋蛋，倒也热热闹闹。"

对联写好了，戏台上的木偶还在关汉卿面前旋舞，他仍然激情澎湃，等墨色一干，立即卷起来，送到了五龙峪，说是家父让他送来的。

父亲知道真相后非常高兴，一扫连日来的心中不快，开怀畅饮，还打开五龙峪送来的润笔费，取出些钱奖励儿子。这是关汉卿有生以来挣到的第一桶金，开心极了，拿了钱跑去找小伙伴儿玩。你猜，他用这钱来干了什么？你或许会想到千百种答案，但有一种你绝对不会想到：打水漂。

一起玩的还是平时那帮小伙伴，关汉卿掏出钱币，往水里投掷，伙伴们都非常惊奇，一阵喝彩，更惊奇的是他并不去捞，而是让大伙儿去捞，还说谁捞到是谁的。

这事儿传到了父亲关恬耳朵里，他问儿子为啥要这样做？关汉卿说："他们都很穷，送给他们买衣衫。"父亲问："为啥不直接送？"关汉卿回答："那不要让人家感恩吗？"关恬听了非常开心，称赞儿子有祖上的风范。

其实，这事的真实程度值得怀疑，但哪怕是民间附会杜撰的故事，也符合关汉卿的才智和性情。

关汉卿的祖上是谁呢？就是三国时期赫赫有名的蜀国大将关云长。父亲关恬常常给关汉卿讲祖上的英勇事迹，让关汉卿要好好读书，参加科举考试，争取金榜题名。

可是南宋末年，蒙古军入境，人民生活动荡不安。关汉卿一边苦读经书，一边跟随做医生的叔父学医。曾经救活了一对难产的母子，人们称他为神医。可他从小喜欢听戏，书读多了，也学着写戏，他写的戏文受到人们喜欢，获得了小小的成功。写戏给他带来了乐趣，那乐趣像是有魔力抓着他不愿撒手。但是，母亲并不同意他写戏演戏，而是希望他读书科考。既不愿放弃戏剧又不知如何面对母亲。关汉卿坐卧不宁。

一天，他终于心生一计，拿着自己写的剧本去见他叔叔，很高兴地说："叔叔，我这儿有个剧本，你抽空读一读。"叔叔或许并不在意，口里答应着，却把剧本搁到一边，忙着自己的事。接下来的几天，关汉卿悄悄去打探过几次，放在案几上的剧本叔叔根本没有打开过。但是他只能干着急，一点儿也不能催促，否则就会露馅。他沉住气继续等。几天以后的闲暇间叔叔终于拿起剧本来读了。叔叔几乎是一口气读完剧本的，读得心潮澎湃，兴奋不已。早知道这么好，哪能让它在案几上沉睡几日呢？叔叔放下剧本，连忙唤侄儿过来。

关汉卿一坐在叔叔面前，叔叔就滔滔不绝地说，好戏文，好文，这是给咱关家树碑立传啊！写先祖关云长的戏不少，还真没有这么好的。顶天立地，英武伟岸，少见的大丈夫气概。撇开咱关家不说，这戏也应该演，现在这些戏，缺少的就是这威武，这骨气。要是世上多有几个关云长这样的英雄，咱们怎么还能老受马队的踩踏，马夫的欺负。叔叔口里的"马队""马夫"无疑是指骑马而来的金国和蒙古军队。停了一停，叔叔把手指在结尾的那一句"急切里倒不了俺汉家节"，连声夸赞：画龙点睛，恰到好处。然后，兴奋地对关汉卿说："这戏演出来肯定好看，肯定受人喜欢。"

真没有想到叔叔会这样喜欢自己的戏文，关汉卿心里乐得都不知道该怎样开口。只听叔叔问："这是谁写的?"关汉卿正不知如何回答，又听叔叔说："真是个才子，该多写几个啊。"

他连忙说："可惜，他不再写了。"

"为啥?""父母要他读书参加科考。"叔叔叹了口气，说："科考个屁，还不知天王爷到哪一年才开恩。"关汉卿叹息着说："就这，父母也不让他写戏，怕耽误诵读经书。"叔叔惋惜地说："这是哪家父母？真该给他们开开脑筋。"话说到这里，关汉卿立即告诉了叔叔实情。叔叔听说是侄儿写的戏文，眼睛瞪得好大，他真没想到侄儿有这么好的胸臆，这么好的文采。可要是侄儿走演艺的路子，他也有些不乐意。不过，叔叔毕竟见多识广，侄儿觉得不荒废学业，不撂弃医病，抽空写写也无大碍。因此，关汉卿提出要他去母亲那里说情，他便答应了。

叔叔果然去劝说他嫂子，说时局混乱，当今蒙古人主宰天下，他们根本看不起读书人，科举考试遥遥无期。只要不耽误读书，关汉卿写点戏文还是门手艺。俗话说，艺多不亏人。多个手艺，多条活路。

关汉卿的父亲常年不在家，叔叔把家里柴米油盐大小事情料理得井井有条。战事纷乱不少人家缺米少饭，关家日子虽不宽裕，可也算得上方圆数里的好日子。叔叔在家里颇有声望，这么一劝导，母亲不再坚持。只是在母亲眼里，演艺的戏子都是人们轻贱的下人，她不让儿子登台露面。

关汉卿下跪给母亲磕头，答说："孩儿牢记母亲的训教，不误科考，不上台演戏。"母亲这训教无疑影响了关汉卿的一生。他在《南吕一枝花·不伏老》里自称"会插科、会歌舞、会吹弹"，通五音，熟六律，这么好的天资，若是上台演出，怎么也是唱红的名角。但他谨记母训，没有登过台演过戏。

熟知关汉卿的人无不称赞他是天才的戏剧大家。将天才冠之于关汉卿的确实至名归，可是如果说关汉卿写戏没有挫折，直赴成功的峰巅，那未必符合实情，从文学艺术的峰巅俯瞰那些天才，可以看出一个规律，天才的挫折有多大，成就便有多大。关汉卿自然也逃不出这个规律。

关汉卿的元杂剧代表作，也是元杂剧悲剧典范的是《窦娥冤》。《窦娥冤》原名《感天动地窦娥冤》。该剧剧情取材自东汉"东海孝妇"的民间故事。是一出具有较高文化价值、广泛群众基础的传统名剧，约有86个剧种改编、演出过此剧。

元杂剧是用北曲（北方的曲调）演唱的一种戏曲形式。金末元初产生于中国北方。是在金院本基础上以及诸宫调的影响下发展起来的。作为一种新型的完整的戏剧形式，元杂剧有其自身的特点和严格的体制，形成了歌唱、说白、舞蹈等有机结合的戏曲艺术形式，并且产生了韵文和散文结合的、结构完整的文学剧本。

关汉卿戏曲语言通俗自然，朴实生动，极富性格，评论家以"本色"二字概括其特色。作品在艺术上，体现出现实主义与浪漫主义风格的融合。作品用丰富的想象和大胆的夸张，设计超现实的情节，显示出正义的强大力量，寄托了作者鲜明的爱憎，反映了广大人民伸张正义、惩治邪恶的愿望。

施耐庵

| 中国四大小说名著之一《水浒传》的作者。

施耐庵（约 1296 年—约 1370 年），原名彦端，字肇瑞，号子安，别号耐庵。施耐庵是谜一样的人物，一般被认为是元末明初小说家，中国四大小说名著之一《水浒传》的作者。

关于其籍贯，有兴化说、苏州说、杭州说。其生平因缺乏史料而众说纷纭，甚至对有无此人都有争议。《三国演义》作者罗贯中为其门人。研究者多采集施耐庵家乡的口头相传资料及后裔的口述和野史，大致勾画出施耐庵的一生。

元代元贞二年（1296 年）初冬的一个傍晚，落霞满天，渔歌唱晚，在苏北水乡的一艘渔船上一个胖小子诞生了，船主施元德喜笑颜开。孩子快两个月时，还没有个名字。施元德请一位老秀才给孩子取名。老秀才见这小孩生得天庭饱满，地阁方圆，给起名叫彦端。希望他长大后成为国家栋梁，行为端正，有文笔才华，又为人仗义。这个被起名为"彦端"的孩子，就是后来写出世界古典文学名著《水浒传》的施耐庵。

至于为何又更名"耐庵"，却另有故事。施耐庵在常熟河阳山隐居，为当地一家姓徐的人家当教书先生，他一边讲学一边写书。一天，他写到《水浒传》中"石秀智杀裴如海，头陀敲木鱼"这一段，突然想到东林庵珍藏的木鱼木槌，心中疑惑不解，便向徐麒问：你这庵里的木鱼木槌，为何像宝贝一样珍藏呢？徐麒说，这庵里原先住着一位老和尚，他念经拜佛用心极诚，一边念经一边敲木鱼。说着他用手指着木鱼的凹陷说，你看，想让他们懂得，读书、做学问就要专心致志。施耐庵听了，连连点头：我们写书，也要有那种锲而不舍的精神才行啊！事后，他提笔写了"耐庵"两个字，贴在门楣上，意思是告诫自己要排除一切困难，写好《水浒传》。外人不知其意，便把他称为"耐庵先生"，时间长了，他也觉得这个名字不错，便改名为：施耐庵。

施耐庵小时就聪明异常，3岁背唐诗宋词，4岁画鸡鸭牛羊，5岁认识几百字。爹妈心里喜欢，到了8岁就将他送到白驹场北宝寺私塾读书。

有一次北宝寺的一个老和尚拦住他，说有一谜语要他猜，若是猜不出来就不让上课，老和尚念道："小小诸葛亮，独坐军中帐。摆起八阵图，要捉飞来将。"8岁的施彦端听老和尚念完，并不作答，只是用手指在地上画了一幅图作谜底。老和尚见了笑笑，点点头，接着又出一谜："小小一条龙，须长背又弓。生前没有血，死后浑身红。"施彦端听了二话没说，又在地上画了另一幅图，揭了谜底。然后昂首阔步走进私塾馆。你已经猜出他画的是什么了吧：蜘蛛和虾。

私塾馆教书的老先生，有戒尺一把，对不认真读书的顽童，常常将戒尺朝桌子上一拍，调皮好玩的学生就大声朗读出来。老先生戴着一副老花眼镜，透过老花眼镜，看到施彦端端坐不动，心想，这孩子神童似的，怎么今天这么笨拙，连书也不念。老先生喊来施彦端，厉声地问："施彦端，你为何不念书。"

"启禀老师，我已经将课文读熟了。"

老先生说："既然你已经读熟了，背给我听！"

老先生拿过课本,只见施彦端大声背诵,竟然与课文一字不差,老先生大为吃惊,这学生果然与众不同啊。施彦端此举也令同学们十分羡慕。施彦端在私塾读了五年书,过目能诵,品学兼优。

12岁那年,有一次,施彦端偶然在邻居家见到王勃的《滕王阁序》,便借回家如饥似渴地读起来。这一读不要紧,连晚饭也忘了吃。等他一读完,便去私塾找王老先生请教,一见面就迫不及待地问:"先生,王勃的文章为什么写得这样好?"

王老先生捋着胡子给施彦端讲了初唐四杰之一的王勃写《滕王阁序》的故事。施彦端听了说:"将来,我也要写出《滕王阁序》这样的文章来。"

王老先生听了,满意地说:"有志者事竟成,孩子,好好努力吧。"不久,白驹场内死了一个老人。按当时风俗,要先读祭文,然后才能由和尚念经。可是,事先约好写祭文的季秀才一时来不了,大家很着急。这时,施彦端也在场,他想起了王勃写的《滕王阁序》,便鼓起勇气说:"祭文让我来写吧。"主持丧事的人拿出笔墨纸张,让施彦端写起祭文来。只见施彦端卷起袖子,在桌前立定身子,闭目定了定神,毅然拿起狼毫笔,洋洋千言祭文,一挥而就。等季秀才来时,施彦端的祭文已经写好,秀才看了连连称赞:"好,很好,难得,难得。"又仔细地端详施彦端,认真地问道:"你曾经写过祭文吗?"

"没有。"施彦端摇摇头说,"我想这祭文,无非是说死者生前做过什么好事,亲人们对死去的人怎么怀念。不当之处,请先生赐教。"季秀才听了,大加赞赏施彦端庵的理解能力和分析能力。

施彦端在读书期间,除了博览经史子集外,尤爱宋元话本,他不仅记忆力惊人,过目成诵,而且文思敏捷,能写会说,是一个敏而好学、才气过人的学生。

一次，他看到老师画的牡丹形似神肖，非常羡慕，但由于自己急于求成，总是画不好。于是他就向老师请教，怎样才能把牡丹画好。老师笑笑说："怎样画好牡丹的答案，现放在花园里呢，你去看一看就知道了。"施耐庵到花园里一看，除了东墙下有几株盛开的牡丹外，什么"答案"也没有。他这才明白老师的用意，是要让他照着牡丹写生呢。

经过一段时间的临摹、写生，施耐庵自以为牡丹画得不比老师差了。一天早晨，他画了幅《蝶戏牡丹》拿去请老师指教。老师借机开导他："你画的牡丹枝叶上有露珠，时间上该是早晨，而牡丹花瓣萎散无力，已是正午的花姿，在一幅画面上时间这样错乱，可见你写生的功夫还没有到家呢。"施耐庵心想：我今天这幅画是早晨对着牡丹写生的，难道还会看错吗？他告别了老师，直奔花园去看个究竟。时值正午，他用手捧着花仔细地一看，花瓣果然与清晨看的不一样。这件事令他感触很深，学画便格外虚心了。施耐庵练就绘画本领，对于他后来写《水浒传》有着很大的影响。

相传施耐庵在大宅里坐馆教学时，还经常教学生画画。他要求严格，每次只教一幅人物画，直到学生画好后再教另外一幅。他前后教学生画了108幅。这些画，张张面孔不一样，个个动作不同，神态各异，个性有别。他刻画的108个人物形象，据说就是《水浒传》里的108将。

在浒墅关教书的老先生已年过花甲，白发苍苍，但满脸红润，精神抖擞，耳聪目明，给人以鹤发童颜、仙风道骨之感。他不是一般的教书匠，早年曾中过武举，只因为有一次打抱不平，失手误伤了一个元朝的"鞑子"，才弃官隐姓埋名来此教书为生。这私塾馆后面有个大院子，每天鸡叫头遍，老先生就起床到后院里练功。施耐庵想拜老先生为师，学习武艺，可老先生婉言谢绝了。施耐庵就每天起早爬到院墙边的一棵老柳树上，细心观察先生是怎样练的，然后自己也模仿着练。就这样白天读书，早晚练功，一晃一年过去了。由于施耐庵天资聪颖，加上勤学苦练，竟也渐渐地练出点儿名堂来了。再说老先生本是武林中人，听觉和视觉异常灵敏，早就发现施耐庵在偷学他的拳路。他并未加以制止，而是被施耐庵好学苦练的精神感动了，后来寻了个机会考验了一下他才收为徒。俗话说"名师出高徒"，施耐庵在老先生的精心培养下，不仅写得一手妙文章，还练成一身好武艺。这对他后来写《水浒传》打下坚实的基础。

科举依然是每个读书人所向往的，乡试是科举的第一步。这一年，施耐庵和乡绅子弟顾逖一道参加考试。主考官说："我今天要面试一下，看看你们的才学如何。"主考官出了三副对联的上联："炭黑火红灰似雪""船轻石重，以船载石轻载重""磨大脐小齿棱棱，吞粗吐细"。顾逖从小过着饭来张口、衣来伸手的娇惯生活，哪里懂得民间的事，原先准备好的一条也用不上，这时急得张口结舌，哼了半天，才从牙缝里挤出几句："谷黄饭白，这……"垂头丧气地坐在椅子上不动了。施耐庵不慌不忙地对出了三副对子的下联"麦黄麸赤面如霜""尺短布长，用尺量布短量长""杆直钩曲星朗朗，知重识轻"。主考官听了，情不自禁地叫起来："好，对得工巧！妙，妙，真是才子。该中第一。"顾逖自愧不如，心中十分佩服施耐庵博学多才，文思敏捷，当下就邀施耐庵到家中做客，敬为上宾。此后，两人经常在一起谈诗论文，结为好友。后来施耐庵在兴化避乱写《水浒传》，就是在这个顾逖处。

生活于江淮之间的施耐庵从少年时代起，就喜欢到瓦肆、勾栏听说书艺人讲述梁山英雄故事，像《武松打虎》《智取生辰纲》《林冲夜奔》《杨志卖刀》等水浒英雄故事，他听后不但牢牢记住，还能绘声绘色地讲给别人听。至于《梁山泊聚义本末》等话本，他看完后不仅能背诵，还能像民间艺人那样，将原来只是记录故事梗概的各类脚本，演绎成情节曲折、生动耐听的故事。

有一天，学馆里放学后，施耐庵的父亲叫他去城里买点儿米回来。进了城，他见一家瓦舍里正在说《智取生辰纲》，不知不觉就挤到人堆里听。他被说书艺人的语言、神态和故事情节迷住了，把买米的事丢到脑后，直到天黑，说书的把一本书说完，听众一哄而散。他看到手中的米袋子，才想起自己是来买米的，赶紧就往米店跑。到了米店，人家早已打烊。他知道一家人都等着他买米回去烧饭吃，心中懊悔不已，拿着空布口袋回到了家。果不其然，父亲和两个弟弟都站在门前等着他呢！

施耐庵一到家，就把听说书耽误买米的事告诉了父亲，并且也学着说书艺人的语言、神态，讲起了"智取生辰纲"一段故事。施耐庵聪明伶俐，虽然才听了一遍，故事内容却记得清清楚楚，并且讲得十分生动，连父亲都听入了神。父亲本来准备教训耐庵一顿地，这时也就算了，只得叫耐庵赶快到邻居家先借点米回来，明天再进城去买。

施耐庵这个爱好，他的父亲、老师并不横加干预。因为元代数十年没有科举，读书人的地位不稳定，考不中科举功名，不能当官吃俸禄，便只有当平民百姓，做个塾师，当个说书艺人、书会才人，也就有了养家糊口的本事。这种不加干预的做法，实际上也是为施耐庵留了一条谋生后路。

《水浒传》所写宋江起义的故事源于历史真实，从南宋起，宋江的故事就在民间广泛流传。宋末元初人龚开作《宋江三十六人赞》已完整地记录了36人的姓名和绰号。而《大宋宣和遗事》写了杨志卖刀、智取生辰纲、宋江杀惜、张叔夜招安、征方腊、宋江受封节度使等，笔墨虽然简略，但已把水浒故事连缀起来，展现了《水浒传》的原始面貌。相传罗贯中是施耐庵的得意学生，一边帮施耐庵收集整理这些故事，一边写《三国演义》。

还有很多关于施耐庵写水浒的故事。据说，《水浒传》中的许多地名，都取之于祝塘附近。如"三打祝家庄"是全书中的重头戏，其实祝家庄就是祝塘镇。小说中武松景阳岗打虎，写得栩栩如生。据说当时施耐庵不过是到大宅里村后的后阳冈散步，见有条黄狗睡在松树下，一名庄丁武阿二把黄狗打跑了。施耐庵回家便以此为原型进行创作，把后阳冈改作景阳冈，黄狗变成吊睛白额大虫（老虎），武阿二成了武松。

元末明初之际，中国文坛上一部辉煌的小说巨著悄然横空出世，从此在人类文学艺术的灿烂天宇高悬了一颗光耀千秋的星斗。它最初叫《江湖豪客传》，后来通称《水浒传》。《水浒传》为我国明清小说开辟了一条健康宽阔的道路，后来的《红楼梦》《说岳全传》《杨家将》，均受此影响。《水浒传》还广泛流传到国外，《法国大百科全书》阐释《水浒传》的条文为："《水浒传》与西方骑士小说互相呼应，《水浒传》对各种人物的英勇或懦弱的描写都是对龌龊的社会所进行的愤怒的批判。《水浒传》中许多故事又与阿拉伯故事相媲美，这些故事中的英雄人物大胆机智，经常拿豪门富家子弟取笑开心。《水浒传》堪称传奇作品的伟大典型。"这种代表西方学术界对《水浒传》的高度评价，与日本等东方国家的总的评价是完全一致的。

蒲松龄

| 清代著名文学家。

蒲松龄（1640年—1715年），字留仙，一字剑臣，号柳泉居士，世称聊斋先生。山东淄川（今山东淄博市）人。清代著名文学家，其代表作《聊斋志异》，是中国文学史上最优秀的文言短篇小说集，收录作品近500篇。

作家孙犁先生说过："文学史上一两行记载都不容易得到，蒲松龄在任何《中国古代文学史》都单占一章。作家的荣誉始终由其作品、特别是《聊斋志异》保证着。"蒲松龄有着怎样离奇的一生，为何能写出如此厉害的文学作品？其实，蒲松龄终生在乡里居住，除了31岁时唯一一次南游之外，都在家乡淄川做私塾老师，没见过多大的世面，也没有惊天动地的事迹，蒲松龄的家庭是普通的柴米油盐，并无浪漫情怀可言；他的朋友除了王士禛算得上文坛盟主之外，其他都是平常之人。蒲松龄的一生可用"读书、考试、教书、写书"8个字来总结。其实，把这朴实的人生经历与相对琐碎的生平事迹联系起来，就能寻找到蒲松龄人生的闪光点。

济南府东面二百里,有一小城,叫淄川,城东有个村庄,名蒲家庄,这是鲁中地区非常普通的村庄。蒲氏虽不是名门大族,却世代多读书人。蒲松龄的父亲蒲槃,自幼读书,在乡里也算博学多才,但科举却屡屡不中,于是弃儒经商,积蓄二十多年,家业也算有些殷实了。明崇祯十三年,也就是1640年,蒲槃的妻子董氏又生了一个儿子。蒲槃发现婴儿前胸有一块铜钱大的青痣,这块痣的位置、大小很似他梦中所见的病和尚前胸口的膏药。

蒲松龄在《聊斋志异》的自序里以此感慨说,他的一生皆如父梦。在他的成长岁月里,命运也是"和尚运",总是不如别人。少年时体质不好,多病;长大后,门庭的冷落,凄清得就像和尚庙;用笔墨耕耘一生,萧条得就像和尚托着个钵靠人施舍。

在父亲蒲槃的苦心经营下,家底本已算殷实了,但经过明清两朝易代之际的战乱,他年纪渐老,也无心经营。蒲槃的第一个妻子早逝,他续弦娶了蒲松龄的母亲。这便是唐氏,唐氏生了三个儿子,妾也生了一个儿子,蒲松龄排行第三,后边还有女儿。世道不好,子女较多,家道便逐渐衰落下来。蒲槃已无力为孩子们请老师,便亲自教子读书,将科举功名的希望寄托在儿子们身上。但兄弟四人中,只有蒲松龄勤于攻读,文思敏捷,最受父亲器重。

经过战乱的童年之后,蒲松龄举行了"成人礼"——结婚了。蒲松龄的妻子刘氏非常贤惠,性情温顺,沉默寡言,不很伶俐,也算可爱。蒲松龄外出给人当家庭教师的时候,她在家里上养老,下育小,住在荒凉的农场老屋里面。夜里狼都可能跑到院子里,她就整夜不睡觉在那儿纺线,如果有一点好吃的,都会给蒲松龄留着。

顺治十五年(1658年),蒲松龄参加科举考试。题目是《蚤起》,就是早起。这有什么可写的?现在的年轻人最烦早起。"蚤起"这两个字出自《孟子》"齐人有一妻一妾",要写成八股文。就是在一篇文章中有四组对句,要按破题、承题、起讲、起股、出题、中股、后股、大结的结构模式,要揣摩圣贤语气,代圣贤立言,阐述修齐治平的大道理。蒲松龄却写成了小说的模样。这一年的主考官是大文学家施闰章,安徽宣城人,顺治进士。施闰章欣赏蒲松龄对人情世态精准的描写。他加批语道:"观书如月,运笔如风。"大笔一挥,蒲松龄,山东秀才第一名。

或许主考官施闰章对蒲松龄的赏识是误导,蒲松龄用小说笔法写文章,虽然得到施闰章的赞赏,其他考官却不会认可。他们只欣赏刻板的八股文,蒲松龄刚起步就偏离了轨道,在后来的乡试中落榜了。乡试是在省城或京城举行的科举考试。每三年举行一次,称正科;遇皇家有喜庆之事,多考一次,称为恩科。凡获秀才身份的学生均可参加。考试通常安排在八月,因此叫秋试。读书人成了举人,才有资格进入更高层次的会试。蒲松龄这次落第了,没关系,才21岁,有的是时间。可接下来,蒲松龄是屡战屡败。

孩子陆续出生,老母在堂,父亲逝去,家徒四壁。替人写封婚书,写篇祭文,报酬不过是一斗米,或者一只鸡,两瓶劣质酒,杯水车薪,无济于事。怎么办?出去打工吧,诗词小说不能当饭吃。附近村庄一个叫孙蕙的人,在江苏宝应县当知县。蒲松龄31岁时,孙蕙邀请他去做幕宾,幕宾就是代写公文书信的秘书。这次南游,是蒲松龄这辈子唯一的一次远游。幕宾生活,使他对于官场和世情有了更多的认识。康熙十一年(1672年),33岁的蒲松龄,结束了短暂的秘书岁月,回到家乡,因为又该参加考试了。这次考试又是铩羽而归。他还是不灰心,并写了一副对联,鼓励自己:"有志者,事竟成,破釜沉舟,百二秦关终属楚。苦心人,天不负,卧薪尝胆,三千越甲可吞吴。"

蒲松龄屡试不中,也有其原因。在他5岁时,清人入关,扬州屠城,在山东镇压农民起义,产生了很多稀奇事,这些都影响他后来写《聊斋志异》。他在做私塾教师时,喜欢阅读和琢磨科举考试根本不需要的闲书,动笔创作《聊斋志异》,这不仅占据蒲松龄大量时间,还影响他的思路和文风,从而使文名远扬的蒲松龄在一个一个考官眼里,成了"另类"。他的好朋友张笃庆还写诗劝他别写小说了,专心去考试吧。但是蒲松龄不听,还是写,不管哪个朋友听到什么奇闻轶事,他都要了解一下,写到自己的作品里头。对收集故事的痴迷也是影响他科举屡试不中的原因之一。

经人介绍,蒲松龄去知州府上做家庭教师。淄川城西王村镇西铺村,有一大户人家。东家毕际有是知州,蒲松龄尊称他刺史。毕际有的父亲毕自严是明代尚书,毕家号称三世一品,四士同朝。家中高楼林立,仆从如云,有藏书丰富的万卷楼,还有占地三亩花木繁盛的大花园。毕际有的亲戚朋友都是地方大员、世家大族。蒲松龄教书之余,还要替毕际有应酬陪客,代写书信,但宾主关系较为融洽。

私塾先生寄人篱下,几本破书翻来倒去,几个蒙童吵吵闹闹。得不到功名的读书人,常去干这个,因为读书人除此之外,别无所长,郑板桥、曹雪芹都干过。郑板桥还做了这样一首诗:"教馆本来是下流,傍人门户渡春秋。半饥半饱清闲客,无枷无锁自在囚。"生活太穷太苦,现实坚硬如铁,但物质的不毛之地,往往就是精神的鱼米之乡。蒲松龄一边教书,一边写书,还坚持参加科举考试。他一生参加科举考试 15 次,从 21 岁考到 63 岁。仕途希望破灭后,他又寄希望于子孙。可惜他的子孙同样不能飞黄腾达,更不可思议的是,他教的学生也没一个当官的。蒲松龄在毕家整整待了 30 年,70 岁才撤帐回家。

直到 71 岁,蒲松龄才迎来了他的春天,成了贡生,这不是考的,是排队等来的。又得了个"候选儒学训导"的头衔,相当于现在县中学的副校长。前边还有"候选"两个字，意思是等着。对于年逾古稀的蒲松龄来说，贡生只是带来精神安慰和小小的实际利益——每年四两银子。县令却迟迟不给蒲松龄树旗挂匾，不发规定的银子。

蒲松龄74岁时，勤苦一生的老伴刘氏先走一步。康熙五十四年（1715年）正月二十二日下午，他在清冷的聊斋，倚窗而坐，无疾而终，享年76岁。

雨果曾说：想象是伟大的潜水者。蒲松龄能写出这么多爱情故事，靠的不是生活经历，而是想象天才，有许多故事描写的内容是蒲松龄经历过的，是朋友告诉的，是对前人作品的再创造，最重要的一点却是：《聊斋志异》是天才作家的想象才能和创造才能的集中表现。

《聊斋志异》收集500余篇神鬼妖怪，艺术成就非常高。它成功地塑造了众多的艺术典型，人物形象鲜明生动，故事情节曲折离奇，结构布局严谨巧妙，文笔简练，描写细腻，堪称中国古典短篇小说的高峰。

曹雪芹

| 中国古代长篇小说高峰的创造者。

曹雪芹（约 1715 年—约 1763 年），名霑，字梦阮，号雪芹，又号芹溪、芹圃，生于江宁（江苏省南京）。所著巨著《红楼梦》规模宏大、结构严谨、情节复杂、描写生动，塑造了众多具有典型性格的人物形象，堪称中国古代长篇小说的高峰，在世界文学史上也占有重要地位。

曹雪芹原名曹霑，"霑"出自《诗经·小雅·信南山》，那是一首古人歌颂春日喜雨的农事诗："上天同云。雨雪雰雰，益之以霡霂。既优既渥，既沾既足。生我百谷。""霑"字，讲的是好雨充足，"优渥"就是滋润土地，能够靠它生长出好庄稼。曹雪芹生在春季，正是"春雨贵如油"的时候，恰好遇到一场透雨，那么这个"霑"字真是意味深长。

曹家祖上搬至关外的辽宁铁岭，满族人夺取明朝江山时，先祖曹振彦在战争中成了满族人的奴仆——包衣。高祖曹玺因战功赫赫，成为皇帝的近臣；高祖母孙氏是康熙皇帝的保姆，曹雪芹的祖父曹寅就成了皇帝从小的玩伴，后来成了康熙的"伴读"和御前侍卫，后接替父亲被任命为江宁织造。兼任两淮巡盐监察御史,极受康熙宠信。雍正六年,曹家因亏空款项获罪被抄家,曹雪芹随家人迁回北京老宅。曹家从此一蹶不振。

曹雪芹早年托赖天恩祖德,享受了一段锦衣纨绔、富贵风流的公子哥儿生活,日子过得心满意足,每日只和姊妹丫鬟们玩耍,或读书,或写字,或弹琴下棋,或作画吟诗。只在园中游卧,每每甘心为诸丫鬟充役,竟也得十分闲消日月。他终生都对这段幸福生活记忆犹新,在《红楼梦》开卷第一回《作者自云》中亲切地称之为"梦幻"。

儿童时期的曹雪芹非常顽皮,不喜欢四书五经,也不喜欢科举考试,对仕途也不感兴趣。虽然严加管教上过私塾,也请过教师,但是祖母对他是非常的溺爱。幸而曹家家学渊深,祖父曹寅有诗词集行世,在扬州曾管领《全唐诗》及二十几种精装书的刻印,兼管扬州诗局。曹家藏书极多,精本有 3000 种之多。曹雪芹自幼生活在这样一个很富丽的文学美术环境之中,接受父兄教育、师友规训,博览群书,尤爱读诗赋、戏文、小说之类的文学书籍,诸如戏曲、美食、养生、医药、茶道、织造等百科文化知识和技艺都旁搜杂取。

到了曹雪芹的父辈,由于雍正上台后排除异己,以亏空款项等罪被革职抄家,曹家因此急剧走向衰落。迁居北京后,由于朝廷中为官的亲戚较多,他得以继续求学。只是,曹雪芹不守"学规"。对"杂学"非常感兴趣,家族长辈对此多次规劝,可曹雪芹并没放在心上。北京城外有一座最古老最有名的戏院,名不见经传的小戏班是不能在此登台的。中国戏曲是东方艺术美的体现,不仅服装绚丽,音乐伴奏还铿锵动听,剧本也是十分美妙的韵文。曹雪芹一看就爱上了戏剧,或许他天生就具备那种对艺术美的敏锐感知,这一点与他的祖父非常相似。曹雪芹迷上了戏曲,也迷上了名角小旦,偶尔还粉墨登场客串几回。

那时候,唱戏不是有身份和体面的人干的。这事儿让他父亲知道了,一场风波就来了。那天曹雪芹一回到家里,见父亲端坐于堂屋,他战战兢兢地进去请安,正要溜走,却被严词喝住。父亲之所以这么生气,是曹雪芹与王府里戏班的小旦结交,这对于这个风雨飘摇的家族来讲,非常容易卷入政治漩涡。气怒的曹父,以行为放荡不端、辱没斯文、败坏家风、不服管束的罪名,对曹雪芹实施了圈禁的处罚。所谓圈禁,就是被锁在屋子里,行动完全失去了自由。圈禁整整持续了三年。

到了乾隆时期,曹家再次遭到打击,从此彻底衰败。曹雪芹后来的日子是在北京西郊度过的。他晚年生活贫苦困顿,极其艰难,过着"满径蓬蒿老不华,举家食粥酒常赊"的生活,靠卖画和亲友的接济过日子。《红楼梦》的创作,大约就开始在北京生活的后期。

这种特殊生活经历对曹雪芹的一生产生了深远影响。一方面,家庭由极盛到极衰的变化,使他清醒认识到封建社会的炎凉世态,以及政治的黑暗,社会的腐朽,从而更深刻地认识到了封建阶级的本质。另一方面,他的家庭又是一个同皇室有直接联系的、典型的贵族官僚家庭,集中体现了封建统治阶级的种种腐朽、黑暗,也集中反映了复杂的阶级矛盾和封建伦理道德。这为曹雪芹的日后创作提供了生活基础和题材源泉。

《红楼梦》原名《石头记》,是一部围绕女性展开描述的经典传世著作。它内容丰富,人物众多,事件纷繁,超过以往的任何一部长篇小说。它以贾宝玉和林黛玉的爱情悲剧为主线,描写了贾、史、王、薛四大封建家族的兴亡过程,深刻而生动地反映了封建大地主阶级残酷的阶级压迫和激烈的阶级斗争,揭露了封建统治的腐败和黑暗。《红楼梦》反映社会生活的广度和深度也是空前的。从历史发展的大形势到日常生活的细枝末节无不包罗殆尽,是高度艺术性和深刻思想性的完美结合,达到了我国古典小说历史上的最高峰。但曹雪芹在自序中说,他既不借助于任何历史故事，也不以任何民间创作为基础，而是直接取材于现实社会生活，把半世亲睹亲闻的这几个女子的离合悲欢，把家族的兴衰际遇，按自己的事体情理，如实描写，并无讳饰。

正当曹雪芹奋笔疾书，《红楼梦》快要完成的时候，意想不到的灾难降临了，他唯一的爱子染上痘疹，不幸夭折。意外的打击，使曹雪芹痛苦万状，以至感伤成疾，年未五旬，竟一病不起，终于在一个晚上"泪尽而逝"。

"满纸荒唐言，一把辛酸泪"的《红楼梦》，赚取了多少人的眼泪，引发了多少人的情思！

有人说曹雪芹"作书时，家徒四壁，一几一杌一秃笔外无他物"，在这种状况下，曹雪芹仍以顽强的毅力继续写作《红楼梦》。曾有一个传说提到，曹雪芹写书时，没有钱买纸，就把旧年的皇历拆开，字写在皇历的背面。"字字看来皆是血，十年辛苦不寻常！"没有一定的胆量、信心、毅力，在如此艰难的环境里要写出这部"怨世骂时之书"是不可能的。

曹雪芹在世时，《红楼梦》就在少数亲友中批阅评论。曹雪芹逝世后，这部作品盛行于世。最初传抄的都是80回本，到了1791年，程伟元和高鹗对在社会上流行20年，但"无定本"的《红楼梦》，进行了一番整理，并且增补了后40回，使之成为一部故事完整的作品。

曹雪芹是一名世界级的文学大师，在国际文坛上享有崇高的声誉。在世界大文学家的排名表上，他与莎士比亚、巴尔扎克、狄更斯、托尔斯泰齐名。

现当代部分

鲁　迅

| 著名文学家、思想家，五四新文化运动的重要参与者，中国现代文学的奠基人。

　　鲁迅（1881年—1936年），浙江绍兴人，原名周樟寿，后改名周树人，字豫山，后改豫才。鲁迅是他1918年发表《狂人日记》时所用的笔名，也是他影响最为广泛的笔名。著名文学家、思想家，五四新文化运动的重要参与者，中国现代文学的奠基人。毛泽东曾评价："鲁迅的方向，就是中华民族新文化的方向。"

　　鲁迅一生在文学创作、文学批评、思想研究、文学史研究、翻译、美术理论引进、基础科学介绍和古籍校勘与研究等多个领域具有重大贡献。他对于五四运动以后的中国社会思想文化发展具有重大影响，蜚声世界文坛，尤其在韩国、日本思想文化领域有着极其重要的地位和影响,被誉为"二十世纪东亚文化地图上占最大领土的作家"。

鲁迅的主要作品有小说:《呐喊》《彷徨》《故事新编》;杂文:《坟》《华盖集》《三闲集》《二心集》《伪自由书》《且介亭杂文》《且介亭杂文末编》《集外集拾遗》;学术专著《中国小说史略》《汉文学史纲要》《中国小说的历史的变迁》;译作:《艺术论》等31部。

一位伟大的文学家的横空出世,其实并不是一开始就有谁给他人生做好规划,生活才是最好的老师,也是最好的磨砺场。鲁迅出身于一个地主官僚家庭,从小过着无忧无虑的富家少爷生活,我们可以随着他《朝花夕拾》的描述走进那段日子。

在一个偌大的园子里,有光滑的石井栏,高大的皂荚树,金黄的油菜花,茂密的树叶间回响着蝉的鸣叫,低矮的泥墙边蟋蟀和油蛉在低吟,又名叫天子的云雀最为活跃,忽地一下就从草丛里直窜上云霄去了。这个园子叫百草园,是浙江省绍兴市新台门周家的菜园子。周家老爷是一名进士,翰林出身,还做过京官。

一个头戴小小的宽边绸缎帽,身穿光亮的丝绸小长袍的小少爷总喜欢在百草园玩耍。他一会儿爬上光滑的石井栏跳下来,一会儿又去墙根儿处拔何首乌藤,寻找有没有人形的何首乌,或是去摘覆盆子,那如小珊瑚珠攒成的小球儿似的果子又酸又甜,颜色和味道都比桑葚要好得多。这里是他的乐园,他时常翻开断砖寻找多脚的蜈蚣,要是看见一种名叫斑蝥的虫子,就会伸出手去按住它的脊梁,看这备受惊吓的小虫子吓得啪的一声,从屁股里喷出一股烟雾。

到了冬天,他会盼望着下大雪,因为大雪一下,鸟雀们无处觅食,一两天之后就可以捕鸟了。扫开一块雪地,用一枝短棒支起一面竹筛来,下面撒些不能碾米的半饱满的谷粒,在棒子上系上一条长绳,远远地牵着就可以了。等鸟雀来吃东西,走到筛子底下，一拽绳子，就被罩住了。

这位小少爷就是我国近代文学史上鼎鼎有名的大文豪鲁迅先生。他原名周树人，不过这不是他的第一个名字，是他17岁时进入金陵新式学堂——江南水师学堂的时候才改用的。在百草园玩耍之时，他名叫周樟寿。

从鲁迅家出门向东，不上半里，走过一道石桥，有一家名气不小的私塾——三味书屋，私塾的老师寿镜吾是一位德高望重的清朝秀才，自己用功读书，对学生要求也极其严格。传说他招收学生和其他私塾不一样，除了必须经过熟人介绍之外，还要亲自到学生家里去面试，觉得学生是可塑之才，他就会点点头说："正月十八开学，自己背桌子椅子来！"鲁迅就是在1893年的正月十八成为三味书屋的一名正式的学生。

在三味书屋学习期间，正午习字，晚上对课。有一次，老师出了个"独角兽"，同学们有的对"二头蛇"，有的对"三脚蟾"，也有的对"八脚虫""九头鸟"的，鲁迅却对了"比目鱼"。寿镜吾老先生连连点头，说："'独'不是数字，但有单的意思。'比'也不是数字，但有双的意思，可见是用心思对出来的。"于是把鲁迅大大夸奖了一番。其实，除了鲁迅自身聪明之外，还得益于他出身书香门第。祖父周介孚为翰林出身，父亲周伯宜是秀才，鲁迅6岁便到叔祖父周玉田先生那里"开蒙"，读《鉴略》和《山海经》，10岁时从叔祖周子京读《孟子》，良好的家庭教育使鲁迅在同龄的学生中鹤立鸡群，成了三味书屋的高才生。

然而，天有不测风云，也就是在这一年，鲁迅家发生了非常大的变故。祖父周介孚因科场行贿案进了监狱，他的父亲也得了重病。鲁迅是周家长子，家里的重担就落在了他幼小的肩上。

为了治好父亲的病，他们家请了绍兴城里最有名的医生，医生开出的中药药引很难寻，诊费也贵得出奇。家里深陷困局，还要给父亲治病，鲁迅只得常常奔走当铺，把家里值钱的东西当成钱，又急匆匆地跑向药铺，为父亲抓药。因此，有一天早晨鲁迅上学就迟到了，遭到了寿镜吾老先生的严厉批评。鲁迅并没有跟老师解释他迟到的原因，而是默默地在桌上刻了一个"早"字，提醒自己时时早，事事早。鲁迅一辈子都是极为珍视时间的，他说，无端地空耗别人的时间无异于谋财害命。

名气非常大，诊费贵得出奇的绍兴城名医，给鲁迅的父亲看了两年的病，也不见好不说，还日渐严重，以至起不了床了。这位名医又推荐了另外一位名医来看，又吃了不少的药，比如用敲破了的鼓皮做成的"败鼓皮丸"，说破鼓皮能破父亲的水肿病。结果鲁迅的父亲还是去世了，这对15岁的鲁迅来讲，打击很大，使得鲁迅深恨那些庸医，对中医也失去了信任，他认为中医不过是一种有意的或无意的骗子。在江南水师学堂学习期间，他受日本维新的影响，立下了学医救国之志，选择了学医之路。

1902年2月，21岁的鲁迅东赴日本，在东京弘文学院学习日语，1904年进入仙台医学专科学校学习，正式开启了他的学医之路。然而，那时的中国已经是遭受外国列强入侵，割地赔款，内忧外患，风雨飘摇。中国是弱国，中国人就是理所当然的低能儿，在国外更是遭人瞧不起。鲁迅在仙台医学专科学校学习的时候，教解剖学的藤野先生对来自中国的鲁迅没有偏见，关心他的学业，还帮他认真修改学习笔记。鲁迅在期末考试中，考了个中等，就遭到别人的质疑。他们认为，中国人都是低能儿，怎么可能考到合格，肯定是藤野先生漏了题的，有人来检查藤野先生给鲁迅修改过的笔记，还给他写了一封信：你悔改吧！

这让鲁迅深受打击，更让他受不了的是参观枪毙中国人，还有中国人在一旁叫好。那是在仙台医学专科学校学习的第二年，有一门课程是霉菌学，细菌的形状是全用电影来显示的。在放映中间会插播几片时事的片子，多数是日本战胜俄国的情形。偏有中国人在里边给俄国人做侦探，被日本军捕获枪毙，围着看的居然是一群中国人，都拍掌欢呼万岁。这声音让鲁迅觉得非常刺耳，他还想到回国时看到国人闲看枪毙犯人时，也一样地欢呼叫好。同是中国人，国难当头却如此麻木，鲁迅哀其不幸，怒其不争。他认为即使学好了医学，能医治的是人们的身体，但无法医治愚昧的精神和麻木的思想。在第二学年结束时，鲁迅就毅然退学，改学了文学创作。

从此，鲁迅就拿起了笔，做起了战士，成了文坛巨匠，成为中国思想文化的引领者。我们可以从先生的几篇作品中去窥见一斑。

《故乡》发表于1921年5月的《新青年》。作品通过主人公回乡后对阔别多年的故乡的描绘，展现了20世纪20年代中国农村日甚一日的凋敝景象。然而更令作者痛心的是在这种环境下生活的农民的悲惨境遇以及由此产生的人与人之间的"隔膜"——灵魂的疏远、心灵的毁灭，这正是这部作品所要揭示的深层含义。作品采用了对比的手法，以童年记忆中的故乡和现实中的故乡对比，少年闰土和长大成人的闰土的对比。少年的闰土充满活力和生机，聪明机敏、天真快活；而成年后的闰土则完全变了样子："先前的紫色的圆脸，已经变作灰黄"，他那"红活圆实的手"已变得"又粗又笨而且开裂，像是松树皮了"。闰土不仅在外貌上发生了很大的变化，在心灵上更是和以前相差甚远。帝国主义的侵略、地主的盘剥、军阀的统治把闰土变成了一个木偶人，他成了"辛苦而麻木生活"的一类人。在精神上，他丧失了从前的活力，只剩下对生活的默默承受。同时，严酷的现实改变了"我"和"闰土"当初的关系，再一次相见时，闰土的一声"老爷"便使"我似乎打了一个寒噤"，并且意识到，彼此之间"已经隔了一层可悲的厚障壁了"。此外，作品中还穿插了对豆腐西施杨二嫂的描写，这个人物也是不幸的，生活的艰辛没有培育出她善良的品质，反而使她变成没有道德、自私狭隘的人。这一形象在本质上和闰土是一样的，也是一个灵魂被毁灭的形象。作者通过对昔日记忆中的故乡的一切——被毁灭的描述，表达了自己对质朴美好的故乡的眷恋和对无情的社会现实的慨叹。在作品的最后，鲁迅抒发了自己的希望，他把希望寄托在下一代人身上："宏儿不是正在想念水生么。我希望他们不再像我，又大家隔膜起来……"表现了鲁迅对中国前途的深深忧虑。

《狂人日记》是鲁迅创作的第一个短篇白话日记体小说，也是中国第一部现代白话文小说，写于 1918 年 4 月。该文初刊于 1918 年 5 月 15 日 4 卷 5 号的《新青年》月刊，后收入《呐喊》集，编入《鲁迅全集》第一卷。

小说通过被迫害者"狂人"的形象以及"狂人"的自述式的描写，揭示了封建礼教的"吃人"本质，表现了作者对以封建礼教为主体内涵的中国封建文化的反抗；也表现了作者深刻的忏悔意识。作者以彻底的"革命民主主义"的立场对中国的文化进行了深刻的反思，同时对中国的甚至是人类的前途表达了深广的忧愤。

《阿 Q 正传》是鲁迅创作的中篇小说，创作于 1921 年 12 月，最初发表于北京《晨报副刊》，后收入小说集《呐喊》。该小说创作于 1921 年底，共分九章。小说以辛亥革命前后的中国农村为背景，描写了未庄流浪雇农阿 Q，虽然干起活来"真能做"，但却一无所有，甚至连名和姓都被人遗忘的故事。该小说批判了当时中国社会的封建、保守、庸俗、腐败等社会特点，有力地揭示了旧中国人民的生活场景和其处在水深火热之中的病态。

郭沫若

| 中国现代文学家、诗人、考古学家、古文字学家、历史学家、社会活动家

郭沫若（1892年—1978年），原名郭开贞，字鼎堂，号尚武，沫若是他留学日本时根据故乡四川省乐山市的两条河流——沫水（大渡河）和若水（雅河）而取的名字，笔名还有麦克昂、郭鼎堂、石沱、高汝鸿、羊易之等。郭沫若是中国现代文学家、诗人、考古学家、古文字学家、历史学家、社会活动家、甲骨文研究专家，新诗奠基人之一，中国历史剧的开创者之一。代表作品有《郭沫若全集》《甲骨文字研究》《中国史稿》等。

郭沫若出身于一个地主兼商人的家庭，他文学天分极高，继承了书香门第出身的母亲的基因。郭沫若的外公是二甲进士，在云贵地区做官，做到了知州一级。后来在苗民的暴动中，全家除郭沫若的母亲之外，全部遇难。那时郭沫若的母亲年仅一岁，由奶妈抱着逃回四川，长到15岁时就嫁到了郭家。她虽然没有读过书，但将聪明的天资遗传给了郭沫若。

1892年秋天，郭沫若出生时，脚先落地，后来他自己也说："这大约是我的一生成为了叛逆者的第一步。"郭沫若从小聪慧异常，又调皮捣蛋。他在上私塾时，有一次和同学偷吃了庙里的桃子，和尚找到先生告状。先生说，我出个上联，谁能对出下联，就可以免罚。先生说："昨日偷桃钻狗洞，不知是谁？"郭沫若思索了片刻，对道："他年攀桂步蟾宫，必定有我。"先生惊其才华，极为高兴，结果全体学生都免予处罚。

他五六岁时干过的另一件事，就没这样幸运逃过惩罚了。郭沫若母亲幼年遭受不幸，15岁嫁到郭家，一共生了12个孩子，养活了8个，家里的事都是妯娌分担着做，过于辛苦，身子异常衰弱，患了晕病。晕病发作时，母亲就会倒睡在床上终日呻吟呕吐，茶饭不进，半个月才能起床。

治疗母亲晕病的良药是芭蕉花。芭蕉在四川很不容易开花，即使开了花，人们都认为是祥瑞，不肯轻易摘下来卖掉，好不容易买到一朵，要花上两只肥母鸡的价钱。郭沫若五六岁的时候，母亲的晕病又犯了，家人四处寻芭蕉花。正好大他四岁的二哥带着他去天后宫，发现里边有一株芭蕉开了一朵大黄花，就像尖瓣的莲花一样。兄弟俩欢喜极了，爬进窗子去摘花，郭沫若太小，还是二哥举着他爬过去的。兄弟俩费了好大的劲才把花摘下来，二哥把花藏在衣袖里边拿回家去。估计郭沫若小一些，想在爹妈面前讨个乖，就从二哥那里要了芭蕉花给母亲送去。哪知母亲见了把脸一沉，问他从什么地方拿来的？他直接说在天后宫摘的，母亲听了非常生气，叫他和二哥跪在床前，还连连叹气说，生了些不争气的孩子，倒不如死了算了。父亲知道之后，把他们拉到大堂的祖宗面前跪着，还第一次挨了手掌心。最后，花没有用，被送回天后宫去了。郭沫若成年以后都还时常忆起这件事，怀念从小严格要求他们成长的父母，在32岁时写下了著名的散文《芭蕉花》，回忆此事。

郭沫若幼年上私塾开始诵读《诗经》《唐诗三百首》等，小学、中学时代，广泛涉猎中国古典文学，并大量阅读《国粹学报》以及风行一时的林译小说，接受维新思想的启迪，培养了爱国民主思想与叛逆意识。1913年底，郭沫若赴日本留学，在日本九州帝国大学学习医学。1918年春发表第一篇小说《牧羊哀话》，初夏写成最早的新诗《死的诱惑》，1919年五四运动爆发，他积极投身于新文化运动，创作了《凤凰涅槃》《地球，我的母亲》《炉中煤》等诗篇。1921年发表第一本新诗集《女神》，书中洋溢着强烈的浪漫主义气息，《女神》是中国新诗的奠基之作，郭沫若也因此成为中国新诗的重要奠基人之一；同年又与郁达夫等人一同创立上海文学社——"创造社"，是新文化运动的重要旗手。1922年3月15日《创造季刊》问世。这一时期郭沫若的诗作，同胡适等人的新文化运动、五四运动作品，影响了日据时期的台湾的早期新诗创作。

1926年到1927年，郭沫若任国立武昌中山大学筹备委员会委员。1927年大革命失败，蒋介石叛变了革命，大肆杀害共产党人。面对敌人的白色恐怖，郭沫若指名道姓批判蒋介石。蒋介石恼羞成怒，下令通缉他。为了避难，郭沫若再次东渡日本。在日本，军国主义分子对他进行监视，使他失去了自由。在无奈的情况下，他开始潜心研究甲骨文。

在朋友的帮助下，与东洋文库主任石田干之助联系，容许他在一两个月内读完库中所藏的一切甲骨文著作。在此期间，他把关于中国考古学上发现甲骨文的记载全都翻阅了一遍，同时还几乎访遍了日本所有的收藏者，掌握了大量的实物资料，即使生病发烧也坚持研究和写作。他的《甲骨文字研究》中《释支干》一篇的手稿，有一段字写得特别粗大，就因为是在发高烧的时候写的。搜集和辨认甲骨文字，也给他的家庭增添了乐趣。有一段时期，每天吃晚饭的时候，他都要把骨片一块块地摆在饭桌上，让全家人一起来辨认。小儿子博生往往猜中的最多，郭沫若常常笑着竖起大拇指夸奖他。那是一家人最快乐的时候。就这样，他仅用了两年左右时间，便完成了《甲骨文字研究》《殷周青铜器铭文研究》以及《中国古代社会研究》。这是他研究甲骨文、金文的第一批成果。郭沫若凭借这一时期的甲骨文研究而与王国维、罗振玉、董作宾并称"甲骨四堂"。

郭沫若在1937年全面抗战爆发后回国。回国后曾担任国民政府军事委员会政治部第三厅厅长，期间组织了声势浩大的武汉抗战文化运动，发动歌咏、话剧、电影等各界一同宣传抗战。

他也创作了大量话剧剧本，鼓舞民心士气，包括《屈原》《虎符》《棠棣之花》《南冠草》《孔雀胆》《高渐离》六出历史悲剧作品，其中以《屈原》最受欢迎。台湾大学历史系教授王远义认为郭沫若等人这一时期的作品，开创了一条大众形式与精英创作结合，现代性与传统民族文化共存的文学与文化道路。

在书法艺术方面，郭沫若同样成就不凡，在现代书法史上占有重要地位。郭沫若以"回锋转向，逆入平出"为学书执笔8字要诀。其书体既重师承，又多创新，展现了大胆的创造精神和鲜活的时代特色，被世人誉为"郭体"。郭沫若以行草见长，笔力爽劲洒脱，运转变通，韵味无穷；其楷书作品虽然留存不多，却尤见功力，气贯笔端，形神兼备。郭沫若在书法艺术上的探索与实践历时70余年。青年郭沫若的书法得到社会承认，始于辛亥年间。

中华人民共和国成立以后，郭沫若在繁重的国事之余从事更为丰富的书法创作。他慷慨为人，博识广闻，为全国各地名胜古迹、工矿学校，以及社会各界、海内外友人留下难计其数的辞章墨宝。其书法作品数量之多，影响之广，少有出其右者。为纪念建国15周年而创作的巨幅书法作品是郭沫若书法作品的代表作之一。

在他的书法作品中，处处透射出一种"文"的气息，宠万端于胸中，幻化出千种思绪，从笔端涓涓流出，生成与他诗、文、史种种学问修养相融合的化境，以书法的外化形式展现给读者。

但郭沫若同时也受到广泛的质疑。

郭沫若与鲁迅一直被誉为左翼作家的两大旗帜，周恩来曾评价两人说："鲁迅自称是革命军马前卒，郭沫若就是革命队伍中人。鲁迅是新文化运动的导师，郭沫若便是新文化运动的主将。鲁迅如果是将没有路的路开辟出来的先锋，郭沫若便是带着大家一道前进的向导。"但这两位领军人物，也曾唇枪舌剑，进行过文字大战。

在创造社刚成立时，成仿吾曾写文章评价鲁迅的小说，挑了很多毛病，甚至把《呐喊》批得一文不值。鲁迅反击道："我们的批评家成仿吾先生正在创造社门口的'灵魂冒险'旗子底下抡板斧。他的'庸俗'的罪名，几斧砍杀了《呐喊》，只推《不周山》为佳作——自然也仍有不好的地方。"

后来，广州中山大学邀请鲁迅去任教，鲁迅一打听，创造社的郭沫若和郁达夫也在中山大学，就说："郭沫若、郁达夫也在，那么，我去不去也似乎没有多大关系，可以不必急急赶到了。"

郭沫若又来了孩子脾气，在《创作》杂志上发表了一篇《文艺战线上的封建余孽》，对鲁迅进行了猛烈的攻击："他是资本主义以前的一个余孽……鲁迅是二重的反革命的人物。以前说鲁迅是新旧过渡期的游牧分子，说他是人道主义者，这里完全错了。他是一位不得志的法西斯谛！"

鲁迅虽然擅长打文字仗，但对郭沫若的挑衅却采取了息事宁人的态度，声称"往往给我十刀，我只还他一箭"。到了1936年8月，鲁迅写了一篇《答徐懋庸并关于抗日统一战线问题》，对他跟郭沫若的论战做了总结："我和郭沫若、茅盾两位，或相识，或未尝一面，或未冲突，或曾用笔墨相讥，但大战斗却都为着同一的目标,决不日夜记着个人的恩怨。然而小报却偏喜欢这些鲁比茅如何,郭对鲁又怎样,好像我们只在争座位,斗法宝。"

当时,郭沫若正在日本,看到这篇文章后,感动得热泪盈眶,立刻写了一篇文章,说:"先生实在是一位宽怀大量的人,是'决不日夜记着个人的恩怨'的。因此我便感觉到问题解决的曙光。"

可惜,鲁迅没有看到这篇文章就去世了,郭沫若听说后,更是悲痛不已。鲁迅逝世十周年时,郭沫若仍然为当年的事而后悔莫及,说:"自己实在有点后悔,不该增上傲慢,和这样一位值得请教的大师,在生前竟失掉了见面的机会。"

其实,我们读郭沫若的故事,欣赏他的文学作品,应该如北京大学教授温儒敏所说的观点去看待:当今的研究者和读者对郭沫若的评价形成两极,跟对郭氏人格的不同理解也大有关系。一种流行的观点是把郭沫若看作是政治人物,反感他的立场多变。然而如果由《女神》等作品的创作反观郭沫若的人格,也许我们对这位诗人的浪漫气质会有更多的了解与宽容,我们就不一定再以政界的标准去衡量一位文人。郭沫若可以说是一位天才,但也有凡庸的一面,这两方面交织成他的一生。

茅 盾

> 中国现代杰出的革命文学家、无产阶级文化战士、文学评论家、文化活动家以及社会活动家

茅盾（1896年—1981年），原名沈德鸿，字雁冰，还曾用玄珠、郎损、方璧、止敬等笔名98个，茅盾是常用名。代表作有小说《子夜》《春蚕》和文学评论《夜读偶记》。

茅盾1896年7月4日生于浙江桐乡县（现桐乡市）乌镇。父亲沈永锡是清末秀才，通晓中医，是具有开明思想的维新派人物，非常重视自然科学等新学，也喜欢传播进步思潮的社会科学著作。母亲陈爱珠，是一位通文理、有远见而性格坚强的妇女。幼年时的茅盾即受到比较开明的家庭教育。父亲沈永锡的维新思想在茅盾幼小的心灵中种下了奋发求新的种子，但父亲在茅盾10岁时便去世，茅盾主要是在母亲陈爱珠的精心培育下成长起来的。

8岁的茅盾入乌镇立志小学读书，后转入植材高级小学，成为该校第一班学生。9岁的时候，有一次茅盾跟他的母亲一起到舅舅家去度夏。茅盾的舅舅是个中医，家里也有不少旧小说。茅

盾在那里找到了《野叟曝言》,只花了三天半时间就读完了。这是清代的一部通俗小说,共一百五十四回,约一百四十万字,曾自称"天下第一奇书"。茅盾的舅舅知道他很短的时间就看完了《野叟曝言》,很是吃惊,从此对他刮目相看。

茅盾从小学开始就喜欢写作,并且显露出了这方面的才华。在当时一般守旧人的眼光里,小说之类被称为诲淫诲盗的"闲书",是不准孩子们看的,但茅盾竟得到明达的父母的允许。《西游记》《三国志》《水浒传》《聊斋志异》和《儒林外史》等,都是他这时爱读的书。这种广泛、大量的阅读,不仅提高了茅盾的文学素养,而且也在无形中培养了他的写作能力。在小学里,茅盾的各门功课都名列前茅,每次考试他总能得到奖品,特别是他的作文更是出名。有一年茅盾遇上了童年会考,他参加了这次隆重的考试。会考的作文题是《论富国强兵之道》,茅盾很快就写了一篇四百多字的议论文,文章的最后一句是"大丈夫当以天下为己任"。主持会考的老师对茅盾的文章大加称赞,并在最后一句上加了密圈,写了如下评语:"十二岁小儿,能作此语,莫谓祖国无人也。"

进入中学后,茅盾在名师的指导下,更加广泛地学习了中国古典文学,他的作文水平也突飞猛进。在湖州中学读书时,他幸运地遇上了钱念劬先生。钱先生曾在日本、俄国、法国、意大利、荷兰等国做过外交官,通晓世界大事,学贯中西,是一位很有名望的大学问家。有一次钱先生让茅盾他们作文,却不出任何题目,他让学生们自己选题,任意写,很多学生对此作文茫然不知所措。茅盾却借鉴庄子《逍遥游》中的寓意,写了一篇五六百字的文章,题名《志在鸿鹄》。文中写了一只大鸟展翅高飞,在空中翱翔，嘲笑下边仰着脸看，无可奈何的猎人。这是一篇寓言，茅盾借对大鸟形象的描写，表现了自己的少年壮志。而且，文章的题目又与茅盾的名字德鸿暗暗相合，因此，茅盾也是借此自抒胸臆。这篇文章思想高远，想象丰富，形象生动。钱念劬先生很是赏识，写了如此批语："是将来能为文者。"钱先生的预见没有错，茅盾以后果然成为著名的文学家。

茅盾进入嘉兴中学堂不久，辛亥革命爆发，茅盾热情地迎接了这次革命，做起革命的义务宣传员来。在学校里，由茅盾和几个同学发动，抨击了一个不得众望的学监，因而被学校除名。于是，他便转入杭州安定中学学习，并在那里毕了业。1913年夏天，茅盾中学毕业，报考北京大学预科第一类。他有广泛的阅读基础，中学成绩优异，考试也非常顺利，自己觉得考得不错，便安心地回家等候消息了。想不到发榜时竟没有沈德鸿的名字，茅盾非常失望，整日郁郁寡欢。但不久，他却意外地收到了北京大学寄来的入学通知，通知书上不是他的名字，而是写的"沈德鸣"。茅盾赶忙跑到报名处去查报名单，发现自己在填报名单时，书写潦草，把"鸿"字写得像个"鸣"字了。这件事对他触动很大，从此，他写字一笔一画，端端正正，再不草率，直至80多岁高龄写回忆录时，还用毛笔正楷书写，字迹清楚俊秀。

1927年蒋介石背叛革命，中国大地一片白色恐怖。这期间，茅盾发表了《蚀》三部曲——《幻灭》《动摇》《追求》，反映大革命前后，部分小资产阶级知识分子的思想矛盾和斗争。

茅盾这一笔名也就是在此时有的，笔名的来源还有一个小小的故事。1927年，大革命失败，沈雁冰被迫隐居上海，郁郁不得志的他开始用笔来宣泄心中的情感，于是创作了小说《幻灭》。小说完成后，他开始投稿，可许多的报社都不敢登他的文章。这使得他内心十分矛盾，于是他在手稿上署名"矛盾"。稿子最后交给了《小说月报》的编辑叶圣陶，叶圣陶认为小说写得很好，但是看了这个名字却提出了意见，认为这个名字是个哲学名词，不像一个人的名字，且"矛"不像是姓氏，并且在当时那样的环境下使用如此尖锐的笔名不太好，就自作主张在"矛"字上加了一个草字头，改作"茅盾"。沈雁冰对这一改动也很满意，以后就一直以此为笔名了。

1930年初茅盾由日本回到上海，参加刚成立不久的中国左翼作家联盟的工作，积极投身于以鲁迅为旗手的文艺运动中去，与鲁迅结下了深厚的革命情谊。在左联的旗帜下，茅盾进入了创作上的一个高峰期。1932年底，具有划时代意义的长篇小说《子夜》诞生了，它以磅礴的气势和缜密的笔触刻画了广阔的社会环境和自然环境，形成了一幅宏阔的历史画卷。这期间，茅盾还相继写成《林家铺子》《农村三部曲》（《春蚕》《秋收》《残冬》）等一批佳作。

抗战期间，茅盾又高举抗日和民主的旗帜，积极投身到抗日救亡和反对国民党反动政策的神圣事业中去。他编辑《救亡日报》，主编《呐喊》周刊，创办《文艺阵地》。1939年，茅盾接受友人邀请，去新疆搞文化教育工作。茅盾任新疆学院文学院院长，还担任"新疆各族文协联合会"主席，以及"新疆中苏文化协会"会长等职。在新疆军阀盛世才反动面目逐渐暴露之后，茅盾离开新疆，在延安有过一段短期的参观学习。后来茅盾曾连续写成两篇著名散文：《风景谈》和《白杨礼赞》，这两篇散文格调清新，诗意浓郁，托物抒怀，借景言志。

茅盾笔下的白杨树，与大自然中的白杨树，不仅貌合，而且神似。面对白杨树这种平凡的树，茅盾却以非凡的笔触描述了它不平凡的气质，显示了他的大手笔。他笔下的白杨树，是平凡的外观及非凡的内质的统一体。但是，白杨树的意义远远不止这些，它有着更深层的内核。白杨树不仅是北方农民的象征，"尤其象征了今天我们民族解放斗争中不可缺的质朴、坚强，以及力求上进的精神",这是文章的文眼,也是作者的情感落脚点,是对抗日战争中民族解放斗争的精神的歌颂。

　　文章不仅思想内涵丰裕,在艺术上也极具感染力。作者以白杨树象征"真人真地",立意显得很奇妙,在画面上的形象和气势,既明朗而又委婉。为了突出白杨树,作者在环境描写上颇有讲究,衬托了白杨树的壮丽、挺拔的气质和形象。

　　1945年,抗战胜利,中国面临两个命运、两个前途的大决战。茅盾旗帜鲜明地站在共产党的立场上,为民主和平而呼号,迎来了新中国的曙光。中华人民共和国成立后,茅盾作为国家和文艺界的领导人,以其对党对社会主义事业无比赤诚的心,以他自己的方式贡献着自己的全部精力。茅盾在病床上曾口授两封信,要儿子代笔。一封是说明存款25万元作为每年最优秀长篇小说奖的基金,一封是写给党中央请求追认自己为中国共产党党员。他以对党、对祖国、对人民的耿耿丹心,赢得了国内外人民群众和进步作家的衷心赞扬。

　　茅盾的巨大成就在国际上拥有越来越广泛的影响。他的代表作品被译成二十几种文字,拥有广大的读者。越来越多的汉学家进入茅盾研究的领域。茅盾已成为公认的世界文学名家。"茅盾文学奖"就是对茅盾文学成就的充分肯定。1981年3月茅盾逝世后,乌镇茅盾故居被列为浙江省重点文物保护单位。

朱自清

| 著名散文家,诗人,学者,民主战士

朱自清(1898年—1948年),原名自华,号秋实,后改名自清,字佩弦。现代著名散文家、诗人、学者、民主战士。代表作品有:诗集《踪迹》,散文集《背影》《你我》等。

朱自清,原籍浙江绍兴,生于江苏东海,6岁随家人迁居扬州,在那里度过了童年和少年时代。他自幼继承父辈的家学渊源,受到士大夫家庭的影响,逐渐养成"整饬而温和、庄重而矜持"的文人气质。

他在1916年中学毕业后考入北京大学预科,1917年升入本科哲学系。朱自清之名就是他在1917年报考北京大学时改用的,典出《楚辞·卜居》"宁廉洁正直以自清乎",意思是廉洁正直使自己保持清白。取字"佩弦",典出《韩非子·观行》"董安于之性缓,故佩弦以自急",意为弓弦常紧张,性缓者佩弦以自警。在北大求学期间,朱自清积极参加"五四"爱国运动,之后又参加北大学生为传播新思想而组织的平民教育讲演团。

1919年开始发表诗歌,作为新文学运动初期的诗人之一,他以清新明快的诗作,在诗坛上显现出自己的特色。1919年2月出版了处女作诗集——《睡吧,小小的人》。1920年修完北京大学哲学系课程,提前毕业。毕业后,先在杭州第一师范任教,后回到母校江苏省立第八中学(今扬州中学)教授国文、哲学,并任教学主任。继续参加新文学运动,成为文学研究会的早期会员。还参与发起新文学史上第一个诗歌团体——"中国新诗社"和创办第一个诗歌杂志——《诗》月刊等工作,支持由青年学生组成的湖畔诗社及晨光文学社的活动,为开拓新诗的道路付出了辛勤的劳动。1921年参加文学研究会,是"五四"时期重要作家之一。1922年,他只身一人来到浙江台州第六师范学校任教,与俞平伯等人创办《诗》月刊,积极参加新文学运动。1925年8月到清华大学任教,开始研究中国古典文学,创作则以散文为主。近300行的抒情长诗《毁灭》于1923年发表,表达了朱自清对生活的严肃思考和"一步步踏在泥土上,打上深深的脚印"。1924年,诗和散文集《踪迹》出版。1925年,朱自清任清华大学中文系教授时,开始从事文学研究,创作方面则以散文为主。

1927年大革命失败后,中国社会矛盾进一步激化。"四一二"反革命政变给朱自清带来极大震撼,其思想和创作发生很大转折。他的作品不再限于日常生活的抒情小品,转向抨击现实丑恶的杂文。1928年第一本散文集《背影》出版,集中所作,均为个人真切的见闻和独到的感受,并以平淡朴素而又清新秀丽的优美文笔独树一帜。1931年,朱自清去英国留学,漫游欧洲五国,回国后写成《欧游杂记》。1932年7月,朱自清回国任清华大学中国文学系主任。1937年后,在抗战的洗礼下,他逐渐放弃纪事抒情散文,开始关注现实,偏于说理。在新文学运动发展后期,他专门从事文学理论与古典文学的研究,较少进行创作。1948年在清贫生活中,保持中国人的气节,拒领美国的救援面粉。后因胃病辞世。

对此,毛泽东在《别了,司徒雷登》一文中给予高度赞扬:"朱自清一身重病,宁可饿死,不领美国的'救济粮'……表现了我们民族的英雄气概。"

朱自清的一生,集学者、诗人、作家、战士于一身。以他隽美的文字,自清的淡薄,无畏的勇气,照亮整个世界。

有人说,若把中国现代散文比喻成一座巍峨的山,那么朱自清的散文就是这座高山上风景最独秀的一座山峰。他的创作成就是多方面的,抒情散文、议论散文、游记散文,均有多篇精品传世。如:《桨声灯影里的秦淮河》《荷塘月色》等写景美文,彰显了白话文学的成就;《背影》《儿女》《给亡妇》等感人作品,树立了文质并茂、自然亲切的"谈话风"散文典范;他的杂感文言谈微中,理趣盎然。可以说,他对建设"平易、抒情、本色"的现代散文做出了不可磨灭的贡献。

朱自清的散文是面向人生的。《背影》则是这类题材的散文名篇,文章记叙的事情很简单:父亲在火车站为儿子送行,翻过月台去为儿子买橘子,语言也是朴素自然,情感却是真实自然的,文章毫不避讳地提起他曾经触怒了父亲,父亲现在忘却他的不好。哪个父亲与孩子不是在这磕磕碰碰里度过的呢?就如他在《儿女》一文中写道,在自己孩子面前比自己的父亲更加粗鲁。不管《背影》里所写对父亲的理解与释怀,还是《儿女》所写"蜗牛背了壳"的那种"幸福的家庭",无论自责或自嘲,都透着艰辛生活的苦涩,也浸润着甜蜜亲情的幸福。这等家庭琐事,也展示了一种普遍的人生,加之朱自清饱蕴情感的笔墨,遂使这类文字有一种绵厚之力及深长的韵味,耐人咀嚼。这种美好的感情,唤起了人类心灵中最脆弱的一隅,所以可以超越时代,可以跨越地域。这是《背影》几十年来为人吟诵不绝的原因。

朱自清描写山水的名文,也都寄寓着他的人生态度。《桨声灯影里的秦淮河》的魅力,不只在它所描写的秦淮河的桨声、灯影、暮霭和微漪,更在于它让人想起《桃花扇》及《板桥杂记》所载的"明末的秦淮河的艳迹",繁华的景象留给作者的是哀愁,而这哀愁又来自于对繁华背后的不幸人生的同情。和《桨声灯影里的秦淮河》齐名的写景名作是《荷塘月色》。文章开笔便定下了抒情的基调,让读者感到一种人生的忧烦,和向静谧的景色中寻求暂时解脱的心境;然后再转回到现在,感叹人生碌碌,对此美景"早已无福消受"了。这种追求在《月朦胧,鸟朦胧,帘卷海棠红》《绿》《白水漈》等文中,得到积极的表现。尤其是《绿》,通篇充满对勃勃生机的绿色的陶醉与惊诧,只是一片喜悦。

　　朱自清散文文人气颇重。他长于写景,《桨声灯影里的秦淮河》《荷塘月色》《绿》等篇写景描形、摹声、敷色、设喻、拟想,均面面俱到,一笔不苟,富丽典雅。朱自清写景的散文有时引用古诗文点明文中警策之处,造成一种"诗中有画,画中有诗"的意境。这在朱自清或是一种文人的积习,读者却从中看到了文人笔下的中国风。这特点也可从朱自清散文的遣词炼句中看出。朱自清散文是文人学者型的,显示着受过传统文化熏陶的新一代文人与民族传统文化甚深的联系。

　　勤奋治学,好读书,强化了这种血脉联系。

　　朱自清在上中学时,就极喜欢读书。当时家里每月给他一元零花钱,他大部分都花在了学校外的一家名叫"广益书局"的书店里了。那个抽肩膀的张老板,人非常好,没有市侩气,还给这帮孩子记账,朱自清就这样常常抱同些杂志和新书,到结账时就麻烦了,常常欠账,好在老板也不催得紧。有一次,朱自清欠了一元多的书钱,只好和家里人商量商量,讨了一元去还账。引发朱自清对哲学感兴趣的一部书《佛学易解》,就是从这家书局得到的。朱自清说,那时,旧书他是不买的,因为家里就有。

　　可是有一天,朱自清听人说《文心雕龙》这本书非常好,找遍了家里的书柜就是没有，他就跑到旧书铺里去找。有一家拿出一部广州套版的，并且要价一元，这太贵了，他买不起，只好到别处继续寻找。后来在另一家找到了，虽然纸张和印刷差了些，但书品不错，只花了三毛钱。朱自清对这本旧书是非常珍爱的，后来还给书换上瓷青纸的书皮，都还觉得配不上。看来，读书、买书、爱书，都是文人们共有的品质。朱自清为了买到心仪的书，那份执着还不是这本《文心雕龙》能体现的。

后来朱自清到北京大学读书，1920年，是朱自清在大学的最后一年。一次，他到琉璃厂去逛书店，在华洋书庄见到一部新版的《韦伯斯特大字典》，定价14元。这钱相对这部大书说来虽不算太贵，可对一个念书的学生来讲实在不是个小数目。朱自清手头没这么多钱，可又实在是喜欢这本书，不忍心错过，思来想去，他就想到了自己的一件皮大氅。这件皮大氅，是他父亲在朱自清结婚时为他做的，水獭领，紫貂皮。大氅虽是布面，样式有点土气，领子还是用两副"马蹄袖"拼凑起来，可毕竟是皮衣，在那年

头属于大件，结婚时穿的。在制作这件皮大氅的时候，父亲都还是费了些力气才张罗出来的。朱自清说他拿着皮大氅去典当时，也非常犹豫，可想到还可以赎回来，为那本大字典就毅然做了决定。当铺就在学校后门，老板拿着这件皮大氅，毫不迟疑，立即就给了朱自清14块，读者就可以想到这件皮大氅的应该有的价格了。拿上钱，朱自清马上去把那本《韦伯斯特大字典》抱了回

来。只是那件费了父亲许多心力的大氅，朱自清最终没有赎回来，这其中是什么原因，他是否挨了责骂，我们便不得而知了。只是后来，他在《买书》一文中说，自己的这股子傻劲儿，回味起来也颇有意思。

爱买书的人，当然爱读书，读书还得讲方法有效率。在日常生活中，朱自清善于利用所有的时间来读书。每天清晨他也会利用洗漱时间，默诵一两首诗篇。他在《匆匆》一文中写道："洗手的时候，日子从水盆里过去；吃饭的时候，日子从饭碗里过去；默默时，便从凝然的双眼前过去。我觉察它去的匆匆了，伸出手遮挽时，它又从遮挽着的手边过去……"这实际是他珍惜时间，抓紧点滴时间读书学习的写照。

朱自清读书特别重视做笔记，分门别类地摘抄卡片，他用这种方法积累了大量研究资料。他一生不仅写了大量的脍炙人口的散文，而且还有丰富的文学理论著述，这与他坚持做笔记，勤奋读书是分不开的。他写的《诗言志辨》等著作，不仅见解精辟透彻，其论据之丰富也十分令人吃惊。他这种手脑并用的读书方法，连同严谨踏实的治学态度，曾受到教育界和学术界人士的普遍尊重与赞扬。

在读书方法上，朱自清还主张诵读，强调"读"的功夫。在《论朗读》一文中，他推崇清朝人姚鼐"放声疾读，久之自悟"和曾国藩"非高声朗读则不能得其雄伟大概，非密咏恬吟则不能探其深远之韵"的观点。读古文是这样，读白话文更应该如此，诗词需要吟诵，经典著作也需要反复熟读。对此他说："经典给人知识，教给人怎样做人，其中有许多语言的、历史的、修养的课题，有许多注解，此外还有许多相关的考证，读上百遍，也未必能够处处贯通，教人多读是有道理的。"

老 舍

| 新中国第一位获得 "人民艺术家" 称号的作家

老舍(1899年—1966年),满族,原名舒庆春,另有笔名絜青、鸿来、非我等,字舍予。因为老舍生于阴历立春,父母为他取名"庆春",大概含有庆贺春来、前景美好之意。上学后,自己更名为舒舍予,含有"舍弃自我",亦即"忘我"的意思。主要代表作品有《骆驼祥子》《四世同堂》《茶馆》。

1908年老舍9岁,得人资助才进入私塾读书。1913年初考入京师第三中学,半年后因为交不起学费而辍学,于同年转入北京师范学校。1918年夏天,他以优秀的成绩从北京师范学校毕业,被派到北京第十七小学当校长。两年之后,晋升为京师教育局北郊劝学员,但是由于很难和教育界及地方上的旧势力共事,很快便主动辞去了这份待遇优厚的职务,重新回到学校教书。

1924年,赴英国任伦敦大学亚非学院讲师。1929年夏,离英回国,在新加坡滞留半年,任中学教员。1930年,回国任齐鲁大学教授,一边写作一边教学。在1931年,与胡絜青女士结婚。1934 年，任山东大学文学系教授。但他在 1936 年辞去山东大学教授一职专心从事写作。同年 9 月，《骆驼祥子》在《宇宙风》杂志连载，1939 年该书由人间书屋正式发行。1937 年 8 月返齐鲁大学任教，11 月便只身奔赴武汉。1938 年，老舍被选为中华全国文艺界抗敌协会常务理事兼总务部主任，对内主持日常会务，对外代表"文协"，并全面负责总会的领导工作。同年 7 月，随文协西迁重庆。1939 年，老舍翻译完成的英文版《金瓶梅》在伦敦出版，译名为 *The Golden Lotus*，此版是西方比较权威的《金瓶梅》译本，先后发行四次。1944 年，创作并由良友复兴印刷公司出版《四世同堂》第一卷《惶惑》。1946 年，受美国国务院邀请赴美讲学一年，同年出版《四世同堂》第二卷《偷生》。1949 年 10 月离美，12 月抵达天津。1950 年，中国民间文学研究会成立，任副理事长。1951 年，被北京市人民政府授予"人民艺术家"的称号。1953 年，当选为全国文联主席，作协副主席。1957 年，《茶馆》发表于《收获》第一期。1966 年，不忍屈辱，自沉于北京太平湖。1968 年，获诺贝尔文学奖提名，且获投票第一，由于老舍已不在人世，此次诺奖遂颁予日本文学家川端康成。1978 年，老舍得到平反，恢复"人民艺术家"的称号。墓碑上刻写着老舍的一句话："文艺界尽责的小卒，睡在这里。"

老舍的作品大都取材于市民生活，他的长篇小说所描写的自然风光、世态人情、习俗风尚，运用的群众口语，都呈现出浓郁的"京味儿"。他的短篇小说构思精致，取材较宽广。他的作品以独特的幽默风格和浓郁的民族色彩，以及从内容到形式的雅俗共赏而赢得广大读者的喜爱。目前已被译成 20 余种文字出版。

老舍笔下的世界生长在他独有的生活经历与体验中。

在北京的西城，有一个小胡同，叫"小羊圈胡同"。"小羊圈胡同"非常小，全是低矮的草棚一样的房子，住的老百姓都是些贫苦人家。每逢刮风下雨，小胡同里低洼的地方就成了水塘。冬天，这里奇寒无比，屋里和屋外一样冷，缸里的水常常冻得结成冰。1899年2月3日，老舍先生就降生在这个小胡同里。

老舍的父亲是一名满族护军，在八国联军攻打北京城的战争中阵亡。老舍是一个"老"儿子，他出生时，母亲已经41岁了，大姐二姐都已出嫁，大姐还有一个比老舍大一岁多的女儿。老舍母亲白天拼命地给人家洗衣裳，晚上就和三姐一起在灯下缝补衣裳，以此来养活一大家人。从母亲和三姐身上，他学会了爱花，爱清洁，守秩序。尽管生活清苦，母亲却非常好客，这点也使老舍颇受影响。

尽管母亲日夜辛劳，在那个动乱的年代，一家人依然食不果腹。老舍幼年营养不良，身体瘦弱，3岁时还不会说话。等他渐渐长大了，母亲想让他上学，但是交不起学费。直到9岁，老舍还是一个大字不识的穷孩子。后来，在一位亲戚的资助下，老舍才读上了私塾。老舍说："从私塾到小学，再到中学，我经历过起码有20位教师吧，其中有给我很大影响的，也有毫无影响的，但是真正的老师，把性格传给我的，是我的母亲。母亲并不识字，她给我的是生命的教育。"

1924年夏，老舍赴英国伦敦大学亚非学院任中文讲师。据先生自己说，他那时虽是中文教员，但没想过要当什么作家。在英国待了半年之后，异国的新鲜感渐渐消失，接下来的日子就有些寂寞，靠读书来打发日子，那时候读书也没有计划和目标，喜欢什么就读什么，一通乱读，比如莎士比亚的《哈姆雷特》，歌德的《浮士德》，狄更斯的《大卫·科波菲尔》等。老舍先生喜欢上了狄更斯，觉得很合他的口味，视他为写作的老师，很想模仿他，自己也试一试，就开始写小说《老张的哲学》。

没事时就写点，有事就搁置下来，《老张的哲学》花费了一年多时间才写完，并且纯属自娱自乐，没想到要发表。恰好他的朋友许地山到伦敦玩，一起聊天聊到没有话题了，老舍取出他的小说，念了两段给许地山听，许地山听得哈哈大笑，叫老舍把稿子寄给国内的《小说月报》编辑郑振铎。两三个月后，小说发表了，就此，老舍得了鼓励继续大量阅读，继续写了下去。等到他1929年回国前，他读了很多世界名家作品，对他影响很大的有英国的威尔斯、康拉德、梅瑞狄斯，法国的福楼拜、莫泊桑等。让他明白现代小说要用引人入胜的方法去做某一事物的宣传，要有写实的态度，和尖刻的笔调，要成为人生的教科书和社会的指导者，而不只供消遣，但又不是社论和说教，要健康、崇高、真实。多读，知道的形式多了，可以有助于寻找到最合适的写作形式，但又不应刻意去模仿某一派的作风，这期间老舍又完成了两部长篇小说《赵子曰》和《二马》。

1930年回国后，老舍先生又读了许多19世纪俄国的文学作品，觉得它们是伟大文艺中的"最"伟大的，这之后，老舍先生开始有目的有计划地读书。老舍先生虽没有正规大学学历，但回国之后，先后在两个著名的高等学府开了多门的文学课程，这都得益于他在英国的五年之内读了不少这方面的书，肚子里有货了，人才有底气。

老舍先生的文学作品具有鲜明的特色。

首先是浓郁的北京味儿。老舍生在北京，长在北京，对北京的一草一木全都熟悉，因此他无论走到哪里，总是以北京作为小说的背景。他描绘古都北京的大杂院、小茶馆、狭窄的胡同和热闹的庙会，各种山水名胜胡同店铺基本上用真名，汇聚起来共有240多处。北京的自然景观在老舍笔下成了一张张色彩鲜明的图画，充满了诗意美。同时，对北京特有的风俗民情的描绘像繁缛的规矩礼节，办婚丧大事的讲排场图阔气，"洗三"的兴师动众，"有钱的真讲究，没钱的穷讲究"的生活方式，还有一些节令习俗，等等，都为其作品增添了深厚的北京味。

其次是形象鲜明的小市民人物。老舍创造的市民世界是丰富多彩的，而最能显示市民社会丰富性的，是其作品中的各式各样、千姿百态的中下层市民形象，诸如车夫、艺人、暗娼、巡警、教员、职员、拳师、土匪、游手好闲的八旗子弟和为非作歹的洋奴汉奸，等等，五行八作，三教九流，各色人等，应有尽有。老舍把20世纪文学领域的庶民文学推到了高峰。

小说在思想批判和文体创新上也非常有特色，能让我们喜欢阅读的还有那独特的语言特色。既有对现实的不满，又有在幽默中的嘲讽，还善于自我解嘲，形成了通俗易懂又精致准确的美。

冰　心

| 现代女作家、诗人、儿童文学家、翻译家。

冰心（1900年—1999年），原名谢婉莹，笔名冰心、女士、男士等。福建福州人。我国现代女作家、诗人、儿童文学家、翻译家。笔名冰心取自古诗"一片冰心在玉壶"。

冰心1900年10月5日生于福州一个具有爱国、维新思想的海军军官家庭，她的父亲谢葆璋参加了甲午战争，抗击过日本侵略军，后在烟台创办海军学校并出任校长。冰心出生后7个月，便随全家迁至上海。4岁时迁往山东烟台，此后很长时间便生活在烟台的大海边。一个夏天的黄昏，冰心随父亲在海边散步，在沙滩，面对海面夕阳下的满天红霞，冰心要父亲谈谈烟台的海，这时，父亲告诉女儿："中国北方海岸好看的港湾多的是，比如威海卫、大连、青岛，都是很美的，但都被外国人占领了，都不是我们中国人的，只有烟台还是我们的！"父亲的话，深深地印在冰心幼小的心灵里。大海陶冶了她的性情，开阔了她的心胸；而父亲的爱国之心和强国之志也深深影响着她幼小的心灵。

冰心性格坚强而直爽，跟她从小生活的环境分不开。11岁以前，她在家里是被父母当男孩养的，着男装，骑马，打枪，游泳，向往着当军人，当水兵，父母不怎么管她，自由自在，是父母的"野孩子"。11岁回到老家福州，生活在一个大家庭里，每一次穿女装，就大叫："真是难受死了。"

冰心先生从来没化过妆，只在美国当学生演《西厢记》时化过一次，是闻一多替她化的。她主张素面朝天，说："描眉画眼的，干什么。"她认为天下以福建女子为最美。福建女子光脚，着茶衣，不化妆，是干活能手。

冰心的母亲就是一位性格刚强的女子。她出身望族，是大家闺秀，嫁到谢家之后夫妇感情很好，丈夫在海军中当差，正好遭遇中日甲午海战。中国近代海军中福建人很多，也牺牲了许多，一时福建街上隔三岔五地出现不少"白榜"，那是类似阵亡通知书的东西。他们夫妇结婚七年，曾生育过两个男孩，但都没有留住。她恐怕"白榜"早晚也会贴到自己家门口，便悄悄在怀里揣上一块烟土，随时准备服毒跟随丈夫而去。冰心平常喜欢讲甲午之战的故事，那些故事都是父亲和母亲讲给幼小的冰心听的，其中最悲壮的就是年轻的母亲这段随时准备为国为亲人牺牲的故事。

所有作家的成功都离不开读书，但每个人都有自己不同的读书故事，冰心自己也说，谈起读书，她的话就有点多。冰心自小是个异常聪颖的女孩子。4岁的时候，就跟着母亲认字片。但是，单个的字片，满足不了冰心的求知欲，她就时常缠住母亲或奶娘，请她们讲《老虎姨》，讲《蛇郎》，讲《牛郎织女》，讲《梁山伯与祝英台》。这些书中的故事让她非常着迷。

冰心的阅读是从《三国演义》开始的。那时他的舅父杨子敬先生每天晚饭后，会给他们几个表兄妹讲一段《三国演义》，她总是听得津津有味，什么"宴桃园豪杰三结义，斩黄巾英雄首立功",觉得好听极了。但是,舅父每次只给他们讲半个钟头,就会停下去干他的公事。冰心对后面的故事充满无限的遐想,每次都带着悬念上床睡觉。后来,她就一咬牙,拿起一本《三国演义》来,一知半解地读下去,呵,居然越看越懂,虽然字音都读得不对,比如把"凯"念作"岂","把"诸"念作"者"之类,因为就只学过那个字的一半。冰心的慈悲之心从小就有,读书也非常投入,会跟着书里的人物一起欢笑,一起悲伤。在读《三国演义》之时,读到关羽死了,还大哭了一场,把书放下了。后来,再次去读,读到诸葛亮死了,又哭了一场,把书丢下不读了,最后经不住诱惑再次拿起来才读完。

读完《三国演义》,冰心又在母亲装针线的笸箩里发现了宝贝,里边居然放着几本《聊斋志异》。聊斋故事很短小,可以随时拿起放下,又是文言的,这对于冰心的作文课很有帮助。因为看《三国演义》引起了冰心对章回小说的兴趣,对于那部述说"官逼民反"的《水浒传》又大加欣赏。那部书里着力描写的人物,都有自己的风格,比起没有人物个性的《荡寇志》强多了。看来书读多了,自然就会有比较阅读的能力。

11岁时,冰心回到故乡福州,在他祖父的书桌上看到了《茶花女遗事》,又使她对外国小说有了浓厚的兴趣。那时候,她兜里的钱基本上就是花在了买书上。这样广泛的阅读,给冰心打开了一扇认识世界的窗户,知道了许多外国的人情世故。其实读书也不是一下子就能读得明白,需要反复读,不同年龄读同一本书感受和收获会不一样的。冰心说她在十二三岁时读曹雪芹的《红楼梦》兴趣并不大,总觉得贾宝玉女声女气,林黛玉的哭哭啼啼让人厌烦。但是到了中年以后,再读,才真正领会"满纸荒唐言,一把辛酸泪"的含义,体会到一个朝代和家庭的兴亡盛衰的滋味。

冰心说,读书是她生命中最大的快乐,从读书中得到了做人处世的"独立思考"的大道理，这都是从"修身"课本中所得不到的。读多了也会比较和选择，因此她留给少年儿童关于读书的九字箴言："读书好，多读书，读好书。"

读书成就了冰心的一生。

13岁时冰心随家人来到北京，第二年就进入北京教会学校贝满女中，后来升入协和女子大学。五四运动爆发，冰心积极参与，并被选为学生会文书。此时，冰心已经开始在《晨报》发表文章，初步崭露了她的才华。

1921年冰心加入新文学运动社团文学研究会。在这里，她努力实践"为人生"的艺术观点，相继写出了《笑》《超人》《寂寞》等一系列佳作。

1923年，冰心以优异的成绩取得美国威尔斯利女子大学的奖学金。出国留学前后，开始陆续发表总名为《寄小读者》的通讯散文，成为中国儿童文学的奠基之作，20岁出头的冰心，已经名满中国文坛。在去美国的杰克逊总统号邮轮上，冰心与吴文藻相识。冰心在波士顿的威尔斯利女子大学研究院攻读文学学位，吴文藻在达特默思学院攻读社会学，他们从相互的通信中，逐渐加深了解，1925年夏天，冰心和吴文藻不约而同到康奈尔大学补习法语。美丽的校园，幽静的环境，他们相爱了。1926年冰心获得文学硕士学位回国，吴文藻则继续留在美国的哥伦比亚大学攻读社会学的博士学位。冰心回国后，先后在燕京大学、北平大学女子文理学院和清华大学国文系任教。

冰心深谙儿童是祖国未来的希望，她不仅以自己的作品教育儿童，而且经常同少年儿童生活在一起。她参加少先队队日活动，和少年儿童通信，请小朋友来家做客。因此，她深得少年儿童的喜爱。冰心怀着对"接班人"的热爱，再次与小读者通信，写了《三寄小读者》，以亲切的话语激励孩子们为祖国的明天勤奋学习，对少年儿童产生了极大的影响。

第二部分　中国文学家的故事

冰心以她清新、细腻的笔触，温馨、真挚的情感给中国和世界留下了真善美的一幕幕。《繁星》是冰心的第一部诗集，诗集收录了诗人1919年冬至1921年秋所写小诗164首，最初发表于北京的《晨报》。《春水》收入诗人在1922年3—6月所写的小诗182首，以及其他诗篇。

冰心生活在一个优裕而温暖的家庭里，加上教会学校基督教义的熏陶，在冰心理想的大世界里，只有同情和爱恋，只有互助和匡扶。所以母爱、童真和对自然的歌颂，是冰心作品的主旋律。冰心的小诗讴歌"爱的哲学"颂扬"母爱"。她从不同的生活角度抒写或记叙了自己亲身感受到的"母爱"之光。

冰心的作品，往往把人物活动的时间安排在清晨、黄昏、月夜；活动的场景设置在海滨、湖畔、公园、山间、船上；借助自然景物的描摹，将人物的美与环境的美，融为一体，达到情景交融的境地，造成特定的温馨的氛围。

冰心在刻画人物形象时，大多不用浓墨重彩，也较少精雕细刻，只用素描的笔法，淡淡数笔，人物形象就仿佛那出水的芙蓉，鲜灵灵地浮现在水面上。《六一姊》《冬儿姑娘》《小桔灯》分别塑造了三个生活在不同时代的少女形象。冰心在小说中塑造了一系列理想、完美的青年女性形象。她们大多心地善良，温柔美丽，活泼大方，稳健端庄。她们青春焕发，充满活力，以自己的智慧和才能，赢得女性的尊严；以自身事业上的辉煌成就，获得男人的敬重。此外还有一系列热爱祖国的青年，慈怜温柔的伟大母亲，通情达理的老奶奶，以及博学风趣的老教授等众多形象，透出了温情。

冰心的散文，题材广泛，寓意深邃，通过自身经历的细腻描写，生动而形象地反映了一个世纪来，中国动荡复杂的社会生活的某些侧面。

冰心的小说，较少鸿篇巨著，多是清新隽永的珍品。她的许多作品看起来情节单纯，却寓意深远，留给人无穷的回味。她撷取现实生活中的一个片段，人生旅途中的一段机缘，展示出错综复杂的社会生活的一个侧面。没有离奇曲折的故事，没有金戈铁马的壮举，却具有一种哲理的追求。她常常用机敏的目光，去观察社会，审视人生；从人际关系撞击中，爆发出火花，捕捉生活中蕴藏的哲理，寄托自己的情思，富有清新的哲理和诗意。

冰心与茶，也有一段佳话。

因为是福建人的缘故，冰心对于茶的爱好是有渊源的，尤好茉莉花茶。一方面，茉莉花茶是福建的名产，而冰心的家乡长乐是茉莉花的主要产地。冰心出生于1900年，正是福州茉莉花茶生产的高峰期，在这样的背景下长大的冰心，当然对茉莉花茶有着深厚的感情。另一方面，北京人饮茶好饮"香片"（花茶），北地饮食的特性也决定了味美香郁的花茶在北京大受欢迎。所以家乡有人去北京看望她，也总是给她带上茉莉花茶。

不过，以古人品茶"尚清饮"这一条说来，冰心算不上饮茶人。她喝茶的面较窄，而茉莉花茶又有以花香夺茶香之嫌。她回忆小时候口渴，是先倒大半杯开水，之后从父亲浓得发苦的盖杯中兑了一点浓茶，混着喝下去。此做法和苦茶老人周作人颇为相似，是调了"茶卤"来喝，不能算真正会饮。她还讲述了一个笑话，她和吴文藻结婚后，家里虽陈设着一套周作人送的日本茶具，包括一只竹柄的茶壶和四只青花带盖茶杯，但是那茶壶内装着的只是凉开水。他们新婚后在北大燕南园生活时，有一天闻一多、梁实秋结伴同来，刚刚坐定，却说出去一下再回，原来是去买了烟和茶叶来，此后，冰心家才有意识地备了待客的茶、烟。

虽然冰心出生于茶乡，在品茶这一点上还是到了中年以后才开的窍。那是抗战时期，全家避难重庆，在歌乐山居住的冰心于百无聊赖之中，一面用"男士"的笔名，写着《关于女人》的游戏文学，来挣稿费，一面沏着福建乡亲送她的茉莉香片来解渴。

冰心说，每每这时总会想起故去的祖父和父亲，而感到茶特别香洌。

在饮茶这件事上，冰心的祖父谢銮恩，可是一个极为讲究的人。单从泡茶用水的讲究可见一斑：他泡茶是不用井水的，福州天气潮湿多雨，每到天下大雨，屋瓦被雨水冲洗干净后，祖父谢銮恩便用竹管引屋檐上的雨水到大小水缸里，这样的水缸都盖着大木盖，大木盖上还开着小盖，泡茶时只需打开小木盖，用小水勺舀出存储的雨水，如此的水最纯净，没有土味。冰心的父亲也保持着祖父的习惯，一直到他们举家迁往北京，由于彼地干旱少雨，只好改以自来水泡茶，不过，每次便要多多投放茶叶，以使茶香盖过水味。

冰心喝茶的历史可以从此算起，而这其中，对家乡和亲人的思念是品饮清茶的味外之韵。在歌乐山生活期间，老舍常到她家去，每去亦必会要茶喝，他赠给吴文藻和冰心的诗中写道："中年喜到故人家，挥汗频频索好茶。且共儿童争饼饵，暂忘兵火贵桑麻。酒多即醉临窗卧，诗短偏邀逐句夸。欲去还留伤小别，阶前指点月钩斜。"

冰心在89岁时写了《我家的茶事》，说道："现在我是每天早上沏一杯茉莉香片，外加几朵杭白菊。还是不能够清饮，然而不能因此苛求如此一颗对于茶有着挚爱的心吧?！何况，她是将她的亲情乡思都寄托在这小小一杯茉莉花茶中。"为此她专文写道："我的故乡福建既是茶乡，又是茉莉花茶的故乡。新中国成立前，四川、湖北、广东、台湾虽也产茉莉花茶，但它的品种、育制技术都是从福建传去的。花茶的品种很多，有茉莉、玉兰、珠兰、玫瑰、玳玳等，而我们的家传却是喜欢茉莉花茶，因为茉莉花茶不但具有茶特有的清香，还带有馥郁的茉莉花香。"这是一段令人感动的文字。

作者笔随情转，大量泼墨，极尽铺陈之能事，对山与海，褒贬,丝毫没有矫饰造作,如同童稚般的臆断与挚爱,恰到好处。

或许你以后再端起茉莉花茶时,就会想起冰心,这位用文字温暖人们心灵的世纪老人。

1999年2月28日21时12分,冰心在北京医院逝世,享年99岁,被称为"世纪老人"。

夏 衍

| 中国电影的"鼻祖" "国家有杰出贡献的电影艺术家"

夏衍（1900年—1995年），原名沈乃熙，字端先。中国著名文学作家、电影作家、戏剧作家和社会活动家，中国左翼电影运动的开拓者、组织者和领导者之一。作为领导者，1929年同鲁迅筹建中国左翼作家联盟，任"左联"执行委员，后发起组织中国左翼戏剧家联盟；中华人民共和国成立后历任上海市委常委、宣传部部长、文化部副部长、中国文联副主席、全国人大代表、全国政协常委等职。作为作家，夏衍一生在文学上涉猎广泛，包括小说、散文、随笔、杂文、文艺评论和翻译等。他早年参与创办"左翼剧联"，创作过《赛金花》《秋瑾传》《上海屋檐下》《法西斯细菌》等名剧，在中国话剧史上影响深远。作为中国电影的"鼻祖"，夏衍一生拍过《春蚕》《祝福》《林家铺子》《革命家庭》《舞台姐妹》等电影名片。

夏衍生于浙江杭州庆春门外严家街一个号称书香门第的破落地主家庭里，祖上家境富裕，到了他祖父那一代，家道日益衰落,仅在严家街还有一幢用风火墙围着的五开间七进深的旧屋。房屋虽已破旧,但同周围矮小简陋的穷苦农民的茅屋相比,仍然是鹤立鸡群,因此附近的农民称沈家为"墙里"。

夏衍的祖父沈文远,年轻时曾被太平军"俘走",因识文断字,后来受到重用,被委任为太平军将领陈玉成的记室(秘书)。太平军失败后,陈玉成特地派了一个勤务兵把他送回故乡。因为有过这一段经历,沈文远未曾应试,也没有功名。夏衍的祖母章氏,乃章太炎的堂房姐妹,是一个十分能干而严厉的人。父亲沈学诗,字雅言,是一个不第秀才,没有中举,就退而学医,一面家居教书,一面给附近的农民治病。他身体羸弱,沉默寡言,但心地善良,为人正直。由于所教学生大多是附近穷苦人家的小孩,他便免收学费,仅在节假日接受家长们送来的一些鱼虾、鸡鸭之类的礼物。因喜爱读书,家里藏书不少,这些书籍则成为夏衍日后与文学结缘的最早的启蒙读物。

母亲徐绣笙,虽识字不多,却贤惠敦厚,性格刚强,她给夏衍性格的形成以很大的影响。夏衍上有五姐二兄,其中一姐一兄不幸早逝,他是家里的第八个孩子,也是父母过了"不惑"之年以后所得的"老来子",自然尤得父母怜爱。

就在夏衍刚满三周岁的那年除夕之夜,当全家祭祖上香时,其父一跪下去就中风倒地,不到半夜即去世。年幼的夏衍虽然对父亲没有什么深刻的印象,但他很尊重、同情像父亲这样忠厚、善良的平民知识分子。他后来所取的笔名"夏衍"就是父亲表字"雅言"的谐音,从他以后的文学创作对各类知识分子命运的关注中,不难看出这份情义。

父亲的遽然去世,给夏衍全家以沉重的打击,家里失去了顶梁柱,经济更加窘迫。夏衍曾回忆说:在我开始懂事的时候,家境已经穷困到靠典当和借贷度日的程度。他成年后曾这样回忆母亲:在那个时代里,她算得是一个性格奇特的人,四十五岁死了丈夫之后，从不念一句佛，从不烧一次香。出嫁了的姐姐送她一串念珠，她都丢在抽斗里从来不去理会，不佞佛，当然不信耶稣，反对中医，有什么毛病专服西药，从这种性格推衍开去，她是一个富于民主精神的人，她从不讨厌邻近的穷孩子到家里来，也从不禁止夏衍和这些野孩子在一起，把自己吃用的东西省下来送给邻近的穷人，是她唯一的愉悦。

　　夏衍对母亲的敬爱之情，充溢于字里行间。夏衍与两个姐姐的感情也很深厚，特别是二姐，事事护着他，彼此情感尤为融洽。但二姐和四姐相继出嫁后，她们的日子也不顺心。母亲和姐姐们的命运在夏衍的心灵里留下了很深的烙印，成为他以后在文学创作中之所以特别关注妇女命运，注重塑造各类妇女形象的内在动因之一。

　　夏衍的母亲非常爱看戏，这种嗜好也在潜移默化中影响了夏衍。那时到农村巡回演出的都是一些草台班子，艺术水平并不高。尽管如此，母亲还是十分迷恋。每逢"水路班子"或者"绍兴大班"到村里来演出，她总是要夏衍和四女儿背着条凳先去占好位置，开演时陪她去看戏，而且一直要看到最后一出戏闭幕为止。她很懂戏，草台班子演出，观众事先不知道演的是什么戏，可是角色一上场，她就能讲出这是《龙虎斗》，那是《五鼠闹东京》等等，并且一边看、一边给夏衍他们讲解剧情。她非常熟悉《玉钏缘》《天雨花》之类的故事，甚至能背诵许多唱词，这大概是夏衍父亲生前念给她听的缘故。这一段生活经历，无疑培养了夏衍对戏剧的兴趣和爱好，也是他在以后的文学创作中更多地偏重于戏剧创作的一个重要因素。

　　由于家庭环境的影响，夏衍从小养成了沉静好思、不爱讲话的习惯，被母亲称为"洞里猫"。但既然是孩子，也就难免有淘气的时候，如钓鱼掉进水里、捉蟋蟀被蜈蚣咬肿了手指等，这类事都是姐姐"打掩护"，没让母亲知道。6岁那年，一次他和几个"野孩子"打架,被人向母亲告了状,这才使母亲想起他已到了读书受教育的年龄。严家街是个小村子,读书人很少,村里只有一个私塾,一位姓陈的先生教着五六个孩童。于是,夏衍便被母亲送到陈先生的私塾去"破蒙",学的是《三字经》《论语》之类。

但夏衍的大姑母认为,像沈家这样书香世家的子弟在穷私塾里读书有失身份,于是便极力说服夏衍的母亲,让他转学到城里的新式学堂读书。这样,夏衍在私塾里只读了一年多时间,便转学进入城里的正蒙小学,插班读二年级。课程除旧学的《论语》《孟子》外,还有算术、体育、修身等新科目。读书的学杂费、膳费全由大姑母承担,而衣服鞋袜等日常生活用品,则是表兄弟们的"剩余物资"。与大姑母家交往的都是一些达官贵人,大姑母把夏衍这个穷孩子带在身边,难免有些闲言碎语。这些闲话传到夏衍母亲耳朵里,她心里很不好受。再加上夏衍此时也有种寄人篱下的自卑心理,所以在正蒙小学只读了一年半左右,母亲便让他退学回家自修。

此后,母亲一面亲自教他打算盘,让他自学《幼学琼林》,一面教他干一些力所能及的简单农活,如拔草、松土、养蚕等。这期间,父亲留下的一批书籍则成为夏衍自学的最好材料。他躲在书房里看《天雨花》《再生缘》之类的"闲书",而表兄送给他的一本《三国演义》,更使他入了迷,由此初步领略到了文学作品独有的艺术魅力。

1911年10月10日,武昌新军起义,赶走了湖广总督瑞澂,辛亥革命爆发。母亲带着他们一家去舅父家避难。临行时,舅父和母亲讲定,过年后让夏衍到德清县立高小读书,因为舅父是该校校董之一,和校长很熟。这一年春节夏衍过得特别高兴,因为他是严家街唯一剪了辫子的人。过年后他进了德清县立高小读书,寄居在舅父家里,费用全由舅父承担。已经开始懂事的夏衍知道这一学习机会来之不易,他谨言慎行、发奋攻读,于1914年夏天,以第二名的优异成绩拿到了高小毕业证书。虽然那时年龄尚小,但在乡下也算是一个知识分子了。因为在学校里听老师和同学讲过光绪变法和日本明治维新的故事,从表兄那里也看到过一本名叫《亡国恨》的唱本,再加上欧战爆发后日本借口向德国宣战,在山东登陆并占领青岛,所以年少的夏衍也深感亡国之痛就在眼前了。

而这时夏衍家里的经济情况已穷困到了几乎断炊的程度,连母亲的几件"出客"衣服和一床备用的丝绵被也当掉了。和他一起毕业的同学,大部分都进了中学,唯有他因交不起学费而一直待在家里。为了谋生和减轻家里的经济负担,他决定去做工,但又怕母亲不同意,便瞒着母亲天天进城去找工作,终于被太平坊的一家叫作"泰兴染坊"的工场招为学徒工。虽然学徒期间只供饭,没有工钱,但夏衍仍很高兴,因为他不仅可以不再为吃饭发愁,而且还能学到一门手艺。为了说服母亲,他颇费了一番口舌。母亲尽管没有明确表示同意,但还是默默地替他整理衣物。直到夏衍睡下之后,才在朦胧中听到母亲一个人在自言自语:完了,有什么办法,世代书香,就在我这一代完了,兄弟两个都当了徒弟。

就这样,年仅15岁的夏衍离开了母亲,开始独自谋生,他在艰难的生活道路上迈出了第一步。在染坊当学徒是很辛苦的,劳动强度很大。染色工作较轻松,主要掌握好染料的分量、配色比例及染液的温度。因夏衍是高小毕业生,知书识字,故受到老板的优待,让他干一些较轻的活。他和工人们也相处得很好,常帮他们写点家信。在这种生活环境里,他原打算安心地做到满师,就可以拿工钱奉养母亲了,谁知一件偶然的事使他的生活发生了转折。他大哥带来了一个意外的消息:省立甲种工业学校因为近年来办得不错,被升格为公立工业专科学校,原有的甲种工业学校改为工专的附校，要扩大招生，浙江每县可保送一两个公费学生。德清县因夏衍在高小读书时品学兼优，故把他列入保送之列，学费由德清县政府负责。

这半年的学徒生涯，是夏衍熟悉社会、了解工农民众生活的开始，时间虽短，"但是染坊工人的生活、劳动，特别是练工们手掌上的蜂窝跐，却一直凝记在我的心中"。这对于他以后的人生道路的选择和文学创作方向的确立，都产生了一定的影响。

夏衍被保送进入浙江公立甲种工业学校读书，学制5年，这是他从童年到少年最幸福的时期。在此期间，中国爆发了五四运动，夏衍的思想深受新文化思潮的影响，他参与创办了《浙江新潮》杂志，在当时产生了很大反响。

1920年，夏衍由学校保送东渡日本留学，开始了他人生中的一个重要的转折时期。在日本，夏衍就读于九州明治专科学校，虽然学的是工科，但他读了大量文学名著，包括狄更斯、莫泊桑、左拉、史蒂文生、屠格涅夫、契诃夫、高尔基、托尔斯泰等人的作品，为他日后的文学创作打下了坚实的基础。这期间，他结识了国民革命领袖孙中山，并由他介绍加入了国民党。这是他参加政治活动的开始，时年24岁。

在夏衍的大学生活结束之际，中国局势进入了一个风云变幻的大动荡时期。蒋介石发动"四一二"政变。不久，夏衍被国民党开除了党籍，官费也被取消了，他于1927年春回到上海，很快加入了共产党，并弃工从文，开始了他的文学生涯。

参与筹备"左联"，是夏衍从事文艺工作的起点。1929年10月，"左联"第一次筹备会议在上海北四川路附近一个咖啡馆的二楼举行。次年3月，左翼作家联盟宣布成立。此后，左翼社会科学家联盟、左翼戏剧家联盟也相继成立。夏衍成为当时中国文坛上引人注目的一位活跃分子。

1932年夏衍担任明星公司编剧顾问，开始学习写剧本。继以 1931 年长江流域五省的大水灾为背景的《狂流》被搬上荧幕之后，又拍摄了茅盾的短篇小说《春蚕》，一部部电影都出手不凡，别具一格，在电影史上写下了重要篇章。

1935 年，国民党白色恐怖加剧，中共上海中央局遭到了三次大破坏，夏衍被迫隐蔽在上海一家白俄人开的小公寓里，第一次以夏衍为笔名创作了短篇小说《泡》，多幕剧《赛金花》《上海屋檐下》，报告文学《包身工》，以及《黑夜行尸》《秋瑾传》等一系列文学作品。他在回忆录中说："从 1935 年到 1936 年的这一段时期，是我'创作欲'最旺盛的一年。"

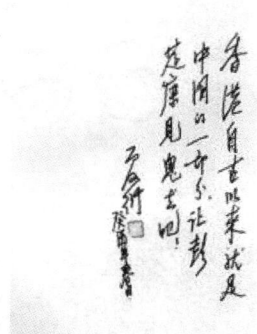

中华人民共和国成立后，夏衍一直从事党的文化管理工作。

沈从文

> 1987年、1988年两度被提名为诺贝尔文学奖评选候选人

沈从文（1902年—1988年），原名沈岳焕，乳名茂林，字崇文，湖南凤凰人。中国著名作家，笔名休芸芸、甲辰、上官碧、璇若等，代表作《边城》《湘西》《从文自传》等。他的作品被译成日本、美国、英国等四十多个国家的文字出版，并被美国、日本、韩国、英国等十多个国家或地区选进大学课本，1987年、1988年两度被提名为诺贝尔文学奖评选候选人。沈从文不仅是作家，还是历史学家、考古学家。他晚年专著《中国古代服饰研究》一书，填补了中国物质文化史上的一页空白。

沈从文的一生充满传奇色彩，他14岁时，投身行伍，浪迹湘川黔交界地区。22岁时开始进行文学创作。1931年—1933年在青岛大学任教，抗战爆发后到西南联大任教，1946年回到北京大学任教。中华人民共和国成立后在中国历史博物馆和中国社会科学院历史研究所工作，主要从事中国古代历史与文物的研究。

沈从文在 30 岁的时候写了《从文自传》,该书以散文体的形式,以湘西为背景,记录自己的成长经历,既有天真好奇的乡野童年,也有胸怀抱负与经历坎坷的青年生涯,展现了沈从文文学人生。台湾作家蒋勋说这是 19 世纪 30 年代,中国最为生动的一本书。

沈从文的祖父沈洪富,22 岁时做了云南昭通镇守使,26 岁又做过贵州总督,后因受伤回到家中,去世时给后辈子孙留下一份不小的产业。其实,他的祖父没有儿子,沈从文的父亲是祖父二弟的儿子过继给他的。沈从文的父亲一生下来就有着将军的凤仪、硕壮、结实、豪放、爽直,10 岁左右时,家中就为他请了武术教师和私塾老师,学习做将军所不可少的技术与学识。

沈从文的父亲最终没有做成将军,还在当罗荣光将军的裨将时,爱把家里值钱的宝货带在身边。在庚子年八国联军入侵时,天津大沽口炮台失守,带在身边的宝货便完全失掉了。后来战事不可收拾,北京失陷,他爸爸只好回到了家乡。

沈从文的外祖父黄河清是当地最早的贡生,守文庙做书院山长,也可说是当地唯一的读书人。所以沈从文母亲极小就认字读书,读的书比他父亲还多,并且还随哥哥到军营里生活过,所见的事也很多,懂医方,会照相。沈从文说他家兄弟姊妹 9 人的初步教育,便是由这个瘦小机警、富于胆气与常识的母亲担负的。

沈从文在当地私塾读书的时候,并不爱学习,或许就是因为他跟随母亲认识了很多字,天资又聪明,学校里的课程对他完全没有吸引力,学习丝毫不用功就能对付。

他对大千世界却充满了好奇。为什么骡子推磨时得把眼睛遮上?为什么刀得烧红时在水里一淬才能坚硬?为什么雕佛像的会把木头雕成人形,所贴的金那么薄是用什么方法做成?为什么小铜匠会在一块铜板上钻那么一个圆眼,刻花时刻得整整齐齐?

这世上稀奇古怪事情太多了。他对生活中处处充满疑问,要想知道的太多，自己知道的又那么少。于是，为了寻找这些答案，他总是在上学路上绕着道走，到处去看，什么对他都充满吸引力。上学路上看不够，还偷偷地从私塾逃学出去玩。家里以为私塾管理不严，又把他转学到离家远一些的学校去，这样他就更名正言顺地到处看稀奇了。

于是，这条上学路上每天都能看到一个瘦削的光脚丫的小男孩儿，一只手臂上挎个装着十来本破书的书篮，一只手还拎着一双布鞋。他站在一家染坊前，目不转睛地盯着一个强壮多力的苗人，踹在凹形石碾上面，站得高高的，手扶着墙上横木，偏左偏右地摇荡。染坊看得差不多了，他又被旁边三家苗人打豆腐作坊勾住了双脚。盯着那个小腰白齿，头包花帕的苗妇人，只见她时时刻刻口上都轻声唱着歌，引逗绑缚在身背后包单里的小苗人，一面还用放光的红铜勺舀取豆浆。终于从豆腐坊路过，又是一家屠户的肉摊，猪肉是刚才屠宰出来的，屠户一刀砍下去时，肉还在跳动。

一路上，要经过剃头铺、打铁铺、租花轿的铺子……沈从文就这样各处去看，各处去听，还各处去嗅闻，死蛇的气味，腐草的气味，屠户身上的气味，烧碗的土窑被雨淋以后放出的气味，他都能准确地辨别出来。蝙蝠的声音，一头黄牛当屠户把刀捅进它喉中时叹息的声音，藏在田野土穴中的大黄喉蛇的鸣声，黑暗中鱼在水面拔刺的微声，这些声音传到耳朵时分量是很不同的，他也记得清清楚楚。他说他就欢喜看那些东西，一面看一面明白了许多事情。

他不但上学时一路看过去，还时常逃学出去玩。可是拎着个书篮出去是很不适合的，会被别人一眼看出是逃学出来的孩子，会受到指责。在那个穷孩子上不起学的年代，不提书篮，就没人过问了。沈从文就会把书篮找个地方藏起来，当地的土地庙是最好的地方。

当然逃学也有露馅的时候，被家中或学校任何一方面发觉时，总得挨两方面各一顿打。在学校得自己把板凳搬到孔夫子牌位前，趴在上面，挨一顿教鞭。处罚过后还要对孔夫子牌位作一个揖，表示忏悔。在家里接受的惩罚跟学校不同，常常是不准吃饭，关进一间屋子，在一个角落里罚跪一炷香的时间。对于此，沈从文可是有一套应对挨罚的妙招，他一面被罚跪，一面想他逃学出去看到的各种事情，想着想着，他生了一对想象的翅膀，凭经验飞到各样动人事物上去。想到河中的鳜鱼被钓起离水以后拔剌的情形，想到天上飞满风筝的情形，想到空山中唱歌的黄鹂，想到树木上累累的果实。由于最容易神往到种种屋外东西上去，反而常把处罚的痛苦忘掉，处罚的时间忘掉，直到被人叫出去。他从没感觉到在这样的处罚中有委屈有悲伤，还特别感谢那种处罚，使他无法同自然接近时，给了个练习想象的机会。

　　在9个兄弟姊妹中，沈从文排行第四，姐姐也疼爱她，总会在不让他吃饭时，偷偷地给他吃的。只是他父亲气得直跺脚，说再逃学，就把手指头放在菜板上剁掉。即使这样，也没能阻止他逃学出去关注自然和社会，他说这是他在阅读另一本书。的确，他小时候的经历影响着他后来的创作风格。

　　就这样的一个人怎么会成为那么有名的作家呢？这跟沈从文后来的经历和自我认识有关。

　　从城里的私塾到城外的小学，沈从文都不爱学习，虽然不用逃学了，依然对外面的世界充满痴迷，跟同学一起疯玩，一起撒野，干些调皮事儿。他母亲做了一个毅然的决定，你既然不爱上学就去军队里锻炼锻炼吧。或许是沈家世代有将军梦想，才13岁的沈从文就到了预备兵的技术班。在那里他个子是最小的，教官非常严厉，逼迫他学会了攀杠杆的技术，经过8个月的训练，从小单薄的沈从文身体变得坚实多了。他认为，后来能经受40天伤寒的折磨活下来，跟这段预备兵的训练经历分不开。

沈从文的军旅生活从14岁开始，后来当了司书，为了把字写好，常常练习写毛笔字。后来司令部来了个文文弱弱的秘书官，给沈从文看了一部宝贝书，字非常小，天下什么都写在里边，想知道的各种问题都写得有条有理，清楚明白。这部书就是《词源》，秘书官装在箱子里，要沈从文洗干净了手才能拿去翻看。见沈从文这么喜欢，秘书官推荐他订阅《申报》，读报让他认识了很多生字，从此也爱上了阅读，找副官借了《西游记》《淮南子》等书来读。

给沈从文种下文学的种子还是得缘于他的家族，他后来随舅父去警察局当了一名收税官。舅父和几个亲戚都很喜欢诗文，常常在一起饮酒作诗，沈从文就在一边看，他们做好了就给他誊抄，为了得到表扬，他誊抄得非常认真。就这样抄着，抄着，他也喜欢上了古诗文。他的亲戚家有两大箱商务印书馆印行的翻译小说《说部丛书》，有两个月的时间，这些书就做了沈从文的朋友。其中对他影响最大的应该是狄更斯的《冰雪姻缘》《滑稽外史》《贼史》。沈从文自己说，他喜欢这些书，因为这些书要告诉他的正是他所需要的，不像别的书尽说道理，他只记下些生活现象。

因为他字写得漂亮，书读得多了，做书记抄写文件时，还能纠正些笔误，提出些斟酌的意见，他的薪水也从每月两块长到了六块，看来读书和写字在什么时代都是有用处的。随着部队到了川东，又回到湘西，沈从文的薪水已经涨到了每月9元，但他生活的变更远不及他内心变化的急剧。他在这期间，读书多了，性格也柔和了许多，接近自然时的感情也不同了。这时，他迫切地想回到学校，去学习他弄不明白的东西。

20岁的沈从文，只身到北京谋求发展，一直不能进入学校学习，他只好一面在北大旁听，一面在艰苦条件下自学写作，经历了两年多没有经济来源的困窘日子。1924年11月，万般无奈之际，写信给著名作家郁达夫申诉不幸并请其帮忙，郁达夫登门看望，给沈从文极大鼓舞。12月他的作品《一封未曾付邮的信》发表于《晨报副刊》，写一个没有钱的人痛苦困窘的生活；后来又发表了《市集》，得到徐志摩等人的欣赏。1924—1928年，他先后写出《鸭子》《蜜柑》《入伍后》等10个集子，描写湘西

民俗风情、边地民间传说，引起人们的注目，获得初步成功。

1929年，沈从文虽然已经称得上一个名作家了，出版了许多作品，但光靠稿费很难维持生活，再加上出版商拖欠，使沈从文一家人常常处于困境。徐志摩一直有意为沈从文在大学里谋个教职，以解决他的生活问题。于是向上海吴淞中国公学的校长胡适写信，力荐沈从文到大学当老师。只有小学文凭的沈从文，要成为大学教师，这似乎有些不可能。但这年8月，中国公学校长兼文学院院长的胡适却破格聘请沈从文为国文系讲师。

沈从文被中国公学聘为讲师，主要课程是主讲大学一年级的"新文学研究"和"小说习作"。后来，沈从文在课堂上说："适之先生的最大的尝试并不是他的新诗《尝试集》，他把我这位没有上过学的无名小卒聘请到大学里来教书，这才是他最大胆的尝试！"的确，虽有教育部的特别规定，虽然胡适在教育界有地位，但无论如何，让沈从文当大学老师，是一种特别大胆的尝试，而实践证明，沈从文没有辜负胡适的尝试，在大学教学中做出了许多突破，培养了许多人才，著名作家汪曾祺就是其中一位。

沈从文是一位独特的作家。他的小说在过去、现在和未来的

时间长河中,在乡村和城市的题材空间里通过对人性世界(包括"神性"世界)和病态世界的对比,严肃地探讨了人生,讴歌了健全的人性形式,从而构成了一个从人性道德角度去表现人性之"常"的独立自主的艺术系统。他的文学观和文学理想不是从政治经济角度探索社会进步的道路,而是从人性角度去寻求重造民族灵魂的门径。独特的文学观与美学观造就了作为文学家的沈从文难以替代的独特性。

1934年完成的《边城》,是沈从文"牧歌"式小说的代表,也是他小说创作的一个高峰。

小说讲述了在川湘交界的茶峒附近,小溪白塔旁边,住着主人公翠翠和她做老船夫的爷爷。茶峒城里有个船总叫顺顺,他有两个儿子,老大叫天保,老二叫傩送。两兄弟同时爱上了翠翠,兄弟俩没有按照当地风俗以决斗论胜负,而是采用公平而浪漫的唱山歌的方式表达感情,让翠翠自己从中选择。傩送是唱歌好手,天保自知唱不过弟弟,心灰意冷,断然驾船远行做生意,船出事,淹死了。傩送却孤独地出走,不知漂泊到什么地方。后来爷爷去世了,老军人杨马兵热心地前来陪伴翠翠,也以渡船为生,等待着傩送的归来……

《边城》以作者家乡所在的湘西为背景,满含审美理想地展示了"这个朴野边僻地方"未被都市文明所扭曲的"种近于野兽纯厚的个性",一种素朴真诚的人情美。

巴 金

| 人民作家、翻译家、社会活动家，"二十世纪中国文学的良心"

巴金（1904年—2005年），四川成都人，原名李尧棠，字芾甘，笔名佩竿、余一、王文慧等。中国作家、翻译家、社会活动家、无党派爱国民主人士。主要作品有《激流三部曲》（《家》《春》《秋》）、《爱情三部曲》（《雾》《雨》《电》）、《随想录》等。1982年获意大利但丁国际奖；1983年获法国荣誉军团勋章；1984年获香港中文大学荣誉文学博士学位；1985年获美国文学艺术研究院外国名誉院士称号；1990年获苏联人民友谊勋章；2001年获诺贝尔文学奖提名。

巴金生在四川成都一个封建官僚家庭里。幼年多病的巴金从来没有进过学校。14岁时，他好不容易得到祖父同意进入英语补习学校念书，刚刚一个月，就因病辍学。1925年，他到北京准备考北京大学，但是体检时发现患有肺病，无奈与北大失之交臂。

巴金的青少年时代，正是五四运动之后，巴金深受新潮思想的影响，并在这种思想的影响下开始了他个人的反封建斗争。

1928年8月，巴金在法国写成了第一部小说《灭亡》，第一次使用了"巴金"这个名字。

　　时代的赐予和作家的生活感知，使他把艺术的视点集中在对封建家族制度的解剖上。家，在中国，是礼教的堡垒。巴金说，他写《家》的目的，就是要"宣告一个不合理的制度的死刑"。他以热切的感情展现出生活中的"激流"在破败的家庭中成长起来；充满了自信和勇气，充满了爱与恨，在腐败崩溃的事物中，看到了希望，看到了崛起者的勇气与魄力。

　　1931年，《家》最初在《时报》上连载时以"激流"为题，书名、作者都被套了红，版面上还用突出大字介绍作者是"新文坛巨子"。可是小说刊出的第二天，巴金就接到了大哥李尧枚服毒自杀的噩耗，这促使他重新调整了小说的构思——大哥成为小说的主角——高觉新的原型。

　　《家》讲述了这样一个故事：觉新是觉民兄弟的大哥，也是这个大家庭的长房长孙，他深爱着表妹梅，却又不得不按家庭的意愿和瑞珏结婚，并在父亲死后担负起整个家庭的重任。每日被动而无奈地应付着大家庭内部各房之间的钩心斗角，希望通过自己的隐忍来换得安宁的日子，可事情并非觉新想得那么简单。

　　五四运动的浪潮和弟弟们的热烈反应对他不是没有影响，他心里是信服这些新的东西的，但行动上他却有着太多的羁绊和束缚，他是高家懦弱而听话的"大少爷"。他的生命是为别人的存在而存在的。

　　美丽而温顺的少女鸣凤心里悄悄喜欢三少爷觉慧，觉慧也暗恋着她，但是在高公馆这样的地方，她对未来深感迷茫。因为与同学去向督军请愿，觉慧被高公馆"最高统治者"——他的祖父高老太爷训斥了一顿，并不许他出门。梅出嫁后不久就守寡。

　　为避军阀混战，梅被迫躲入高公馆，不期与觉新相遇，泪眼相对，两人心中的伤痛无法用言语来表达。觉慧瞒着家人参加《黎明周报》的工作，撰文介绍新文化运动，抨击不合理的旧制度、旧思想、旧观念。可是就在他自己的家里，悲剧却并未停止——高老太爷决定把鸣凤送给年近 70 岁的孔教会会长冯乐山做小妾。无奈下，她喊着觉慧的名字投湖自尽了，另一个丫鬟婉儿代替她被逼着上了花轿，觉慧的思想进行着抗争，可这在当时的社会环境下觉慧无可奈何。高老太爷做主，让觉民与冯乐山的孙女成婚。觉民公然违抗祖父的旨意，逃到同学家躲了起来，高老太爷勃然大怒，正在这时，传来梅去世的消息，觉新心如刀割，悲痛至极。

五叔克定在外养小老婆的事传开了，高老太爷大发雷霆，前所未有的失落和悲哀，突然袭击了这个每日做着长宜子孙发家梦的老人，他一病不起。妖里妖气的陈姨太提出请巫师捉鬼给老太爷治病，众人怕担不孝的罪名，没人敢反对。只有觉慧坚决抵制这场无聊的闹剧。高老太爷死了，死前答应不再提觉民的婚事，觉民取得了抗婚的胜利。

瑞珏即将临盆，陈姨太却说产妇的血会冲犯了死者，必须将其移到城外去生。四天后，在城外一间阴暗潮湿的小屋里，瑞珏痛苦地死去了。死前喊着觉新的名字。夫妻最后也没能见上一面。觉慧再也不能忍受这个家了，他要出走。觉新经过深思熟虑，决定帮助弟弟实现愿望。他瞒着长辈为觉慧安排好一切，并为他筹足路费。黎明，觉慧悄悄地走出家门，乘船到上海去了。在那里，新的一切正在生长。

爱国主义，是巴金精神财富的重要基础。从年少到年衰，巴金的爱国情怀，从未受任何环境的影响而改变。

巴金 12 岁那年通读了《说岳全传》，深深被岳飞的爱国精神、民族精神震动。一个偶然的机会，他得到了祖父珍藏的《醉墨山房诗话》。书中，明代诗人兼书画家文征明的词《满江红》，使巴金爱不释手，百看不厌。巴金一直将这本书珍藏在身边，即使在战乱中，家被数次抄劫，这本书也没有被毁。20 世纪 90 年代,巴金在众人的劝说下,到杭州休养。从来怕麻烦别人的他,有一天却提出了要求,想去拜谒岳坟。在岳飞塑像前,轮椅上的巴金目不转睛,久久地凝视着。身边的工作人员深深被这一情景感动,谁也不轻易移动一下脚步。后来,他们来到《满江红》词碑前。此时,年过九十,平时说话吐字不太清楚的他,却像小学生那样吟诵起这首词来,那声音越来越清楚,越来越高亢,每一句、每一字,其实巴金早就熟背心底,融化在血液中。

在很多荣誉前,在许多外事场合,记者多次听他说:"我生长在中国,我的一切都属于中国人民。"1983年,巴金在获得法国荣誉军团勋章时,对前来授勋的法国总统密特朗说:"谢谢总统阁下光临上海,在我病中给我授勋。我认为,这并不是我个人有什么成就。这是总统阁下对我们社会主义祖国的尊重,对历史悠久的中国文化的尊重。这是法国人民对中国人民友好的象征。"

"穿越一个世纪,见证沧桑百年,刻画历史巨变,一个生命竟如此厚重。他在字里行间燃烧的激情,点亮多少人灵魂的灯塔;他在人生中真诚地行走,叩响多少人心灵的大门。他贯穿于文字和生命中的热情、忧患、良知,将在文学史册中永远闪耀着璀璨的光辉。"这是"感动中国——2003年年度人物"评选委员会为巴金写的颁奖词,后人评论巴金为中国文学的良心。

巴金与冰心的友谊是中国文坛的一段佳话。早年的巴金比较孤独,他是在读冰心的作品中,找到温暖,找到失去的母爱的。巴金清楚地记得,就在他离开四川老家的那年夏天,他还和弟弟在一起一边读冰心的《繁星》,一边学着做小诗。这些诗句,一直存在他的心底。年少时,他跟着冰心爱星星,爱大海。成年后,冰心不仅是他的大姐,更是他的精神支柱。每一回,冰心到上海,巴金都要去机场车站接送。每一回,巴金去北京,都要去探望冰心。

巴金眼中的冰心:"您好像一盏明亮的灯,看见灯光,我们就心安了。"在巴金的书柜里,珍藏着厚厚的 8 卷本的《冰心全集》,6 卷本的《冰心选集》以及她的散文集、童话集等。打开冰心的作品,但见扉页上都有冰心的手迹:"巴金老弟留念""送给亲爱的巴金老弟"。普普通通的题签,容纳的却是他们半个多世纪的友情。巴金与冰心相识于 20 世纪 30 年代初。那是一个初夏的早晨。巴金随靳以一起去看望冰心。从此,冰心就将巴金看成自己的弟弟。所以,她总是称巴金"老弟"。这种非亲缘又胜过亲缘的关系,随着时间的增延而越来越浓厚。1984 年,冰心在《贺叶巴两位》一文中写道:"我一直拿他当弟弟看待。几十年来,相知愈深。新中国成立后,我们还一同参加过出国访问团。最后一次一同出国的机缘,就是 1980 年春到日本的访问。那次出国,我的女儿吴青和他的女儿小林都参加了。小林叫我'姑姑',吴青叫他'舅舅'。仿佛我们就是亲姐弟似的。"

记得有次巴金病后访问香港,冰心此时已患了脑血栓病,却十分地不放心巴金的身体,立即写信"关照",要他好好注意休息。收信后的巴金非常激动,回信道:"您的友情是更好的药物,想到它,我就有更大的勇气。"1993 年,巴金 90 岁生日时,冰心送来了用 90 朵玫瑰缀成的花篮。知巴金者唯冰心也。玫瑰,带刺的花朵,巴金最喜欢了。也就是从这时候起,每逢巴金生日,送玫瑰的人越来越多。

曾经多少次,被疾病折磨的巴金想搁笔不写了,但看到冰心仍在写,仍在呐喊,便"不敢躺倒,不敢沉默,又拿起笔来了"。1989 年 5 月 5 日巴金给冰心写信道:"70 年了,我还在跟着您前进。"10 月 12 日,他又在给冰心的信中写道:"我常常想,您好像一盏明亮的灯,看见灯光,我们就心安了。"1994 年 5 月 20 日巴金又一次在一篇文章中表达自己的心情:"冰心大姐的存在,就是一种巨大的力量。她是一盏明灯,照亮我前面的道路。她比我更乐观。灯亮着,我放心地大步向前。灯亮着,我不会感到孤独。"

曹 禺

| 中国杰出的现代话剧剧作家

曹禺（1910年—1996年），原名万家宝，字小石，小名添甲。汉族，祖籍湖北潜江。代表作《雷雨》《日出》。

曹禺父亲曾任民国总统黎元洪的秘书，后赋闲在家，抑郁不得志。曹禺幼年丧母，在压抑的氛围中长大，个性苦闷而内向。受继母影响，曹禺从小就酷爱戏剧，跟随继母看了许多京戏、文明新戏。1922年，在南开中学读初中时，他就是南开新剧团的积极分子、骨干力量，也就是从这个时候开始了他漫长的艺术生涯。

1926年，他第一次以"曹禺"为笔名发表了小说《今宵酒醒何处》。曹禺笔名的来源是因为本姓"万"，繁体万字为草字头下一个禺。于是他将万字上下拆为"草禺"，又因"草"不像人的姓，故取谐音字"曹"，两者组合而得"曹禺"。

1930年，曹禺由南开大学政治系转入清华大学外文系，并开始阅读大量的中外文学名著，特别是古希腊悲剧以及莎士比亚、高尔基、契诃夫、奥尼尔等西方文学大师的佳作，这些知识的积累为他后来的创作奠定了丰厚的文学基础。

《雷雨》创作于1933年。就在清华大学图书馆阅览大厅东北一隅的长桌一端，曹禺埋头创作了剧本《雷雨》。1933年8月初，曹禺完成《雷雨》初稿时年仅23岁。1934年春，《雷雨》由曹禺南开挚友靳以推荐给巴金，1934年7月发表在靳以与巴金创办的《文学季刊》上，震惊了整个戏剧界，并很快由文化生活出版社出版了单行本，迅速走红，成为20世纪中国话剧第一经典剧目。《雷雨》的问世，标志着中国现代话剧艺术已经开始走向成熟。

同年，曹禺大学毕业，曾在清华研究院深造戏剧，后因故辍学，并先后在保定中学、天津河北女子师范、南京国立戏剧专科学校任教。此后，1935年曹禺又创作了《日出》；1937年创作了《原野》等影响巨大的话剧剧本，确定了他作为中国现代话剧大师的地位。抗战期间，创作了《蜕变》《北京人》，将巴金的小说《家》改编成戏剧。中华人民共和国成立后，又创作了多幕剧《明朗的天》（1954年），历史剧《胆剑篇》（1960年）和《王昭君》（1978年）。

《雷雨》以1924年的中国社会为背景。这时正是第一次大革命的前夕，阶级斗争处于十分尖锐的状态。一方面，中国无产阶级已经登上政治舞台，在共产党的领导下，掀起了蓬勃的工农革命运动；另一方面，中国封建势力在帝国主义的支持下，对人民大众进行着残酷的压榨和剥削。面对这样的现实，曹禺在自己的创作里，深刻揭露了社会黑暗的同时，也反映了人民大众的懦弱及对现状的无可奈何。

《雷雨》的创作主要集中在周鲁两家30年的恩恩怨怨上，错综复杂，引人深思。30年前，无锡周公馆的大少爷周朴园看上了女佣梅妈的女儿侍萍，并与侍萍生了两个儿子。第二个儿子生下来才三天，周朴园为了赶着和一个有钱有门第的小姐结婚，将侍萍赶出家门，随她一同走的还有刚出生、病得奄奄一息的儿子。侍萍走投无路，跳河自杀，却又被人救起。从此，她流落他乡，辗转坎坷，最后带着儿子嫁给鲁贵，生下女儿四凤，儿子取名鲁大海。30年后，周鲁两家先后搬到北方某城中。侍萍在外地做工，鲁贵在周家做总管，后来把女儿四凤也介绍到周公馆做女佣，鲁大海在周朴园的矿上当矿工。

周朴园那个有钱有门第的太太死后，又娶蘩漪为妻，并生下儿子周冲。他的长子周萍就是侍萍所生的第一个孩子，他只比继母蘩漪小六七岁。接受过新式教育的蘩漪嫁给冷酷、专横、自私的周朴园后，精神极度压抑、郁闷。病态的她爱上了软弱的周萍，他们频繁的幽会和疯狂的情感被佣人鲁贵发现了。这之后，由于惧怕父亲，也由于已厌倦了与继母的这段不正常的关系，周萍开始逃避，他与美丽单纯的四凤偷偷来往。这一切都没有瞒过蘩漪的眼睛，她把自己与周萍的一段"恋情"视为这暗无天日的生活中唯一一棵救命稻草，因此并不甘心放手。

蘩漪的儿子周冲是个单纯开朗的大男孩。这天他告诉母亲他喜欢四凤，想从自己的学费中分一半供四凤读书。这使蘩漪感到事情已到了非解决不可的地步了。故事开始的时候，蘩漪正请了刚从外地回来的四凤的母亲来公馆，暗示她将四凤带走。一向要强的侍萍也不愿女儿给人帮佣，因此爽快地答应了。然而无意间她发现这周公馆的环境布置似曾相识。正当此时，周朴园进来了，他听出侍萍的无锡口音后，满怀追恋地向她打听当年那梅家姑娘的坟址，说想要替她修坟。当他终于明白眼前的老妇人就是他以为早已过世的侍萍时，他一改念念在心、一往情深的语调，厉声质问：你来干什么！谁指使你来的？伤痛万分的侍萍则只能将这一切归之于命运。周朴园给侍萍开出一张五千元的支票，希望两家不要再有任何瓜葛，侍萍却拒绝了。她向周朴园提出的唯一要求是见一见她的儿子周萍。

鲁大海代表矿上的罢工工人来找周朴园谈判，周却使阴谋将罢工破坏,并把鲁大海开除。大海痛斥周朴园的罪恶行径,周萍上去打了大海两耳光。看到自己的两个儿子骨肉相残,侍萍放声大哭。周萍想离开家到矿上去,四凤要他把自己带走。侍萍坚决不让四凤与周萍在一起,然而四凤却哭着告诉母亲,她已怀了周萍的孩子。

侍萍闻此消息如遭雷击。正当侍萍准备自己承担罪孽,让四凤与周萍走时,蘩漪来了。她为了阻止周萍与四凤走,将所有的人唤来。周朴园以为30年前的事已泄漏,遂当着众人的面告诉周萍,眼前老妇人——四凤的母亲,就是他的亲生母亲。

受不了这么强烈的刺激,四凤跑出去触电自杀,周冲去拉她时也被电死。这时书房内一声枪响……周萍也开枪自杀了。故事的结尾凄惨,但却深深反映了当时的社会现象。

曹禺说:"《雷雨》对我是个诱惑。与《雷雨》俱来的情绪蕴成我对宇宙间许多神秘的事物一种不可言喻的憧憬。"

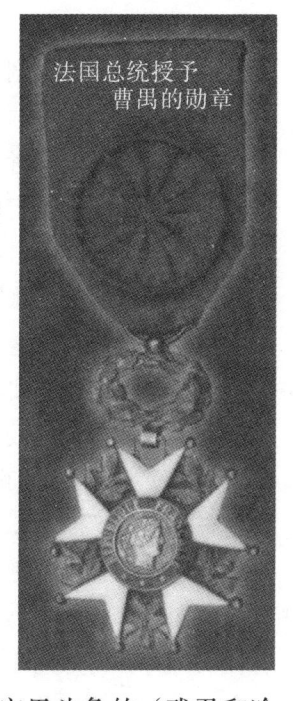

法国总统授予曹禺的勋章

这在全剧始终闪示的"隐秘",就是"宇宙里斗争的'残忍和冷酷'"。年轻时的曹禺受到各种思想的影响,他接受了易卜生等的西方个性主义、人道主义思想,也受到基督教的影响。《雷雨》的美学思想与悲剧观中又有古希腊悲剧与美国剧作家奥尼尔的现代悲剧的影响。戏剧情节的展开借助于血缘伦常纠葛,悲剧的结局染上神秘色彩。这不仅在技巧上"有些太像戏",而且反映出作者当时思想认识上的特点。该剧1934年的初版本序幕、尾声中,鲁妈、蘩漪两人发疯,周公馆成了教会医院,周朴园成了基督徒。曹禺透过现实世界的错综复杂来思考人生与人性，运用鲜明独特的形象来表现自己对人生与人性的感受与思考，在思索中探究人性与人的生存的悲剧性。青年曹禺本人思想的复杂、探索性与不确定性，现实主义魅力的深刻性，使《雷雨》呈现出多义性与多种阐释的可能性。

70多年来《雷雨》历演不衰，极富有舞台生命力，已成为中国话剧舞台的经典剧目。

曹禺自认今生有两大遗憾：一是时间被写作以外的事占去太多，二是缺乏独立思考。他说："在历次运动中，我都没有独立思考，而是按一种既定的要求、材料去否定别人，也否定自己，在精神上完全丧失了自己。"

在曹禺寓所的一张写字台上，多年来一直摆放着一张巴金的彩色照片。这对文坛老人的深厚友谊从年轻时代一直保持至人到暮年。巴金晚年最重要的著作《随想录》出版之后，老人特意从上海寄了一套珍贵的线装本到北京，送给同在病中的曹禺。巴金在书的扉页上写着："我觉得你们就在我的面前。家宝，想念你，永远忘不了你。"

曹禺是一个十分敏感的人，有时他在街上散步，有年轻人从他面前走过，他能强烈地感觉到生之气息扑面而来。他说："没有什么比青春再好的东西了。"很多年以来，曹禺没有再写剧本，他为此一直十分痛苦。他时常对家人讲述自己当年的生活经历，他所见过的事，并反复地说，他要写，要写真实的人。他的枕边放着《托尔斯泰评传》，那是他最崇拜的作家。他说："我越读托尔斯泰越痛苦，我就是感到惭愧。"他十分佩服托尔斯泰能够一生坚持写作，他说："托尔斯泰一辈子要弄清为什么，他几十年痛苦，他想像农民一样生活，一天走三四个小时，然后写作，大吃，82岁还要吃一大碗生菜。他每天又快乐又痛苦，真是一个伟大的人！"

杨　绛

> 中国女作家、文学翻译家和外国文学研究家，一位将生命献给文学与爱情的伟大女性

杨绛（1911年—2016年），本名杨季康，江苏无锡人，钱钟书夫人。杨绛个人学识修养极高，在中国文学翻译界做出了巨大贡献，获得很高的社会威望，人称杨绛先生。

杨绛通晓英语、法语、西班牙语，由她翻译的《唐·吉诃德》被公认为最优秀的翻译佳作，到2014年已累计发行70多万册；她早年创作的剧本《称心如意》，被搬上舞台长达60多年，2014年还在公演；杨绛93岁出版散文随笔《我们仨》，风靡海内外，再版达100多万册；96岁出版哲理散文集《走到人生边上》；102岁出版250万字的《杨绛文集》8卷。2016年5月25日，杨绛逝世，享年105岁。

杨绛出身书香世家，曾祖父和祖父，都在西湖边做过小官，父亲杨荫杭生于清光绪四年，正是清王朝即将土崩瓦解的时候。杨荫杭成绩优异，先后考入北洋大学、南洋公学，而后又留学日本、美国学习法律。归国后，历任国民政府江苏省、浙江省高等审判厅厅长、京师高等审判厅厅长、京师高等检察长、司法部参

事等职。

杨绛的母亲唐须嫈,与父亲杨荫杭同岁,娘家是无锡富商,曾就读于上海务本女中,知书达理,脾气甚好。杨绛在《回忆我的父亲》一文中说:"我父母好像老朋友,我们子女从小到大,没听到他们吵过一次架。旧式夫妇不吵架的也常有,不过女方会有委屈闷在心里,夫妇间的共同语言也不多。我父母却无话不谈……"用古话讲,就叫"琴瑟和谐,鸾凤和鸣"。

杨荫杭有8个子女,杨绛排行老四,她上边有三个姐姐,下边有两个弟弟和两个妹妹。杨绛天资聪慧,善解人意,伶俐乖巧,温顺体贴。比方说,父亲饭后吃橘子,她主动帮助剥皮,父亲吃风干栗子、山核桃等,她主动帮助脱壳去衣,果品不论干鲜,一经她手,管保收拾得干干净净。

杨绛自幼聪慧,学习成绩非常好,一心想考入清华大学,高中毕业时却错过了考试,后进了东吴大学。大学都读了两年,仍惦记着清华。1932年初,杨绛本该读大四下了,东吴大学却因学潮停课。杨绛与四位好友相约北上京华,预备借读同属教会的燕京大学。到了北平,那4人都按计划通过了燕大的入学考试,注册就读,唯独杨绛临时变卦,改成借读清华,终于圆了清华园之梦。杨绛虽然主课在政治,出于兴趣,选了朱自清的"散文"、温源宁的"英国浪漫诗人",为她后来成为作家、翻译家打下了坚实的基础。

杨绛入清华是最遂心如意的一件事,她在那里结识了钱钟书;其次,便要数图书馆,那印象长期不衰,历久弥新。2001年春,90岁高龄的杨绛仍是兴致勃勃地谈起,清华大学的图书馆的墙是大理石的,地是软木的,楼上书库的地是厚玻璃,透亮,望得见楼下的光!

1934年在钱钟书的鼓励下,杨绛准备报考清华大学的研究院。清华事先公布,凡是要考外国文学专业的,增加第三外语。

杨绛是教会学校出身,英文娴熟;自学,粗通法文;又临时恶补德文,补到勉强可读施托姆的《茵梦湖》。到了考试那天,清华却宣布只考第一、第二外语,第三外语免试。杨绛认为自己白白在德文上浪费了许多光阴,还因此荒疏了法文,好在考试过关,无怨无悔。

杨绛考进清华研究院,犹如人生中了头彩。选读的科目,都是她心仪的。在梁宗岱先生的"法国文学"班,有同学二三十人,并非全部是研究生,其中一位王岷源,当时正在读大四,和季羡林同班。上课时,女生坐在前排,头一堂练听写,梁先生看完试卷,头一扬,喊道:"杨季康!"杨绛以为试卷出错,赶紧起立,准备恭听教诲。哪知梁先生笑嘻嘻地说:"你的答卷很好,都做对了。"接着又问,"你的法文是哪里学的?"杨绛回答:"我是自学的。"她说的是实话。梁先生很高兴,他说:"我也是自学的。"杨绛发音纯正,思路清晰,功底厚实,上课提问,每当旁的同学卡壳,梁先生总是叫她作答。

朱自清先生的"散文"课,要交习作。写得好的,会让作者当堂朗读。一次课上,朱先生叫住杨绛,说:"你这篇《收脚印》,写得不错,可以发表,我给你拿去投稿。"杨绛高兴极了。她盼呀盼,盼呀盼,过了一月又一月,未见下文。一天,她看见几个女生聚在一起,叽叽喳喳地读《大公报》,走过去一瞧,读的正是她的文章。狂喜朝杨绛袭来,心弦拨动起快活的颤抖声:"哦,我当作家了!"

可是杨绛的学业并没有念完,只上了两年就半途而废。这是因为1935年初夏,未婚夫钱钟书以出色的成绩考上了公费留英。杨绛毫不犹豫中断学业,回老家与钱钟书结婚,然后,水一程,陆一程,陪夫君迢迢远征。

钱钟书到了牛津城,进入牛津大学下属的埃克塞特学院,攻读文学学士学位。杨绛的任务是陪读,陪读则意味着某种程度的牺牲。俗话说,一个成功男人的背后,必有一个为之做出牺牲的女人,杨绛就是。牺牲一开始就发生了:杨绛本来想进女子学院研修文学,但她慢了一步,报名时,文学名额已满,唯历史尚余空缺,杨绛不愿学历史,于是,杨绛干脆放弃报名,改为文学的旁听生。

旁听学生不在册,没有学籍,没有文凭。但是也有好处,不需要做作业、写论文和参加考试,课外时间统统归自己支配。空前的解放,浑身的轻松。杨绛一下子从积久成习的课业重压下抬起头来,像婴儿一样,用喜悦的目光重新打量世界。

继清华之后,杨绛很快又爱上了牛津大学的图书馆。这个馆远比清华要大,藏书远比清华为多。杨绛从前在东吴,课余常在图书馆寻寻觅觅,想入文学殿堂而不得其门。跨进清华外文系,虽然圆了文学的梦,却因从前欠债太多,来不及补习。坐拥书城,杨绛着手制订一份自学课程表,并严格遵照执行。大体情况是:英国文学,以文学史为纲,经典作家,一个一个往下读,主要作品,一部一部仔细读;代表作而外,也读相关的评论。法国文学,也是以文学史为序。莫里哀的戏剧,她差不多全部涉猎;司汤达的《红与黑》她也啃了,但味同嚼蜡,索然无趣;偶尔读一些二三流的作家,如拉康特、梅里美。卢梭的自传《忏悔录》名声很大,但她几番打开,都读不进去;对巴尔扎克的书倒是一读再读,百读不厌;她也读了左拉。此外,还浏览了很多英国剧作家的作品。馆藏的经典作品,以19世纪为界,再靠近现代的,就没有了。馆方认为,19世纪的文学作品粗糙,够不上优秀。因此,19世纪以来大家的作品,杨绛就得从牛津市图书馆转借,一般是借到什么读什么,不再拘泥文学史的先后。

杨绛尝到了自学的甜头。白天,有课听课,无课,泡图书馆。充耳,盈目,莫非英文、法文,间或也有德文。晚间回到租借的寓所,改读中文。中文书是从国内带来,满满的一箱。兴之所至，也练书法，笔、墨、砚台、字帖，一律是自备，跟着她漂洋过海而来。宣纸则无，拿餐巾纸代替。

女儿圆圆出世，杨绛因为要带孩子，精力不够，重点只放在法文。到巴黎初期，杨绛和钱钟书共同读过一本法文小说：福楼拜的《包法利夫人》。杨绛法文基础优于钱钟书，但是一年后，钱钟书的法文水平就远远超过了杨绛。杨绛后来自我解嘲，说她的法文知识就像钱钟书《围城》里的某太太"生小孩儿都忘了"。

1938年，日军大举侵略中国，国难当头。身在海外的钱钟书杨绛心系祖国，惦记家人，他们决定摒弃英国安逸的生活，一家三口回归祖国。

上海自"八一三"事变后，被日军包围，沦为孤岛。被生活所迫的人民，迫切希望从文学艺术方面寻求一丝心理安慰。

杨绛首次编写的戏剧《称心如意》上演，没想到一炮而红。

戏剧《称心如意》主要讲述了女主角李君玉的故事。李君玉从小失去双亲，不得不投靠其他亲戚。她的一些亲戚有头有脸，却谁都不愿意收留她。老天有眼，经历过百般折磨之后，她得到了有钱人舅舅的爱护。最后，还找到了一个如意郎君，生活终于称心如意。短短一部戏剧，描绘了30年代大上海的世间百态。

选择喜剧与杨绛一贯理性、隐忍、克制的人生态度有关，她没有去做激昂斗士，但是用细水长流的方式表达着立场与选择。

第一部作品大获成功，杨绛仿佛打开了任督二脉，戏剧创作源源不断。她接连完成了《弄真成假》《游戏人间》《风絮》等佳作，一时间"杨绛创作"成为上海戏剧界的金字招牌。

中国著名电影评论家柯灵称赞："杨绛的《称心如意》和《弄真成假》是喜剧的双璧，是中国话剧库中有数的好作品。"胡适也评价她的剧本"不是照着镜子写的"，称赞她的剧本不落俗套、独树一帜。杨绛的戏剧影响深远，2007年《弄真成假》还再次被搬上了话剧舞台。

翻译和创作是杨绛文学成就的两翼,最著名的莫过于《堂吉诃德》。这部作品从翻译到出版几经波折,差一点被当作废纸烧掉。

1956年,杨绛开始翻译《堂吉诃德》。为了忠于原作,杨绛决定自学西班牙语,这一年她已经48岁了。到了"文化大革命"开始时,她已经翻译了著作的四分之三。

1966年,"文化大革命"越演越烈,杨绛被要求把"黑稿子"交出来。《堂吉诃德》翻译稿被没收后,杨绛夜不能寐。后来,她向没收"黑稿子"的头头求情,恳求他们还回书稿。可是头头们告诉她:"收的稿子太多了,你的那份已经找不到了。"

杨绛不死心,她采用"曲线救国"的方式寻找翻译稿。终于,杨绛在打扫一间储藏室时,发现了《堂吉诃德》的译稿。她高兴极了,抱着稿子看了又看没错,就是自己的稿子。一颗悬了已久的心,终于落下了。

杨绛将稿子抱在怀里,准备悄悄拿走。不料被一位老干部发现,大声呵斥:"站住,杨季康,你拿着什么东西?"

她勇敢地回答:"这本来就是我的东西,我辛苦译出来的稿子!"

这位老干部也很强硬,死活不肯让杨绛把译稿带走。无可奈何,她只好把译稿放回去。最后,终于有人仗义出手,把稿子还给她。杨绛抱着稿子回家,仿佛找回了失散多年的孩子。

1978年《堂吉诃德》出版时,读者排长队购买,一时间掀起"堂吉诃德"热。杨绛的译本,填补了我国西班牙语翻译的空白。

当年,西班牙王室来访,《堂吉诃德》中译本被作为礼物赠予王室。1986年10月,西班牙国王颁给杨绛"智慧国王阿方索十世十字勋章",以表彰她对传播西班牙文化所做的贡献。有人评价杨绛译本《堂吉诃德》:虽然她的西班牙语在众译者中不是最好的，但她的汉语水平在众译者中肯定是拔尖的，她的幽默感在众译者中也绝对是拔尖的。

72万字的译著，1956年开始着手翻译，直到1978年才出版，历经了20多年。一部翻译稿，耗尽了杨绛半辈子心血。

杨绛聪明懂事，在婚姻里更是充满了智慧。她爱钱钟书，爱他的满腹经纶，也包容他的缺点。两人携手走过六十多年的岁月，杨绛只把幸福分享给钱钟书，麻烦交付自己。

钱钟书生活能力很差，经常像孩子一样闯祸。他每次犯错，都要向杨绛汇报，第一句永远是："我做坏事了。"

有一次，钱钟书不小心打翻墨水瓶，染了房东家的桌布。

杨绛说："不要紧，我会洗。"

不久，钱钟书弄坏了门轴，不能关门了。杨绛说："不要紧，我会修。"

在伦敦时，钱钟书额骨上生了一个疗，很久无法痊愈。杨绛说："不要紧，我会治。"她从一位护士那里学会了热敷，果然，钱钟书额骨上的疗消失了。每次钱钟书闯祸，杨绛口里的一句"不要紧"，无异于定海神针。钱钟书可以全身心投入学术研究，因为他知道杨绛永远是他坚强的后盾。杨绛确实做到了，她曾说："我一生最大的功劳，就是保住了钱钟书的淘气和那一团痴气，让钱钟书的天性没有受到压迫，没有受到损伤。"

1994年，钱钟书因为旧病复发，住进了医院。年老的钱钟书体弱多病，全靠杨绛悉心照顾。

杨绛怕钱钟书寂寞，她总是絮絮叨叨说一些有趣的事情。他们用无锡土话交谈，说到高兴处，钱钟书会露出久违的笑脸。

钱钟书去世前陷入昏迷状态，短暂清醒时留下一句话："绛，好好里（好好生活）。"

1998年12月19日，被病魔折磨4年之后，钱钟书去世了。钱钟书的遗体被火化时，杨绛久久不愿离开。

"杨先生没有流泪，钱先生火化时，她就在那里看着，不忍离去。"杨绛的一位学生回忆，钱钟书走后，杨绛说："钟书逃走了，我也想逃，可是我压根不能逃，我得留在人世间打扫现场，尽我应尽的责任。"

对于杨绛来说，最重要的一件事：整理钱钟书作品和手稿。钱钟书的手稿数量庞大，整理后发现竟然有7万多页。

有一次，《钱钟书手稿集》的编辑来取资料，只见杨绛桌上堆满了手稿。有些手稿长期存放，已经变脆易坏。

杨绛只能一点点先把笔记粘好、晾干，再整理。这位编辑发现杨绛双眼红肿，他知道杨绛为了早日整理出手稿，一刻也不敢停歇。

编辑劝说杨绛："先生，您休息会吧！您的身体和眼睛禁不住这么熬呀。"

杨绛嘴上说着"好好好，我知道的"，手却没有停下来。

那一年，杨绛已经年近90岁了。

因为杨绛孜孜不倦的努力，钱钟书去世后，依然有作品问世。

杨绛认为，钱钟书的笔记最好的保存方法：公之于众。这样才能使"死者如生，生者无愧"。

这就是杨绛！一位在血液中流淌着高尚、执着、爱与智慧的东方女性。

·第三部分·
文学简史

外国文学简史(欧美部分)

古代希腊文学

古希腊文学是西方文学史上辉煌灿烂的萌芽,作为欧洲文明的两大源头之一,从公元前12世纪到公元前2世纪,从神话传说到荷马史诗,从希腊悲剧到文艺理论,都形成了较为完整的文学体系。古希腊地理范围主要以巴尔干半岛及其周围岛屿为中心,北及黑海沿岸,南接北非的埃及地区,东至小亚细亚半岛,西连地中海的亚平宁半岛。古希腊人因其沿边靠海的自然环境,形成了向外交流发展和富有探索精神的民族性格,古希腊悠久而璀璨的文明史以及历次对外战争,都成为文学题材。古希腊文学内容丰富,成就辉煌,主要类型有神话、史诗、抒情诗、寓言、悲剧、喜剧、散文等。

希腊文学的历史从远古时代即已开始,一直发展到公元前2世纪,大致可以分为以下四个时期:

第一阶段:公元前12世纪—公元前8世纪。

这一时期是古希腊氏族公社瓦解,从原始社会向奴隶社会过渡时期。《荷马史诗》全面地反映了当时希腊社会的情况,因此历史学家也把这一时期称为"荷马时代"或"英雄时代"。该时期在文学上，多以神话、史诗为主。神话是古希腊人最古老的意识形态。马克思曾指出："希腊神话不只是希腊艺术的武库，而且是它的土壤。"古希腊文学其他体裁都是从神话得到孕育和滋养的。希腊神话原本是原始社会希腊人集体创作的口头文学，后来在古希腊的文学、哲学、历史著作中以文字的形式记录下来，保存至今。希腊神话主要包括神的故事和英雄传说两大部分。

神的故事包括开天辟地、神的产生、神的宗谱、神的活动和人类起源等。英雄传说起源于祖先崇拜，古希腊人为了怀念自己部落的领袖和英雄人物，便在历史事实的基础上，发挥想象力，创造出诸多生动的英雄故事。希腊神话的基本特点有三：一是人神同形同性。神话中的神都人格化了，他们不仅和凡人有着同样的形体，还拥有和凡人一样的七情六欲。神除了永生不死和具有无比的法术与智慧之外，精神与凡人没有太大差别。二是希腊神话蕴含着丰富的象征性和深刻的哲理性。古希腊神话传说中有许多寓意深刻的故事，如司芬克斯之谜、西西弗斯徒劳地推石上山、代达罗斯飞向太阳等悲剧，内涵丰富，寓意深刻，彰显出灿烂的文学魅力，具有高度的系统性。三是古希腊神话具有相对完整的神话体系，有居于独尊地位的主神，围绕主神形成复杂而明晰的神际关系网，并曲折地反映了广泛的社会生活内容。

史诗也是这一时期文学的重要成就。最初出现的诗歌多是歌咏劳动，描写四季自然现象和宗教性的短歌。从宗教颂歌中，演变出歌颂英雄人物的史诗。古希腊史诗主要指《荷马史诗》，它是现存最古老的希腊文学作品，代表了古希腊文学的伟大成就。

第二阶段：公元前8世纪—公元前6世纪。

公元前8世纪后，古希腊氏族社会解体，奴隶制城邦形成。随着氏族社会的解体，集体的感情也日益消失，代之而起的是个人的体验和感受。反映在文学上，抒发个人感情的抒情诗随之兴起，此时期主要成就是抒情诗和寓言。

古希腊的抒情诗起源于民歌，用于伴奏音乐歌唱。由于伴奏乐器的不同而分为双管歌和琴歌两大类。双管歌又称哀歌（埃勒格体），内容包括挽歌、战歌和情歌；琴歌分独唱与合唱两种。独唱琴歌主要是爱情诗和饮酒诗。公元前 6 世纪初的萨福是古希腊最著名的女诗人，被称为"第十位文艺女神"，比她稍晚的阿那克里翁（约公元前 550 年—约公元前 465 年）也是一位对后世颇有影响的诗人。抒发个人感情的抒情诗在一些贵族统治地区，发展成为合唱琴歌。古希腊最重要的合唱琴歌诗人是品达罗斯（约公元前 522 年—公元前 442 年），他的作品主要内容是赞美神、歌运动会的优胜者和政治领袖。古希腊抒情诗表现的是贵族的思想感情，但意境清新，形式完美，对后来欧洲诗歌的发展有很大影响。

在抒情诗兴起的同时，希腊的民间则流传着寓言故事。其中一部分后来被人以《伊索寓言》的形式记录下来，流传至今。《伊索寓言》以短小精悍的形式、生动的艺术形象和深刻的哲理而著称于世，对后世的欧洲寓言作家有着深远的影响，开启了欧洲寓言和动物故事的先河。

第三阶段：公元前 6 世纪末—前 4 世纪初。

公元前 6 世纪末到公元前 4 世纪初是古希腊奴隶制全盛时期，史称"古典时期"。奴隶制政治经济的发展促进了文学艺术的全面繁荣。这一时期文学上的主要成就在戏剧（悲剧和喜剧）、散文与文艺理论等方面。

在雅典，古希腊戏剧首先兴起的是悲剧，公元前 534 年第一次正式上演悲剧，它在雅典奴隶主民主制形成时期产生。古希腊悲剧绝大多数取材于神话，作家通过神话题材来反映社会现实，通过戏剧表现自己对现实问题的看法，悲剧演出过程中，始终保持着合唱队的表演。初期的悲剧还运用"三联剧"的结构形式，即三个剧本的题材相关，既相对独立又连续发展。希腊悲剧的台词用诗体，有极高的文学价值。悲剧演出在古希腊盛极一时，但流传下来的只有三个作家的 32 部作品，这三个作家分别是埃斯库罗斯、索福克勒斯和欧里庇得斯，史称古希腊三大悲剧诗人，他们各自代表着雅典奴隶主民主制发展的三个时期和希腊悲剧发展的不同阶段。

喜剧的兴起却晚于悲剧，它是雅典奴隶主民主制危机时期的产物。公元前 487 年雅典正式上演喜剧，比悲剧要晚半个多世纪。喜剧的结构也有固定的程式，一般包括开场、进场、对驳、插曲、退场五个部分。对驳是全剧的主要部分，通过冲突双方的辩论来表现剧本的主题。古希腊喜剧主要是政治讽刺剧和社会讽刺剧，采用日常语言，可以与观众玩笑互动，具有内容现实、主题严肃的特点。古典时期雅典有三大喜剧作家，分别是克拉提诺斯、欧波利斯和阿里斯托芬，其中以阿里斯托芬最为著名。

在古希腊，还没有单独作为一种文学形式的散文，但当时的历史著作、哲学著作以及民主制条件下特别流行的演说（即雄辩术），都具有文学色彩，其中一些杰出的作品，本身就是优美的散文。例如著名历史学家希罗多德（约公元前 485 年—约公元前 425 年）被称为"历史之父"，他的历史著作叙述生动，文字流畅，主要作品有《希波战争史》。另外两位重要的历史学家是修昔底德（约公元前 460 年—约公元前 400 年）和色诺芬（约公元前 430 年—约公元前 335 年）、著名的演说家有苏格拉底（公元前 436 年—公元前 338 年）和狄摩西尼（公元前 383 年—公元前 322 年），他们对后世欧洲的演说术影响很大。

由于文艺创作的繁荣和哲学思想的发达，古典时期的文艺理论也取得了较高的成就，例如著名古希腊哲学家柏拉图和亚里士多德，也是当时最主要的文艺理论家之列。

第四阶段：公元前 4 世纪末—公元前 2 世纪。

公元前 4 世纪中叶，是古希腊奴隶制的衰微时期，位于希腊北方的马其顿王国逐步崛起。这一时期的希腊文化在马其顿王国内广泛传播，希腊语成为这一地域的主要语言，史称"希腊化时期"。在希腊化时期，文学处于衰落阶段，因而成就不大，比较重要的是新喜剧和田园诗。

新喜剧的"新"，是相较阿里斯托芬为代表的古希腊"旧喜剧"。相对而言，它不以政治讽刺性为其特色，而是主要写爱情故事和家庭生活，取材于现实，取消合唱队，着重写世态人情，肯定男女青年的爱情自由，为欧洲戏剧的发展带来了新的因素。最具代表性的新喜剧作家是米南德（约公元前342年—约公元前291年），据说他一生写过105个剧本，但只有两部完整的作品流传至今，即《恨世者》和《萨摩斯女子》，对后世欧洲喜剧的发展，产生了深远的影响。

希腊化时期的田园诗是由忒俄克里托斯（约公元前310年—约公元前245年）领衔。忒俄克里托斯是亚历山大城最重要的诗人之一，他的田园诗写优美的农村风光和年轻牧人的恋爱感情，对欧洲诗歌的这一体裁影响较大。

古罗马文学

罗马位于意大利半岛,和希腊毗邻,是稍晚于希腊而兴起的奴隶制国家。古罗马文学是在学习古希腊文学的基础上发展起来,古罗马文学主要模仿古希腊文学,但又具有自身的成就和贡献,因而也是欧洲古代文学史的一个重要组成部分。

古罗马文学在奴隶制社会条件下发展起来。从公元前3世纪中叶起,古罗马文学得到了迅速发展,一直到5世纪,西罗马帝国灭亡,古罗马文学史结束,共七八百年的历史,大致可分三个时期。

第一阶段:公元前3世纪中叶—公元前2世纪。

这一时期是古罗马奴隶主贵族共和国繁荣时期,古罗马原有自己的文学萌芽,如诗歌、神话和民间的戏剧表演,在古希腊文学的影响下发展起来。共和时期罗马文学的主要成就在戏剧。悲剧作品仅存片段,喜剧的成就较高。著名作家如普劳图斯和泰伦斯等。他们的作品从题材到创作方法都效法古希腊的新喜剧,剧中人甚至也穿着古希腊披衫登台。

第二阶段:公元前2世纪下半叶—公元1世纪初。

这一时期是古罗马文学的繁盛时期,被称为古罗马文学史上的"黄金时代"。古罗马的奴隶制已经发展到繁荣阶段。社会矛盾的激化使意识形态领域变得极其活跃,有效促进了这一时期文学的发展。这时期的古希腊文学的影响减弱,古罗马文学开始有了自己的民族风格,其散文和诗歌方面的成就尤其突出。

散文方面代表作家是西塞罗(公元前106年—公元前43

年），他留有58篇完整的演说词，900封书信以及其他政治和哲学方面的著作。西塞罗的作品被认为是古代散文的典范，后世的许多散文作家都把它们视为楷模。此外，与西塞罗同时的恺撒（公元前100年—公元前44年），比西塞罗稍晚的李维乌斯（公元前59年—公元前17年），都是该时期重要的散文作家。

罗马皇帝屋大维执政时期，罗马奴隶制社会处于相对稳定时期。屋大维保留民主制的外衣，实行军事独裁，组建了所谓"墨克那斯文学集团"，被元老院尊称为"奥古斯都"（即"神圣"的意思）。罗马诗歌取得高度成就的主要诗人有维吉尔、贺拉斯和奥维德。维吉尔（公元前70年—公元前19年）他的主要成就是三部诗作：《牧歌》《农事诗》和史诗《埃涅阿斯纪》；贺拉斯（公元前65年—公元前8年）是奥古斯都时期的抒情诗人、讽刺诗人和文艺理论家，他的作品《讽刺诗集》《长短句集》和《歌集》等；奥维德（公元前43年—约公元18年）是奥古斯都时期最末一个大诗人，他的代表作是《变形记》，全诗15卷，是古希腊罗马神话的大汇集，其中包括250多个故事，以变形为暴虐的神的形象也是对当时贵族生活的曲折的反映。

第三阶段：1—5世纪的罗马文学。

奥古斯都去世后，罗马帝国成为君主制国家，古罗马文明步入了衰落时期，古罗马文学也开始走下坡路。帝国初期（即1—2世纪）被称为古罗马文学的"白银时代"。

在帝国时期取得较大成就的是讽刺文学。代表性的作家有马尔提·阿利斯和尤维纳利斯。尤维纳利斯（约60年—约127年）留有讽刺诗5卷1首，通常采用借古喻今的手法，谴责皇帝的暴政，具有强烈的讽刺性。塞内加（约公元前4年—65年）是古罗马最重要的悲剧作家，他反映了旧贵族对帝制的不满和对共和制的留恋，其作品长于心理刻画和紧张的对白，这些对后日的欧洲剧作家有较大影响。

中世纪欧洲文学

476年西罗马帝国灭亡,标志着欧洲古代史的结束,欧洲历史开始进入"中世纪",即封建社会时期。"中世纪文学"指从5世纪西罗马帝国灭亡到15世纪佛罗伦萨文艺复兴时期之前的欧洲文学,主要涉及英雄史诗、骑士抒情诗、叙事诗、城市故事和民间传奇等类型。

第一阶段:5—11世纪(中世纪初期)。

西罗马帝国灭亡后,封建制度的繁荣时期。在欧洲封建社会中,基督教逐渐在思想文化领域占有统治地位,教会文学空前繁荣,它的主要题材取自《圣经》,其体裁有圣经故事、圣徒传、祈祷文和赞美诗等,其内容主要是宣扬神的权威、禁欲主义和出世思想。另外,教会文学常采用梦幻故事的形式和象征、寓意的表现手法,对整个中世纪欧洲文学影响深远。

第二阶段:12—15世纪(中世纪中期)。

这一时期的欧洲封建制度发展至全盛时期,从11世纪末到13世纪后期,先后发生了八次十字军战争,这是一种打着宗教战争旗号进行的掠夺战争,但它对欧洲政治、经济和文化的发展产生了深刻的影响,出现了三类具有代表性的文学:一是表达爱国主义思想的英雄史诗;二是反映世俗封建主意识的骑士文学;三是反映市民意识的城市文学和城市戏剧。

中世纪中期,欧洲各国出现了一批歌颂封建时代理想英雄人物的长篇史诗,这类史诗在中世纪中期极为盛行,仅在法国发掘的史诗作品就约有100部。它们往往以某一历史事件为基础,以歌颂英雄的武功为主要内容，虽有传奇色彩而不具神话性质，但诗中的英雄人物英勇善战，具有忠君爱国的思想内涵。最著名的英雄史诗有法国的《罗兰之歌》、西班牙的《熙德之歌》、德意志的《尼伯龙根之歌》和俄罗斯的《伊戈尔远征记》。

骑士文学是中世纪欧洲特有的一种文学现象，它是骑士制度的产物，十字军战争后，骑士的社会地位大大提高，他们在接触到比较先进的东方文化之后，逐渐形成了一套完整制度，即"骑士精神"。法国是骑士制度最发达的国家，因此也是骑士文学最兴盛之地。骑士文学的主要内容是描述骑士的冒险故事和他们与贵夫人之间的爱情故事，主要体裁有抒情诗和叙事诗。

城市的出现是欧洲中世纪历史上的一个重要现象。市民文学是随着城市的发展而出现的，它反映了城市内部复杂的矛盾斗争，也表现了市民中不同阶层的思想愿望，具有反封建反教会的思想倾向和现实性讽刺性的基本特征。代表作是法国的《列那狐传奇》，它在动物故事的基础上发展起来，大约于 12 世纪 70 年代至 13 世纪中叶形成的完整作品，处于法国城市发达的时期，后来流传到德、英、意等国，产生广泛影响。全诗包括 27 组诗，每组又包括若干个小故事，全诗共有 30000 余字，它们既可以独立成篇，又有共同的主人公狐狸列那。

文艺复兴时期的欧洲文学

14—17世纪初起源于意大利，随后在欧洲其他国家迅速发展起来，是一场以资产阶级人文主义为指导思想的反封建、反教会的思想文化解放运动，开创了近代欧洲文化和文学体系，这就是欧洲历史上著名的"文艺复兴"。欧洲文学中的许多重要体裁，均是在这一时期奠定了基础。

欧洲的文艺复兴运动从14世纪开始，持续到17世纪初期才告结束。人文主义文学也有一个发展过程。意大利是文艺复兴的发源地，14世纪就已出现了新文化的代表人物，发动了人文主义文学运动。15世纪以后，德国、法国、西班牙、英国等国家先后在意大利的影响下出现了人文主义文学运动，这一运动到16世纪达到高潮。西班牙和英国的人文主义文学运动的高潮到来得较晚，直至16世纪末17世纪初才达到隆盛时期。

例如彼特拉克的十四行诗，他的抒情诗集《歌集》开一代诗风，对文艺复兴时期欧洲的抒情诗产生了极大的影响；薄伽丘的短篇小说，对后世影响最大的作品是短篇小说集《十日谈》，成为欧洲文学史上第一部现实主义作品；法国民主倾向的人文主义者的代表拉伯雷，他的著名长篇小说《巨人传》是文艺复兴时期出现的最初的长篇小说之一，对后来法国和欧洲的文学产生了深远影响。西班牙文学成就最高的是塞万提斯，他的代表作是长篇小说《堂吉诃德》；此后，英国出现了一些伟大的诗人和戏剧家，如莎士比亚，他是欧洲文学史上声望最高、影响最大的作家之一，其中《哈姆雷特》《奥瑟罗》《李尔王》和《麦克白》合称莎士比亚"四大悲剧";另外蒙田、培根的散文,都取得了重要成就,对后来的欧洲作家有着深远的影响。

17世纪欧洲文学

对欧洲而言，17世纪既是一个政局不稳、社会动荡的变革时代，又是个科学与理性大踏步前进的时代。17世纪的欧洲各国政治经济的发展是不平衡的，欧洲各国文学的发展也是不平衡的。按照流派主要有以下分类。

一、巴洛克文学

巴洛克文学起源于16世纪的意大利、西班牙，在17世纪的法国达到高峰，同时流行于西欧，它主要宣扬基督教思想和王权主义，偏向信仰危机和厌世思想，探求生死灵肉、人生意义等终极问题，带有虚幻神秘色彩，反映在艺术风格上，就是扭曲、刺激、夸张、华丽、求奇求异。意大利以服务宫廷的马里诺为首，形成"马里诺诗派"，其长诗《阿多尼斯》取材于希腊神话，擅长用典故，善用比喻、对偶、夸张等手法，迎合贵族审美趣味。西班牙的"贡哥拉派"以贵族神父贡哥拉为代表，创造出一种华丽冷僻、故弄玄虚、晦涩难懂的诗歌语言，被称为"贡哥拉主义"或"夸饰主义"，其影响力一直延续到18世纪。卡尔德隆是继维加之后西班牙最重要的戏剧家，代表作《人生如梦》描写暮色苍茫、荒山阴暗时刻，悬崖塔楼之中，不幸的人们受命运驱使，演出一连串悲剧，展示人世生活的毫无价值。德国的巴洛克文学以格里美尔斯豪森的流浪汉小说《痴儿西木传》为代表，描写主人公西木在底层社会流浪的屈辱经历，最后他告别苦难人间，皈依上帝。法国的巴洛克文学经贵族沙龙，出现了于尔菲的田园牧歌小说《阿丝特蕾》，描写的是牧场上的田园风光、谈情说爱以及虚情假意、乔装打扮、荒诞无稽的爱情纠葛。

二、英国玄学派诗歌与清教文学

17世纪上半叶英国诗歌有两个派别：一是以骑士和朝臣为主的骑士派歌咏爱情，宣扬及时行乐；另一个是以神秘主义诗人约翰·多恩、安德鲁·马韦尔、乔治·赫伯特、亨利·沃恩、理查·克拉肖等为代表诗人的玄学派，多以爱情、宗教和讽刺为题材，喜弄玄学，常用突兀的意象、奇喻、隐喻、机智和诡异等手法表达晦涩而迷人的思想。17世纪英国清教作家以约翰·弥尔顿和约翰·班扬为代表。

英国复辟时期，重新开放被清教徒关闭的剧院，戏剧得到了一定的发展，宫廷戏剧以法国古典主义为楷模，推崇理性，追求艺术形式的完美与和谐。第一位被封为桂冠诗人的约翰·德莱顿（1631年—1700年）被誉为"英国文学评论之父"，是英国古典主义的倡导者和实践者，他在《论戏剧诗》中具体阐述了古典主义戏剧法则，他创立的"英雄双韵体"成为英国诗歌的重要形式之一。从他开始，英国文学逐渐由创作时代转向批评时代，并被蒲伯和约翰逊推向顶峰。

三、古典主义文学

在17世纪的欧洲，法国古典主义文学达到全欧的先进水平，成为各国学习的楷模。古典主义戏剧往往从古希腊古罗马文学中汲取艺术形式和题材，大多描写主人公的感情与家族责任、荣誉观念或国家义务的冲突，表现出拥护中央王权的强烈政治倾向，作品要求"逼真、得体"，摹仿"自然"即"普遍人性"，严格遵循"三一律"的艺术规范，讲究简洁洗练、明朗精确、华丽典雅的文风，表现出较多的宫廷趣味。在诗歌、散文等各种体裁上都有成就，其中戏剧方面的成就最为突出，出现了以高乃依、拉辛为代表的悲剧作家和以莫里哀为代表的喜剧作家。

　　法国古典主义文学在维护国家统一、促进法兰西民族语言与民族文化的形成，推动法国人民的民族观念进步等方面起到了重要作用。古典主义戏剧的兴起也标志着欧洲戏剧史上一个新阶段。在欧洲文坛上，古典主义在 17 世纪、18 世纪占有主导地位，许多国家在建立民族文学时，都学习了法国古典主义文学的经验。但随着欧洲社会的持续发展，古典主义的保守倾向和封建色彩越来越暴露出了局限性，至 19 世纪初期，浪漫主义文学运动兴起后，古典主义便作为一种过时的文艺思潮而逐步被淘汰。

18 世纪欧洲文学

18世纪欧洲的资本主义经过二三百年的发展,已经积累了相当强大的力量,推翻封建制度的政治革命已提上历史日程。18世纪的欧洲文学呈现为新旧交替、纷繁复杂的局面。伴随着启蒙运动,启蒙文学在欧洲各国蓬勃发展,其他文学形式也竞相绽放,使得这一时期的欧洲文学种类繁复,异彩纷呈。主要类型有启蒙文学、古典主义、感伤主义和哥特英国的现实主义小说,其中声势最大、影响最为深远的当数启蒙文学。

一、启蒙文学

启蒙文学是18世纪文学的主体。孟德斯鸠、伏尔泰、狄德罗、卢梭等法国启蒙思想家积极参与文学创作,把文学当作宣传启蒙思想的载体。他们的创作涉及小说、诗歌、戏剧等多个方面。以笛福、斯威夫特、菲尔丁等人的长篇小说创作为代表的一批具有现实主义特点的英国小说,从各自角度、以各种形式表达了启蒙主题和对人类文明发展进程的批判性反思。以莱辛、歌德、席勒为代表的德国启蒙作家,在积极追随、借鉴法国启蒙运动的基础上,结合本国国情,掀起狂飙突进运动。德国作家们在启蒙理性精神感召之下,在创作上奋力精进,为此前长期落后于欧洲各国的德国文学在世界文坛争得一席之地。启蒙文学也作为启蒙运动的一个部分,更鲜明地体现了时代精神。

二、感伤主义文学

感伤主义文学的兴起是这一时期重要的文学现象。感伤主义最早出现于英国,成就主要体现在诗歌和小说两个方面。诗歌方面的代表是基园诗派,以爱德华·杨格、托马斯·格雷、奥立佛·哥尔斯密等代表的诗人以黑夜、死亡、坟墓为创作题材,表达对自然的崇敬和对生命的思考,其诗格调低沉,充满感伤、神秘气息。在格雷创作了典范之作《墓园哀歌》后,他们被称为墓园派诗人。小说方面的代表作家是塞缪尔·理查生和劳伦斯·斯特恩。斯特恩的小说《感伤旅行》是感伤主义流派名称的来源,感伤主义文学反对以理性为核心的价值观,目光集中于悲苦的生存状况,擅长描写心理世界,宣扬情感和道德的作用,同时对以工业革命为标志的城市文明感到厌恶,流露出无可奈何的伤感情绪。

三、哥特小说

哥特小说的出现,是18世纪欧洲文坛的新景象。贺拉斯·华尔浦尔的《奥特兰托城堡》以中世纪意大利古堡为主要场景,描写鬼神作祟的故事,开创了哥特小说体裁。这一派的重要作品还有安·拉德克利夫的《尤道弗的神秘踪迹》以及19世纪玛丽·雪莱的《弗兰肯斯坦》等。这批作家热衷于从中世纪民间传说中搜求素材,把故事设立在荒凉古堡、废弃寺院、历史遗迹等人迹罕至的场所,以描写恐惧、暴力、情色和神怪为重点。哥特小说重在描写和渲染,艺术上以细刻画见长,它们满足了人们普遍的猎奇心理,同时表达了一种厌恶现实逃离现实的态度,在18—19世纪的欧洲拥有大量读者,哥特小说对欧美犯罪小说和恐怖小说的兴起具有直接的推动作用。

19 世纪欧美文学

一、19 世纪欧美文学——浪漫主义

18 世纪末和 19 世纪初的欧洲。无论是在社会政治方面还是在文艺方面都发生了重大的转折。1789 年的法国大革命从根本上推翻了法国封建制度，确立了资产阶级政权，而文学上的浪漫主义是从封建意识形态和古典主义的束缚下争取解放。就文学渊源而言，19 世纪浪漫主义主要来源于中世纪传奇文学，18 世纪英国感伤主义文学、哥特小说，以及德国狂飙突进文学。19 世纪浪漫主义文学在各国发展不一，但仍具备一些共同特点，可以归结为表现主观理想，抒发个人感情，赞美大自然，反对都市文明，重视民间文学，反对古典主义，发挥想象，运用夸张手法，追求离奇情节，塑造非凡人物。

这一时期，文艺领域发生了巨大的变化，各国发展不一。

（一）德国浪漫主义文学

德国早期浪漫主义又称为耶拿派，提出了浪漫主义反讽。耶拿派的代表人物是诺瓦利斯，他的诗歌主要写爱的痛苦和对死亡的渴望，充满浓厚的悲观色彩和宗教神秘色彩。诺瓦利斯认为死亡代表着无限，是生命的归宿，是解脱现实痛苦的途径，其代表作《夜的颂歌》。

耶拿派之后，出现了具有鲜明政治倾向性的海德堡派，主要成员有阿尔尼姆、布伦塔诺、艾辛多夫以及"格林兄弟"雅克布·格林和威廉·格林等。海德堡派认为，在民间传说、神话和

民族语言中聚集了一个民族的生命力和灵魂，有助于创造一种共同的"民族意识形态"。因此，他们致力于搜集整理民间文学等民族文化遗产，主要成果包括阿尔尼姆和布伦塔诺合编整理的民歌集《儿童的神奇号角》、格林兄弟的《儿童与家庭童话集》、约瑟夫封·格勒斯的《德国民间故事书》等。

在德国后期浪漫派中，小说家 E. T. A. 霍夫曼以风格怪诞著称，被视为颓废派神秘主义的始祖。诗人海因里希·海涅早期写了很多优美的爱情诗，多表现爱情的甜蜜及残忍等，他用反讽的手法表达对爱情失意的嘲弄和庸俗世界的讽刺，在1820年的《论浪漫派》一书中，他猛烈地批判了德国消极浪漫主义，揭露了其在社会和政治方面所起的反动作用。他的《德国，一个冬天的童话》等政治抒情诗，则标志着他已从早期浪漫派转向现实主义。

（二）英国浪漫主义文学

浪漫主义时期英国诗坛产生了两代诗人。第一代以华兹华斯、柯勒律治和骚塞为代表，三位诗人都在英格兰西北部湖区隐居多年，写过不少歌咏湖光山色、乡土人情的田园诗，因此被称为"湖畔派"。华兹华斯被称为"自然的歌者"。柯勒律治偏重神秘荒诞的题材，着力描写梦境和幻象，诗作带有浓厚的宗教神秘色彩。《忽必烈汗》是柯勒律治在服食鸦片后的睡梦中写成，醒后追记了54行。

第二代诗人以拜伦、雪莱、济慈为代表，他们的政治立场与湖畔派诗人大相径庭，始终同情法国大革命，反对专制暴政，支持受压迫民族的解放斗争。拜伦曾公开批评湖畔派诗人的保守立场，骚塞反击拜伦和雪莱是"恶魔派"，这个称号被文学史家采用，以强调第二代诗人积极反抗现实的特点。

英国浪漫派代表人物还包括有"历史小说之父"之誉的司各特。在拜伦成名之前，他是英国最负盛名的诗人。出于对故乡历史传说和民间歌谣的浓厚兴趣,他搜集整理并出版了《苏格兰边区歌谣集》;其长诗《玛密恩》《湖上夫人》描绘了苏格兰瑰丽的自然景色,叙述了苏格兰和英格兰古老的历史传说,他后来转向历史小说创作,共写了27部历史小说,包括《艾梵赫》《威弗利》等。

(三)法国浪漫主义文学

比较而言,法国浪漫主义运动发生得较晚。法国是古典主义的堡垒,因此法国浪漫主义文学是在与古典主义的斗争中成长起来的。1827年,雨果(1802年—1885年)发表《克伦威尔·序言》,成为法国浪漫主义文学运动的宣言。1830年,雨果的《欧那尼》公演成功,标志着法国浪漫主义对古典主义的胜利。夏多布里昂(1768年—1848年)是法国早期浪漫主义的代表。他出身贵族,仇恨法国革命。其《基督教的真谛》由各种考证、哲学论述、游记、回忆、艺术评论以及《阿达拉》《勒内》两部中篇小说构成,其中《勒内》塑造了文学史上第一个"世纪病"形象。

19世纪初,欧洲文学的浪漫主义大放异彩,成了文学的主流。不久,南欧、东欧乃至俄国进而整个欧洲,甚至美国,都受到这一思潮的影响,出现了自己的浪漫主义文学。

二、19世纪欧美文学——现实主义

西欧资本主义的发展,引起了政治、经济、思想和道德观念领域的深刻变化。于是现实主义作为一种新的文艺思潮应运而生。19世纪现实主义文学可分为两个发展阶段,从19世纪30年代到60年代,是现实主义文学的第一次繁荣,主要代表国家是法国、英国和俄国;从19世纪70年代到20世纪初,现实主义文学不仅在法国、英国和俄国取得新的辉煌,还扩展到北欧和美国等地,形成第二次繁荣。

（一）法国现实主义文学

法国是欧洲现实主义文学的摇篮，同时也始终走在时代前列，不断引领现实主义文学向纵深发展。19世纪20、30年代，法国作家率先提出蕴含现实主义精神的文学主张，并在创作中体现出强烈的社会批判意识。司汤达在文学评论集《拉辛与莎士比亚》中发表了反对古典主义、肯定浪漫主义的见解，所阐发的浪漫主义文学观，其实更接近现实主义。他在1830年出版的长篇小说《红与黑》被视为法国现实主义诞生的标志。随后，巴尔扎克用《人间喜剧》这一气势磅礴、宏大厚重的作品体系，将法国现实主义文学创作推向新的高峰。而普洛斯佩尔·梅里美则将浪漫主义风格寓于现实主义创作之中，以《高龙巴》《嘉尔曼》等优秀的中短篇小说确立自身地位，其代表作《嘉尔曼》塑造了一个追求"绝对自由"的独一无二的女性形象——嘉尔曼。

从19世纪50年代开始，法国现实主义逐渐倾向于科学式的冷静，批判意味有所减退，或趋于含蕴。福楼拜是其中的代表人物，代表作是《包法利夫人》。19世纪中后期的重要作家还有小仲马、都德和莫泊桑等。小仲马的代表作是《茶花女》。都德是一位杰出的短篇小说家，他的《最后一课》《柏林之围》等都深入人心。莫泊桑曾在福楼拜指导下创作小说，既师法福楼拜悉心观察、精确刻画的创作态度和客观冷峻的文风，又受到左拉自然主义的影响，其创作了《一生》《俊友》等6部长篇小说和300多部中短篇小说，并以短篇小说闻名遐迩。小说鞭挞现实，题材广泛，或批判虚伪堕落，或同情苦难艰辛，引人入胜，描绘细腻精准，人物生动鲜活，笔法流畅洗练，其中《羊脂球》《项链》等都是脍炙人口的名篇。

19世纪中后期，法国还诞生了别具一格的现实主义文学——巴黎公社文学。巴黎公社文学反映无产阶级和劳动人民的战斗生活，表现无产者的革命理想和昂扬斗志。与现实主义文学主流不同，巴黎公社文学的主要成就在诗歌领域，它们因通俗语言和鲜活形式深受下层民众欢迎。其中艺术成就较高的有欧仁·埃·路易丝·米雪尔、茹尔瓦斯和让·巴蒂斯特·克莱芒。

(二) 英国现实主义文学

英国现实主义文学产生于19世纪30年代，40、50年代达到繁荣。这一时期的主要作家有狄更斯、萨克雷和勃朗特姐妹等。狄更斯是英国现实主义文学的开创者和杰出代表，他的创作展现了19世纪前半叶英国广阔的社会图景，浸透着深刻的人生体验，在批判丑恶现实的同时，焕发出动人的人性光辉。威廉·梅克皮斯·萨克雷是英国现实主义文学中批判意识最强的作家之一，他生动幽默的叙述中暗含辛辣讽刺，在不动声色中戳穿上层社会看似风雅、实则虚伪的人际关系。其代表作是《名利场》。勃朗特姐妹也是这一时期的代表作家，姐妹三人同时成为文学大家，一时传为文坛佳话。夏洛蒂·勃朗特的《简·爱》最为著名，艾米莉·勃朗特《呼啸山庄》等作品也是这一时期颇具哥特式风格的小说。

19世纪30、40年代，英国文坛上还出现过一种独特的现实主义文学即宪章派诗歌。和法国的巴黎公社文学一样，宪章派诗歌也是欧洲早期无产阶级文学，代表作有厄内斯特·琼斯的《未来之歌》，威廉·林顿的《人民集会》，杰拉尔德·梅西的《红色共产党人抒情诗》等。

19世纪70年代，英国现实主义文学又涌现出一批优秀作家，他们是哈代、萧伯纳和高尔斯华绥等。哈代的作品深入被资本主义破坏的宗法制农村，反映普通人的命运和心灵，笔调包含无可奈何的忧愁和悲伤。三位作家的创作一直持续到20世纪。

19世纪是现实主义文学持续发展的时期，俄国现实主义文学在后期达到高峰，涌现出世界知名大作家陀思妥耶夫斯基、托尔斯泰、契诃夫等。美国现实主义文学和挪威易卜生的现实主戏剧都产生了世界级影响力。

三、19世纪欧美文学——自然主义及其他

19世纪中期,自然主义、象征主义与唯美主义几乎同时发端于50年代的法国文坛,浪漫主义逐渐退出历史舞台,现实主义仍被奉为文学主流。19世纪60年代兴起的这三个流派都可以看作广义浪漫主义的分支。

(一)自然主义

"自然主义"一词产生于16世纪,原指一种强调自然法则的哲学主张。在文学领域内,自然主义有时也被文学史家用来描述英国浪漫主义文学,勃兰兑斯在《十九世纪文学主潮》中将潮畔诗人表现自然风光的创作划归自然主义风格。但直到19世纪70年代左拉及其文学团体将达尔文、丹纳、贝尔纳以及现实主义理论整合成新的文学主张,并以"自然主义者"指认自己以及19世纪60年代的龚古尔兄弟时,"自然主义"才正式成为文学流派术语,专指以左拉为核心的创作团体及其文学成果。埃德蒙·龚古尔与儒勒·龚古尔兄弟于1865年发表的小说《热曼妮·拉瑟顿》,一般被视作第一篇成熟的自然主义小说。《热曼妮·拉瑟顿》等作品发表以后,左拉迅速做出反应,将古尔兄弟的小说与他自己的《泰雷兹·拉甘》相提并论,认为这些作品提出了一种新的文学路线——自然主义。到该世纪70年代末,自然主义流派已然颇具规模,因其聚会地点与合出的短篇小说集《梅塘夜话》而被报界称作"梅塘集团"。

(二)象征主义

普法战争以后,法国出现了许多反主流的文学社团。这些作家反对现实主义、自然主义过分介入现实的做法,这些致力于探究心灵深处的基地报界将这些精雕细琢、不谙世事的作家称为

"颓废派"。80年代末,让·莫雷亚斯(1856年—1910年)完成了包括《象征主义宣言》在内心一系列理论文章,正式将"颓废派"命名为象征主义。夏尔·波德莱尔是象征主义最主要的先驱者,其作品《恶之花》中的《通感》一诗,被后辈诗人看作象征主义的写作纲领。保尔·魏尔伦是第一个为公众所知的象征主义者。阿尔图尔·兰波、斯蒂芬·马拉美,也是法国象征主义的代表作家。随着三位主要诗人的相继去世,法国象征主义运动在20世纪90年代基本结束,但其影响扩大到其他领域,遍及欧洲,惠及后人。

(三)唯美主义

唯美主义的法国先驱者包括帕纳斯派、波德莱尔以及波德莱尔化的埃德加·爱伦·坡,与象征主义诗学基本同源。法国的唯美主义者要么放弃文学,要么被象征主义同化,一直未能形成文学派别。但是法国唯美主义影响了他们的英国弟子,并最终在19世纪末的英国形成了声势逼人的唯美主义文学运动。约翰·罗斯金是英国最早倡导唯美主义的理论家之一,他在《现代画家》《建筑的七盏明灯》与《威尼斯之石》等书中,继承康德的审美非功利性学说,将反功利主义的唯美追求与对资本主义的批判联系起来,建构了一种充满道德愤懑的唯美主义。此后,《黄皮书》与《萨伏依》杂志先后创刊,大量刊发唯美主义评论及创作,将英国唯美主义推向高潮。奥斯卡·王尔德成为唯美主义的风云人物,于1888年出版童话《快乐王子及其他故事集》,王尔德以微哥特的风格创造了一种忧郁颓废的成人童话,颇为畅销。随后,王尔德发表了大量理论文章,继续宣扬唯美主义,明确反对现实主义与自然主义。在创作上,王尔德转向戏剧,陆续发表《温德米尔夫人的扇子》《无足轻重的女人》,法文悲剧《莎乐美》《理想丈夫》与《认真的重要性》,王尔德的英语喜剧几乎部部卖座。

20 世纪欧美文学

一、20 世纪前期欧美文学

20 世纪是历史上空前的大战争、大革命、大动荡的时代。20 世纪欧美文学的大致情况是两条脉络贯穿始终。这两条脉络一条是从现代主义到后现代主义的新文学;另一条是继承传统发展出一种新现实主义文学,这两条脉络相互借鉴,平行发展。

(一) 新现实主义文学

20 世纪前半叶,欧美各国现实主义文学的生命力依然强大,但由于正在兴起的现代主义等文学潮流的渗透和影响,现实主义自身也在发生变化,它不再局限于 19 世纪现实主义的传统特征,而是呈现出与现代主义方法及意识合流的趋向。因此,在这一时期的文学中,除了分类清晰的现代主义流派和严守传统现实主义方法的创作之外,还包含一部分广义的现实主义作品,以及虽然流派特征不很明显但却与现代主义风格相似、气质接近的文学创作。

1. 英国现实主义文学

英国是这一时期现实主义文学最有成就的国家之一。20 世纪英国文学对英国社会的保守性和虚伪性进行了更加有力的批判。萧伯纳是其中最有代表性的现实主义戏剧家,主要作品有《鳏夫的房产》《华伦夫人的职业》和《巴巴拉少校》等;毛姆的重要作品还有以艺术家高更的传奇生平为题材的小说《月亮与六便士》和一系列优秀的短篇小说;劳伦斯在 20 世纪英国文学中占有重要地位，同时也颇具争议，他一生写过 10 部长篇小说和 40 多部中篇小说，还有戏剧 4 部，诗逾千首，其中最能体现他创作成就的是《儿子与情人》《虹》《恋爱中的女人》和《查泰莱夫人的情人》等小说。

2. 法国现实主义文学

20 世纪前期法国现实主义小说创作十分繁荣，构成了法国小说的第二个黄金时代。这一时期不少法国小说对社会的剖析往往从家庭着手，以家庭变迁反映社会变革，同时又将目光投向国际上的民族解放斗争和反法西斯斗争。法朗士的《企鹅岛》《诸神渴了》等作品讽刺资产阶级文明，流露出悲观思想。马丁·杜伽尔的"长河小说"《蒂博一家》描写人道主义者雅克与资本主义黑暗现实的斗争。纪德擅长心理分析，其作品多具自传性质，代表作《伪币制造者》。罗曼·罗兰是 19 世纪末 20 世纪上半叶法国杰出的现实主义作家，代表作是《约翰·克利斯朵夫》，这部"长河小说"包括 10 卷，描写天才音乐家克利斯朵夫个人奋斗的风雨征程和坎坷人生，反映了世纪之交风云变幻的时代风貌和具有重大意义的社会现象，具有交响乐一样的宏伟气魄、结构和色彩。

3. 德国现实主义文学

20 世纪前期德国现实主义文学达到了前所未有的高度。德语小说在 20 世纪则开创了繁荣局面，它继承了德国文学重视哲理的传统，增强了批判精神。曼氏兄弟的小说创作是这一时期的重要代表。其中亨利希·曼（1871 年—1950 年）创作了《垃圾教授》《臣仆》等重要的现实主义小说，他的弟弟托马斯·曼系列长篇小说力作则成为现代德国文学的经典。布莱希特是 20 世纪德国文坛上独树一帜的剧作家、诗人，他的陌生化和史诗剧理论以及戏剧创作，为德国现代戏剧开拓了新领域。雷马克的小说代表作《西线无战事》和《凯旋门》，前者揭露了战争的残酷和荒唐本质，后者记叙了德国医生拉维克在纳粹迫害下的不幸遭遇。

20世纪前期用德语写作的重要作家还有黑塞、茨威格、穆齐尔和布洛等。加入瑞士籍的德国作家黑塞（1877年—1962年）受欧洲传统和东方文化影响，创作出《悉达多》《荒原狼》和《纳尔齐斯与歌尔德蒙》等长篇小说。奥地利作家茨威格是杰出的中篇小说家和传记文学家，他的小说以性格刻画和心理描写见长，笔触细腻精致，情节婉转动人，代表作为《一个陌生女人的来信》和《一个女人一生中的二十四小时》。

4. 俄国现实主义文学

20世纪初的俄国文坛，老作家托尔斯泰、契诃夫等仍在继续创作，而继承这一现实主义传统的后起之秀则是库普林、布宁、高尔基等作家。库普林的代表作为小说《决斗》和《亚玛街》；布宁的创作成就主要是中短篇小说，主要作品有中篇小说《乡村》、自传体长篇小说《阿尔谢尼耶夫的一生》和短篇小说《米佳的爱情》等。

高尔基是苏联无产阶级文学的代表人物，其长篇小说《母亲》是"社会主义现实主义"文学的奠基之作。他的作品还有自传体长篇小说三部曲《童年》《在人间》和《我的大学》以及未完成的长篇巨著《克里姆·萨姆金的一生》等。苏联现实主义的力作还有表现战争和人道主题的作品，如肖洛霍夫的长篇巨著《静静的顿河》、法捷耶夫的《毁灭》、奥斯特洛夫斯基的《钢铁是怎样炼成的》等。

5. 美国现实主义文学

20世纪前期的美国现实主义文学既正视美国的经济繁荣，又直面其社会矛盾和精神危机，涌现出一批具有世界影响的作家。德莱塞的早期小说《嘉莉妹妹》通过对女主人悲剧命运的叙事，表现美国社会贫富悬殊和道德沦丧的主题，其代表作《美国悲剧》以极大的冲击力与震撼力揭示了"镀金时代"美国社会的本质，宣告了"美国梦"的破灭。美国第一位诺贝尔文学奖获得者辛克莱·刘易斯则通过《大街》和《巴比特》等现实主义小说奠定了他在美国文坛的重要地位。海明威也是"迷惘的一代"的代表作家，他风格独特的作品具有广泛的国际影响，其小说成名作《太阳照常升起》，后期代表作《老人与海》。

（二）现代主义文学

20 世纪的欧美文学发生了巨大变化。现实主义一家独尊的格局被动摇，出现了一大批挑战者，现代主义文学应运而生。20 世纪现代主义是诸多文学流派的总称，这些流派主张不同，风格各异，观念演变和价值取向也复杂多元，但它们作为 20 世纪极富创新意识和反传统精神的文学思潮，在思想和艺术方面仍体现出一些相近的特征。

20 世纪上半叶现代主义文学的主要流派有后期象征主义、意象派、表现主义、未来主义、超现实主义和意识流文学等。

1. 后期象征主义

后期象征主义形成于 20 世纪 20 年代，它继承并发展了前期象征主义传统，爱尔兰诗人叶芝将民族性与现实性带进象征主义诗歌领域，他的《驶向拜占庭》一诗以游历拜占庭来象征精神探索，表达了对西方物质文明的厌恶与对精神世界和理性复归的企盼。瓦雷里被誉为"20 世纪法国最伟大的诗人"，他的诗歌往往以象征的意境表达生与死、灵与肉、永恒与变幻等哲理主题，长诗《海滨墓园》是其代表作。美国诗人艾略特是 20 世纪西方最重要的诗人之一，他的长诗《荒原》《四个四重奏》等被视为后期象征主义的经典和现代诗歌的里程碑。

2. 意象派诗歌

意象派诗歌在 1908 年—1909 年形成于英国，后传入美国和苏联。其开创者为英国诗人休姆，英美意象派的代表诗人有庞德、杜立特尔、艾米·洛威尔、威廉斯等。庞德的《在地铁车站》、杜立特尔的《林泽仙女》等，都是英美意象派诗歌的名作。苏联意象派则以叶赛宁为代表。意象派诗歌往往篇幅短小，形式简洁，视觉感强，意味隽永。

3. 表现主义

表现主义于 20 世纪初产生于德国，后蔓延到欧美各国，是一个具有广泛影响的现代主义流派。它通过对外部表象、形式的扭曲、夸张、变形来揭示事物的内在本质和人的内在灵魂，善于直接表现人物的心灵体验，展现内在的生命冲动。表现主义还常用象征、梦幻等手法，所以也有人将表现主义称为戏剧和小说领域中的象征主义。瑞典作家斯特林堡是表现主义的先驱，他的三部曲《到大马士革去》是最早的表现主义剧作。该剧通过主人公内心独白、梦幻与现实的混合来表现人物内在精神的发展历程。他的重要作品还有《一出梦的戏剧》等。表现主义文学艺术在德国十分活跃，有贝恩、贝歌尔、魏尔菲尔等诗人。

4. 未来主义

未来主义是 20 世纪初从意大利流传到欧洲各国的现代主义流派。未来主义有明显的文化虚无主义倾向，但它的创新性试验却丰富了艺术表现手法。意大利的马里内蒂是未来主义的创始人和理论家。他在 1909 年发表的《未来主义宣言》是这一流派诞生的标志。未来主义的代表人物还有法国的阿波利奈尔和俄国的马雅科夫斯基等，后者的长诗《穿裤子的云》是将未来主义手法与批判资本主义的主题有机结合的范例。

5. 超现实主义

超现实主义是两次世界大战期间从法国流行到欧美的现代主义流派。超现实主义是从达达主义发展而来的，它试图将创作从理性的樊篱中解放出来，使之成为一种自发的心理活动，以表现某种"超现实"的意味和境界。超现实主义对后来的荒诞派、黑色幽默和魔幻现实主义产生了重大影响。法国的布勒东是超现实主义的创始人和理论家，他与苏波创作了第一部用自动写作手法完成的小说《磁场》，多次起草超现实主义宣言并发表理论著述，其小说《娜嘉》被视为超现实主义代表作，许多用自动创作写成的诗歌也颇为典型。阿拉贡和艾吕雅也是超现实主义的重要作家。

6. 意识流小说

意识流小说是20世纪20、30年代流行于英法美等国的现代主义流派。意识流小说不重视描写客观世界，而着力表现川流不息的内在意识，打破传统小说叙事模式和结构方法，用心理逻辑来组织故事。在创作技巧上，意识流小说大量运用内心独白、自由联想和象征暗示等手法，语言文体和标点等方面都有创新。意识流方法后来被广泛采用，成为现代小说的基本技巧之一。法国的普鲁斯特是意识流小说的先驱，长篇巨著《追忆似水年华》是其代表作。英国女作家弗吉尼亚·伍尔鞭也是这一流派的重要作家，其意识流小说内容丰富细腻，形式独具创意，主要作品有《达洛维夫人》《到灯塔去》和《海浪》等。爱尔兰作家乔伊斯的《尤利西斯》和美国作家福克纳的《喧哗与骚动》被公认为意识流小说的经典杰作。

二、20世纪后期欧美文学

20世纪下半期的欧美文学主流是后现代主义文学，与之相辅相成的是不断发展深化的现实主义文学。20世纪下半期欧美的后现代主义文学大致包括"愤怒的青年""垮掉的一代"、荒诞派戏剧、新小说、黑色幽默小说和魔幻现实主义等流派。

(一)"愤怒的青年"和"垮掉的一代"

"愤怒的青年"和"垮掉的一代"是"第二次世界大战"后50年代差不多同时出现在英美的两股在本质上极其相似的社会文学思潮。该流派的作家以标新立异、放浪形骸的生活方式向正统价值观念发起虚无主义的挑战,代表作品主要包括杰克·凯鲁亚克的小说《在路上》和艾伦·金斯堡的诗歌《嚎叫》,与之精神相近而稍显温和的作品还有大卫·塞林格的小说《麦田里的守望者》。

(二)荒诞派戏剧

荒诞派戏剧摒弃了传统戏剧严密紧凑的情节结构、鲜明生动的人物形象、逻辑而有条理的戏剧语言和主题、巧妙有效的舞台手段,将荒诞本体化,使舞台上的一切沦为荒诞,从而将戏剧变成了名副其实的"反戏剧"。荒诞派戏剧的代表作家有贝克特、尤奈斯库、热内、品特、阿达莫夫和阿尔比等。贝克特是荒诞派戏剧的重要代表,但其创作不限于戏剧,还包括小说和诗歌。尤金·尤奈斯库是生于罗马尼亚的法国剧作家,长于调动一切令人瞠目的荒诞的舞台手段来表现人与人之间的荒诞性,代表作有《秃头歌女》《上课》《椅子》和《犀牛》等。

(三)新小说派

新小说派是20世纪50年代兴起于法国的一个小说流派。该流派小说以"新"自命,无非是针对"旧"或者说传统。它特别注重表现当代生活中物排挤人,甚至取代人的异化现实。新小说派的代表作品主要有阿兰·罗伯格里耶的一系列小说。娜塔莉·萨洛特的《天象仪》、克洛德·西蒙的《风》《草》和《弗兰德公路》等，以及米歇尔·布托的一系列长篇小说创作。新小说派作家抛弃了故事后，作品中只存在着堆砌的细节、场景，他们通常以"现在进行时"讲述，使"未完成性"成为新小说的重要特征。

（四）黑色幽默

黑色幽默是 20 世纪 60、70 年代出现在美国的一个小说流派。1965 年，美国作家弗里德曼将 60 年代以来的美国报刊上发表的具有黑色幽默风格的 12 名作家的作品编成一本小书出版，取名为《黑色幽默》。同年，美国评论家尼克伯克发表《致命一蜇的幽默》一文，明确将这些作家称为"黑色幽默派"，黑色幽默便正式作为一个文学流派出现。大体而言，黑色幽默文学用喜剧性方式对待痛苦、不幸和绝望，以达到更深的悲剧效果，幽默背后隐藏着沉重、痛苦和无奈。代表人物有海勒、巴思、品钦、巴塞尔姆和冯尼格特等人。

（五）魔幻现实主义

魔幻现实主义发生在 20 世纪 50 年代至 70 年代的拉丁美洲。它是后现代时期现实主义文学的一个独特的类型。它的基础仍然在现实主义传统中，但却不是以传统的方式，而是以一种所谓"魔幻"的方式反映拉丁美洲的现实。或者可以在一定意义上说，魔幻现实主义属于后现代主义文学，但它又因其表现现实的诉求同上述流派的后现代主义文学有所不同。这派作家多谈到在外界看来是魔幻、神奇的东西，反映了拉美大地存在的真实状况。魔幻现实主义代表作家有危地马拉的阿斯图里亚斯，古巴的阿莱霍卡·卡彭铁尔，墨西哥的胡安·鲁尔福和哥伦比亚的加西亚·马尔克斯等。阿斯图里亚斯早期作品《危地马拉传说》向外界展示了一个蛮荒而又五光十色的原始世界，被视作魔幻现实主义的开山之作，其作品有长篇小说《总统先生》，另一长篇小说《玉米人》更是将现实主义方法运用得炉火纯青。魔幻现实主义的重要作品还有卡彭铁尔的小说《这个世界的王国》和鲁尔福的《佩德罗·巴拉莫》,其巅峰之作是马尔克斯的《百年孤独》。

　　20世纪后期文学异彩纷呈,种类繁多。上述文学流派不足以囊括这一时期的全部重要文学现象。在这些声势浩大的文学流派之外,各国还出现一批成就卓著的作家,使得20世纪后期的欧美文学呈现出多元并存、姿态万千的面貌。

外国文学简史(东方部分)

东方文学不同于西方文学的一脉相承,它是互相交流,彼此影响的。自中古以来,东方形成了三个文学交流中心。西亚地区以阿拉伯为中心,包括叙利亚、伊拉克、黎巴嫩、伊朗等国,它们接受阿拉伯文学和伊斯兰教的影响。东亚地区以中国为中心,包括朝鲜、日本、越南等国,它们接受中国文学和中国的儒家思想的影响。东南亚地区以印度为中心,包括泰国、缅甸、印度尼西亚、柬埔寨等国,他们接受印度古典文学和佛教思想的影响。东方文学形式多样,内容丰富多彩,地域和民族特色浓郁。

埃及文学

埃及是世界四大文明古国之一,人口92%的居民为阿拉伯人,信奉伊斯兰教。早在旧石器时代,埃及就有了居民。到公元前3000年,美尼斯建立了统一的国家,并成为第一个王朝的国王。埃及最早的文学是神话,其中最有名的是太阳神拉的传说和死神奥西里斯的故事。

埃及最早的诗歌是《亡灵书》,又叫《死者之书》,其中包括歌谣、神话诗、祈祷诗、咒语诗等。这部诗歌总集,在公元前1534年—前1341年加工整理成书。《亡灵书》是死者在阴间的生活指南，放在死者石棺内一起埋葬。《亡灵书》虽带有浓厚的宗教色彩，但它想象丰富、感情质朴、富有诗意，为我们了解古埃及人的思想和生活提供了珍贵的资料。

其次是民间故事，多数是人民的口头创作，少数由宫廷文人整理改编。著名的故事有《魔法师的故事》《乡民与雇工》和《昂普、瓦塔两兄弟》等。我国在20世纪50年代翻译出版过《埃及古代故事》一书。

塔哈·侯赛因是一位盲人作家，但他身残志坚，以顽强意志实现了正常人都难以实现的梦想，被称作"阿拉伯文学的泰斗"，他的代表作有长篇小说《鹧鸪的鸣声》，《山鲁佐德之梦》等，而他最好的作品是自传体小说《日子》，共分三部，第一部描写塔哈童年、青年时代的生活，第二部写塔哈在大学的学习生活，第三部写塔哈在留学期间的生活。这部小说通过一个盲童最后成为学者和作家的过程，展示了19世纪末到20世纪初的埃及社会生活的全貌，尤其是描写了埃及农村的落后与闭塞，揭露了爱资哈尔经学院因循守旧的教育方式。马哈福兹被称作阿拉伯小说中的金字塔，他的创作开始于20世纪30年代末期，最初写历史小说，40年代后转向现实题材的创作。他的作品以知识分子的生活和思想为内容，在艺术上突破了传统的民族叙事文学的模式，吸取了西方文学的表现手法，开辟了埃及民族文学发展的新道路。1988年，他获得了诺贝尔文学奖，他的代表作是三部曲：第一部《宫间街》，第二部《思宫街》，第三部《甘露街》，描写艾哈迈德家族三代人的不同生活道路与思想上的分野。三部曲反映了20世纪前半期埃及社会历史的变迁，以开罗商人一家三代为线索，贯穿着反对英国殖民统治，争取民族独立解放的思想，是一部具有百科全书性质的作品。

巴比伦、希伯来文学

巴比伦是世界四大文明古国之一，相当于现在伊拉克和叙利亚的一部分。巴比伦文学流传到今天的有神话传说和诗歌创作两大类。著名神话有《咏世界创造》《洪水的传说》和《伊什妲尔下降冥府》等。诗歌创作有叙事诗《咏阿达巴》，英雄史诗《吉尔伽美什》，后者是巴比伦文学中的瑰宝，也是世界上最早的一部史诗，吉尔伽美什是世界文学中塑造最早的英雄之一，它的基本内容在公元前3000年就形成了，用楔形文字分别记录在12块泥板上。史诗的意义有两方面，一是宣扬了为民造福的思想，二是塑造了古代英雄的形象，展现了古巴比伦人与自然搏斗、与社会暴力抗争的宏伟图景，具有丰富的想象力、夸张的描写、朴素的语言等艺术特色。

希伯来人原为西亚的一支游牧民族，公元前12世纪侵入迦南地区（今巴勒斯坦一带），并在那里定居下来，信仰犹太教。希伯来文化主要汇集在《旧约》一书中。这是一部犹太教的经典，也是《圣经》的组成部分，意为上帝耶和华和人订立的协约。《圣经》另一组成部分是《新约》，意为耶稣和人订立的协约。《旧约》不仅是一部宗教经典，也是一部洋溢着生活气息，充满浪漫主义和现实主义精神的伟大文学作品。内容可以分作四个方面，一是神话，闻名全世界的神话故事有宇宙起源的故事，人类始祖亚当和夏娃的故事，诺亚方舟的故事，巴比伦塔的故事。这些神话集中在《创世纪》篇中。二是英雄故事，其中又可分为：民族英雄的故事，包括亚伯拉罕以撒、雅各、约瑟、摩西、约书亚、参孙等人的故事。历史伟人的故事，包括扫罗、大卫、所罗门的故事。先知的故事，包括以赛亚、耶利米、以西结、但认理的故事。这些故事都用来歌颂希伯来人祖先的丰功伟绩，也展示了希伯来民族形成、发展、逃亡、胜利、分裂、苦难、崩溃的全过程。三是诗歌创作，其中有抒情诗集《诗篇》《雅歌》和《耶利米哀歌》三卷，哲理诗《传道书》《箴言》两卷，诗剧《约伯记》等。希伯来诗歌一般采用"并行体"，用"贯顶"法来连接全诗，由于希伯来文字无韵母，因此，他们的诗歌是不押韵的。四是小说，《旧约》中收录的有《路得记》《约拿书》《以斯帖记》和《但以理书》，作品情节和人物虽较简单，但都以借古喻今的方式说明某一人生的道理。

波斯文学

波斯即今天的伊朗。波斯留传下来的最古老的文献叫《阿维斯陀》，是一部琐罗亚斯德教的圣书。波斯文学的繁盛时期是在10世纪到15世纪之间，成就最大的是诗歌。第一个著名的诗人鲁达基，被称为波斯的"诗歌之父"，他写有颂诗、哀歌、爱情诗、哲理诗、讽刺诗等，他的诗歌寓意深刻、形式短小，大部分采用两行诗体和四行诗体。

菲尔多西是波斯中世纪的大诗人。他的代表作《王书》（也译作《列王纪》）是一部高亢悲壮的史诗。全书十二万行，描写了阿拉伯人入侵前三千余年波斯的历史，是一部古代波斯社会生活的百科全书。《王书》把神话传说和针砭现实有机地交织在一起，诗句明快通俗，韵律和谐统一。

欧玛尔·海亚姆是塞尔柱王朝时期的诗人，他写作了三百多首"鲁拜"体的抒情诗。他生活在一个政治混乱、教派纷争的时期。诗作充满对人生的哲学思考、对酒的赞美以及对宗教的怀疑。尼扎米是波斯12世纪著名诗人，他是"伊拉克体"诗派的代表人物，他的主要著作是五部叙事诗，合称为《哈姆赛》（意为"五诗集"或"五宝"），其中最著名的一部叫《蕾丽和马季农》，是一部取材于阿拉伯民间故事的爱情叙事诗，被称为东方的《罗密欧与朱丽叶》，作品充满了对封建婚姻制度的反抗。莫拉维是13世纪波斯"苏非派"的杰出诗人，他的名作是叙事诗《玛斯那维》和抒情诗集《夏姆斯诗集》。萨迪与莫拉维生活在同时期，由于战乱，他大半生都在颠沛流离中度过，写有六百多首抒情诗，歌咏花草虫鱼、大自然和美女，表达了对人生和大自然的热爱，其成名作是1257年写成的哲理叙事诗《果园》，其代表作是在《果园》发表后一年写的《蔷薇园》，这是一部"训海体"诗作。哈菲兹是14世纪波斯著名抒情诗人，著有《哈菲兹诗集》，他和菲尔多西、萨迪、莫拉维，被并称为波斯"诗坛四柱"。波斯现代文学中最著名的作家是萨迪克·赫达亚特。他曾赴欧洲留学，在国外写作了小说《活埋》《三滴血》等。1945年发表的中篇小说《哈吉老爷》是他的代表作，也是波斯现代文学中的一部杰作。

阿拉伯文学

阿拉伯古代文学可分为三个时期。

(一) 伊斯兰以前时期 (475年—622年)

该时期最早的文学为民间诗歌，作者都是游牧群众，诗歌的基本主题是赞美自己的部落，描写对敌人的报复，歌颂滋润大地的"雨"。这一时期出现了"七星诗人"和"悬诗"。"七星诗人"中的盖斯被称作"诗人之首"。

(二) 伊斯兰时期 (622年—750年)

伊斯兰教在统一阿拉伯各民族上起了重大作用。伊斯兰的经典《古兰经》，是第一部用阿拉伯文字写成的散文巨著，记录了阿拉伯人的宗教信仰和道德情操。其中包括大量神话和民间传说，文辞清新优美、言简意赅，而且富有音乐的节奏感，具有一定的文学价值。

(三) 阿拔斯王朝时期 (750年—1258年)

是阿拉伯帝国政治、经济和文化的繁荣时期。著名诗人有努瓦斯、程太奈比、蒲缓里等。出现了新诗体"彩诗"。散文名著有三部：伊本·根格法的《卡里来和笛木乃》，这是一本寓言、童话集，故事来源于印度的《五卷书》；英雄故事《安塔拉传奇》，被称作"阿拉伯的《伊利亚特》"；民间故事集《一千零一夜》。《一千零一夜》是对阿拔斯王朝社会生活的反映，其中最脍炙人口的故事有：《辛伯达航海旅行的故事》《阿拉丁和神灯的故事》《阿里巴巴和四十大盗的故事》和《渔夫的故事》等。

印度文学

印度古代文学可分作四个时期。

(一) 吠陀时期 (公元前15世纪—公元前5世纪)

《吠陀》是印度最早的诗歌总集,古印度人民的文化宝库。共四集:《梨俱吠陀》《娑摩吠陀》《夜柔吠陀》和《阿闼婆吠陀》。其中最古老和最重要的是《梨俱吠陀》,它收集的都是颂诗。四部《吠陀》全面反映了印度原始公社时期和由原始社会向奴隶制社会过渡时期的社会现实,真实反映了印度人民的思想、信仰和感情。

(二) 史诗和往世书时期 (约公元前4世纪)4世

印度出现了两大史诗《摩诃婆罗多》和《罗摩衍那》。马克思把《摩诃婆罗多》称为"印度的《伊利亚特》"。中心内容是反映婆罗多族后裔俱卢族和般度族为争夺王位的斗争。史诗是对政治斗争生活的反映,着力赞美了英雄阿周那、怖军和迦尔纳。

(三) 古典梵语文学时期 (1世纪—12世纪)

4—6世纪是古典梵语文学的黄金时代,创作繁荣。诗歌、戏剧、寓言、故事、小说和文艺论著都得到很大的发展,涌现了马鸣、跋婆、首陀罗迦、迦梨陀娑、戒日王和薄罗燕提等作家。其中首陀罗迦的剧本《小泥车》取材于印度古代历史传说,剧本基本冲突建立在暴政和反暴政斗争的基础上。善施是市民阶级的理想人物,春军是下层阶级的代表,蹲蹲儿是残暴统治者的形象。《五卷书》是一部诗文并茂的《寓言集》,《故事海》是一部诗体故事总集，檀丁的《十公子传》，是世界文学中最早的游侠小说之一。文艺论著有婆罗多仙人的《舞论》、檀丁的《诗镜》等。

（四）地方语言文学的发展时期（11世纪—19世纪）

印度地方语言文学有印地语、乌尔都语、孟加拉语文学创作。17世纪后，英国对印度进行了蚕食和占领，印度近现代文学是在反殖民斗争中成长和发展起来的，"全印度进步作家协会"在此背景下成立。泰戈尔是印度近代文学中最杰出的代表。泰戈尔是一个富有民族意识的爱国诗人。印度人民称他为"诗圣"。其代表作《飞鸟集》是一部饱含哲理的格言诗。揭露了印度资产阶级知识分子的软弱性及其反封建斗争的不彻底性。长篇小说《戈拉》是泰戈尔的代表作之一。

朝鲜文学

朝鲜古代文学可分为三个时期。

(一) 三国时期 (1 世纪—918 年)

诗人崔致远曾在中国唐代中科举、为官,写了大量汉诗文,著有《桂苑笔耕》20 卷,是朝鲜汉文文学的奠基人。7 世纪左右出现的乡歌,反映世俗人情,赞扬了贵族子弟。

(二) 高丽时期 (918 年—1392 年)

该时期出现了流行于民间的歌谣。金富轼的《三国史记》,僧一然的《三国遗事》,记录了三国历史、人物传记和神话民间故事等。李仁老、李奎极和李齐贤写了许多诗歌。

(三) 李朝时期 (1392 年—1910 年)

该时期是朝鲜古典文学的繁荣时期。1444 年,朝鲜创造了自己的民族文字,打破了汉字一统的局面,出现了新的文学体裁——时调、歌辞。汉诗创作有"海东江西派"和"三唐诗人"。18 世纪出现了实学派文学,朴趾源和丁若镛是实学派的两位大师。朴趾源提出了"法古创新""模写真境"的主张。他的小说《两班传》和《虎叱》讽刺和抨击了两班贵族。小说《许生传》寄托了作家要求改革社会的理想。18 世纪朝鲜长篇小说得到发展,三大传中的《兴夫传》斥责了贪婪和为富不仁的思想。《沈清传》歌颂善良、纯洁的孝女沈清,表达了对苦难人民的深切同情。《春香传》通过描写爱情悲欢离合的故事,揭露了李朝封建社会的黑暗,抨击了官僚的腐败统治。李箕永被称作是朝鲜社会主义现实主义文学的奠基人。他的长篇小说《故乡》揭示了20世纪20年代末到30年代初，朝鲜社会的现实生活及革命运动的发展历程。朝鲜解放后，赵基天的长诗《白头山》是一曲歌颂金日成领导下的抗日斗争的壮丽赞歌。李箕永的长篇小说《土地》是一部全面反映朝鲜土地改革的作品，具有浓郁的乡土气息，塑造了雇农郭巴威的典型形象。

日本文学

日本最早的一部历史和文学作品——《古事记》，包括了许多英雄传说、民间故事和歌谣。日本最早的一部由日本人写的汉诗集叫《怀风藻》。8世纪下半叶出现的诗歌总集《万叶集》共分20卷。包括三种诗歌体裁：短歌、旋头歌和长歌。著名诗人有柿本人麿、山上忆良、大伴家持等，诗歌创作有《古今集》《后撰集》《拾遗集》。

10世纪，日本散文创作得到很大发展，出现了物语、日记、随笔等文体，涌现了一大批有才华的女作家，如紫式部、道纲母、清少纳言等。最早的物语文学是《竹取物语》，被称为物语文学的鼻祖。《伊势物语》由散文和诗歌组成，是"歌物语"的典范。《落洼物语》反映了贵族的家庭生活。《源氏物语》是日本古典小说的高峰。

日记文学有纪贯之写的《土佐日记》，道纲母写的《蜻蛉日记》。后者反映了在一夫多妻制社会里，贵族妇女精神上的痛苦和怨恨的情绪，被称作日记文学的典范作品。《紫式部日记》则详细记录了宫廷生活。随笔文学有女作家清少纳言的《枕草子》，记录了作家的生活见闻和抒发了个人的感受，其文笔清丽。

从12世纪末到19世纪中叶，日本历史上称中世纪。其中包括镰仓时期、南北朝时期、室町战国时期、江户时期。这时期的文学创作可分为五类。一是战记物语。描写的是新兴武士阶级的生活，及其争雄称霸的故事。二是隐逸文学。描写脱离现实的生活，反映了失去地位的贵族阶级的极端心理，有鸭长明的《方丈记》和吉田兼好的《徒然草》。三是戏剧"能"与"言"。"能"为庄严的悲剧，反映的是贵族生活。"言"是诙谐的喜剧，反映的是平民生活。著名的谣曲作家的"浮世草子"与"净琉璃"。"浮世草子"是反映町人阶级爱欲生活和经济生活的市民小说，代表作家是井原西鹤。"净琉璃"是木偶戏的脚本，代表作家是近松门左卫门。此外，五十俳句表现的是市民阶级的情趣，与和歌追求贵族的典雅趣味不同。代表作家是松尾芭蕉，他被称作"俳圣"。

1868年，日本实行"明治维新"，日本近代文学经历了一段思想启蒙阶段。1885年，坪内逍遥发表文论著作《小说神髓》，提倡小说应当写人情世态，并以写人情为主。二叶亭四迷的小说《浮云》被认为是日本第一部现实主义作品。森鸥外的长篇小说《舞姬》，被认为是日本浪漫主义文学的先驱作品。以上三人的创作奠定了日本近代文学发展的基础。

20世纪初叶，日本兴起自然主义的文学运动。他们提出"破理显实""事实即真实"等理论，描写情欲、生理遗传对人的支配力量。属于这一派的作家有岛村抱月、田山花袋、德田秋声、正宗白鸟等。《棉被》《缩影》等小说，被认为是自然主义的代表作。

日本值得关注的作家有：紫式部是日本著名女作家，其长篇小说《源氏物语》是日本文学中的瑰宝。夏目漱石曾被称为"伟大的人生教师"，他于1905年发表成名作《我是猫》、中篇小说《哥儿》，他中期的作品以描写男女爱情生活为题材，写了长篇小说《三四郎》《从此以后》和《门》。川端康成是日本当代著名作家，诺贝尔文学奖获得者，早年倡导"新感觉派"文学，注重感觉和技巧。他一生写了一百多部长、中、短篇小说。其前期作品分两类，第一类描写他自己的孤儿生活，抒发自己的孤独感情，有《十六岁的日记》《精通葬礼的人》《致父母的信》。第二类作品描写下层人民的生活，尤其是下层妇女的悲惨遭遇，有《伊豆的舞女》《花的圆舞曲》和《雪国》等。大江健三郎是日本著名的当代作家。1994年诺贝尔文学奖的获得者，他写作了10多部长篇小说和多部短篇小说。他在思想上受萨特存在主义影响，写作方法上吸收了西方现代主义的文学技巧，但又具民族文学的特色，其获奖作品《个人的体验》《万延元年的足球队》运用了日本传统文学的想象力，以及日本神话中的象征性。它们立足于现实，又超越现实，将现实与象征世界融为一体，创造出大江文学的独特性。

越南文学、泰国文学

越南最早的文学是神话传说，著名的有《格龙君传》《山精水精》和《雍圣》等。汉诗文在越南文学中占有一席重要的位置，涌现了陈光启、陈光朝、阮忠彦、朱文安和阮攸等一批汉诗赋作家。13世纪，越南创造了自己的文字——"字喃"，15世纪创造了新诗体——"六八体"。越南古典作家中著名的有黎朝诗人阮离，著有汉文诗《抑斋诗集》，"字喃"诗集《国语诗集》。黎思诚是黎朝皇帝，他提倡汉诗和儒学，建立"骚坛会"，有组织地进行汉诗写作。著有汉诗集《明良锦绣诗集》《珠珊胜赏诗集》等，"字喃"作品集有《洪德国音诗集》。黎朝诗人邓陈琨，著有汉诗集《题潇湘八景图诗钞》《邓陈琨赋钞》等。其汉文乐府《征妇吟曲》，描写了一个征人妻子的悲惨生活及其对战争的诅咒。黎朝诗人阮嘉部，写了汉诗集和"字喃"作品集，如《西湖诗集》《四斋诗集》等，代表作《宫怨吟曲》是一首"双七六八体"长诗，描写了宫廷妇女的悲惨命运。

越南古典文学最杰出的代表是诗人阮攸和他的长诗《金云翘传》。阮攸少负才名、精通汉学，曾出使过中国，游历了中国大江南北，他的代表作《金云翘传》是一部长诗，作品对黑暗动乱的社会现实进行了揭露和批判，主人公王翠翘和徐海的形象，令人十分感动。

泰国最早的文学是《兰甘亨碑文》和《三界经》。14世纪中叶，泰国形成独立的封建国家，建立了阿瑜陀耶王朝。其宗教文学、宫廷文学和世俗文学得到发展，出现了四部诗赋：《水咒赋》

《大世赋》《阮人的败北》和《帕罗》。宫廷诗人玛哈拉查克鲁写了长诗《萨姆塔柯》《老虎和牛犊》。

曼谷王朝时期，泰国古典文学得到进一步的繁荣。拉玛二世是一位政治家和著名的诗人，他写作的诗剧《伊璃》是泰国古典文学的名著，作品歌颂了真诚的爱情，描写了宫廷生活。宫廷诗人集体编写的长篇叙事诗《昆昌与昆平》，反映了泰国中世纪的社会生活。顺吞蒲生活于泰国古典诗歌的鼎盛时期。他的诗作声调甜美悦耳。其代表作是长篇叙事诗《帕阿派玛尼》，作品充满戏剧性冲突和爱情纠葛。

20世纪20年代开始，由于资产阶级民主主义思想的传播、教育的普及以及西方文学的翻译，泰国文学的内容和创作方法都起了很大的变化。新文学代替了统治近一千年的宫廷文学和宗教文学。西巫拉帕是泰国新文学的奠基人，曾组织文学团体"君子社"，早期创作渗透着人道主义的思想。《男子汉》是他的成名作品，长篇小说《向前看》是他的代表作，真实地反映了1932年泰国维新政变前后的社会生活，歌颂了平民子弟的聪明才智。

中国文学简史

先秦文学

在这个阶段，文学的创作主体经历了由群体到个体的演变，上古歌谣之后出现了《诗经》，这是中国最早的诗歌总集，共收入西周初年至春秋中叶大约 500 多年间的诗歌 305 篇，分为"风""雅""颂"三大类。它全面地反映了周代中前期的社会面貌，其中《国风》最富于现实主义精神。《诗经》以四言为主，多用迭句与赋、比、兴手法，语言丰富多彩，朴素优美，节奏自然，富有极强的艺术感染力。

《楚辞》是楚文化的主要成就，代表作家屈原是我国文学史上第一个伟大的爱国诗人。屈原是战国后期楚国人，他吸取民间文学营养，利用楚国民歌的传统形式，创造了句式参差灵活多变的"楚辞"体。他的代表性作品有《离骚》《九章》等 20 余首，这些诗篇构思奇特，想象丰富，感情强烈而真挚，比喻生动而贴切，词藻绚丽华美，是我国浪漫主义创作方法的源头。《诗经》和《楚辞》，形成了后世诗歌的现实主义和浪漫主义两大基本创作方法。

先秦散文从甲骨卜辞和钟鼎铭文发展而来，可分为历史散文和诸子散文两大类。历史散文以记载历史事件为主,《尚书》是中国第一部古代文献资料汇编的散文总集,《春秋》则是我国第一部编年体的历史大事记。春秋战国之际,出现了《左传》《国语》和《战国策》三部重要的历史散文集,它们在体例、叙事和语言上各具特色,彰显出先秦散文的卓越成就。诸子散文是一种带有强烈政治性、哲理性的论辩性散文。它是春秋战国"百家争鸣"的产物,其代表作有《论语》《孟子》《荀子》《老子》《庄子》《韩非子》《墨子》《吕氏春秋》等。诸子散文在思想内容、语言艺术和文体发展上具有共同的时代特征,取得了前所未有的辉煌成就,其中《庄子》和《孟子》最具文学价值。上古神话是古人类解释自然并渴望征服自然的必然产物,是由人们集体口头创作的,著名的神话如《女娲补天》《精卫填海》《夸父逐日》《鲧禹治水》等。《黄帝杀尤》《共工与颛顼争帝》等神话,则是古代部族之间战争的生动反映。

汉代文学

秦汉文学属于上古期的第二段,秦汉文学出现了不同于先秦文学的一些新的特点。两汉前后共四百多年,天下一统,人才辈出,文化融合。汉武帝时期,罢黜百家、独尊儒术,汉代文学又形成经学文风,文学创作出现赋体文学的兴盛,为汉代文学一大特色。汉末文人诗歌取得较高成就,汉代乐府民歌继承《诗经》以来现实主义传统,对以后的诗歌创作产生了积极的影响。

一、散文创作

贾谊是西汉时期最著名的散文作家,后文将专章介绍。贾谊之后,最有成就的散文家要数晁错了。据《汉书·艺文志》著录,晁错有文章31篇,今存8篇,多载其对策文章。最著名的是《论贵粟疏》《守边劝农疏》和《言兵事疏》。此外,汉初还有藩国侍臣之文,主要有枚乘的《上书谏吴王》、邹阳的《狱中上梁王书》等。董仲舒以治《春秋》学闻名于世,班固的《汉书》载其文《天人三策》和《春秋繁露》。前者当为汉武帝时所作的策论,后者为说经之体,解释春秋笔法和微言大义,同为今文经学奠基之作。这一时期散文还有司马迁的《报任安书》和桓宽的《盐铁论》等,前者是司马迁一篇抒情散文,后者有关经济政策的散文著作。

值得一提的汉代散文家还有刘安,编著《淮南子》21篇,又称《淮南鸿烈》,"兼儒墨,合名法",以道家为主,兼采各家,保存了大量神话传说、寓言故事,《汉书·艺文志》将其列为杂家。汉元帝以后，汉朝进入更化时期。这时期重要散文作家有刘向、刘歆父子、扬雄、桓谭、王充等。

二、赋体文学

汉代立国之后，社会由战乱转为安定，文学上得到了繁荣。汉代君臣多为楚地人，便不自觉地采用了《楚辞》所代表的文学样式，从而创造出汉代独具风貌的文体——汉赋。"赋"既有"敷陈其事而直言之"的意思，又有"不歌而诵谓之赋"的含义，既指表现手法上的敷陈，又具有说唱文学性质的一种文体。大体可分为三个发展阶段：汉初骚体赋，代表作家是贾谊；汉代散体大赋，代表作家是司马相如、班固和张衡；汉末抒情小赋，代表作家是蔡邕等。

王褒、扬雄是咏物赋代表作家。王褒的《洞箫赋》是西汉文坛具有"辩丽可喜""虞说耳目"特点的代表性作品，它以善于描摹物态在文学史上占有一席之地；扬雄是学者兼赋家的代表，扬雄创作的赋，以《甘泉赋》《羽猎赋》最著名，具有较强的针对性。

班固、张衡是京都大赋代表作家。以长安为题材的作品，其中规模宏大、别具特色、成就突出、影响最大的，当首推班固的《两都赋》，它开创了京都大赋的范例。

以赋抒情是汉代作家对屈原艺术创作的直接继承，自汉代初叶，就不断地有作家将其愤怒、感伤诉诸赋中。只是在西汉时，以司马相如、扬雄为代表的铺陈之作成为赋的正宗，而抒情赋则如涓涓细流，贾谊的《吊屈原赋》、司马相如的《长门赋》、司马迁的《悲士不遇赋》等，前启后继，不绝如缕。

东汉抒情赋主要有纪行赋和述志赋两类。纪行赋，就是通过记叙旅途所见而抒发自己的感慨。纪行赋以纪行为线索，兼有抒情述怀，写景叙事，一般篇幅不长，东汉纪行赋的代表作家是蔡邕的《述行赋》。述志赋是指赋作者在社会动乱、宦海沉浮中用以宣寄情志的作品。其代表人物是张衡。张衡的《归田赋》篇幅短小，语言清新自然。东汉末年，赵壹创作的述志赋别具特色，代表性的作品是《刺世疾邪赋》。

三、汉代乐府民歌

乐府在秦代已有，汉代乐府的具体任务包括制定乐谱、训练乐工、搜集民歌及制作歌辞等。所用的音乐，主要也是来自民间，也有一部分是来自西域的音乐。在《汉书·艺文志》列出西汉所采集的138首民歌所属地域，其范围遍及全国各地。但这些乐府民歌流传下来的不多，一般认为现存的五六十首汉代乐府民歌，大都是东汉乐府机构所采集的。这些作品基本上都被收入了宋代郭茂倩所编的《乐府诗集》，郭茂倩将自汉至唐的乐府诗分为12类，其中包含有汉乐府的为郊庙歌辞、鼓吹曲辞、相和歌辞和杂曲歌辞四类。"郊庙歌辞"一类中都是由文人制作的朝廷典礼乐章，民歌则主要保存在"相和歌辞""鼓吹曲辞"和"杂曲歌辞"三类之中。

汉代乐府民歌分类。第一，具有浓厚的生活气息。代表性的作品如《妇病行》《东门行》《白头吟》等。第二，奠定了中国古代叙事诗的基础。中国诗歌一开始抒情诗就占有绝对优势。《诗经》中仅有少数几篇不成熟的叙事作品，楚辞也以抒情为主。汉乐府民歌虽不足以改变抒情诗占主流的局面，但却宣告叙事诗的正式成立。如《东门行》只是写了丈夫拔剑欲行、妻子苦苦相劝的场面，但诗歌背后的内容却是很丰富的，他的《上山采蘼芜》《十五从军征》等作品在这方面更为突出。第三，表达激烈直露的思想感情。代表作《战城南》描述战争的惨烈，《上邪》更是直露地表达爱情的誓言。第四，作品表现了对生命短促、人生无常的悲哀。汉代两首流行的丧歌《薤露》《蒿里》就是这样的作品。第五，汉乐府民歌采用杂言体和五言体。西汉的乐府民歌几乎都是杂言，只有少数如《江南》《十五从军征》等也有人认为是西汉的作品。到了东汉以后，乐府民歌中整齐的五言诗越来越多，艺术上也越来越提高，乐府诗的代表作是《陌上桑》和《孔雀东南飞》。《孔雀东南飞》是一篇震撼人心的悲剧，徐陵编入《玉台新咏》时名《古诗为焦仲卿妻作》，是中国古代最长的民间叙事诗，对后世文学产生了极大的影响。

四、汉代文人诗

在汉代文人文学中一向并不显得重要的诗歌创作，到了东汉中后期，由于乐府民歌的长期影响与时代、生活的需要，开始出现初步兴盛的局面。尤其是五言诗，以《古诗十九首》为代表，已经达到相当高的水平。

在抒情表现方面，东汉中后期的文人诗广泛地歌咏了夫妇或恋人相思离别之情、朋友之情、游子思乡之情，尤其是对于生命短促的感伤和紧紧抓住这短暂人生的欲望，既反映出时代的生活气氛，也开拓了中国古典诗的题材。

这一时期的庙堂诗歌和四言歌诗无甚特色，楚歌诗有相传刘邦和项羽分别作的《大风歌》和《垓下歌》，以及汉武帝刘彻作有《秋风辞》。五言诗则有西汉成帝时期宫中妃嫔班婕妤的《怨歌行》，是一首写得相当出色的咏物言情诗歌。此外，东汉文学家班固作的五言《咏史》诗颇有特色，是现存的第一首文人五言诗。张衡的《同声歌》、秦嘉的《赠妇诗》等也是早期文人五言诗。辛延年的《羽林郎》，宋子侯的《董娇娆》则根据民间歌谣改写而成，以上是汉代文人五言诗。汉代文人七言诗主要在东汉，《古文苑》所载班固的《竹扇赋》，由两句一转的十二句七言句构成，可以视为一首完整的准七言诗。作为东汉中期最杰出的诗人，张衡则写出了中国诗歌史上现存第一首独立的完整七言诗——《四愁诗》，在文学史上意义重大。

魏晋南北朝文学

魏晋时代是中国历史上较为动荡的时期之一，也是文学走上独立与觉醒的关键阶段。这一动荡时期的文化与艺术却表现得异常开放和活跃，从魏晋开始，历经南北朝，是中国文学中古期的第一段。纵观这段文学，是以五七言古近体诗的兴盛为标志，五言在魏晋南北朝进入高潮。

魏晋南北朝期间，宫廷起着核心作用，以宫廷为中心形成文学集团。集团内部的趋同性，使文学在一段时间内呈现出一种群体性的风格，另一段时间又呈现为另种风格，从而使文学发展的阶段性相当明显。

一、建安、正始文学

建安文学是指从汉献帝建安元年到魏明帝景初末年这一时期的文学现象。建安文学的主要作家聚集在魏，以三曹为首、七子为羽翼，还有吴质、杨修等，而蜀、吴两国的文学成就则不大。正始文学主要是指从曹植离世到西晋立国这一段时间里的文学现象，主要处于正始年间，故称正始文学。

建安时期，以三曹为代表的诗歌创作反映了社会动乱和民生疾苦，同时又表现了统一天下的理想和壮志，有着鲜明的时代特色。作品中对政治理想的高扬、人生短暂的哀叹、强烈的个性以及浓郁的悲剧色彩，构成了"建安风骨"这一时代风格。魏国统治者曹氏父子都爱好文学，并广招文士，在他们周围聚集了众多作家。他们直接继承汉乐府民歌的现实主义传统，掀起一个诗歌创作的高潮。曹丕是建安文学的重要代表作家。曹丕字子桓，是三国时期著名的政治家、文学家，曹魏的开国皇帝，由于文学方面的成就而与其父曹操、其弟曹植并称为"三曹"。他所创作的诗歌主要描写了现实社会的衰败，再现了当时的战争场面，如《黎阳作诗》《饮马长城窟行》和《陌上桑》等，同时，也有的诗歌是写游宴的，如《芙蓉池作诗》《孟津诗》《于玄武陂作诗》等。曹丕诗歌中数量最多的是爱情诗，最重要的如《燕歌行》。

建安时期的作家大约分为两派：一派以何晏、王为代表，包括夏侯玄、钟会等，文章清峻简约，文质兼备；另一派以嵇康、阮籍为代表，包括竹林七贤的其他诗人，文章壮丽，讲究辞彩。

二、两晋文学

（一）诗歌

两晋诗坛上承建安、正始，下启南朝，呈现出一种过渡的状态。西晋与东晋又各有特点，西晋诗坛以陆机、潘岳为代表，讲究形式，诗风繁缛。左思的《咏史》诗，喊出了寒士的心声，郭璞的《游仙诗》借游仙写其坎之怀，文采富艳，特点鲜明。东晋诗坛被玄风笼罩，以王羲之、孙绰、许询为代表的玄言诗人，作品缺少诗意，东晋末年的伟大诗人陶渊明，开创了描写田园生活的风气，成为魏晋古朴诗风的集大成者。

（二）辞赋

西晋辞赋家众多，作品数量相当可观，在形式上以小赋为主。西晋著名的赋体作品，在晋初有傅玄的《斗鸡赋》、张华的《归田赋》；太康年间有潘岳的《秋兴赋》《闲居赋》，陆机的《文赋》《叹逝赋》；西晋末年有郭璞的《江赋》等。值得注意的是，西晋时期也产生了一些大赋，如左思的《三都赋》、潘岳的《藉田赋》，这些大赋在写作技巧上有了很大进步。

从正始开始，玄学就逐渐影响辞赋，嵇康《琴赋》中就有不少玄理。经西晋到东晋，辞赋中的抽象玄理进一步增多。东晋辞赋，总体上不像太康辞赋，而是比较明快流畅，如孙绰的《游天台山赋》、陶渊明的《归去来兮辞》《闲情赋》《感士不遇赋》等，多写景抒情，艺术成就较高。

(三) 散文

两晋时期的散文，总的特点是用字平易，偶对增多；文体繁多，赋序甚至独立成为一种专门体裁。风格上，由于骈偶化越来越严重，建安时期的疏宕之气消失，显得繁复。两晋文首推议论文，如陆机的《辩亡论》《五等论》。由于西晋的年代不长，主要作家几乎都交往相处过。但从他们重要作品的写作时间来讲，也可以勉强地加以区分，大致傅玄、张华文学活动开始最早，是晋初的著名诗人，他们的诗风表现了由魏到晋的过渡。武帝太康、惠帝元康时期文学兴盛，除张华仍在世外，又有所谓"三张（张载、张协、张亢兄弟），二陆（陆机、陆云兄弟），两潘（潘岳、潘尼叔侄），一左（左思）"。刘琨、郭璞的主要作品都是在西晋末年写成的。其中，潘岳、陆机并称"潘陆"，在当时评价最高，代表了西晋文学的主流；左思、刘琨则表现了与潘陆不同的风貌。

总之，两晋的散文以西晋潘岳、陆机和东晋王羲之、陶渊明为大家。潘岳文清绮，陆机文绮练，王羲之文清淡，陶渊明文淡泊而丰腴。

隋唐五代文学

唐代是我国历史上政治军事强大、文化经济繁荣的一个朝代。中国古代文学发展到隋唐五代，开始进入了全面繁荣的新时期，尤其诗歌的发展，更达到了高度成熟的黄金时代。唐代诗人数以百计，仅独具风格的著名诗人就有五六十位之多，留下的作品近五万首，这在中国文学史上极为罕见，在世界文学史上也是令人惊叹的文学现象。

一、诗歌

唐代文学的最高成就是诗，它可以说是一代文学的标志。唐诗的发展存在着不同的阶段。最初的90年左右，是唐诗繁荣到来前的准备阶段。就诗的形式说，在永明体的基础上，创造了新体诗——律诗。到了开元十五年前后，无论是情思格调，还是声律形式，都已经为唐诗繁荣的到来奠定了坚实的基础。继之而来的便是开元、天宝盛世唐诗的全面繁荣。这个时期，出现了山水田园诗人王维、孟浩然，出现了边塞诗人高适、岑参，还有王昌龄、李颀、崔颢、王之涣等一大批名家。当然最重要的是伟大诗人李白，正当唐诗发展到高峰时候，唐代社会也从繁荣的顶峰走向动乱与衰败。天宝后期，社会矛盾激化，部分诗人开始写民生疾苦。安史之乱成了唐代社会由盛转衰的分水岭，这一社会大变动，也引起了文学的变化。代表这一时期最伟大的诗人，就是诗圣杜甫。他直面这场历经八年的大战乱，把强烈深沉的抒情融入叙事手法中，以叙事手法写时事，从题材到写法，都不同于盛唐诗了。这可以说是唐诗发展中的一种转变。待到贞元、元和年间，士人渴望中兴，与政治改革同时，诗坛上也出现了革新的风气，诗歌创作出现了又一个高潮。韩愈、孟郊、李贺等人，甚至以丑为美，形成韩孟诗派。白居易、元稹、张籍、王建，则从乐府民歌吸取养料，把诗写得通俗易懂，形成元白诗派。晚唐时期，杜牧、李商隐异军突起，特别是李商隐，以其善感的灵心、细腻丰富的感情，用象征、暗示非逻辑结构的手法，表现朦胧情思与朦胧境界，把诗歌表现心灵深层世界的能力推向了无与伦比的高度，创造了唐诗最后的辉煌。

二、散文

唐代文学的繁荣，除诗之外就是散文的成就。散文的发展与诗的发展不同，它的改变，主要是出于政治功利的动机。开元、天宝盛世诗已经完全褪尽南朝诗风的影响，达到艺术的顶峰，而散文文体文风的有意识的改革才刚刚开始。唐初近百年间，奏疏章表虽已多有散体，但骈体仍占主要地位。韩愈、柳宗元提出文以明道，把文体文风改革与贞元、元和的政治革新联系在一起，成为儒学复兴思潮的一部分，才形成巨大的声势，散体才取代骈体，占据文坛。这就是后人所称道的"古文运动"。

韩愈、柳宗元在散文文体文风改革上的成功，一是文以致用，走向政治，走向现实生活，为散文的表现领域开出一片广阔天地。二是它虽言复古而实为创新。它不仅吸收秦汉各家散体文之所长，而且充分吸收六朝骈文的成就，极大地丰富了散文的艺术表现技巧，把散文的创作推进到一个全新的阶段。晚唐仍有皮日休、陆龟蒙、罗隐等人的犀利杂文出现，使骈体文又重新得到发展。

三、传奇小说

传奇小说的出现，从文体内部说，是六朝志怪和杂史杂传演变发展的产物；从基础上说，则是现实生活中娱乐的需要，演变而为传奇。唐代传奇题材多样化，富于人生情趣；以史传笔法叙述虚构故事，既同于史传，又异于史传；散体文言，时插入诗赋，与散文的发展，与诗歌的发展，都有着微妙的联系。传奇的兴盛期在中唐，和散文的文体文风改革高潮几乎同步。它也和散体文一样，在晚唐逐渐衰落。唐传奇小说的出现，标志着我国文言小说已成为一种成熟的文体。

四、词

唐代出现的又一影响深远的新文体是词。这一新文体的出现，主要因为娱乐的需要，选诗配乐、依调填词，都为了歌唱。它最初来自民间，俗曲歌舞、酒令著辞，用于日常宴饮、歌楼伎馆。中唐以后，城市经济发展，词也得以迅速兴起，文人加入词作的行列。到了晚唐五代，词在西蜀和南唐得到高度繁荣。西蜀"花间"词人用词艳丽，目的无非欢娱消遣。南唐词人拓展了词的境界，转向内心缠绵情致的抒写。特别是南唐后主李煜，亡国之后的词作，把词这一善于表现绵绵情怀的文体，发挥得淋漓尽致，把它推向了很高的艺术境界。

唐诗吸收了它之前诗歌艺术的经验，更加发扬创造精神，达到了难以企及的高度。唐诗是难以模仿，无法代替的，在唐代完成的律诗，成了我国后来诗歌发展的主要体式。唐代的伟大诗人如李白、杜甫，几乎成了我国诗歌的代名词。唐代散文的文体文风改革，为后来宋代的作家所发扬，深远地影响着我国后来散文的发展。唐传奇使我国的文言小说走向成熟，也在人情味、情节构造、人物塑造上影响着宋代的话本小说。晚唐五代词的成就，则是词这种重要文体在以后得以发展得很好的开端。

宋代文学

宋代文学基本上是沿着中唐以来的方向发展起来的。韩愈等人发动的古文运动在唐末五代一度衰颓之后,得到宋代作家的热烈响应,他们更加紧密地把道统与文统结合起来,使宋代的古文真正成为具有很强的政治功能而又切合实用的文体。诗歌方面,注重反映社会现实,题材、风格倾向于通俗化,这两种趋势也得到继续发展,最终形成了与唐诗大异其趣的宋诗。词这种新诗体,到宋代达到了巅峰状态。戏曲、说话等通俗文艺在宋代也有迅速的发展,逐渐形成了以话本和诸宫调、杂剧、南戏等戏剧样式为代表的通俗叙事文学,从而改变了中国古代文学长于抒情而短于叙事、重视正统文学而轻视通俗文学的局面,并为后来元明清小说、戏曲的发展奠定了基础。

一、散文

宋代散文沿着唐代散文的道路而发展,最终的成就超过了唐代。"唐宋八大家"中有六人出自宋代,宋代散文作家的阵容比唐代更为壮大(调整位置)。而且北宋的王禹偁、范仲淹、晁补之、李格非,南宋的胡铨、陆游、吕祖谦、朱熹、陈亮等人,也都堪称散文名家。

宋代作家吸取了唐代古文的经验和教训,使古文更加健康地发展。宋代作家清醒地看到了唐代古文的得失,于是欧阳修等人既采取古文作为主要的文体,又反对追求古奥而造成的险怪艰涩,从而为宋代古文的发展开辟了正确的道路。宋代散文的文体出现了多样化的趋势，欧阳修、苏轼等人并不绝对摒弃骈文，他们的古文注意吸收骈文在辞采、声调等方面的长处，以构筑古文节奏的律之美。同时，他们又借鉴古文手法，对骈文进行改造，创造出参用散体单行的四六和文赋。这样，古文和骈文经过取长补短而各自获得了新的活力。此外，宋代散文中还出现了独具一格的笔记文。在宋代散文中，这些功能更加完善，而且融为一体，使散文的实用价值和审美价值更好地结合起来。宋代的政论文和学术论文特别发达，从王安石、曾巩到胡铨、吕祖谦，散文的议论功能臻于完善。欧阳修、苏轼为代表的作家则更加注意三种功能的融合，苏轼的亭台记把叙事与议论结合得天衣无缝。欧阳修的《秋声赋》、苏轼的《赤壁赋》等散文名篇更堪称典范。从宋代开始，古文成为用途最广的散文文体，以古文为主、骈文为辅的文体格局得以确立，历元、明、清诸代而没有变化。

二、诗歌

从整个诗歌史来看，宋诗正是唐诗发展的必然结果。唐诗与宋诗，本是一脉相承的。例如，诗歌在题材和语言上趋于通俗化，向日常生活倾斜。琐事细物，都成了宋代人笔下的写作材料。比如苏轼曾咏水车、秧马等农具，黄庭坚多咏茶之诗。宋诗所展示的抒情主人公形象，更多的是普通人，而不再是盖世英雄或绝俗高士。这种特征使宋诗具有平易近人的优点。相对而言，宋诗中的情感内蕴经过理性的节制，比较温和、内敛，不像唐诗那样热烈、外扬。唐宋诗在美学风格上，既各树一帜，又互相补充。它们是五七言古典诗歌美学的两大范式，对后代诗歌具有深远的影响。

三、词

宋代文学最盛的是词。在词史上，宋词占有无与伦比的巅峰地位。宋词流派众多，名家辈出，自成一家的词人就有几十位，如柳永、张先、苏轼、晏几道、秦观、贺铸、周邦彦、李清照等人，都取得了独特的艺术成就。

　　宋词完成了词体的建设，无论是小令还是长调都定型于宋代。其次，宋词在题材内容和风格倾向上，开拓了广阔的领域，经过苏轼、辛弃疾等人的努力，宋词的题材范围，几乎达到了与五七言诗同样广阔的程度，咏物词、咏史词、田园词、爱情词、赠答词、送别词、谐谑词，应有尽有。另外，在艺术风格上婉约与豪放并存。

元代文学

元代的历史是比较短暂的,但元代文学在中国文学发展的过程中,却有划时代的意义。元代文学包括戏曲(杂剧和南戏)、散曲、小说和诗文。

一、元杂剧

戏曲起源于巫优、歌舞、汉代的竞技性游戏、唐代的参军戏等。其实,在唐代已经出现了"杂剧",但直到宋代末期才逐渐完备。元杂剧就是在宋杂剧和金院本的基础上结合宋金以来的音乐、舞蹈、说唱等艺术而形成的戏剧艺术,由于以北方曲调演唱,因此又称北杂剧。

元杂剧的代表作家是关汉卿与王实甫。关汉卿的杂剧代表作《窦娥冤》,是中国十大悲剧之一的传统剧目;王实甫的杂剧代表作《西厢记》,是我国古典经典剧的现实主义杰作,对后来以爱情为题材的小说、戏剧产生很大影响。其他重要作家作品主要有马致远的《汉宫秋》和《青衫泪》,马致远被称为"曲状元"。白朴的《梧桐雨》和《墙头马上》,高文秀的《双献功》和康进之的《李逵负荆》,纪君祥的《赵氏孤儿》,尚仲贤的《柳毅传书》,杨显之的《潇湘夜雨》,石君宝的《秋胡戏妻》以及郑光祖的《倩女离魂》等。

二、元代南戏

南宋时,在浙江温州一带兴起的"温州杂剧",到元代已经发展为对后世戏曲有重大影响的剧种——南戏。南戏，也称戏文或南曲戏文，与北杂剧相对。它熔歌唱、舞蹈、念白、科范于一炉，表演一个完整的故事。由于故事情节比较曲折，剧本一般都数倍于北杂剧。它用南方曲调，韵律、宫调均无严格规定。其唱法富于变化，有独唱、对唱、轮唱、合唱等。乐器以鼓板为主。《永乐大典》中保存的《张协状元》《宦门子弟错立身》和《小孙屠》较早，其中《张协状元》是现存最早的南戏剧本，颇具文献学术价值。而最著名的则是"元代四大南戏""荆、刘、拜、杀"（《荆钗记》《白兔记》《拜月记》《杀狗记》）。是南戏中除《琵琶记》外，最负盛名的作品。

三、元代散曲

　　散曲是兴盛于元代的一种新的诗体，在宋金时期民谣俚曲的基础上，融合北方少数民族歌曲而形成的。最著名的有马致远的《秋思》。所谓"元曲"，实际上是指杂剧和散曲，这是元代最有代表性的两种文学样式。散曲又有小令和套数之分，小令来自唐代酒令，由一支曲牌构成；套数来自宋金诸宫调，由若干同一宫调的曲牌构成。现知散曲作家约 220 人，现存元代小令 3800 多首，套数 470 多套。关汉卿是散曲的主要创作者之一，他的代表作《不服老》，另外，他的《双调·沉醉东风》和《四块玉·闲适》也是颇为著名的散曲作品。元代脍炙人口的小令也很多，王和卿的《醉中天·咏大蝴蝶》、白朴的《阳春曲·知己》、马致远的《天净沙·秋思》、乔吉的《山坡羊·寓兴》。总之，散曲以其散发着土气息、泥滋味的清新形象，迅速风靡元代文坛，也使中国文学的百花园里又增添了一朵艳丽的奇葩。

四、元代诗文

　　元代诗文的成就远远不及唐宋诗文。元代前期，刘因的文学成就最为突出,代表作有《西山》《观梅有感》;另一书画大家王冕,诗歌代表作为《墨梅》。另外,杨维桢是元末最具艺术个性的诗人,为诗强烈主张艺术创作个性化,主张"标新立异",追求超乎寻常的构思和奇特不凡的意象,创造了元代诗坛上独一无二的"铁崖体",影响遍及元末明初的诗人,作为元代最著名的文学大家,杨维桢的竹枝词、宫词也很有特色,代表作是《西湖竹枝歌》。

五、元代话本与轶事小说

元代的话本小说内容颇为丰富,尤其"讲史"类话本小说最为重要。所谓"讲史",即后人所说的"评话"或"平话",另一部重要话本小说是《大宋宣和遗事》。作品从北宋王朝的建立写起,接着叙述王安石的变法,宋徽宗即位后章惇、蔡京相继专权直至北宋亡国、宋高宗南迁杭州的故事。本书的内容虽有些杂乱,却表达了总结北宋灭亡教训的深刻主题。

元代轶事小说出现了周密、陶宗仪等重要作家。周密的《齐东野语》内容非常丰富,其中多为南宋史事的记载,其中有不少故事小说色彩极浓。《癸辛杂识》是周密的另一笔记小说集,书中有不少故事热情地歌颂了宋代的爱国将领,无情地鞭挞了误国误民的权奸。另外,陶宗仪的笔记小说集《辍耕录》也值得注意,它不仅记载了朝野的大小事件,其中又有不少优秀的小说作品。

明代文学

明代前期诗歌散文多"润色鸿业"之作，代表作家是宋濂和高启。另有"台阁体"作家，以杨荣、杨溥、杨士奇（"三杨"）和李东阳为代表。这时期的小说戏剧多反映时事风云，小说的代表作是《三国演义》和《水浒传》，是我国最早的两部白话长篇小说，成为这个阶段的另一标志，它们的出现预示着一个长篇小说时代的到来，与后来的《西游记》和《金瓶梅》合称明代"四大奇书"。明代戏剧的成就远远不如小说，主要作品有《五伦全备记》等。

明代中期以后，诗文领域出现了文学复古流派，明代中期的诗文流派有李梦阳为代表的"前七子"和李攀龙为代表的"后七子"。散文有唐顺之为代表的"唐宋派"。小说以《西游记》为代表，戏剧的代表作主要是《宝剑记》等。后期诗文代表前有"公安派"，后有"竟陵派"，晚期出现了张溥、陈子龙和张岱等人。戏剧代表为徐渭的《四声猿》和汤显祖的《牡丹亭》。小说代表作是《金瓶梅》和"三言""二拍"等。

一、明代前期诗文

宋濂是明代"开国文臣之首"，与高启、刘基并称为"明初诗文三大家"。传世散文有《送东阳马生序》等，人物传记的代表作则是《秦士录》和《王冕传》。刘基的代表作为讽喻杂文《卖柑者言》和《楚人养狙》，诗有《二鬼》等。高启与杨基、张羽、徐贲齐名，合称"吴中四杰"。永乐至成化年间，文坛上出现一种所谓"台阁体",指以当时馆阁名臣杨士奇、杨荣、杨溥等为代表的一种创作风格。永乐、成化年间,是明朝的"太平盛世",因此他们的诗文只追求所谓"雍容典雅"。在后起的茶陵派、"前七子"等流派的冲击下,渐渐退出了文坛。"茶陵派"是明成化、正德年间的一个诗歌流派,以李东阳为代表。李东阳为湖南茶陵人,著有《茶陵竹枝歌》,茶陵诗人还有彭民望、谢铎、张泰及"李门六君子"邵宝、何孟春、石珤、顾清、罗玘、鲁铎等。

明代中后期,出现了众多流派。

"前七子"是明弘治、正德年间出现的一个文学流派,其成员包括李梦阳、何景明、徐祯卿、边贡、康海、王九思和王廷相七人。"前七子"崛起文坛之后,其复古主张迅速风行天下,成为文学思想之主流,掀起了一场文学复古运动,在明代文学史上有一定的进步意义。

"后七子"是明嘉靖、隆庆年间出现的一个文学流派,成员包括李攀龙、王世贞、谢榛、宗臣、梁有誉、徐中行和吴国伦。他们在李梦阳等人的基础上,继续提倡复古,彼此标榜,声势更为浩大。

"唐宋派"是明代嘉靖年间出现的一个散文流派,主要成员有王慎中、唐顺之、茅坤、归有光,以归有光、唐顺之为代表。归有光的世传作品主要有《项脊轩志》《先妣事略》等。唐顺之散文代表作为《任光禄竹溪记》。他们提倡唐宋元古文,反对七子"文必秦汉"之说,反对以文采取代"道统",主张"文道合一"的传统。

"公安派"是明代后期出现的一个文学流派。"公安三袁"是公安派的领袖,其中,袁宏道成就最高,其次是袁中道,袁宗道又次之。"竟陵派"是明代后期文学流派,又称竟陵体或钟谭体。诗文主张既反对七子之失,又纠正公安之弊。散文代表作有《浣花溪记》等。

除了诗文方面的文学流派之外,明代晚期还出现了一些重要的文学家。张岱其著颇丰,以《陶庵梦忆》《西湖梦寻》等最为著名,其中散文《湖心亭看雪》《柳敬亭说书》《西湖香市》《西湖七月半》等广为传颂。张溥为明末复社领袖,诗文均有盛名,世所传诵者如《五人墓碑记》等,还编有著名的《汉魏六朝百三家集》。

二、明代的杂剧与传奇

明初的杂剧取得了一定的成就,作家主要是皇室成员。朱权是明太祖第十七子,卒后谥"献",世称宁献王。所著《太和正音谱》是研究元明杂剧的要籍,另著有杂剧十二种,其中代表作品为《卓文君私奔相如》。还有朱有燉是明太祖之孙,代表作有《香囊怨》。另有水浒故事,如《豹子和尚自还俗》《黑旋风仗义疏财》等,分别描写鲁智深和李逵的故事。明初的传奇成就不大,以教化传奇为主。另外,丘濬同海瑞合称为"海南双璧"。他的传奇剧《五伦全备记》宣扬忠君、孝亲、夫妇、兄弟、朋友等思想,成为封建伦理道德的图解。

明代中后期的杂剧取得了一定的成就,主要代表作家有王九思和康海,他们既是剧作家,又都是"前七子"的重要成员。二人根据明代马中锡文言小说《中山狼传》创作了杂剧:前者名《中山狼》,后者名《东郭先生误救中山狼》。徐渭和汤显祖是明代最著名的两位戏剧作家。徐渭的《四声猿》在戏剧史上占有重要地位。汤显祖的"临川四梦",尤其是其中的《牡丹亭》,更是中国戏剧史上里程碑式的作品。汤显祖的文学成就是多方面的,其中以戏曲创作为最,有《汤显祖戏曲集》,所谓"吴江守法,临川尚趣",其作品主要包括《紫箫记》(未完成)《紫钗记》《牡丹亭》《南柯记》和《邯郸记》,后四种合称"临川四梦"或"玉茗堂四梦",其中《牡丹亭》成就最大,也是明代传奇的巅峰。明代中后期的传奇成就很高,代表性的作品是"三大传奇",即李开先的《宝剑记》、梁辰鱼的《浣纱记》和无名氏的《鸣凤记》。

三、明代文言短篇小说

明洪武年间,瞿佑著的《剪灯新话》共四卷二十篇,是明代第一部传奇小说集,其中《翠翠传》较突出,写的是真挚感人的爱情故事,《剪灯新话》的成就高于后来的《阅微草堂笔记》。明代永乐年间,李昌祺受《剪灯新话》的影响,著《剪灯余话》四卷二十篇,内容丰富,篇幅加长,其中《琼奴传》较好。明万历年间,邵景詹又著《觅灯因话》二卷八篇,成就明显不如前两种。以上合称"三灯丛话"。

明代其他文言小说总集还有:冯梦龙的《情史类略》、王世贞的《艳异编》、宋懋澄《九籥集》等。此外,还有通俗类书如《国色天香》《万锦情林》《绣谷春容》等。

明嘉靖年间,藏书家洪楩编辑刊印的《清平山堂话本》,本名《六十家小说》。今存有《简帖和尚》《快嘴李翠莲记》《董永遇仙传》《羊角哀死战荆轲》等27篇和部分残页。"三言"与"二拍"是拟话本小说的代表作,"三言"的作者冯梦龙是一位全能的通俗文学家。"二拍"的作者是凌濛初。"三言""二拍"包括冯梦龙创作的《喻世明言》《警世通言》和《醒世恒言》以及凌濛初创作的《初刻拍案惊奇》和《二刻拍案惊奇》,是中国古典短篇白话小说的巅峰之作,一回一个世俗小故事。

清代文学

清代是中国历史上最后一个封建王朝,社会的和文化的种种背景,造成了清代文学独具的历史特征,一方面,元明以来新兴的小说、戏曲,入清之后依然蓬勃发展;另一方面,元明以来已经呈现弱势的诗、古文,乃至已经衰落下来屈居于陪衬地位的词、骈文,入清之后又重新振兴起来。举凡以往各代曾经盛行过、辉煌过的文学样式,大都在清代文坛上占有一席之地。

一、诗歌

在明清鼎革的社会动乱之际,与学术文化思潮由心学转向复古形态的经世致用之学相呼应,诗歌创作转向伤时忧世,产生了遗民诗,主要还是以其史诗般的内容、所表现的志节情操而称重当时,影响后世,而另有些诗人则在诗艺方面更有所开拓、创造。如吴伟业的歌行诗,专取明清之际关乎兴亡之人事,创作出了《圆圆曲》《鸳湖曲》等一批叙事活脱、词藻高丽、情韵悠然的诗篇。稍后的王士禛有《带经堂集》《池北偶谈》《香祖笔记》《渔洋诗话》等,他成为康熙间一代文坛领袖。另外,诗书画三绝的代表郑燮,不仅以诗文著称,更以书画名世,为"扬州八怪"之一。文章最为世所称道者是"家书",著有《郑板桥集》,代表诗歌如《潍县署中画竹呈年伯包大中丞括》和《竹石》。袁枚是乾嘉时期代表诗人之一,与赵翼、蒋士铨合称"乾隆三大家",与赵翼、张问陶合称"性灵派三大家"。代表作品有《小仓山房诗文集》《随园诗话》《随园随笔》等。

二、词

经过元明两代的沉寂,词在清代出现了"中兴"。清代词人之众,词作之多,超过以往各个朝代。这些词在质量上也达到了相当高的水平,使清词在整个词史上成为光辉的总结。

清代前期的词,流派纷呈,主要有以陈维崧为首的阳羡词派,朱彝尊为首的浙西词派和独树一帜的满族词人纳兰性德。陈维崧、朱彝尊和纳兰性德号称清词三大家。

阳羡词派,陈维崧是明末四公子陈贞慧之子,兼工诗文,尤以骈文称一代名手。中年以后开始填词,著《迦陵词》三十卷,作词一千八百多首,为历代词人之冠。他的词作内容丰富,无所不能入词,他多描写现实,大胆反映民间疾苦与明末清初的国事,有"词史"之称,他把重大的社会现实题写进词中,这是一个创举,开拓了词的表现领域,提高了词的社会地位。在陈维崧周围还汇聚了一些与之风格相近的词人,他们相互唱和,并编有词选,形成阳羡词派。

浙西词派,以朱彝尊为首的浙西词派顺应太平,以醇正高雅的盛世之音,传扬在康熙、雍正、乾隆三朝。他认为词的最高标准是张炎在《词源》中所说的"清空"境界,要求避滑避俗,他还选辑唐至元人词为《词综》,借以推行他的主张。这一主张被不少人尤其是浙西词家所接受而翕然成风,形成浙西词派。

清初独成一家的词人是纳兰性德。词作推崇南唐后主李煜,其气质才性也近乎李后主,被誉为"得南唐二主之遗",在清初词坛上独树一帜。《纳兰词》从表面上看,纳兰性德是一介贵公子,官至一等侍卫,深受康熙宠信,他的生活经历也相当平静,除了前妻的亡故和几次出使边塞,他的词绝少接触现实社会,大多抒写个人生活的各种闲愁和克怨,语言是采用白描,风格自然朴素,内容真切,情绪感伤凄婉。

清代中期的词，浙派词的势力从清初一直延伸到清中叶，厉鹗是代表人物。他的词作以游记、写景及咏物为主，擅长山光水色的描写，选取的意象大抵华丽而幽冷，多孤寂的情调，音律和文辞都很工丽。嘉庆年间，张惠言以治经方式说词，别树一帜与浙派对立，但终究难以与之抗衡。张惠言是一位经学家，并以词和散文著名，是当时"常州词派"和古文中"阳湖派"的首领。

清代后期的词，承接常州派余风，而又不完全墨守常州派衣钵的著名词人有王鹏运、郑文焯、朱孝臧和况周颐等，他们被称为晚清四大词人。王鹏运是常州派的后期领袖，文廷式、朱孝臧、况周颐等人都受过他的指教。在理论上他提倡"重、拙、大"之说，力尊词体，崇尚格律，使常州派理论发扬光大。

三、小说

清代小说是中国小说史上继明代之后又一个小说创作和传播的高峰时代。明代许多伟大优秀的小说在这时都得到了重印以及更广泛流传的机会。清代文人作家也创作了数量众多的伟大和优秀的小说，曹雪芹及高鹗的《红楼梦》、吴敬梓的《儒林外史》和石玉昆的《三侠五义》就是其中的杰出代表。它们的出现，标志着中国古代白话小说和文言小说艺术的最高成就。这一时期出现了以《聊斋志异》为高峰的拟古派小说，以《红楼梦》为高峰的人情派小说，以《三侠五义》为高峰的侠义派小说，以《儒林外史》为高峰的讽刺小说。

清代的文言小说可分为藻绘派和尚质派。藻绘派是与《聊斋志异》类似的文言小说，如乐钧的《耳食录》、沈起凤的《谐铎》、长白浩歌子的《萤窗异草》和邦额的《夜谭随录》；尚质派是以《阅微草堂笔记》为代表的文言小说；袁枚的《子不语》、许仲元的《三异笔谈》、俞鸿渐的《印雪轩随笔》、俞樾的《右台仙馆笔记》等。

清代历史演义小说主要有：蔡元放的《东周列国志》、褚人获的《隋唐演义》；清代英雄传奇小说主要有：钱彩、金丰的《说岳全传》、陈忱的《水浒后传》、俞万春的《荡寇志》、吕熊的《女仙外史》；清代世情小说主要有《好逑传》《玉娇梨》《平山冷燕》《林兰香》《醒世姻缘传》等。清代侠义公案小说主要有《三侠五义》和《儿女英雄传》。石玉昆的《三侠五义》是古典长篇侠义公案小说经典之作。"三侠"是指北侠欧阳春、南侠展昭、丁氏双侠丁兆兰、丁兆蕙（二人为一侠）；"五义"指钻天鼠卢方、彻地鼠韩彰、钻山鼠徐庆、翻江鼠蒋平、锦毛鼠白玉堂这五位鼠弟兄。另外，文康的《儿女英雄传》影响很大，小说里的十三妹是中国古典长篇侠女形象的典型。

四、戏曲

清代传奇、杂剧方面，出现了李玉、李渔、洪昇、孔尚任、唐英、蒋士铨、杨潮观、沈起凤和许善长等优秀的作家，创作了《清忠谱》《风筝误》《长生殿》和《桃花扇》等优秀的戏曲作品。李渔著成《闲情偶寄》一书，李渔的理论和剧作表明，戏曲创作重心由"曲"向"戏"转移，也可以说是戏曲向戏剧本质特征的回归与创作的成熟。戏曲创作中社会历史意识的增强和对戏剧性的注重这两个方面的综合，便涌现出了一个戏曲的高峰——《长生殿》和《桃花扇》两部杰作的诞生。

近代文学

近代文学是以 1840 年鸦片战争为开端，到 1919 年五四新文化运动兴起为止，西方资本主义开辟世界市场，进入中国本土，结束了中国封闭发展的道路，在腐朽的清王朝统治下，完全处于被动挨打的局面，逐渐沦为帝国主义宰割下的半封建半殖民地社会。大体说来，可以 1894 年中日甲午战争为界，分为前后两期。前期变异尚小，后期则变异突出，向现代新文学过渡的痕迹日益明显。

（一）诗词文

诗词文创作也流派纷呈，新旧交错。在传统的文坛上，宋诗派兴起，常州词派继续发展，以姚门弟子为主干的桐城派在努力扩大其影响领域，随后又出现以曾国藩为首的湘乡派。这些文学流派在新的时局形势下，也都有一定的变化能继续发生影响。本时期成就显著，鲜明地反映了时代的新变化，并对后来产生的高度爱国激情，在诗词文各方面都唱出了新声，改变了文坛旧貌，翻开了近代文学的新篇章。龚自珍、魏源、王韬等是其代表，龚自珍更是其中的佼佼者。

龚自珍是开一代风气的文学家，还是文学理论家和思想家，龚自珍的时代，清王朝的统治已经十分衰朽，迫切需要变革，但封建专制主义统治压制言论，龚文大胆地揭露这种统治的腐朽本质及其必然没落的命运，呼号变革，憧憬未来，反映了时代的重大课题。《明良论四》《古史钩沉论一》《京师乐籍说》《乙丙之际箸议第七》《乙丙之际箸议第九》等抨击文章揭露了封建专制统治扼杀生机，阻碍社会发展的腐朽本质。

与龚自珍同时或稍后经历了鸦片战争的一批诗人，如魏源、林则徐、张维屏、张际亮、朱琦、姚燮、鲁一同、贝青乔、金和等，无不表现出激烈的反帝国主义反侵略情绪，形成汹涌澎湃的爱国诗潮。他们的作品除反映民生疾苦外，焦虑阽危，痛斥侵略，抨击投降，讴歌抗争，更表现了中华民族反对侵略热爱祖国的崇高感情。如张际亮的《浴日亭》《迁延》，朱琦的《关将军挽歌》，姚燮的《惊风行》，鲁一同的《辛丑重有感》等。

在历史猛然折入近代行程时，除得风气之先的人物外，传统文坛一般还在循着惯性向前推演。这时在诗歌领域，有偏于宋诗格调的流派兴起，一般称之为"宋诗派"。领袖人物为程恩泽、祁寯藻，主要作家有出于程恩泽之门的何绍基、郑珍、莫友芝以及曾国藩。

古文方面，桐城派大师姚鼐卒于嘉庆二十年，进入本时期主要是姚门弟子在扩展桐城派势力和影响。此时，桐城文派面临汉学家提倡考据文，阮元、李兆洛等张扬骈体文，经世派大力鼓吹经世文的严峻文坛形势，早已丧失左右文坛的力量，只在姚门亲授弟子与私塾弟子间传承与传播，其核心力量则是姚门的几大弟子，主要有管同、梅曾亮、方东树、姚莹和刘开。

（二）小说

与近代前期小说、戏曲的状况不同，伴随着资产阶级的改良运动和革命运动的兴起与发展，以及资产阶级启蒙宣传的加强、西学思想的输入，近代后期成为中国小说戏曲转型交替的重要时期。适应求变求新的时代洪流，"小说界革命"勃然兴起，小说成为晚清思想启蒙和文学革新运动中成绩卓著的领域。

这时的新小说初出锋芒而震撼文坛，出现了被鲁迅称为"谴责小说"的四大名著：《官场现形记》《二十年目睹之怪现状》

《老残游记》和《孽海花》。与此同步，戏曲改良运动也全面展开，大量表现新思想的传奇杂剧发表于报刊，并诞生了新的剧种——话剧。辛亥革命以后，民众的政治热情锐减，出现了以休闲、游戏为创作宗旨的鸳鸯蝴蝶派，体现了现代都市娱乐消费的文化品位。"鸳鸯蝴蝶派"的作家群体，徐枕亚、包天笑、李定夷、李涵秋、吴双热、周瘦鹃、陈蝶仙、蒋箸超、徐卓呆、王钝根等是其中的代表。这些作家大多聚集在上海，以徐枕亚主编的《小说丛报》和王钝根、周瘦鹃等主编的《礼拜六》作为大本营，故而这群作家又被称作"礼拜六派"。代表性的作品包括徐枕亚的《玉梨魂》和《雪鸿泪史》，吴双热的《孽冤镜》，李定夷的《霣玉怨》，李涵秋的《广陵潮》，周瘦鹃的《九华帐里》以及包天笑的《一缕麻》等，其中以《玉梨魂》最为流行，影响最大，被新文学家视为"鸳鸯蝴蝶派小说的祖师"。苏曼殊是"鸳鸯蝴蝶派"小说家中与众不同的一位，在他 6 篇带有一定程度自传色彩的爱情小说中，中篇《断鸿零雁记》写得最好。

现代文学

中国现代文学是指 1919 年五四运动前后至 1949 年中华人民共和国成立这一时期的文学，主要包括在此期间发生的文学运动、文学争论、文艺思潮和在此期间出现的文学社团、文学流派以及所有不同类型作家的创作。

中国现代文学大致经历了三个明显的发展阶段，即三个 10 年：第一个 10 年是从 1917 年到 1927 年，由于五四运动对后世影响重大深远，因此通常称这 10 年为五四时期的文学；第二个 10 年是从 1928 年到 1937 年，这一时期左翼文学运动风起云涌，成为新文学的重要流派，因而往往被称为左翼时期的文学；第三个 10 年是从 1938 年到 1949 年，一般称为抗日战争与解放战争时期的文学。现代文学虽然只有 30 年左右的历史，在中国几千年文学史长河中只是极为短暂的一瞬，但它的意义却不能用时间来衡量。它是整个中国文学历史发展进程中的一个巨大转折点，显示出新文化与传统旧文化的深深"断裂"，体现出中外文化的猛烈"碰撞"。

一、第一个 10 年（1917 年—1927 年）的文学发展

中国现代文学的第一个 10 年，是现代文学开拓与奠基的阶段。鲁迅、郭沫若等一批现代文学的奠基人及其现代文学的奠基作，文学研究会和创造社等最初一批重要的社团流派，都出现在这一阶段。这一时期文学的基本特征是从文学革命向革命文学发展，即由文学形式的外在改革逐渐转向思想内涵的深刻变化。

1917年初,胡适、陈独秀分别在《新青年》上发表了《文学改良刍议》和《文学革命论》,标志着文学革命运动的正式兴起。胡、陈二人的文章作为理论先导,对文学革命的兴起起到了鸣锣开道的作用。随后,钱玄同、刘半农、周作人、鲁迅、李大钊等人积极响应文学革命的主张,推进文学革命的发展。"十月革命"的炮声、马克思主义的传播、五四运动的爆发,把文学革命运动迅猛推向高潮。与此同时,以鲁迅、郭沫若为代表的作家创作的新文学作品,显示了文学革命的实绩,表明了新文学的实质性进展。

小说方面,鲁迅创作了划时代的《狂人日记》和后来收入《呐喊》《彷徨》中的诸篇小说,叶绍钧、冰心、郁达夫等一大批新文学作家也创作了内容和形式全新的小说。

诗歌方面,出现了胡适、刘半农、沈尹默、刘大白等众多的白话新诗人。他们以白话新诗动摇了千百年来旧体格律诗的正宗地位,尤其是郭沫若的诗集《女神》,以其内容和艺术的特有气势,开创了自由体白话新诗的一代诗风。

散文方面,鲁迅、李大钊等人创作的大量文艺短论(即随感录和杂文)和周作人、俞平伯、朱自清、许地山等人创作的抒情叙事散文(即"美文")。此外,瞿秋白创作的《饿乡纪程》和《赤都心史》等通讯报道,是中国现代报告文学的最初萌芽。

话剧方面,胡适、洪深、田汉、欧阳予倩等人创作的白话剧本,在中国首先尝试了话剧这一新文学样式。所有这些创作都以新的题材、新的主题、新的人物形象和新的语言形式,呈现出开创一代文风的崭新气象,充满了破旧立新的"五四"时代精神。这一时期文学创作最突出的主题是反封建。

1921年以后,随着新文学理论和创作的深入发展,文学界出现了大量的文学刊物,涌现出众多的新文学社团,其中重要的有文学研究会、创造社、语丝社、新月社以及风格接近文学研究会的未名社、莽原社,接近创造社的南国社、浅草社和沉钟社等。文学研究会标榜为人生的写实主义,创造社推崇重艺术的浪漫主义,形成了各具特色的两大风格流派,对后来的文学发展产生了重要而深远的影响。此外,还出现了"问题小说""身边小说""乡土文学""语丝文体""象征派"诗歌等丰富多彩的风格和流派。这些社团流派的出现表明了新文学的成熟和壮大。这一时期新文学作家们还通过各种渠道广泛译介大量的外国文学作品和文学理论,从而扩大了新文学的艺术视野,开通了中国文学与世界文学相联系的格局。

二、第二个 10 年(1928 年—1937 年)的文学发展

第二个 10 年的文学,也就是"第二次国内革命战争"时期的文学。在这一时期,左翼文学迅速发展,并成为文学发展的主流。值得注意的是,这一阶段除了出现一批左翼作家作品,还出现了巴金、老舍、沈从文、曹禺等一大批风格独特的作家及其代表作,并出现了众多的社团流派,形成了现代文学的繁荣局面。因此,它是现代文学发展成熟的阶段。

1928 年前后,为适应蓬勃发展的无产阶级革命运动,创造社和太阳社作家,开始积极倡导无产阶级革命文学运动,并得到了广大进步作家的积极响应,30 年代初成立的"左联"等左翼文学团体,把这一运动推向高潮,使无产阶级革命文学运动成为这一时期的文学主潮。这一时期文学创作的思想性和战斗性显著增强。很多作家注重正面反映轰轰烈烈的无产阶级革命斗争,揭露帝国主义对中国军事、经济、文化侵略的罪恶,批判半殖民地半封建社会光怪陆离、纸醉金迷的腐朽生活。作品反帝反封建的主题也进一步深化了。这些都表明文学创作达到了新的思想深度。

茅盾这一时期的代表作《林家铺子》《农村三部曲》《子夜》

及蒋光慈、洪深、田汉、臧克家、丁玲、张天翼、叶紫、洪灵菲、"左联五烈士"、"东北作家群"、中国诗歌会等作家的创作，都显示了左翼无产阶级革命文学创作的辉煌成就。这一时期，一些重要的现实主义、民主主义作家也创作出了现代文学史上里程碑式的杰作和一些探索性、尝试性的作品，特别是巴金的《激流三部曲》、老舍的《骆驼祥子》、曹禺的《雷雨》《日出》，以及沈从文的《边城》，李劼人的《死水微澜》《暴风雨前》《大波》等"大河小说"，以戴望舒等人为代表的现代派诗歌和以穆时英、施蛰存等为代表的"新感觉派"小说等，以不同的艺术方法从不同角度揭示了现实社会的矛盾，达到了很深的思想境地，显示了很高的艺术成就。

三、第三个10年（1938年—1949年）的文学发展

第三个10年的文学，其主要特点是民族斗争与阶级斗争对文学的发展产生了巨大的影响。这一时期又以1942年延安文艺座谈会的召开为界，分为两个阶段。

前阶段是抗战初期的文学。此时，广大作家纷纷走出书斋，投身抗日救亡运动，积极宣传一致抗日和爱国主义思想。围绕抗日救亡运动，文艺界出现了大量通俗明快、短小精悍的文艺作品，如街头诗、独幕剧等，也出现了一些大型的集体创作和一系列历史剧。作家们纷纷借历史故事和历史人物之口，反映严峻的现实，表达人民的正义呼声。其中，以郭沫若的《屈原》《虎符》等历史剧最为成功，影响最大。

后一阶段文学分为解放区、国统区、沦陷区等区域。在解放区，毛泽东的《在延安文艺座谈会上的讲话》提出了一条较为完整的马克思主义文艺思想方针，明确了文艺为工农兵服务的方向，解决了文艺大众化等一系列"五四运动"以来重要的文艺理论和实践问题，开辟了无产阶级革命文学的新阶段。在文学创作

中，新文学以前所未有的新主题、新题材、新形式纷纷出现，赵树理、孙犁、丁玲、周立波以及《白毛女》《王贵与李香香》等一大批具有典型民族风格、民族气派的作家和作品不断涌现出来，显示了实践文艺为工农兵服务所取得的重要成就。

在国统区和沦陷区，作家的创作主要围绕反侵略、反压迫的民主革命运动展开，出现了大量具有讽刺性、揭露性的作品，如茅盾的《腐蚀》，巴金的《寒夜》，袁水拍的《马凡陀的山歌》，陈白尘的《岁寒图》《升官图》，钱钟书的《围城》等。作家从不同角度，运用不同体裁，全面而深刻地暴露和批判了国统区的黑暗现实。此外，张爱玲、徐訏等一批风格独特的作家作品，也显示了现代文学的多向度发展。国统区很多作家在艺术风格上也努力向民族形式和大众化的方向发展，并取得了可喜的成绩。除了理论探讨和创作实践，中国现代文学的30年，也是在激烈和复杂的思想斗争中不断向前发展的。新文学每前进一步，都伴随着同守旧势力和各种思想派别的斗争。从20世纪20年代的"国粹派""学衡派""甲寅派""鸳鸯蝴蝶派""现代评论派"等，到30年代国民党政府的"文化围剿""法西斯民族主义文学"以及"新月派""论语派""自由人"和"第三种人"，直至40年代的"战国策派""乱文学"等，反帝反封建的新文学正是在同以上形形色色的文学思潮的不断斗争中发展、成熟、壮大起来的。

当代文学

20世纪50年代以后的中国文学被称为中国的"当代文学"。"中国当代文学"首先指的是1949年以来的中国文学。四五十年代之交，中国社会发生急剧变革。四五十年代之交的社会转折，影响、推动了中国文学的构成因素及它们之间关系。

一、20世纪50—70年代文学

1949年初，由于北平已被确定为"中华人民共和国"的首都，大批作家进入这一城市，并开始酝酿召开全国性的文艺工作者会议。同年3月，在中华全国文学工作者协会（全国文协）在北平的理事、监事，和华北文协理事的联席会议上，选举了郭沫若为主任委员，茅盾、周扬为副主任委员。7月2日到19日，召开了第一次中华全国文学艺术工作者代表大会，被称为"当代文学"的起点。第一次文代会的基本任务是总结经验，确立今后全国文艺工作者的方向和任务，成立一个全国性的文艺组织，把来自各方面文艺工作者的思想统一到毛泽东文艺方向上来。

（一）文学批判运动

进入50年代以后，政治权力对于文学界矛盾、冲突的绝对控制、支配，和文学"一体化"的目标，促使意识上的冲突、争论。而冲突、论争的性质和方法，常演化为当代特有的大规模批判运动。50年代到70年代发生在中国大陆文学（文艺）界的全国性主要批判运动有对电影《武训传》的批判；对萧也牧的《我们夫妇之间》、白刃的《战斗到明天》、碧野的《我们的力量是无敌的》、电影《关连长》等创作的批评；对俞平伯《红楼梦研究》和对胡适的批判；对胡风"反革命集团"的批判；文艺界的反右派运动等。

（二）诗歌

在50年代，值得关注的诗歌"事件"，一是1956年—1957年的"百花时代"诗歌的变革及其受挫，二是发生于1958年—1959年的"新民歌运动"和新诗道路讨论。

1. 政治抒情诗

20世纪50年代到70年代的大多数诗歌，都可以被称为"政治抒情诗"。这一时期的政治抒情诗具有颂歌的艺术风格。无论是表现重大政治事件，还是叙写日常生活小景，都以歌颂作为主旋律。就整体而言，诗歌的基调是昂扬向上的，情节是欢快明朗的。这在当时是和新生的社会相适应的。当代许多诗人都写过"政治抒情诗"，如李瑛、闻捷、严阵、阮章竞、张志民等。而在这时期的政治抒情诗创作中郭小川、贺敬之是主要代表。他们的诗作把现实中发生的重要事件纳入广阔的视野之中，从时代的高度去观察和思考，强调革命传统的承续、时代精神的弘扬。无论是抒写国内外大事，还是描绘山石草木，也都气势雄浑、激情奔放。郭小川的《向困难进军》《致青年公民》《人民万岁》等诗作热情赞扬了祖国的解放。此后，郭小川的诗风发生了变化，由直白的政治抒情转入深层次的理性思考。贺敬之这一时期创作了大量有影响的政治抒情诗，如《回延安》《放声歌唱》《雷锋之歌》等，叙写了诗人对生活的热爱，表现了特定时代的情绪。

2. 叙事诗

中华人民共和国成立后，叙事诗得到了从未有过的发展，出现了不少优秀作品，活跃和丰富了这一时期的诗坛。这一时期的叙事诗，如从内容来分，大致可分为三类：反映革命历史斗争生活类，反映中华人民共和国成立后的历史变迁和人民群众的劳动生活类，根据民间传说故事改编和再创作类。如从艺术表现形态分，又可分为两大类：一类是追求史诗品格，反映革命历史斗争和社会的演变进程的。其中有的采用了多卷本，如田间的《赶车传》；其他更多的则采用了"三部曲"形式，如闻捷的《复仇的火焰》、郭小川的《将军三部曲》、李季的《杨高传》。此外还有单本的，如乔林的《白兰花》、王致远的《胡桃坡》、梁上泉的《红云崖》、臧克家的《李大钊》等。而从诗体形式上看，有的采用民歌体，有的采用说唱体，有的则采用常见的半自由体。另一类则与民间传说故事有密切关系，带有更多的传奇性和浪漫主义色彩，如康朗英的《流沙河之歌》、马萧萧的《石牌坊的传说》、梁上泉的《神奇的绿宝石》、张永枚的《白马红仙女》、李冰的《巫山神女》等。在诗体形式上，有的是民歌体，有的则是半自由体。至于少数民族中的民间叙事诗的整理和诗人的再创作，基本采取了民歌体或民间说唱体，如《阿诗玛》《百鸟衣》。作为当代诗歌的一翼，从诗人创作的叙事诗看，较之"五四"后的叙事诗有了新的进展。

3. 诗歌的艺术形式

20世纪50年代初期，诗歌界就诗歌的形式问题展开过多次讨论和争鸣。林庚提出了"五字组""半逗体"加"典型诗行"的观念，构想了"五四体"的九方诗形式。何其芳1953年提出了建立格律诗的意见，卞之琳则提出建立新格律诗的空间，使现代格律诗有了可操作性，这些意见都引起诗歌界的热烈讨论。从实践上看，诗坛上虽然出现了一些形式大体整齐的新格律诗，但从整体来看，并没有认真施行。在这一时期取得重要成就的是对外来诗歌艺术形式的借鉴。贺敬之的《放声歌唱》、郭小川的《致青年公民》、石方禹的《和平的最强音》等，都受到马雅可夫斯基"楼梯式"的影响，这些诗作在借鉴外来"楼梯式"诗歌形式表现重大社会政治内容方面获得成功。

（三）小说

1. 农村题材小说

20世纪60年代，以农村生活为题材的创作，无论是作家人数，还是作品数量，在小说创作中均居首位。这种情况，既是"五四"以来新文学小说传统的延续，更与当时文学界对这一题材重要性的强调有关。不过，这时期的农村小说的面貌，发生了很多变化。

以农村生活作为主要取材范围的作家有赵树理、周立波、柳青、沙汀、骆宾基、马烽、康濯、秦兆阳、陈登科、李准、王汶石、孙谦、西戎、李束为、刘澍德、管桦、陈残云、刘绍棠、浩然、谢璞等。南方农村虽然也是一些如周立波、沙汀、刘澍德、谢璞、陈残云等作家的取材地域，不过，北方农村生活题材的作品，从数量和获得的评价高度上占据"当代"农村小说的主要方面，北方的农村小说作家中，存在着艺术倾向有所不同的"群体"：一是赵树理、马烽等为代表的山西作家，这个流派又被称为"山西派""山药蛋派"。另一派是柳青等为代表的陕西作家。比较起来柳青等更重视农村中的先进人物的塑造，更富于浪漫理想色彩。柳青等更为重视的是新的价值观的灌输，而赵树理等则更倾向于在农村传统中发掘那些有生命力的素质。就小说艺术而言，柳青等所借鉴的，更多是西方和中国新文学中"现实主义"小说的方法，而赵树理推重的是话本、说书等"宣讲""说话"的"本土资源"，由于艺术观和方法上的这些差异，随着当代不同阶段政治、文学风尚的变化，对他们的创作的评价，也大致呈现为此起彼伏的状况。

除了山西、陕西的作家之外，"当代"农村题材小说有影响的作家还有周立波、李准、骆宾基、刘澍德、浩然等。李准在五六十年代的中短篇，主要依据农村运动、政策来选取题材和确立主题。他的第一个短篇《不能走那条路》，正是在这一意义上受到文学界的赞扬，后来得到更高评价的《李双双小传》《耕云记》，在整体构思上，也难以摆脱"当代"普遍存在的阐释政策观念的"图解式"的路子。周立波1948年完成的反映东北解放区土地改革运动的长篇小说《暴风骤雨》，因为和《太阳照在桑干河上》《白毛女》一起，在20世纪50年代初被苏联授予"斯大林文艺奖"，而享有很高的声誉。1955年起，周立波回到他的家乡湖南，写作转到他所熟悉的农村生活上来。长篇小说《山乡巨变》及其"续篇"，是20世纪五六十年代表现"农业合作化运动"的三部重要长篇之一。

2. 革命历史小说

与其他题材相比，革命历史小说在中国当代文坛上具有特殊的意义。革命历史小说的作者，大都是所讲述事件、情境的"亲历者"。一方面，能够使文字的"亲历者"自然有追忆这段光荣历史的愿望；另一方面，这一写作不仅是个体经验的表达，更是参与了"革命"叙事在当代的"经典化"进程。由于作家生活经验和艺术想象的差别，以及作家生活经历和艺术想象的差别，也因叙述动机、采取的叙述方式的不同，"革命历史小说"呈现略有差异的多种形态：一些作家在长篇小说中是对历史的"整体"的、"史诗性"的把握；一些作家则加入一些"传奇"因素，而接近现代"通俗小说"的模式；个别作家更愿意以现实处境产生的情绪，作为往事回忆的触发点和故事结构的基本线索。相比起表现现实生活来，这类题材受到具体政策规定要少一些，因而也就留给作家稍大的个性空间。

在革命历史题材的长篇小说中，杜鹏程的《保卫延安》是"当代"最早被评论家从"史诗"的角度评论的作品。1954年出版后，冯雪峰称它是"够得上称为它所描写的这一次具有伟大历史意义的有名的英雄战争的一部史诗。或者，从更高的要求说，从这部作品还可以加工的意义上说，也总可以是这样的英雄史诗的一部初稿"。吴强的《红日》也把真实的战争事件与艺术虚构加以结合。在革命历史题材的小说中，梁斌的《红旗谱》和欧阳山的《三家巷》《苦斗》，是对于革命"起源"的叙述。孙犁唯一的长篇小说《风云初记》，杨沫写的《青春之歌》，这部长篇带有"自传"色彩，可以看到以作者 30 年代的生活作为写作重要素材的明显根据。另外，罗广斌、杨益言写的《红岩》发行了 800 多万册，可以说是发行量最大的当代长篇小说。

3. "新型"的通俗小说

50 年代之后，"新型"的通俗小说的创作虽然没有得到高度重视和着重提倡，但也不断有相类似的，不同种类的作品问世。赵树理等仍在实验"评书体"的类型，发表了《登记》《灵泉洞》等作品。长篇《烈火金刚》也属于借鉴评书的形式。50 年代出版的小说有刘知侠的《铁道游击队》、冯志的《敌后武工队》、曲波的《林海雪原》，连同《烈火金刚》以及更早的《吕梁英雄传》，都具有语言通俗、故事性强的特征。虽然它们表现的是革命战争情景，但与过去的"传奇小说"在艺术上有相近的特征。这些长篇有的时候被称为"革命英雄传奇"。另外在 50 年代，受到苏联文学影响，还出现了用以取代过去的侦探小说的"惊险小说"的这一小说类型。

另外，对于"当代"文学来说，城市有其不可忽略的重要性，以及发生于工厂、矿山、建设工地的矛盾斗争。这一文学题材被严格限定为"工业题材"创作。虽然受到重视和强调，"当代"的"工业题材"小说创作总体上乏善可陈设置的公式化，是普遍性问题。在五六十年代，这一题材的主要作品，长篇有周立波的《铁水奔流》，萧军的《五月的矿山》，雷加的《潜力》三部曲（《春天来到了鸭绿江》《站在最前列》《蓝色的青枫林》），罗丹的《风雨的黎明》，艾芜的《百炼成钢》，草明的《乘风破浪》；另外，有杜鹏程、陆文夫、胡万春、唐克新、万国儒、费礼文等的中短篇小说。其中最具代表性的作品是欧阳山的《三家巷》和周而复的《上海的早晨》。其中欧阳山的长篇小说《一代风流》在中国当代文学史上占有重要的位置。作为这部巨著的第一卷，《三家巷》问世后更是产生了热烈的反响。它的出版，填补了中国当代文学反映20年代南方革命斗争这一空白。周而复的《上海的早晨》是当代中国文学中第一部反映20世纪中国资本主义工商业社会主义改造的多卷本长篇小说。可以说，它是继茅盾的《子夜》之后，又一部描写中国民族资产阶级历史命运的力作，也是本时期少有的一部精心塑造了各色各样的资本家形象的长篇小说。

（四）散文

这一时期的散文，不仅题材广泛，而且形式多样。除通讯、报告、特写、抒情散文外，传记、书信、游记、随笔、杂文、小品也得到发展，其中不少佳作受到人们的好评。

在传记文学方面，吴运铎的《把一切献给党》，陶承的《我的一家》，黄钢的《革命母亲夏娘娘》，高玉宝的《高玉宝》，柯蓝的《不死的王孝和》，丁洪、赵寰、董晓华的《真正的战士——董存瑞的故事》，杨植霖的《王若飞在狱中》，缪敏的《方志敏战斗的一生》，韩希梁的《黄继光》，罗广斌、杨益言、刘德彬的《在烈火中永生》都是受到广大读者赞誉的佳作。

在报告文学方面，则有一个逐步发展的过程。20世纪60年代以前，报告文学没有公认为一种文学体裁。这一时期的报告文学除了前面说到的描写抗美援朝的作品外，还有一批在群众中产生很大影响的佳作。如王石、房树民的《为了六十一个阶级弟兄》，谱写了一曲响彻云霄的凯歌。穆青、冯健、周原的《县委书记的榜样——焦裕禄》,深情地记叙了兰考县县委书记焦裕禄一心为公、一心为民、鞠躬尽瘁、死而后已的动人事迹,塑造了一位优秀共产党人的形象。此外,甄为民、佟希民、雷润明的《毛主席的好战士——雷锋》,冯牧的《摩梭人的家乡》,徐迟的《祁连山下》,西虹的《大庆"王铁人"》,黄宗英的《小丫扛大旗》,吕兴臣的《南京路上好八连》,方纪的《三峡之秋》,郁茹的《向秀丽》,魏钢焰的《党的好女儿赵梦桃》,洪洋的《滟滪石》等,都从不同的视角反映了这一时期的现实生活,显示了当今中国历史演变的轨迹和时代风貌。

在杂文小品方面,这是这一时期散文创作的一个重要文学现象。作家黄裳早在 1950 年就在《文汇报》发表了《杂文复兴》一文,呼吁要在新的时代复兴杂文。夏行也于 1954 年在《人民日报》发表了《谈小品文》的文章,提出小品文"应该成为报刊的一个不可缺少的部分",报刊上"不仅要有和应该有鲁迅式的杂文,而且要有和应该有果戈理和谢德林式的文艺作品"。《人民日报》于 1956 年和 1957 年组织了关于杂文和小品文的讨论。在作家的倡导和时代的推动下,这一时期的杂文小品一度繁荣,作家写出了一批有影响的文章。如徐懋庸的《武器、刑具和道具》,夏衍的《废名论存疑》,邓拓、吴晗和廖沫沙的《三家村札记》,马南邨的《燕山夜话》,秦似的《比大和比小》,冯雪峰的《杂感》,王任叔的《况钟的笔》,黄秋耘的《犬儒的刺》,吴晗的《海瑞骂皇帝》,这些杂文小品以其文字的明快犀利、敏锐深邃的见解而在广大群众中产生深远影响。

(五) 话剧

戏剧在中国"左翼"文学中,是受到特别关注的艺术样式。50 年代以后,戏剧、电影的传统继续得到重视。戏剧与政治、社会生活的直接、紧密关系的这种观念,也继续得到强调。为此,相继成立了各种机构,以领导、组织戏剧和电影的创作和演出（生产），并建立不同范围的戏剧演出"观摩"或"会演"的制度，从1949年到1965年，举行多次全国性（或大区）的戏曲、话剧会演、观摩演出，以加强对创作和演出的规范和引导。1949年以后，话剧等方面的演出体制，也朝着"正规化"的剧场艺术发展的趋势，1949年10月成立了中央戏剧学院。1951年2月，演出老舍的《龙须沟》，后面老舍的《茶馆》，曹禺的《雷雨》《日出》《北京人》《家》，是上演次数最多的剧目。

二、20世纪80—90年代文学

1976年10月粉碎"四人帮"的胜利和1978年12月党的十一届三中全会的召开，是中国当代史上具有划时代意义的历史事件。它宣告了"文化大革命"的结束，标志着中国社会逐步走向改革开放的新时代，中国当代文学也由此进入了历史发展的新时期。

在思想解放、改革开放的背景下，新时期文学从总体上说走出了前一时期文学的一体化格局，朝着多元化方向发展，各种文学门类、各种艺术风格的文学百花齐放，异彩纷呈，各家林立。这个时期主要有现实主义、浪漫主义、现代主义和通俗文学思潮。

（一）小说

1."伤痕""反思""改革"小说

20世纪70年代末到80年代中期，对"文革"伤痕的揭发和反思是文学的中心主题，批评界对这一创作潮流，先后使用了"伤痕文学""反思文学"的类型概念。这些概念既是对文学事实的概括，同时也推动这些文学潮流的建构。由于它们都是"文革"亲历者讲述的创伤记忆，或以这种记忆为背景，因此，这些作品也可以统称为有关"文革"的伤痕文学。1978年8月，上海《文汇报》刊发的短篇小说《伤痕》在读者中引起轰动，在此之前，同样产生热烈反响的短篇小说是刘心武的《班主任》。表现"伤痕"作品的主要内容，可以大致区分为两个方面：一是写知识分子、国家官员受到的迫害，他们的受辱和抗争；二是写"知青"的命运。"伤痕文学"的主要作品，除了《班主任》《伤痕》外，还有《神圣的使命》（王亚平）、《高洁的青松》（王宗汉）、《灵魂的搏斗》（吴强）、《献身》（陆文夫）、《姻缘》（孔捷生）、《我应该怎么办》（陈国凯）、《从森林里来的孩子》（张洁）、《醒来吧，弟弟》（刘心武）、《许茂和他的女儿们》（周克芹）、《血色黄昏》（老鬼）等。

伤痕文学是人们长期郁积的情感宣泄，而继之而起的"反思小说"进一步深化。著名的作品有短篇《内奸》（方之）、《李顺大造屋》《"漏斗户"主》（高晓声）、《剪辑错了的故事》（茹志鹃）、《月食》（李国文）、《小贩世家》（陆文夫）、《我是谁》（宗璞）、《小镇上的将军》（陈世旭）、《美食家》（陆文夫），长篇《芙蓉镇》（古华）。

同伤痕小说和反思小说相比，改革文学较多地继承了革命现实主义传统，主题鲜明、矛盾冲突激烈，英雄人物也较为理想化，不过，作家们对矛盾的揭示远比"十七年"文学深入和深刻，条条框框少得多，视野也开阔得多。在主题和题材选择上也比较多，如反映工业改革的《开拓者》（蒋子龙）、《三千万》（柯云路）、《阵痛》（邓刚）等，反映农村改革的《"漏斗户"主》（高晓声）、《燕赵悲歌》（蒋子龙）等，反映城市改革的《祸起萧墙》（水运宪）、《锅碗瓢盆交响曲》（蒋子龙）等。就连长篇小说创作也努力"与时代同步"，相继出现了一批正面描写改革的作品，如《沉重的翅膀》（张洁）、《花园街五号》（李国文）、《男人的风格》（张贤亮）、《新星》《夜与昼》（柯云路）等，它们几乎是紧贴当下现实。

2. 乡土、寻根小说

（1）乡土小说

由于作家的艺术范畴、价值取向、审美趣味、写作意味的不同，乡土小说可以粗略划为风俗乡土小说、文化乡土小说、现实乡土小说等。

风俗乡土小说属于传统意义上的乡土文学，基本上延续着"五四"以来的乡土文学传统，把富于民族特色和地域特色的乡土民情和遗风异俗作为主要表现对象，在作品中艺术性地再现地方性和区域性的文化景观和文化氛围。刘绍棠和汪曾祺等是风俗乡土小说的代表，他们在创作中更多地寄怀于故土人情，在乡土视野中挖掘民族的传统文化，表现出对传统美德和传统的民风习俗的眷恋与偏爱，以优美的笔触描绘出一幅幅色彩斑斓的乡土风俗画卷。刘绍棠创作了《蒲柳人家》《瓜棚柳巷》《花街》等一批风俗乡土小说。

文化乡土小说是在一种大文化视野中去审视和表现乡土，从传统文化和民族文化的历史积淀中去关注和思考民族和个人的命运。文化乡土小说同样具有民族或地域文化特点，但其与风俗乡土小说的分野，主要体现在它以文化反思作为观照乡土的立足点，以当代意识穿透历史和民族文化的沉积层，在理性的审视批判中达到重塑民族精神的目的。在 80 年代中期出现的"寻根文学"创作潮流中，韩少功、郑义、李杭育、郑万隆等的文化乡土小说占据着主导地位。

现实乡土小说主要关注乡村中的现实生存层面，着重对乡土中的现实人生做多角度的把握和表现，寓时代和政治风云于乡土画面中，表现作家对农民与乡村的深入思考。代表作家有何士光、周克芹、高晓声、贾平凹、路遥、张炜、陈忠实、张一弓、李佩甫、刘醒龙等。由于现实乡土小说在表现内容上与现实有着密切的联系，它几乎贯穿在新时期文学的整个进程中，在伤痕文学、反思文学阶段就涌现了不少颇具分量的作品。如《许茂和他的女儿们》（周克芹）、《芙蓉镇》（古华）以及贾平凹、张炜等创作的大量作品。进入20世纪90年代后，小说创作的多元化格局形成，乡土小说不再是当代小说创作的主流，但这并不妨碍作家敏锐地关注和表现中国农村在社会转型中所出现的各种新矛盾、新问题，以及农民的生存境况和心理变化。谭文峰的《走过乡村》中的倪土改、刘醒龙的《分享艰难》中的洪塔山等人物，主要展示的大都是负面人格，诸如狭隘的小农意识的拘囿、伦理道德的失落，以及封建专制的强权施虐等，体现出作家对生活认识的深化和对农民根源性的思考。20世纪90年代以来，家族小说和村落小说逐渐成为乡土小说创作的重心，出现了《白鹿原》《古船》《九月寓言》《家族》《丰乳肥臀》等颇具分量的长篇小说，显示出现实乡土小说新的创作趋向，将乡土小说的整体水平推向一个新的高度。

(2) 寻根小说

"寻根"可以追溯到20世纪80年代初。在当时文坛上，虽以现实主义创作潮流占据主导地位，但同时有一股新的文学寻根潮流正在悄悄酝酿之中，如李杭育的《最后一个渔佬儿》、郑义的《远村》、阿城的《棋王》、乌热尔图的《七叉犄角的公鹿》、扎西达娃的《西藏，系在皮绳结上的魂》等作品，或以对传统文化的关注，或以对古朴、原始的生活的眷顾，或以对文明冲突的忧虑而有别于当时的现实主义文学主流。

"寻根"的主张对少数民族小说创作的推动是不言而喻的，特别是一批少数民族中青年作家在"寻根"的启悟下，充分发挥出其民族、地域等天然优势，着眼于本民族文化资源的深层勘探，不仅创作出了有异域色彩和民族风情的作品，而且从中提取出深刻的人生和生命感悟，成为全民族共享的精神文化财富。这成为"寻根"提出后少数民族小说创作的一个新起点，由此也产生了若干少数民族史诗性作品，如张承志的《心灵史》，霍达的《穆斯林的葬礼》，阿来的《尘埃落定》等，这些作品的意义和影响大大超出了民族范围，成为整个中国当代文学的艺术瑰宝。

3. 先锋小说、新写实小说、新历史小说

（1）先锋小说

20世纪80年代后期，一批年轻小说家在小说形式上所做的实验，出现了被称为"先锋小说"的创作现象。"先锋小说"虽然与"寻根""现代"文学等一同组成20世纪80年代文学创新潮流，但它们之间也有重要区别，在"先锋小说"中，个人主体的寻求，和历史意识的确立已趋淡薄，它们之间也有重要区别。在"先锋小说"中，个人主体的寻求和历史意识的确立已趋淡薄，它们重视的是"文体的自觉"，即小说的"虚伪性"和"叙述"在小说方法上的意义。通常认为，这一对中国当代文学有"革命"意义的小说"实验"，它的观念和方法，与法国"新小说"、拉美的加西亚·马尔克斯，博尔赫斯的创作有关。用来解说"先锋小说"文体实验。还有20世纪六七十年代国的所谓"反小说"，马原是这一"小说革命"的代表作家，他发表于1984年的《拉萨河女神》是当代第一部将叙述置于重要地位的小说，他的小说所显示的"叙述圈套"在当时成为文学创新的热门话题。后来又陆续发表了《冈底斯的诱惑》《西海无帆船》《错误》《虚构》《拉萨生活的三种时间》等小说，它们大多以西藏的历史、文化为背景。继马原之后，洪峰1986年发表的《奔丧》，连同1987年的《瀚海》《极地之侧》，是另一进行先锋小说探索的作家，他也被看作是马原的追随者。

在1987年间，"先锋小说"写作成为一股潮流。这一年"先锋小说"的重要作品，有马原的《错误》，洪峰的《瀚海》《极地之侧》，余华的《十八岁出门远行》《西北风呼啸的中午》《四月三日事件》《现实一种》《世事如烟》《劫数难逃》，格非的《迷舟》《没有人看见草生长》《褐色鸟群》,孙甘露的《信使之函》,苏童的《桑园留念》《一九三四年的逃亡》《罂粟之家》《仪式的完成》《妻妾成群》等。

(2) 新写实小说

20世纪80年代中后期,作为创作潮流的"新写实小说"继寻根小说和先锋小说出现后产生。在最初的评论文章中,有人认为新写实主义是对现实主义的"回归",新写实小说作为一股创作潮流应运而生,除批评家的关注、引导外,文学期刊也给予了很大的推动。出版于南京的大型文学杂志《钟山》,在1988年10月便与《文学评论》联合召开了"现实主义与先锋派文学"的讨论会,将"新写实小说"作为重要文学现象提出。而被称为"新写实"作家的有池莉、方方、刘震云、刘恒,此外,叶兆言、苏童、范小青、李锐、李晓、杨争光和迟子建等的一些作品,也被列入。方方的《风景》,刘恒的《狗日的粮食》《伏羲伏羲》,刘震云的《塔铺》《单位》《一地鸡毛》,池莉的《烦恼人生》《不谈爱情》通常被看作"新写实小说"的代表作。

(3) 新历史小说

与新写实小说同根异枝而生的新历史小说,是新写实小说家把目光转向历史题材而派生出来的,如叶兆言的"夜泊秦淮"系列的《状元境》《十字铺》《追月楼》《半边营》等,苏童的"妇女生活"系列的《红粉》《妻妾成群》等,刘震云的"故乡"系列的《故乡天下黄花》《故乡相处流传》《故乡面和花朵》等。这些作品除了具备新写实小说的一般特征外,还表现出对历史真实的质疑。"反史诗性"的叙述策略,突出历史的虚构性,表现出一代人对历史的新的感受和理解。

4. 女性小说

自新时期以来,活跃在文坛上的女性作家,既有20世纪五六十年代已知名的作家茹志鹃、宗璞、刘真等,也有在80年代初就引起关注的中年作家张洁、谌容、戴厚英等，还有知青作家张抗抗、王安忆、铁凝等以及与她们年龄相仿的年青女作品残雪、方方、池莉等。90年代引起重视的女性作家又有林白、陈染、徐坤等人。她们在文坛上形成了一个耀眼的女性作家群。她们的小说创作呈现出"向内转"和"个人化"的趋势，从关注国家和社会，到关注个人、关注生命，直到女性自身从个体出发书写自己的生活经历和情感体验，表达自己的感悟和思考。尽管这些女作家自身层次不同、生活经历不同、创作风格与方法迥异，然而她们都在创作中或隐或显地呈现出不同于男性作家的女性特色，自觉或不自觉地在作品中透露出独立自强的女性意识。特别是80年代中期以来，随着西方女性主义理论在中国的传播，一些女性作家不再回避性别而自觉地用女性的视角来反思历史文明，观照社会人生，她们的创作异彩纷呈，取得了令人瞩目的成就。

20世纪70年代后期至80年代前期的女性小说还处在主流文学的众声合鸣之中。随着新时期文学的初潮，女作家与男作家一起走过了"伤痕""反思""改革"小说的创作道路，并以各自的实力在文坛上争得一席之地。如宗璞的《我是谁?》对"文化大革命"荒诞性的表达，戴厚英的《人啊，人！》高扬的人道主义精神，谌容在《人到中年》中提出的中年知识分子问题等，均引起社会的强烈反响。在与男性作家一同表现"人"的觉醒的同时，女性作家们更开始了"女人"的觉醒。张洁1979年发表的《爱，是不能忘记的》，以一场刻骨铭心的婚外恋情冲破了世俗的道德标准，表现了人格独立的现代女性对无爱婚姻的理性拒绝，成为这一阶段最能代表女性意识觉醒的女性小说。不过，这一阶段女性小说的基本立场是社会的，在表现女性意识觉醒的同时，还难以超越男权世界的价值标准与主流话语。

20世纪八九十年代之交，在文学走向多元化的进程中，女性作家也寻找到了自己的表达方式。例如王安忆的《小鲍庄》、刘索拉的《你别无选择》、方方的《风景》等。小说在艺术上各具特色，同时流露出试图超越男权话语的女性意识。王安忆、铁凝、残雪、池莉等女性作家开始专注于女人的故事而逾越主流叙事；王安忆的"三恋"：《小城之恋》《荒山之恋》《锦绣谷之恋》和《岗上的世纪》等以女性作家的敏感直接突破"性"的禁区；池莉在《不谈爱情》《来来往往》《小姐，你早》等小说中讲述着都市女性平凡琐细的生活，在某种程度上消解了男权话语中关于女人和爱情的神话；铁凝的《玫瑰门》以关注女性又审视女性的眼光写出了三代女人从身体到心灵的方方面面，包括与女性心灵密切相关的性的成长、性的需要和冲动。80年代后期以来的女性作家们则亮明女性身份来表达属于女性的独特经验、感受和思考。

20世纪90年代，随着西方女性主义的引入，"身体叙事"和"个人化叙事"给女性作家们以启发，她们在写作中抛开羁绊，来表现从身体到观念的觉醒，迅即成为文坛聚焦。1994年以来，林白的《一个人的战争》、海男的《我的情人们》、陈染的《私人生活》等几部自传或准自传性的女性小说相继出版，标志着女性小说在摒弃了宏大叙事、抒写个人生命体验的写作潮流中走在了前列。这批激进的女性主义作家开创了一个新的写作空间。她们冲破男权社会的种种禁忌，直抵女性的内心世界，完成了对女性本质的体认，并引领了文坛90年代个人化写作的潮流。

20世纪90年代末期，卫慧和棉棉等70后女作家的写作在文学商业化、市场化转型中独领世纪末大众文化之风，她们的走红尽管不乏炒作的效果，然而作品表现的消费时代都市女性的心理迷乱亦有引人深思之处。

（二）诗歌

1."归来诗人"的诗

新时期初始，一批在新中国诗坛上一度被冤屈而消失了的诗人重返诗坛，唱起了归来的歌，他们被称为"归来诗人"，其名得于艾青的诗集《归来的歌》。1980年，艾青把他恢复创作之后的第一本诗集命名为《归来的歌》，与此同时，流沙河、梁南也写了题为《归来》《归来的时刻》的作品。归来诗人的代表作家有：艾青、曾卓、牛汉、绿原、公刘、邵燕祥、白桦、流沙河等。

2. 朦胧诗

1978年12月23日，由北岛担任主编、芒克任副主编的民间刊物《今天》刊行面世，这是这代诗人第一次以集群的形式出现于诗坛。1979年3月，《诗刊》发表了北岛的《回答》，标志着朦胧诗开始浮出地表，从而形成了强烈的艺术冲击波。由于这批年轻诗人大都经历过"文革"十年动荡，有过激情和理想从狂热到幻灭的过程，所以当他们意识到自己年少时天真和单纯的信仰被欺骗之后，不免有些失落和迷惘。顾城《一代人》就是其中代表。此类诗一改传统直白浅露的抒情模式，而大量采用象征、隐喻、反讽、变形、通感、暗示等艺术手法，使之呈现出一种朦胧隐奥、含混甚至歧义的诗意氛围，因此人们便把这类诗称作"朦胧诗"。代表诗人有北岛、舒婷、海子、西川、王家新等。

3. 第三代诗歌

第三代诗歌以民间刊物《他们》的延续出版作为标志，它是继《今天》之后又一个具有重要影响力的民间刊物。1989年之前，《他们》共出刊4期，90年代之后又连续出刊5期，直至1995年终刊。后由小海、杨克主编的《他们——十年诗歌选》于1998年出版，由此推出了一大批"他们"诗歌的重要代表人物,如于小韦、朱文、杨克、杨健、吴晨骏、刘立杆、伊沙、侯马、杜马兰等。此外《葵》等先锋诗报、诗刊也蔚成气候,同样聚集起一批民间更年轻的实验、探索性诗人,虽然其势头不像 80 年代诗潮那么汹涌激荡,但其热情和勇气也并未消减。从另一层面看,80 年代后期的思想文化氛围对诗坛发生的影响也是显而易见的,尤其是对那些具有精英幻想和人文主义情怀的知识分子来说,他们感到从未有过的内心深处的变化,包括心境、艺术趣味乃至认知、态度的完全改变。或许因为对 90 年代之后历史进程与文化状况等的认知、感受不同,表现在诗歌书写中其处理艺术与社会,艺术与历史、文化,艺术与日常生活及自身经验的方式、方法就会有所不同,这就使 80 年代的诗学分歧不可避免地放大,以致形成一场世纪末民间立场与知识分子写作的诗学论争,并对 21 世纪初期诗歌走向产生深远影响。

三、21 世纪初期的文学

新世纪文学指的是 21 世纪文学,伴随着改革开放的深入和社会主义市场经济体制的建立和施行,文学运行体制发生了根本转变。这样的转变从内在方面说,适应着消费时代人们的文化需求;从外在方面说,适应着媒体时代人们的技术需求。

(一)小说

1. 现实主义小说

在 20 世纪八九十年代已然形成的多元化格局中,现实主义仍然以其强劲的生命力和影响力,对新世纪文学的整体走向和审美选择发挥着引领作用,这在小说创作领域尤其突出。

在新世纪小说的创作队伍中,新时期的主流作家依然是其中的中坚,这里既有步入老年的王蒙、宗璞、张洁、蒋子龙等,也有人过中年的贾平凹、王安忆、铁凝、莫言等,他们将现实主义传统带入新世纪的小说创作，创作了许多优秀作品，如王蒙的"季节"系列、宗璞的"野葫芦引"系列、张洁的《无字》、蒋子龙的《农民帝国》、贾平凹的《秦腔》、王安忆的《启蒙时代》、铁凝的《笨花》、莫言的《生死疲劳》等。在这些作品中，现实主义的启蒙精神和批判精神得到进一步张扬。现实主义传统的辐射力是强大的，已经成长为"中生代"的一批作家，如方方、刘震云、刘醒龙、阎连科等。当代中国文学八九十年代的一批先锋小说家对现实主义的皈依，这其中最有代表性的当数余华。他在20世纪90年代创作出现实主义小说《活着》《许三观卖血记》等作品；在21世纪，他的长篇小说《兄弟》和《第七天》等大致延续着写实的基本方式。对于其他先锋作家而言，莫言的《丰乳肥臀》《蛙》等作品已有这种倾向。

2. "底层"小说

底层写作或底层文学，主要指反映社会底层群体生存状况及精神世界的文学创作，包括小说、诗歌、散文等不同体裁的创作，其中，小说创作也经常被称为"底层叙事"。底层文学创作萌发于20世纪80年代中期，90年代中期形成一股潮流，小说创作一直是底层文学的主要板块。参与底层文学创作的主要有两大群体：打工作家和专业作家。打工作家主要是来自南方的打工者，他们是底层文学的先行者和生力军。20世纪80年代，随着改革开放步伐的加快，大批"三资"企业和"三来一补"企业在珠江三角洲迅速崛起，南粤大地像一个强大的磁场，吸引了来自全国各地的"打工仔"和"打工妹"。这些年轻人大多来自农村及边远贫困地区，逐渐形成一个庞大的"打工阶层"，随之表现打工者的生活状况和精神世界的"打工文学"应运而生。"打工文学"是底层写作的早期形态。林坚、张伟明、周崇贤等是底层文学萌发期的主要作家。林坚的小说《夜晚，在海边有一个人》被认为是第一篇"打工小说"，《我们 INT》《下一站》《阳光地带》等反映打工者生存艰辛及劳资矛盾的打工文学在当时产生了一定影响。20世纪90年代是打工文学兴盛期，此时，黄秀萍、斯土、鄢文江、黎志杨、缪永、阎永群等纷纷发表作品，《作品》《花城》《广州文艺》《特区文学》等刊物成为打工小说的主要载体。张伟明的《对了，我是打工仔》、黄秀萍的《绿叶，在风中颤抖》、黎志杨的《禁止浪漫》、周崇贤的《那窗那雪那女孩》等作品，获得了最初的反响，而谭伟文的《广州梦》、林坚的《有个地方在城外》、周崇贤的《隐形沼泽》等长篇小说开始显现出打工小说创作的厚重。

专业作家的底层写作萌发于20世纪90年代初，90年代中期出现兴盛势头，进入21世纪之后形成热潮。刘醒龙的《白菜萝卜》、阎欣宁的《毁灭的庄园》、刘庆邦的《阳光》、关仁山的《九月还乡》等作品可以看作专业作家介入底层写作的标志。2000—2004年是"爆发期"，李肇正的《傻女香香》、罗伟章的《我们的路》、邵丽的《明惠的圣诞》、贾平凹的《高兴》等长篇小说也在这一时期问世。

3. 影视、网络小说

进入20世纪90年代，网络媒体迅速崛起，尤其是电视、互联网改变了人们日常生活的组织形式与内容，也影响了文学创作。

网络的自由性和开放性使"民间小说"的发表、出版权获得解放，给小说提供了一片新的天地。更多的文学爱好者在不断尝试、读写磨合、海量更新的过程中锻炼了文笔，张扬了个性。安妮宝贝、宁财神、李寻欢、今何在、慕容雪村、当年明月、南派三叔等均在网络时代脱颖而出。网络为广大文学爱好者提供了作品传播、共享的便捷平台，改变了以往"你写我读"的精英化书写方式。其中比较具有代表性的有麦家和海岩，麦家的主要作品大都叙写谍报工作、密码破译等，无论是《解密》《暗算》，还是

《风声》《风语》都与密码有着解不开的情缘。海岩是相当适应市场化和影视化写作的作家，从20世纪80年代创作处女作《便衣警察》轰动一时，到《一场风花雪月的事》《永不瞑目》《拿什么拯救你，我的爱人》《玉观音》《五星大饭店》等系列小说的畅销，海岩创造了小说艺术性和商业性兼收的神话。同时，根据这些小说改编的电视剧屡屡掀起收视热潮，均产生轰动效应。另外还有王跃文的"官场小说"《国画》《梅次故事》《大清相国》；王海鸰的《牵手》《中国式离婚》《新结婚时代》；安妮宝贝的《告别薇安》《八月未央》《彼岸花》。

（二）散文

该期散文创作有一种与时下散文不同的历史风骨和艺术品位。在世纪之交的十多年时间里，他们用最后的生命之光创作出了一大批经典的散文作品，诸如萧乾的《未带地图的旅人》、杨绛的《干校六记》与《将饮茶》、金克木的《天竺旧事》与《燕啄春泥》、季羡林的《留德十年》与《牛棚杂忆》、张中行的《负暄琐话》与《负暄续话》、吴冠中的《人生小品》、黄苗子的《雪泥爪印》与《世说新篇》等。在他们的文字中，融进了哲学、文史、政治、社会等方面的学识，更融进了情怀、趣味、智慧热潮。

20世纪90年代，以余秋雨的《文化苦旅》为代表的文化散文的盛行，引发了一阵文化散文的创作热潮。进入21世纪以后，虽然文化散文渐有退潮之势，但并没有完全消失，李存葆、王充闾、王开岭、李国文、贾平凹、史铁生、张承志、张炜，以及很多人文学者如雷达、孙郁、朱学勤、南帆、张清华等仍有不少文化散文面世。

附录1： 中外文学大事记

一、外国文学大事记

公元前 3000 年
出现了一个英雄的传奇《吉尔伽美什》。

约公元前 13 世纪—前 2 世纪
产生了古代希伯来文学《旧约》。

公元前 11 世纪—前 9 世纪
产生了欧洲英雄史诗的典范《荷马史诗》。

公元前 6 世纪
奴隶伊索创作《伊索寓言》。

公元前 6 世纪—前 4 世纪
希腊文学在雅典全盛时期达到了高峰，涌现出著名的三大悲剧诗人埃斯库罗斯、索福克勒斯、欧里庇得斯和著名的喜剧诗人阿里斯托芬等。

公元前 4 世纪—4 世纪
出现了印度的两大史诗《摩诃婆罗多》和《罗摩衍那》。

公元前 70 年—前 19 年
维吉尔学习、模仿荷马史诗，基础工作《埃涅阿斯纪》这是欧洲第一部文人史诗，对后来欧洲的史诗产生重要影响。

8 世纪—16 世纪
由阿拉伯及附近各地区的民间市井艺人、文人学士创作的《一千零一夜》（旧译《天方夜谭》），这是阿拉伯中古时期的一部优秀的民间故事集。

11 世纪初

女作家紫式部创作《源氏物语》,这是日本中古物语文学的典范,也是世界上最早的长篇小说之一。

11 世纪末

出现了中世纪最杰出的英雄诗史《罗兰之歌》。

12 世纪末—13 世纪中叶

产生了中世纪城市文学最重要的作品《列那狐传奇》。

1307 年左右

但丁创作《神曲》。

1348 年

中世纪的欧洲爆发了有史以来最可怕的一场瘟疫,同时也催生了文艺复兴时代的第一声呐喊——薄伽丘的《十日谈》。

1530 年

拉伯雷开始创作《巨人传》。

1564 年

莎士比亚诞生。

1595 年

莎士比亚创作了《罗密欧与朱丽叶》。

1599—1602 年

莎士比亚的《哈姆雷特》完成。

1605 年

塞万提斯的《堂吉诃德》出版。

17 世纪 30 年代

巴洛克文学兴起。对 19 世纪的浪漫主义文学产生了直接作用,对 19 世纪以来的拉美文学也有深刻影响。

1664—1668 年

法国喜剧大师莫里哀的代表作《伪君子》《恨世者》《吝啬鬼》问世。

1719 年

丹尼尔·笛福创作了《鲁滨孙漂流记》。

1721 年

孟德斯鸠出版了书信体讽刺小说《波斯人信札》,为 18 世纪哲理小说开辟了道路。

1749 年

菲尔丁出版了《汤姆·琼斯》,全名是《弃儿汤姆·琼斯的历史》,为 19 世纪英国批判现实主义小说奠定了基础。德国伟大的诗人、剧作家和思想家歌德诞生,他被称为文学世界里"奥林匹斯山上的宙斯"。

1759 年

《老实人》又名《乐观主义》问世,它是伏尔泰哲理小说成就最高的一部。

1761 年

卢梭出版《新爱洛琦丝》,他是在法国文学史上,第一个把爱情当作人类高尚情操来歌颂的人。

1760—1780 年

德国发生了一次声势浩大的资产阶级反封建的文学运动,即"狂飙突进"运动。

1774 年

歌德出版《少年维特之烦恼》。

1784 年

席勒出版《阴谋与爱情》,这部著作被恩格斯称为"德国第一部有政治倾向的戏剧"。

1808 年

歌德的《浮士德》第一部出版。

1818—1823 年

叛逆的天才诗人拜伦创作了绝顶天才之作——《唐璜》。

1822 年

天才的预言家雪莱去世。

1823—1830 年

近代俄国文学的奠基人普希金创作了《叶甫盖尼·奥涅金》，被誉为"俄国生活的百科全书"。

1830 年

现代小说之父司汤达发表了《红与黑》，这是一部批判现实主义文学的奠基之作。

1842—1848 年

巴尔扎克写作《人间喜剧》，这是一部世界文学史中令人叹为观止的鸿篇巨制。

1842 年

果戈理的代表作《死魂灵》出版，是俄国批判现实主义文学发展的基石，也是果戈理的现实主义创作发展的顶峰。

1844 年

德国的伟大诗人海涅创作《德国，一个冬天的童话》。

1847 年

勃朗特三姐妹的《简·爱》《呼啸山庄》和《艾格妮丝·格雷》出版。

1857 年

语言艺术大师福楼拜发表了一部"最完美的小说"——《包法利夫人》。恶魔诗人波德莱尔的《恶之花》经过多年的积累、磨砺，终于出现在巴黎的书店里。

1859 年

英国的写实主义大师狄更斯出版《双城记》。

1862 年

永远的人道主义者雨果创作《悲惨世界》，这是雨果小说创作的里程碑；同年，《父与子》发表，这是屠格涅夫最著名的长篇小说。

1863—1869 年

列夫·托尔斯泰的代表作之一——《战争与和平》发表,这是一部史诗型长篇小说。

1866 年

残酷的天才陀思妥耶夫斯基发表《罪与罚》,是一部使作者获得世界声誉的重要作品。

1871—1893 年

左拉创作《卢贡—玛卡尔一家人的自然史和社会史》。

1879 年

易卜生完成《玩偶之家》,使他获得世界声誉。

1880 年

短篇小说之王莫泊桑发表成名作——《羊脂球》,一跃登上法国文坛。

1884 年

《哈克贝利·费恩历险记》发表,这是马克·吐温的代表作,也是美国文学史上一部影响深远的作品。

1888 年

王尔德的第一本童话集——《快乐王子》出版。

1890 年

罗曼·罗兰开始创作长篇小说《约翰·克利斯朵夫》。

1891 年

哈代的《德伯家的苔丝》发表。

1900 年

德莱塞完成第一部长篇小说——《嘉莉妹妹》,十年后,德莱塞创作第二部长篇小说——《珍妮姑娘》,德莱塞因此成为专业作家。

1906 年

高尔基创作——《母亲》。

1912 年

卡夫卡写作——《判决》和《变形记》。

1913 年

泰戈尔因《吉檀迦利》荣获诺贝尔文学奖,成为第一个得到这一殊荣的东方作家。

1922 年

乔伊斯的《尤利西斯》发表,这是现代西方小说中最富实验性的作品之一,被认为是意识流小说的经典之作。

1925—1940 年

肖洛霍夫创作他的长篇小说——《静静的顿河》。

1926 年

米切尔开始着力创作——《飘》,10 年之后,作品问世,该书一出版就引起了强烈的反响,这部小说奠定了她在美国文学史上不可动摇的地位。

1929 年

福克纳的代表作之一——《喧哗与骚动》问世,受到评论界的一致好评,福克纳脱颖而出,正式登上文坛。

1930 年

刘易斯成为美国文学史上第一个获诺贝尔文学奖的作家。

1935—1948 年

文学泰斗川端康成发表——《雪国》。

1938 年

"中国通"赛珍珠获得诺贝尔文学奖。

1948 年

艾略特因"对当代诗歌做出的贡献和所起的先锋作用"获得诺贝尔文学奖。

1954 年

海明威获得诺贝尔文学奖。

1962 年

乡土作家斯坦贝克获诺贝尔文学奖。

1968 年

川端康成获诺贝尔文学奖。

二、中国文学大事记

公元前 21 世纪—前 17 世纪

1. 传说有乐舞《九韶》《九辩》《九歌》等。

2. 帝孔甲时,传说有《破釜歌》,为东音之始。

3. 帝孔甲时,传说有《盘盂》铭 26 篇。

前 782 年(宣王四十六年已未)

1. 宣王时铸有毛公鼎,其铭文达 497 字。

2.《诗经》之《周颂》为西周初期作品。《大雅》《小雅》及《豳风》均为西周作品。

前 753 年(秦文公十三年)

秦初有史记其事。

前 722 年

《春秋》《左传》记事皆从本年始。

前 627 年

1. 传说秦穆公于崤之战后作《尚书·秦誓》,此为《尚书》年代最末之文章。

2.《诗经》之《鲁颂》4 篇皆产生于鲁公之时。

前 512 年

孙武以《孙子兵法》十三章见吴王阖闾,被任为将。

前 500 年

晏婴死。《晏子春秋》是战国时人依其言论假托创作而成。

前 484 年

孔子回鲁。编订、整理《诗》《书》《礼》《乐》《春秋》以授弟子。孔子也曾研究和传授过《易》。

前 479 年

孔子卒。他的言行被弟子编为《论语》。

前 476 年

老子为春秋末期人,约与孔子同时,而年稍长于孔子,作有《老子》。

前 468 年

《左传》记事止于此年。《左传》约成书于战国初年。

前 453 年

《国语》记事止于此年。《国语》约成书于战国初年。

前 304 年

屈原离开郢都赴汉北,作《离骚》。

前 299 年

屈原自汉北返郢。《天问》《抽思》作于汉北。

前 296 年

楚怀王卒于秦。屈原作《招魂》悼怀王。

前 247 年（秦庄襄王三年甲寅）

秦相吕不韦专权,令宾客编集《吕氏春秋》。

前 239 年

《吕氏春秋·序意》作于此年,或《吕氏春秋》全集成书于此年。

前 233 年

韩非入秦,既而遭害。著有《韩非子》。

前 221 年

秦国统一六国,标志战国时代结束。

1. 《山海经》均成于战国时期至汉代初年。

2.《尚书·禹贡》成于战国后期。

3. 长沙马王堆 1973 年出土的《经法》《十六经》《称》《道原》四种古佚书为战国后期作品。

前 176 年

贾谊出为长沙王太傅。渡湘水，作《吊屈原赋》。

前 156 年

枚乘作《七发》。枚皋生。

前 145 年

司马相如作《子虚赋》。

司马迁生。一说生于武帝建元六年（前 135）。

前 11 年

帝郊祀，扬雄从，作《甘泉赋》《河东赋》《羽猎赋》。

66 年

班固修《汉书》，作《两都赋》。

105 年

张衡精思十年，作《二京赋》。

138 年

马融为武都太守，著《易》《书》《诗》《礼》诸传。

206 年

1. 曹操征高干，作《苦寒行》。

2. 王粲《登楼赋》《七哀》其二、其三约作于本年。

210 年

1. 曹操作《求贤令》《让县自明本志令》。

2. 曹植作《铜雀台赋》，援笔立成，深得曹操喜爱。

211 年

1. 曹丕为五官中郎将、副丞相，留守邺，作《感离赋》。

2. 曹植为平原侯，从曹操西征，作《离思赋》《述行赋》《离友诗》。

223 年

曹植徙封雍丘王，朝京师。上表献《责躬》《应诏》诗，又作《赠白马王彪》《洛神赋》及《任城王诔》。

268 年

1. 夏侯湛举贤良，作《对策》，拜郎中，与潘岳为友。

2. 潘岳辟司空掾，举秀才，作《籍田赋》。

3. 李密除太子洗马，不就，作《陈情事表》。

278 年

潘岳兼虎贲中郎将，作《秋兴赋》。

292 年

潘岳为长安令，作《西征赋》《伤弱子辞》及《思子诗》。

303 年

1. 左思《三都赋》改定，避难冀州，寻卒（约卒于 305 年）。左思以《咏史八首》名世，《娇女诗》也很著名。

2. 陆机（261—303 年）兵败，受谗被诛，年四十三。存诗 105 首，文 136 篇。

353 年

王羲之于三月三日在会稽山阴兰亭别业，集合名流，行修禊事，饮酒赋诗，成《兰亭集》，羲之作《兰亭集序》。

405 年

陶渊明辞彭泽令返里，作《归去来兮辞》。

406 年

陶渊明有《归园田居》诗五首。

444 年

刘义庆卒（403—444 年），年四十二。有《世说新语》八卷。原有文集，已遗失。

501 年

刘勰《文心雕龙》约撰成于本年前后。

521 年

刘勰约卒于此年。所著《文心雕龙》十卷传世。

526 年

梁昭明太子编选《文选》约成于此年或稍后。

578 年

庾信作《哀江南赋》并序。

580 年

卢思道年五十,感慨身世,作《孤鸿赋》。

676 年

王勃途经南昌,作《滕王阁序》。渡南海,落水惊悸而死,年二十七。

685 年

陈子昂在长安,仍任麟台正字,开始作《感遇》诗。后从军至西北边陲。

697 年

陈子昂登蓟北城楼,作《登幽州台歌》。

738 年

高适在长安,作《燕歌行》;旋离长安返梁、宋。

743 年

李白在长安,与贺知章等作"饮中八仙"之游。此年前后,作《蜀道难》《古风五十九首》中的部分篇章。

752 年

杜甫在长安,作《兵车行》《前出塞》《曲江三章》等诗,又与高、琴储等同登慈恩寺塔,赋诗打怀。

755 年

1. 岑参在轮台,间至北庭,作于上一年或本年的有《走马川行奉送封大夫出师西征》《白雪歌送武判官归京》等诗。

2. 杜甫自长安赴奉先省亲,作《自京赴奉先县咏怀五百字》

《后出塞》诗。

3. 李白居宣城，有《赠汪伦》诗。

757 年

1. 杜甫羁留长安，作《春望》《哀江头》诸诗。四月，逃往凤翔，授左拾遗。

2. 八月，杜甫从凤翔到鄜州探家途中，作《北征》《羌村三首》《彭衙行》等诗。

759 年

1. 李白于流贬途中遇救，东还，南游洞庭，有《陪族叔刑部侍郎晔及中书贾舍人至游洞庭五首》等诗。

2. 杜甫自华州归洛阳，回华州途中，作《三吏》《三别》《赠卫八处士》。秋，弃官，入蜀。途经秦州、同谷，有《梦李白二首》《秋笛》《同谷七歌》等诗。冬，抵成都。

761 年

杜甫闲居草堂，有《春夜喜雨》《江畔独步寻花七绝句》诸作。

825 年

杜牧作《阿房宫赋》。

883 年

韦庄作《秦妇吟》。

901 年

韦庄入蜀依王建，为掌书记。作《小重山》《谒金门》《荷叶杯》等词。

940 年

后蜀赵崇祚编《花间集》。

983 年

《太平御览》编成，共一千卷。

1046 年

范仲淹在邓州作《岳阳楼记》。欧阳修在滁州作《醉翁亭记》。又作《梅圣俞诗集序》,倡"诗穷而后工"之说。

1054 年

1. 欧阳修为翰林学士兼史馆修撰,主修《新唐书》。
2. 王安石作《游褒禅山记》。王令作《梦蝗》。

1075 年

1. 王安石复相,赴京途中作《泊船瓜洲》。
2. 苏轼在密州,作《江城子》(十年生死两茫茫)。

1076 年

苏轼在密州作《水调歌头》(明月几时有)。

1271 年

关汉卿《单刀会》《调风月》杂剧约作于本年前后。

1278 年

文天祥于五坡岭被俘,作《过零丁洋》。

1281 年

文天祥作《正气歌》。

1299 年

关汉卿《窦娥冤》作于本年后不久。

1368 年

约于元末明初,罗贯中编撰的《三国志通俗演义》和施耐庵编撰的《水浒传》基本定型。传罗贯中为施耐庵的门人。施氏生卒年不详。罗贯中(约生于1330—1400年),另有杂剧《赵太祖龙虎风云会》等传世。

1398 年

朱权于本年写成《太和正音谱》。

1448 年

朱权卒(1378—1448年),年七十。有曲论《太和正音谱》

和杂剧《卓文君私奔相如》等 12 种。

1495 年

邱濬卒（1421—1495 年），年七十四。约在成化年间，作有传奇《五伦全备记》等。稍后，作有传奇《香囊记》。

1497 年

时徐祯卿、祝允明、唐寅、文徵明于吴中相讲习艺文，人称"吴中四才子"。

1504 年

李东阳《拟古乐府》成编，前有引，称汉魏乐府歌辞"质而不俚，腴而不艳"。

1573 年　明神宗万历元年癸酉

徐渭《四声猿》中《狂鼓史渔阳三弄》《雌木兰替父从军》《女状元辞凰得凤》三剧作于本年至万历七年间。

1577 年

汤显祖传奇《紫箫记》作于本年秋至万历七年间。

1583 年

1. 万历初，有传奇《红梅记》。

2. 孙钟龄于万历年间作传奇《东郭记》《醉乡记》等。

3. 金銮著有《萧爽斋乐府》。

1587 年

汤显祖传奇《紫钗记》成于本年前后。

1598 年

汤显祖著成传奇《牡丹亭》。

1601 年

1. 汤显祖著成传奇《邯郸记》。

2. 茅坤卒，有诗文集《白华楼藏稿》和评选本《唐宋八大家文钞》。

1621 年

1. 冯梦龙编纂的《喻世明言》本年前后刊行。
2. 许仲琳、李云翔约于天启年间编成《封神演义》。

1632 年

1. 凌濛初编著的《二刻拍案惊奇》刊行。
2. 陆人龙的《型世言》约刊于是年。
3. 抱瓮老人选编的《今古奇观》于是年至崇祯十七年间刊行。《西湖二集》《石点头》《鼓掌绝尘》等白话短篇小说集也在明末刊行。

1644 年

凌濛初卒,编著有《拍案惊奇》《二刻拍案惊奇》《南音三籁》等。

1646 年

冯梦龙卒,编著有《喻世明言》《警世通言》《醒世恒言》《平妖传》等小说,《双雄记》等传奇。

1685 年

纳兰性德卒,有《饮水词》《通志堂集》等。

1704 年

洪昇卒,有《长生殿》《稗畦集》《啸月楼集》等。

尤侗卒,有《钧天乐》传奇和《西堂全集》等。

1715 年(清圣祖康熙五十四年乙未)

蒲松龄卒,年七十六。有《聊斋志异》《聊斋诗集》《聊斋文集》及俚曲等。

1754 年

吴敬梓卒,有《儒林外史》《文木山房集》等。

1765 年

郑燮卒,有《郑板桥集》。

1791 年

程伟元、高鹗将《红楼梦》前 80 回与后 40 回合成一个完整故事,以木活字排印出来,通称"程甲本"。

1797 年

1. 毕沅卒,曾主编《续资治通鉴》。

2. 王鸣盛卒,有《十七史商榷》《蛾术编》《尚书后案》《西庄始存稿》。

3. 袁枚卒,有《小仓山房全集》《随园诗话》《子不语》。

1808 年

沈复《浮生六记》约于这一时期写成,今存四记,光绪三年刊行。

1839 年

1. 周济卒,著有《味隽斋词》《周氏词辨》《介存斋论词杂著》《晋略》,选有《宋四家词选》。

2. 龚自珍因忤其长官,辞官南归。作《病梅馆记》《己亥杂诗》。

1896 年

1. 夏曾佑、谭嗣同、梁启超等开始试作"新体"诗,杂用孔、耶、佛三教典故,但大体只提到新名词,艺术上不够成熟。

2. 梁启超主编上海《时务报》,并刊载所操《变法通议》等文,梁氏的"新文体"散文开始萌生,人们亦称之为"时务文体"。

3. 谭嗣同著《仁学》。

4. 李宝嘉到上海,编撰《指南报》,次年创办《游戏报》。

1899 年

1. 林纾与王寿昌合译法国小仲马之《茶花女》为《巴黎茶花女遗事》刊行。

2. 梁启超在《夏威夷游记》中正式提出"诗界革命""文界

革命"口号。

1902 年

梁启超在日本横滨创办《新民丛报》，发表《少年中国说》等文，梁氏之新文体散文走向成熟。梁氏又在该报连载其《饮冰室诗话》，将"诗界革命"推向高潮。年末又创办《新小说》，发表《论小说与群治之关系》，并开始连载所著《新中国未来记》，罗普《东欧女豪杰》，推动"小说界革命"。此后陆续出现小说专刊杂志。又在《新民丛报》创刊号上发表传奇《劫灰梦》，为戏剧改良之先声。

同年，黄遵宪写定《人境庐诗草》。

1903 年

1. 李宝嘉之《官场现形记》于《世界繁华报》上连载。
2. 吴沃尧《二十年目睹之怪现状》连载于《新小说》。
3. 刘鹗《老残游记》在《绣像小说》上连载，后重载于《天津日日新闻》。
4. 金松岑《孽海花》第一、二回发表于留日青年在东京创办的《江苏》月刊，后由曾朴修改完善《江苏》月刊。
5. 邹容《革命军》在上海出版，章太炎于《苏报》发表《序革命军》与《驳康有为论革命书》摘要，发生"苏报案"，章太炎、邹容皆被捕入狱。
6. 柳亚子入上海爱国学社读书，参加中国教育会。
7. 吴汝纶卒（1840—1903 年），年六十三。有《桐城吴先生全书》。

1906 年

1. 清政府正式废除科举制度。
2. 柳亚子任教于健行公学，主《复报》笔政，声援革命派与改良派的论战。
3. 曾孝谷、李叔同等于日本东京创立新戏即早期话剧演出团体"春柳社"。

4. 李宝嘉卒（1867—1906年），有《官场现形记》《文明小史》等。

1909年

1. 鲁迅、周作人译《域外小说集》一、二集，在东京出版。

2. 资产阶级革命派文学团体"南社"在苏州虎丘成立，柳亚子任书记员。

3. 刘鹗卒（1857—1909年），年五十二。有《老残游记》等。

1914年

1. 以发表鸳鸯蝴蝶派小说为主的刊物《中华小说界》（沈瓶庵主编）、《民权报》（刘铁冷等主编）、《小说丛报》（徐枕亚主编）《礼拜六》（王钝根等主编）创刊，后者影响尤大。

2. 鸳鸯蝴蝶派长篇小说徐枕亚《玉梨魂》、吴双热《孽冤镜》刊行。

3. 李涵秋《广陵潮》初集出版。

4. 章太炎在北京遭袁世凯"曲禁"，直到1916年。《章太炎文钞》出版。

5. 苏曼殊小说《天涯红泪记》发表。其他小说《绛纱记》《焚剑记》《碎簪记》《非梦记》陆续于1915—1917年发表。

6. 章士钊于日本东京创办《甲寅》杂志，署名秋桐。

1915年

1. 陈独秀主编的《青年杂志》在上海创刊，创刊号所发《敬告青年》一文亮出了"民主"与"科学"的思想旗帜。

2. 《青年杂志》1卷3号、4号上连载陈独秀《现代欧洲文艺史谭》一文，热情介绍西方现代文艺思潮，指斥国内文坛陈腐之象，表露出文艺改革的心迹。

3. 本年度先后出版发行了《青年杂志》《小说海》《小说新

报》《戏剧丛报》《妇女杂志》《中华学生界》《中国白话报》《国学杂志》等众多的文化、文学报刊，观点旨趣虽各有不同，文化与文学气氛却日趋活跃。

1916年

《青年杂志》从第2卷第1号起改名为《新青年》，成为宣传新文化新思想的重要阵地。陈独秀在《新青年》第2卷2、3、4号上分别发表《驳康有为致总理书》《宪法与孔教》《孔子之道与现代生活》等一系列文章。反对孔教与帝制，主张西方的平等人权说，以《新青年》为阵地掀起了"打倒孔家店"的浪潮。

1917年

1. 胡适在《新青年》2卷5号发表《文学改良刍议》，明确提出文学改良的"八事"。

2. 陈独秀在《新青年》2卷6号发表《文学革命论》，倡明文学革命的"三大主义"，文学革命运动正式兴起。

1918年

1.《新青年》杂志出版第4卷第1号，从该号起尝试使用白话文和新式标点。其间，《新青年》编辑部扩大，陈独秀、李大钊、胡适、刘半农、沈尹默、钱玄同以及鲁迅、周作人等共同参与编辑工作，实际形成了以《新青年》为核心的新文化阵营。

2. 中国现代文学史上第一篇白话短篇小说——鲁迅的《狂人日记》在《新青年》4卷5号发表。这是"鲁迅"笔名的首次使用。

1919年

1. 刘师培、黄侃等人创办《国故》月刊，林纾又在北京《公言报》发表《致蔡鹤卿太史书》，倡明反对新文化的态度。

2.《新青年》6卷3号发表胡适的独幕剧《终身大事》，这是中国现代戏剧史上第一个正式发表的话剧剧本。

1920 年

胡适的白话诗集《尝试集》由上海亚东图书馆出版发行。这是中国现代文学史上第一部白话新诗集。

1921 年

1. 文学研究会在北京中山公园正式成立，发起人有郑振铎、王统照、沈雁冰、叶绍钧、郭绍虞、周作人、孙伏园、朱希祖、瞿世英、蒋百里、耿济之、许地山等 12 人。这是中国现代文学史上成立的第一个新文学社团。

2. 郭沫若的《女神》由上海泰东图书局出版发行，这是"五四运动"以后第一部影响最大的新作品。

3.《晨报》的第七版副刊改为《晨报副镌》单独出刊，逐渐成为影响较大诗集。

4. 郁达夫的小说集《沉沦》由上海泰东图书局出版，这是中国现代文学史上第一部短篇小说集。

5. 鲁迅的《阿 Q 正传》开始在《晨报副镌》上连载，至 1922 年 2 月 12 日刊完。

1922 年

1. 中国新诗社主办的《诗》月刊在上海创刊，由刘延陵、叶绍钧等人主持，该刊一度成为文学研究会的定期出版物，是中国第一个新诗诗刊。

2. 青年诗人潘漠华、冯雪峰、应修人、汪静之在杭州成立"湖畔诗社"，并出版诗歌合集《湖畔》（次年 12 月又出版第二部诗歌合集《春的歌集》）。

3. 以周瘦鹃、王钝根为代表的"礼拜六派"（亦即"鸳鸯蝴蝶派"）将 1914 年创办、1916 年停刊的《礼拜六》杂志复刊。

1923 年

1. 冰心的第一部诗集《繁星》由上海商务印书馆出版。本年 5 月冰心的第二部诗集《春水》由北京新潮社出版。

2. 朱自清的长诗《毁灭》在《小说月报》14卷3号上发表，该诗被认为是用传统技法创作的第一首现代长诗。

3. 由"浅草社"（1922年成立）主办的《浅草》文学季刊在上海创刊。"浅草社"的主要成员有林如稷、陈炜谟、陈翔鹤、冯至等。

4. 鲁迅的第一部短篇小说集《呐喊》由北京新潮社出版。

5. 闻一多的第一部诗集《红烛》由上海泰东图书局出版。

1924年

1. 印度现代著名诗人、哲学家泰戈尔来到上海讲学，此前郑振铎曾编写《泰戈尔传》，在1923年9、10月出版的《小说月报》上连载。

2.《语丝》周刊在北京创刊，先后由孙伏园、鲁迅、柔石等人编辑，该刊主要撰稿人鲁迅、周作人、林语堂、顾颉刚、川岛、章衣萍等构成同仁团体"语丝社"，其独特文风形成所谓"语丝文体"。

1925年

许地山的《空山灵雨》由商务印书馆出版，这是我国最早出版的散文诗集之一。

1926年

鲁迅的第二本短篇小说集《彷徨》由北平北新书局出版。

1927年

1. 鲁迅的散文诗集《野草》由北平北新书局出版。

2. 茅盾的小说处女作《幻灭》连载于《小说月报》第18卷9—10号。

1928年

1. 蒋光慈、阿英、孟超等人在上海发起成立"太阳社"，创办《太阳月刊》。闻一多的诗集《死水》由新月书店出版。后期创造社和新成立的太阳社分别在《文化批判》《创造月刊》和

《太阳月刊》等刊物上发表《艺术与社会生活》(冯乃超)、《从文学革命到革命文学》(成仿吾)、《怎样地建设革命文学》(李初梨)、《英雄树》与《桌子跳舞》(郭沫若)、《关于革命文学》(蒋光慈)等一系列文章,革命文学运动随之兴起。叶圣陶长篇小说《倪焕之》开始在《教育杂志》上连载,该书1929年8月由上海开明书店出版单行本。

2. 新月社在上海创办《新月》月刊,主编徐志摩在创刊号发表《新月的态度》,钱杏邨在《太阳月刊》第3期发表《死去了的阿Q时代》;鲁迅则发表《"醉眼"中的朦胧》(刊《语丝》4卷11期)等文章,回击创造社、太阳社的攻击,从此引发关于无产阶级革命文学的论争。

3. 鲁迅、郁达夫合编的《奔流》月刊在上海创刊。该刊主要刊登外国文学及其理论的翻译作品。

4. 戴望舒的《雨巷》发表于《小说月报》第19卷8号。

5. 刘呐鸥编辑的文学半月刊《无轨列车》在上海创刊,尝试发表中国的"新感觉派"作品。

6. 鲁迅的散文集《朝花夕拾》由北平未名社出版。

7. 朱自清的散文集《背影》由上海开明书店出版。

1929年

1. 巴金的小说处女作《灭亡》连载于《小说月报》第20卷1—3号,同年10月由开明书店出版单行本。

2. 高尔基的《母亲》的第一个中译本由夏衍根据日文本译出并由上海大江书铺出版。

1930年

1.《萌芽》月刊在上海创刊,从第6期起改名《新地》。鲁迅主编,冯雪峰、柔石、魏金枝助编。该刊从1卷3期起成为"左联"的机关刊物之一,主要任务是译介马克思主义文艺理论以及苏联等外国进步文艺。

2. 由太阳社主办、蒋光慈主编的《拓荒者》月刊在上海创刊,从第3期起成为"左联"的机关刊物之一。该刊发表了大量有关马克思主义文艺理论的文章及左翼作家的作品。

3. 中国左翼作家联盟(简称"左联")在上海成立。成立大会上选举鲁迅、沈端先、冯乃超、钱杏邨、田汉、郑伯奇、洪灵菲7人为"左联"的常务委员。周扬、茅盾从日本回国后也相继参加了"左联"的领导工作。鲁迅在"左联"的成立大会上发表了题为《对于左翼作家联盟的意见》的重要讲演。

4. 茅盾的第一部长篇小说《蚀》三部曲(《幻灭》《动摇》《追求》)由上海开明书店出版。

1931年

巴金的长篇小说《家》开始在上海《时报》连载,当时题名为《激流》,1933年5月以《家》为名由开明书店出版。

1932年

中国诗歌会在上海成立,主要发起人有穆木天、任钧、杨骚、蒲风。该会在"左联"领导下积极倡导诗歌大众化。翌年2月出版会刊《新诗歌》。该会分别在北京、广州、厦门等地设立分会。

1933年

1. 茅盾的长篇小说《子夜》由上海开明书店出版。

2. 洪深的话剧剧本《五奎桥》由上海现代书局出版。它是洪深剧作《农村三部曲》的第一部,后两部分别为《香稻米》和《青龙潭》。这是"五四"以来第一次用话剧形式反映农村生活和农民的斗争。

1934年

沈从文的长篇小说《边城》由上海生活书店出版。

1935年

鲁迅选编的《奴隶丛书》由上海容光书局出版,容光书局先后出版了叶紫的短篇小说集《丰收》、萧军的长篇小说《八月的乡村》和萧红的长篇小说《生死场》三种，鲁迅分别为之作序。

1936 年

1. 鲁迅的历史题材小说集《故事新编》由上海文化生活出版社出版。曹禺的第一部话剧《雷雨》由上海文化生活出版社出版，此前该剧曾发表于 1934 年 7 月 1 日北平的《文学季刊》1 卷 3 期。1934 年 6 月，曹禺的第二部著名话剧《日出》连载于《文季月刊》1 卷 1 期至 4 期，11 月由上海文化生活出版社出版。

2. 夏衍的报告文学《包身工》在上海《光明》半月刊创刊号上发表。

3. 李劼人的长篇小说《死水微澜》由昆明中华书局出版。12 月由上海中华书局出版《暴风雨前》，翌年 1 月至 7 月由昆明中华书局出版《大波》。这是三个相互关联的长篇，人称"大河三部曲"。

4. 艾青的第一个诗集《大堰河》自印出版。

1937 年

1. 《大公报·文艺副刊》文艺奖金评选揭晓：芦焚（师陀）的短篇小说集《谷》、曹禺的话剧《日出》、何其芳的散文集《画梦录》获奖。

2. 胡风编辑的《七月》杂志（先为周刊、后为半月刊、月刊）在上海创刊。主要撰稿者有胡风、艾青、田间、曹白、萧军、萧红、丘东平、聂绀弩等。《七月》是抗战初期重要的文学刊物，它开启了"七月"派的源头。

1938 年

张天翼在《文艺阵地》创刊号发表短篇小说《华威先生》，揭露国民党假抗日真反共的本质。该小说的发表引起了一场关于"暴露黑暗"问题的论争。

1939 年

老舍的长篇小说《骆驼祥子》由上海人间书屋出版。小说出版前曾于 1936 年 9 月在《宇宙风》杂志第 25—48 期连载。

1940 年

延安举行"鲁迅先生逝世四周年纪念大会"。会议决定组织"鲁迅研究委员会",出版《鲁迅研究丛刊》(该刊于 1941 年 1 月正式出版)。

1941 年

1. 萧红的散文体长篇小说《呼兰河传》由上海杂志公司(重庆)出版。

2. 茅盾的长篇小说《腐蚀》由华夏书店出版。

3. 曹禺的剧作《北京人》由重庆文化生活出版社出版。

1942 年

1. 郭沫若的五幕史剧《屈原》在《中央日报·中央副刊》连载发表,同年 3 月由重庆文林出版社出版,4 月在重庆上演。

2. 在中共中央关怀下,延安文艺界于 5 月 2 日—23 日召开文艺座谈会,中共中央领导和延安的一百多位文艺工作者出席了座谈会。毛泽东先后两次在会上发表讲话(即《在延安文艺座谈会上的讲话》)。延安文艺座谈会及毛泽东的《讲话》总结了"五四运动"以来中国新文学的基本经验,从根本上提出了我们的文艺为"什么人"和"如何为"的方向性问题,对中国新文学的发展进程产生了重大而深刻的影响。

1943 年

赵树理完成著名短篇小说《小二黑结婚》,同年 9 月由华北新华书店出版发行。10 月间赵树理又完成了被誉为"解放区文艺的代表之作"的中篇小说《李有才板话》,同年 12 月出版。赵树理还于 1945 年完成长篇小说《李家庄的变迁》。1947 年 7 月,晋冀鲁豫边区文联召开会议,号召文艺创作向赵树理方向靠近。

8月，赵树理的小说获边区政府唯一的文教作品特等奖。

1944年

1. 张爱玲的短篇小说集《传奇》由上海杂志社出版，收入包括《金锁记》在内的10篇小说。同年11月由上海山河图书公司出版《传奇》增订本，共收16篇小说。

2. 曹禺根据巴金原著改编的四幕话剧《家》由重庆文化生活出版社出版。

1945年

1. 胡风主编的《希望》文学月刊创刊于重庆。它是"七月派"的重要刊物之一。该刊第1期发表了胡风的《置身在为民主的斗争里面》和舒芜的《论主观》等文章，随后在文艺界引起了一场关于"主观"问题的论争。

2. 第一部大型民族新歌剧《白毛女》在延安上演，该剧由"鲁艺"集体创作，贺敬之、丁毅执笔，马可等作曲。

3. 孙犁短篇小说《荷花淀》发表于延安《解放日报》。

1947年

1. 巴金的长篇小说《寒夜》由上海晨光出版公司出版。

2. 钱钟书的长篇小说《围城》由上海晨光出版公司出版。柳青的长篇小说《种谷记》由大连光华书店出版。

3. 黄谷柳的长篇小说《虾球传》在《华商报》发表。

1948年

1. 周立波描写东北土改斗争的长篇小说《暴风骤雨》（上下卷）分别由佳木斯东北书店和北平新华书店出版。

2. 丁玲描写华北土改斗争的长篇小说《太阳照在桑干河上》由东北光华书店出版。《太阳照在桑干河上》和《暴风骤雨》分别获得1951年度斯大林文学奖二等奖和三等奖。

1949年

1. 中华全国文学艺术工作者代表大会（即第一次文代会）

在北平隆重开幕。选举郭沫若任大会主席,茅盾、周扬为副主席。毛泽东、朱德、周恩来等中共中央领导人亲临大会并发表重要讲话。郭沫若做了题为《为建设新中国的人民文艺而奋斗》的报告;茅盾做了题为《在反动派压迫下斗争和发展的革命文艺》的报告,周扬做了题为《新的人民的文艺》的报告,分别总结了国统区和解放区的文艺运动。

2. 马烽、西戎的长篇小说《吕梁英雄传》由北京新华书店出版。

3. 何其芳的诗集《夜歌》出版。

1950 年

1. 萧也牧的短篇小说《我们夫妇之间》、朱定的短篇小说《关连长》刊于《人民文学》第 1 卷第 3 期。

2. 孙犁的长篇小说《风云初记》开始在《天津日报》上连载。

1951 年

1. 魏巍的散文《谁是最可爱的人》在《人民日报》发表。

2. 毛泽东为《人民日报》修改、撰写的社论《应当重视电影〈武训传〉的讨论》发表,开始了全国范围的对电影《武训传》的批判。郭沫若、夏衍等在《人民日报》先后发表自我检查文章:《联系着武训批判的自我检讨》《从〈武训传〉的批判,检查我在上海文学艺术界的工作》。

3. 发表在《中国青年》上的马烽的短篇小说《结婚》,由《人民日报》加推荐转载。

4. 柳青的长篇小说《铜墙铁壁》由人民文学出版社出版。

5. 北京市人民政府授予老舍"人民艺术家"的称号。

1952 年

俞平伯的《红楼梦研究》(修订本)由棠棣出版社(上海)出版。人民文学出版社规划我国古典文学名著的校勘和重印工作。包括《水浒》《三国演义》《红楼梦》《西游记》《儒林外史》《聊斋志异》《西厢记》等的校勘重印，注释出版屈原、曹植、陶渊明、李白、杜甫等人的选集或全集，编写著名作家的传记等。

1953 年

中华全国文学艺术工作者第二次代表大会在北京召开，周扬作《为创造更多的优秀的文学艺术作品而奋斗》的报告。"文联"定名为"中华全国文学艺术界联合会"，主席郭沫若，副主席茅盾、周扬。1953 年 10 月"文协"改组为"中国作家协会"，主席茅盾，副主席周扬、丁玲、巴金、柯仲平、老舍、冯雪峰、邵荃麟。

1954 年

1. 知侠的长篇小说《铁道游击队》由新文艺出版社出版。
2. 路翎的小说《初雪》刊于《人民文学》第 1 期。

1955 年

赵树理的长篇小说《三里湾》开始在《人民文学》连载。5 月由通俗读物出版社出版。

1956 年

2 月中国作协主编的第二次文代会以来（1953 年 9 月—1955 年 12 月）优秀作品集出版，有《诗选》《短篇小说选》《独幕剧选》《散文特写选》《儿童文学选》。

1957 年

1. 诗刊《星星》（四川）创刊，发表了流沙河的散文诗《草木篇》和日白的《吻》。它们在当年均引发争论。
2. 郭小川的抒情诗《致大海》和叙事诗《深深的山谷》分别发表在《诗刊》第 2 期、第 4 期。
3. 穆旦的《葬歌》等诗刊于《诗刊》第 5 期。
4. 由巴金、靳以主编的《收获》在上海创刊。创刊号上发表了老舍的话剧《茶馆》和艾芜的长篇小说《百炼成钢》。

5. 曲波的长篇小说《林海雪原》由作家出版社出版。

6. 梁斌的长篇小说《红旗谱》由中国青年出版社出版。

1958 年

1. 周立波的长篇小说《山乡巨变》开始在《人民文学》上连载。6月由作家出版社出版。

2. 杨沫的长篇小说《青春之歌》由作家出版社出版。

3. 茹志鹃的短篇小说《百合花》发表在《延河》(西安)第3期。

4. 李劼人的长篇小说《大波》修改本（第一部）由中国青年出版社出版。

5. 田汉的话剧《关汉卿》发表在《剧本》第5期。

6. 周立波的长篇《山乡巨变》(正篇)由作家出版社出版,"续篇"于1960年4月出版。

1959 年

1. 欧阳山长篇《一代风流》第一部《三家巷》由广东人民出版社出版。第二部《苦斗》1962年12月出版。

2. 郭沫若的历史剧《蔡文姬》在《收获》第3期上发表。

3. 郭沫若、周扬编选的《红旗歌谣》出版。

4. 柳青《创业史》第一部在《延河》(西安)第4期起开始选载,到11期为止,1960年9月由中国青年出版社出版。

1960 年

1. 郭沫若的历史剧《武则天》、田汉的历史剧《文成公主》发表在《人民文学》第5期。

2. 茹志鹃小说《静静的产院》刊于《人民文学》第6期。

1961 年

1. 7月23日杨朔的散文《荔枝蜜》发表在《人民日报》。

2. 罗广斌、杨益言的长篇小说《红岩》开始在《中国青年报》上连载,12月由中国青年出版社出版。

1962 年

孙犁的《风云初记》第三集在《新港》第 7—11 期连载。

1974 年

1. 浩然的长篇小说《金光大道》第二部由人民文学出版社出版。

2. 浩然的中篇小说《西沙儿女——正气篇》由人民文学出版社出版，《西沙儿女——奇志篇》12 月出版。

1975 年

谌容的长篇小说《万年青》由人民文学出版社出版。

1976 年

姚雪垠的长篇历史小说《李自成》第二卷上册由中国青年出版社出版。

1977 年

1. 刘心武的短篇小说《班主任》发表在《人民文学》第 11 期上。

2. 《人民文学》在北京召开短篇小说创作座谈会，在第 11 期和第 12 期上以"促进短篇小说的百花齐放"为题，刊登茅盾、马烽、周立波等的发言。

3. 《郭小川诗选》由人民文学出版社出版。

1978 年

1. 王蒙的小说《最宝贵的》发表于《作品》（广州）第 7 期。

2. 北岛、芒克等主编的文学刊物《今天》创刊。《今天》共出版 9 期。1980 年 9 月停刊。

1979 年

1. 《剪辑错了的故事》（茹志鹃）发表于《人民文学》第 2 期。

2. 《许茂和他的女儿们》（周克芹）发表于《红岩》第 2 期。

3.《诗刊》第8期发表雷抒雁的诗《小草在歌唱》、叶文福的诗《将军，你不能这样做》。

4. 张洁的短篇小说《爱，是不能忘记的》发表在《北京文艺》第11期。

5. 宗璞小说《我是谁》刊于《长春》第12期。

1980年

1. 谌容的中篇小说《人到中年》、张一弓的中篇小说《犯人李铜钟的故事》发表在《收获》第1期。

2. 高晓声的短篇小说《陈奂生上城》发表在《人民文学》第2期。

3. 顾城的《抒情诗十首》发表在《星星》诗刊第3期。

4. 王蒙的短篇小说《春之声》发表在《人民文学》第5期。流沙河的诗《归来》发表于《诗刊》第5期。

5.《十月》第3期发表了刘心武的《如意》、宗璞的《三生石》、刘绍棠的《蒲柳人家》等中篇小说。

6. 钱钟书的《围城》由人民文学出版社重印出版。戴厚英的长篇小说《人啊，人！》由广东人民出版社出版。

7. 艾青诗集《归来的歌》、公刘诗集《离离原上草》和《仙人掌》、邵燕祥诗集《献给历史的情歌》出版。

1981年

1. 张洁的长篇小说《沉重的翅膀》在《十月》第4期、第5期上连载。经过修改后由人民文学出版社出版。

2. 杨绛的散文集《干校六记》由生活·读书·新知三联书店出版。

3. 王安忆的短篇小说《本次列车终点》发表在《上海文学》第10期。

1982年

1. 舒婷的诗《神女峰》发表在《星星》诗刊第4期。

2. 铁凝的小说《哦，香雪》发表在《青年文学》第 5 期。

3. 李存葆的中篇小说《高山下的花环》发表在《十月》第 6 期。

4. 张承志的中篇《黑骏马》发表在《十月》第 6 期。

1984 年

阿城的短篇小说《棋王》发表在《上海文学》第 7 期。

1985 年

韩少功的中篇小说《爸爸爸》、残雪的小说《山上的小屋》发表在《人民文学》第 6 期。

1986 年

1. 莫言的中篇小说《红高粱》发表在《人民文学》第 3 期。

2. 王安忆的小说《荒山之恋》发表在《十月》第 4 期。

1987 年

1. 余华的小说《十八岁出门远行》发表在《北京文学》第 1 期。

2. 格非中篇小说《迷舟》，王朔中篇小说《顽主》，余华的中篇小说《一九八六年》发表在《收获》第 6 期。

1988 年

铁凝的长篇小说《玫瑰门》发表在《文学四季》创刊号。

1989 年

苏童的中篇小说《妻妾成群》发表在《收获》第 6 期。

1991 年

刘震云的中篇小说《一地鸡毛》、苏童的小说《红粉》发表在《小说界》第 1 期。

1992 年

余秋雨的散文集《文化苦旅》由知识出版社出版。

1993 年

陈忠实的长篇小说《白鹿原》由人民文学出版社出版。

1995 年

1. 莫言的长篇小说《丰乳肥臀》发表在《大家》第 5、6 期。

2. 余华的长篇小说《许三观卖血记》发表在《收获》第 6 期。1996 年由江苏文艺出版社印行单行本。

3. 长篇小说《长恨歌》(王安忆)、《家族》(张炜)、《苍天在上》(陆天明)出版。

1998 年

1. 阿来长篇小说《尘埃落定》由人民文学出版社出版。

2. 余华长篇小说《许三观卖血记》由南海出版公司出版。

2000 年

毕飞宇的小说《青衣》发表在《花城》第 3 期。

附录2： 历届诺贝尔文学奖获奖作家获奖作品及获奖理由

时间	获奖人	获奖作品	体裁	获奖理由
1901年首届	[法] 普吕多姆（1839—1907年）	孤独与沉思	诗歌	是高尚的理想、完美的艺术和罕有的心灵与智慧的实证
1902年	[德] 蒙森（1817—1903年）	罗马风云	散文	今世最伟大的纂世巨匠，此点于其巨著《罗马史》中表露无遗
1903年	[挪威] 比昂松（1832—1910年）	挑战的手套	小说	他以诗人鲜活的灵感和难得的赤子之心，把作品写得雍容、华丽而又缤纷
1904年	[法] 弗·米斯塔尔（1830—1914年）	金岛	诗歌	他的诗作蕴涵之清新创造性与真正的感召力，它忠实地反映了他民族的质朴精神
1904年	[西] 埃切加赖（1832—1916年）	伟大的牵线人	剧本	由于它那独特和原始风格的丰富又杰出作品，恢复了西班牙喜剧的伟大传统
1905年	[波兰] 显克微支（1846—1916年）	第三个女人	小说	由于他在历史小说写作上的卓越成就
1906年	[意] 卡尔杜齐（1835—1907年）	青春诗	诗歌	不仅是由于他精深的学识和批判性的研究，更重要是为了颂扬他诗歌杰作中所具有的特色、创作气势、清新的风格和抒情的魅力

续表

时间	获奖人	获奖作品	体裁	获奖理由
1907 年	［英］吉卜林（1865—1936 年）	老虎！老虎！	小说	这位世界名作家的作品以观察入微、想象独特、气概雄浑、叙述卓越见长
1908 年	［德］鲁·欧肯（1846—1926 年）	精神生活漫笔	散文	他对真理的热切追求、他对思想的贯通能力、他广阔的观察，以及他在无数作品中辩解并阐释一种理想主义的人生哲学时所流露的热诚与力量
1909 年	［瑞典］拉格洛夫（女，1858—1940 年）	骑鹅旅行记	小说	由于她作品中特有的高贵的理想主义、丰饶的想象力、平易而优美的风格
1910 年	［德］保尔·海塞（1830—1914 年）	特雷庇姑娘	小说	表扬这位抒情诗人、戏剧家、小说家以及举世闻名的短篇小说家，在他漫长而多产的创作生涯中，所达到的充满理想主义精神之艺术臻境
1911 年	［比利时］梅特林克（1862—1949 年）	花的智慧	散文	由于他在文学上多方面的表现，尤其是戏剧作品，不但想象丰富，充满诗意的奇想，有时虽以神话的面貌出现，还是处处充满了深刻的启示。这种启示奇妙地打动了读者的心弦，并且激发了他们的想象
1912 年	［德］霍普特曼（1862—1946 年）	群鼠	剧本	欲以表扬他在戏剧艺术领域中丰硕、多样而又出色的成就

附录2：历届诺贝尔文学奖获奖作家获奖作品及获奖理由

续表

时间	获奖人	获奖作品	体裁	获奖理由
1913年	［印度］泰戈尔（1861—1941年）	吉檀迦利·饥饿石头	诗歌	由于他那至为敏锐、清新与优美的诗；这诗出之于高超的技巧，并由于他自己用英文表达出来，使他那充满诗意的思想业已成为西方文学的一部分
1915年	［法］罗曼·罗兰（1866—1944年）	约翰·克利斯朵夫	小说	文学作品中的高尚理想和他在描绘各种不同类型人物时所具有的同情和对真理的热爱
1916年	［瑞典］海顿斯塔姆（1859—1940年）	朝圣年代	诗歌	褒扬他在瑞典文学新纪元中所占之重要代表地位
1917年	［丹麦］耶勒鲁普（1857—1943年）	磨坊血案	小说	因为他多样而丰富的诗作——它们蕴含了高超的理想
1917年	［丹麦］彭托皮丹（1857—1919年）	天国	小说	由于他对当前丹麦生活的忠实描绘
1919年	［瑞士］施皮特勒（1845—1924年）	奥林匹斯的春天	诗歌	特别推崇他在史诗《奥林帕斯之春》的优异表现
1920年	［挪威］汉姆生（1859—1952年）	大地硕果·畜牧神	小说	为了他划时代的巨著《大地的成长》
1921年	［法］法朗士（1844—1924年）	苔依丝	小说	他辉煌的文学成就，乃在于他高尚的文体、怜悯的人道同情、迷人的魅力，以及一个真正法国性情所形成的特质
1922年	［西］贝纳文特（1866—1954年）	不吉利的姑娘	剧本	由于他以适切之方式，延续了戏剧之灿烂传统

续表

时间	获奖人	获奖作品	体裁	获奖理由
1923年	[爱尔兰]威廉·叶芝（1865—1939年）	丽达与天鹅	诗歌	由于他那永远充满灵感的诗，它们透过高度的艺术形式展现了整个民族的精神
1924年	[波兰]莱蒙特（1868—1925年）	福地	小说	我们颁奖给他，是因为他的民族史诗《农夫们》写得很出色
1925年	[英]萧伯纳（1856—1950年）	圣女贞德	剧本	由于他那些充满理想主义及人情味的作品——它们那种激动性讽刺常涵蕴着一种高度的诗意美
1926年	[意]黛莱达（女，1871—1936年）	邪恶之路	小说	为了表扬她由理想主义所激发的作品，以温柔地透彻地描绘了她所生长的岛屿上的生活；在洞察人类一般问题上，表现的深度与怜悯
1927年	[法]亨利·柏格森（1859—1941年）	创造进化论	散文	因为他那丰富的且充满生命力的思想，以及所表现出来的光辉灿烂的技巧
1928年	[挪威]温塞特（女，1882—1949年）	新娘·主人·十字架	小说	主要是由于她对中世纪北国生活之有力描绘
1929年	[德]托马斯·曼（1857—1955年）	魔山	小说	由于他那在当代文学中具有日益巩固的经典地位的伟大小说《布登勃洛克一家》
1930年	[美]辛·刘易斯（1885—1951年）	巴比特	小说	由于他充沛有力、切身和动人的叙述艺术，和他以机智幽默去开创新风格的才华

附录2：历届诺贝尔文学奖获奖作家获奖作品及获奖理由

续表

时间	获奖人	获奖作品	体裁	获奖理由
1931年	［瑞典］卡尔费尔德（1864—1931年）	荒原和爱情	诗歌	由于他在诗作的艺术价值上，从没有人怀疑过
1932年	［英］高尔斯华绥（1867—1933年）	有产者	小说	为其描述的卓越艺术——这种艺术在《福尔赛世家》中达到高峰
1933年	［俄］伊·蒲宁（1870—1953年）	米佳的爱	诗歌	由于他严谨的艺术才能，使俄罗斯古典传统在散文中得到继承
1934年	［意］皮兰德娄（1867—1936年）	寻找自我	剧本	他果敢而灵巧地复兴了戏剧艺术和舞台艺术
1936年	［美］尤金·奥尼尔（1888—1953年）	天边外	剧本	由于他剧作中所表现的力量、热忱与深挚的感情——它们完全符合悲剧的原始概念
1937年	［法］马丁·杜加尔（1881—1958年）	蒂伯一家	小说	由于在他的长篇小说《蒂伯一家》中表现出来的艺术魅力和真实性。这是对人类生活面貌的基本反映
1938年	［美］赛珍珠（女，1892—1973年）	大地	小说	她对于中国农民生活的丰富和真正史诗气概的描述，以及她自传性的杰作
1939年	［芬兰］弗·西兰帕（1888—1946年）	少女西丽亚	小说	由于他在描绘两样互相影响的东西——他祖国的本质，以及该国农民的生活—时所表现的深刻了解与细腻艺术
1944年	［丹麦］约·扬森（1873—1950年）	漫长的旅行	小说	由于借着丰富有力的诗意想象，将胸襟广博的求知心和大胆的、清新的创造性风格结合起来

续表

时间	获奖人	获奖作品	体裁	获奖理由
1945年	[智利]加·米斯特拉尔（女，1889—1957年）	柔情	诗歌	她那由强烈感情孕育而成的抒情诗，已经使得她的名字成为整个拉丁美洲世界渴求理想的象征
1946年	[瑞士]赫尔曼·黑塞（1877—1962年）	荒原狼	小说	……他那些灵思盎然的作品——它们一方面具有高度的创意和深刻的洞见，一方面象征古典的人道理想与高尚的风格
1947年	[法]安德烈·纪德（1869—1951年）	田园交响曲	小说	为了他广包性的与有艺术质地的著作，在这些著作中，他以无所畏惧的对真理的热爱，并以敏锐的心理学洞察力，呈现了人性的种种问题与处境
1948年	[英]托·艾略特（1888—1965年）	四个四重奏	诗歌	对于现代诗之先锋性的卓越贡献
1949年	[美]威廉·福克纳（1897—1962年）	我弥留之际	小说	因为他对当代美国小说做出了强有力的和艺术上无与伦比的贡献
1950年	[英]伯特兰·罗素（1872—1970年）	哲学·数学·文学	散文	表彰他所写的捍卫人道主义理想和思想自由的多种多样意义重大的作品
1951年	[瑞典]拉格奎斯特（1891—1974年）	大盗巴拉巴	小说	由于他在作品中为人类面临的永恒的疑难寻求解答所表现出的艺术活力和真正独立的见解

附录2：历届诺贝尔文学奖获奖作家获奖作品及获奖理由

续表

时间	获奖人	获奖作品	体裁	获奖理由
1952年	[法]弗·莫里亚克（1885—1970年）	爱的荒漠	小说	因为他在他的小说中剖析了人生的戏剧，对心灵的深刻观察和紧凑的艺术
1953年	[英]温·丘吉尔（1874—1965年）	不需要的战争	散文	由于他在描述历史与传记方面的造诣，同时由于他那捍卫崇高的人的价值的光辉演说
1954年	[美]海明威（1899—1961年）	老人与海	小说	因为他精通于叙事艺术，突出地表现在其近著《老人与海》之中；同时也因为他对当代文体风格之影响
1955年	[冰岛]拉克斯内斯（1902—1998年）	渔家女	小说	为了他在作品中所流露的生动、史诗般的力量，使冰岛原已十分优秀的叙述文学技巧更加瑰丽多姿
1956年	[西]希梅内斯（1881—1958年）	悲哀的咏叹调	诗歌	由于他的西班牙抒情诗，成了高度精神和纯粹艺术的最佳典范
1957年	[法]阿尔贝·加缪（1890—1960年）	局外人·鼠疫	小说	由于他重要的著作，在这著作中他以明察而热切的眼光照亮了我们这时代人类良心的种种问题
1958年	[苏]帕斯捷尔纳克（1901—1960年）	日瓦戈医生	小说	在当代抒情诗和俄国的史诗传统上，他都获得了极为重大的成就
1959年	[意]夸西莫多（1901—1968年）	水与土	诗歌	由于他的抒情诗，以古典的火焰表达了我们这个时代中，生命的悲剧性体验

续表

时间	获奖人	获奖作品	体裁	获奖理由
1960 年	[法] 圣·琼·佩斯（1887—1975 年）	蓝色恋歌	诗歌	由于他高超的飞越与丰盈的想象，表达了一种关于目前这个时代之富于意象的沉思
1961 年	[南斯拉夫] 安德里奇（1892—1975 年）	桥·小姐	小说	由于他作品中史诗般的力量——他借着它在祖国的历史中追寻主题，并描绘人的命运
1962 年	[美] 斯坦贝克（1902—1968 年）	人鼠之间	小说	通过现实主义的、寓于想象的创作，表现出富于同情的幽默和对社会的敏感观察
1963 年	[希腊] 塞菲里斯（1900—1971 年）	画眉鸟号	诗歌	他的卓越的抒情诗作，是对希腊文化的深刻感受的产物
1964 年	[法] 保尔·萨特（1905—1980 年）	苍蝇	剧本	因为他那思想丰富、充满自由气息和探求真理精神的作品对我们时代发生了深远影响
1965 年	[苏] 肖洛霍夫（1905—1984 年）	静静的顿河	小说	由于这位作家在那部关于顿河流域农村之史诗作品中所流露的活力与艺术热忱——他借这两者在那部小说里描绘了俄罗斯民族生活之某一历史层面
1966 年	[以色列] 约·阿格农（1888—1970 年）	行为之书	小说	他的叙述技巧深刻而独特，并从犹太民族的生命中吸取主题
1966 年	[瑞典] 奈丽·萨克斯（女，1891—1970 年）	逃亡	散文	因为她杰出的抒情与戏剧作品，以感人的力量阐述了以色列的命运

附录2：历届诺贝尔文学奖获奖作家获奖作品及获奖理由

续表

时间	获奖人	获奖作品	体裁	获奖理由
1967年	［危地马拉］阿斯图里亚斯（1899—1974年）	玉米人	小说	因为他的作品落实于自己的民族色彩和印第安传统，而显得鲜明生动
1968年	［日］川端康成（1899—1972年）	雪国——千鹤——古都	小说	由于他高超的叙事性作品以非凡的敏锐表现了日本人的精神特质
1969年	［爱尔兰］萨·贝克特（1906—1990年）	等待戈多	剧本	他那具有奇特形式的小说和戏剧作品，使现代人从精神困乏中得到振奋
1970年	［苏］索尔仁尼琴（1918—2008年）	癌症楼	小说	由于他作品中的道德力量，借着它，他继承了俄国文学不可或缺的传统
1971年	［智利］巴勃罗·聂鲁达（1904—1973年）	情诗——哀诗——赞诗	诗歌	诗歌具有自然力般的作用，复苏了一个大陆的命运与梦想
1972年	［德］亨利希·伯尔（1917—1985年）	女士及众生相	小说	为了表扬他的作品，这些作品兼具有对时代广阔的透视和塑造人物的细腻技巧，并有助于德国文学的振兴
1973年	［澳］帕·怀特（1912—1990年）	风暴眼	小说	由于他史诗与心理叙述艺术，并将一个崭新的大陆带进文学中
1974年	［瑞典］哈里·马丁逊（1904—1978年）	露珠里的世界	小说	他的作品透过一滴露珠反映出整个世界
1974年	［瑞典］埃·约翰逊（1900—1976年）	乌洛夫的故事	小说	以自由为目的，而致力于历史的、现代的广阔观点之叙述艺术

续表

时间	获奖人	获奖作品	体裁	获奖理由
1975年	[意]埃·蒙塔莱（1896—1981年）	生活之恶	诗歌	由于他杰出的诗歌拥有伟大的艺术性，在不适合幻想的人生里，诠释了人类的价值
1976年	[美]索尔·贝娄（1915—2005年）	赫索格	小说	由于他的作品对人性的了解，以及对当代文化的敏锐透视
1977年	[西]阿莱克桑德雷·梅洛（1898—1984年）	天堂的影子	诗歌	他的作品继承了西班牙抒情诗的传统和吸取了现代流派的风格，描述了人在宇宙和当今社会中的状况
1978年	[美]艾·巴·辛格（1904—1991年）	魔术师·原野王	小说	他的充满激情的叙事艺术，这种既扎根于波兰人民的文化传统，又反映了人类的普遍处境
1979年	[希腊]埃利蒂斯（1911—1996年）	英雄挽歌	诗歌	他的诗，以希腊传统为背景，用感觉的力量和理智的敏锐，描写现代人为自由和创新而奋斗
1980年	[波兰]切·米沃什（1911—2004年）	拆散的笔记簿	诗歌	不妥协的敏锐洞察力，描述了人在激烈冲突的世界中的暴露状态
1981年	[英]埃·卡内蒂（1905—1994年）	迷惘	小说	作品具有宽广的视野、丰富的思想和艺术力量
1982年	[哥伦比亚]马尔克斯（1928—2014年）	霍乱时期的爱情	小说	由于其长篇小说以结构丰富的想象世界，其中糅混着魔幻与现实，反映出一整个大陆的生命矛盾

附录2：历届诺贝尔文学奖获奖作家获奖作品及获奖理由

续表

时间	获奖人	获奖作品	体裁	获奖理由
1983年	［英］威廉·戈尔丁（1911—1993年）	蝇王·金字塔	小说	具有清晰的现实主义叙述技巧以及虚构故事的多样性与普遍性，阐述了今日世界人类的状况
1984年	［捷］雅·塞特尔特（1901—1986年）	紫罗兰	诗歌	他的诗富于独创性、新颖、栩栩如生，表现了人的不屈不挠精神和多才多艺的渴求解放的形象
1985年	［法］克洛德·西蒙（1913—2005年）	弗兰德公路·农事诗	小说	由于他善于把诗人和画家的丰富想象与深刻的时间意识融为一体，对人类的生存状况进行了深入地描写
1986年	［尼日利亚］索因卡（1934—）	狮子和宝石	剧本	他以广博的文化视野创作了富有诗意的关于人生的戏剧
1987年	［美］约瑟夫·布罗茨基（1940—1996年）	从彼得堡到斯德哥尔摩	诗歌	他的作品超越时空限制，无论在文学上或是敏感问题方面都充分显示出他广阔的思想及浓郁的诗意
1988年	［埃及］纳·马哈富兹（1911—2006年）	街魂	小说	他通过大量刻画入微的作品洞察一切的现实主义，唤起人们树立雄心，形成了全人类所欣赏的阿拉伯语言艺术
1989年	［西班牙］卡米洛·何塞·塞拉（1916—2002年）	为亡灵弹奏	小说	带有浓郁情感的丰富而精简的描写，对人类弱点达到的令人难以企及的想象力

续表

时间	获奖人	获奖作品	体裁	获奖理由
1990 年	[墨西哥]奥·帕斯（1914—1998 年）	太阳石	诗歌	他的作品充满激情，视野开阔，渗透着感悟的智慧并体现了完美的人道主义
1991 年	[南非]内丁·戈迪默（女，1923—2014 年）	七月的人民	小说	以强烈而直接的笔触，描写周围复杂的人际与社会关系，其史诗般壮丽的作品，对人类大有裨益
1992 年	[圣卢西亚]德里克·沃尔科特（1930—2017 年）	西印度群岛	诗歌	他的作品具有巨大的启发性和广阔的历史视野，是其献身多种文化的结果
1993 年	[美]托尼·莫里森（女，1931—2019 年）	所罗门之歌	诗歌	其作品想象力丰富，富有诗意，显示了美国现实生活的重要方面
1994 年	[日]大江健三郎（1935—）	《个人的体验》和《万延元年的足球队》	小说	通过诗意的想象力，创造出一个把现实与神话紧密凝缩在一起的想象世界，描绘现代的芸芸众生相，给人们带来了冲击
1995 年	[爱尔兰]谢默斯·希尼（1939—2013 年）	通向黑暗之门	诗歌	由于其作品洋溢着抒情之美，包容着深邃的伦理，揭示出日常生活和现实历史的奇迹
1996 年	[波兰]希姆博尔斯卡（女，1923—2012 年）	呼唤雪人	诗歌	由于其在诗歌艺术中精辟精妙的反讽，挖掘出了人类一点一滴的现实生活背后历史更迭与生物演化的深意

附录2：历届诺贝尔文学奖获奖作家获奖作品及获奖理由

续表

时间	获奖人	获奖作品	体裁	获奖理由
1997年	[意] 达里奥·福（1926—2016年）	我们不能也不愿意付钱	剧本	其在鞭笞权威，褒扬被蹂躏者可贵的人格品质方面所取得的成就堪与中世纪《弄臣》一书相媲美
1998年	[葡萄牙] 若泽·萨拉马戈（1922—2010年）	修道院纪事	小说	由于他那极富想象力、同情心和颇具反讽意味的作品，我们得以反复重温那一段难以捉摸的历史
1999年	[德] 君特·格拉斯（1927—2015年）	铁皮鼓哈里	小说	其嬉戏之中蕴含悲剧色彩的寓言描摹出了人类淡忘的历史面目
2000年	[法] 高行健（1940—），法籍华人	灵山	小说	其作品的普遍价值，刻骨铭心的洞察力和语言的丰富机智，为中文小说和艺术戏剧开辟了新的道路
2001年	[英] 维·苏·奈保尔（1932—2018年），印度裔英国作家	抵达之谜 米格尔街	小说	其著作将极具洞察力的叙述与不为世俗左右的探索融为一体，是驱策我们从扭曲的历史中探寻真实的动力
2002年	[匈] 伊姆雷（1929—2016年）	无命运的人生	小说	他对脆弱的个人在对抗强大的野蛮强权时痛苦经历的深刻刻画以及他独特的自传体文学风格
2003年	[南非] 库切（1940—）	耻	小说	精准地刻画了众多假面具下的人性本质

续表

时间	获奖人	获奖作品	体裁	获奖理由
2004年	[奥地利] 耶利内克（1946—）	钢琴教师	小说	因为她的小说和戏剧具有音乐般的韵律，她的作品以非凡的充满激情的语言揭示了社会上的陈腐现象及其禁锢力的荒诞不经
2005年	[英] 哈罗德·品特（1930—2008年）	生日派对*看门人*回乡	剧本	他小说里的人物揭示闲聊中的深刻，带人们进入压抑的空间
2006年	[土耳其] 奥罕·帕慕克（1952—）	我的名字叫红	小说	在追求他故乡忧郁的灵魂时发现了文明之间的冲突和交错的新象征
2007年	[英] 多丽丝·莱辛（女，1919—2013年）	金色笔记	小说	因其将自己的怀疑，激情以及幻想投入在对分裂的文明的审视上
2008年	[法] 勒·克莱齐奥（1940—）	战争	诗歌	新起点、诗歌冒险和感官迷幻类文学的作家，是在现代文明之外对于人性的探索者
2009年	[法] 赫塔·米勒（女，1953—）	呼吸秋千	小说	专注于诗歌以及散文的率真，描写了失业人群的生活图景
2010年	[秘鲁] 马里奥·巴尔加斯·略萨（1936—）	世界末日之战	小说	以表彰略萨对权力结构进行了细致的描绘，对个人的抵抗、反抗和失败给予了犀利的叙述
2011年	[瑞典] 托马斯·特兰斯特勒默（1931—2015年）	特兰斯特勒默诗歌全集	诗歌	以凝练而清晰透彻的文字意象给我们提供了洞悉现实的新途径
2012年	[中] 莫言（1955—）	丰乳肥臀	小说	用魔幻现实主义的写作手法，将民间故事、历史事件与当代背景融为一体

附录2：历届诺贝尔文学奖获奖作家获奖作品及获奖理由

续表

时间	获奖人	获奖作品	体裁	获奖理由
2013年	[加]爱丽丝·门罗（女，1931—）	逃离	小说	当代短篇小说大师。
2014年	[法]帕特里克·莫迪亚诺（1945—）	暗店街	小说	唤醒了对最难以捕捉的人类命运的记忆和揭露了对人类生活的占领
2015年	[白俄罗斯]斯维特兰娜－阿列克谢耶维奇（女，1948—）	我是女兵，也是女人	散文	她的复调书写是对我们时代的苦难与勇气的纪念
2016年	[美]鲍勃·迪伦（1941—）	答案在风中飘荡	诗歌	从1961年发布首张专辑至今，迪伦在流行音乐界和文化界起到的影响已超过50年
2017年	[英]石黑一雄（1954—）	长日将尽	小说	他的小说具有伟大的感情力，与我们的世界相连的感觉，虽然多数是以捉摸不定的内容为主，但是却让我们知道了未知的深渊

【注】：1914、1918、1935、1940、1941、1942、1943年因战争未授奖；

1904、1917、1966、1974年各有两位作家获奖。

参考文献

1. 房颖.《枕草子》的美学研究［D］. 长春：吉林大学2012年硕士论文.
2. 陈东生. 清少纳言与《枕草子》［J］. 日语学习与研究，1992（3）：54－56.
3. 陶曙军，王莉娟. 论《枕草子》中的谐趣［J］. 贵阳金筑大学学报，2003（3）：42－44.
4. 尚学艳. 浅析《枕草子》清新明快的写作风格［J］. 语文建设，2015（27）：41－42.
5. 孙学章. 论清少纳言《枕草子》的形式与语言［J］. 语文建设，2016（14）：77－78.
6. 傅德岷. 日本古代散文的"三璧"——《枕草子》、《方丈记》、《徒然草》［J］. 渝州大学学报（社会科学版），2001（1）：67－70.
7. 张继财. 从叙事学角度看乔纳森·斯威夫特的《格列弗游记》［J］. 中国地质大学（北京），2016.
8. 杨建民. 夏洛蒂美丽孤单的相思［J］. 世界文化，2007（3）：16－19.
9. 蔡文芳，邵狄青. 夏洛蒂·勃朗特的匿名写作［J］. 南昌师范学院学报，2003，24（4）：87－89.
10. 马春蕾. 王尔德童话中的死亡观之阐释［D］. 洛阳：河南科技大学，2011.
11. 杨金才，于雷. 中国百年来马克·吐温研究的考察与评析[J]南京社会科学,2011(8):132-138.

12. 戴金喜. 论海明威独特的文体风格——以《老人与海》为例[J]. 南平师专学报,2006,25(1):63-65.

13. 刘瑛. 从《白象似的群山》看海明威作品的语言特点[J]. 乌鲁木齐职业大学学报,2005,14(4):116-118.

14. 叶君健. 安徒生童话选集·译者前言[M]. 南京:译林出版社,2001.

15. 李泽淳. 论歌德的艺术创作观[J]. 理论界,2008(12):153-154.

16. 李英汉. 浅析普希金诗歌中的浪漫与自由[J]. 黑龙江:北方文学,2012.

17. 张安琪. 从普希金"多余人"形象分析俄国文学的民族性[J]. 太原大学教育学院学报,2007,25(4):57-60.

18. 王荫长. "昆虫的荷马"——法布尔[J]. 应用昆虫学报,2007,44(4):608-613.

19. 刘凤娥. 城市写实与现实主义——巴尔扎克笔下的巴黎[D]. 长沙:中南大学2007年硕士论文.

20. 陈安. 屠格涅夫:饮誉世界的艺术大师[J]. 凤凰周刊,2017(631):22-25.

21. 雷永生. 论屠格涅夫的人道主义思想[J]. 中国青年政治学院学报,2006(1):40-45.

22. 刘莉莉. 唯美诗意的爱情——屠格涅夫小说中的爱情描写解析[J]. 辽宁行政学院学报,2012(1):143-144.

23. 杨亦军. 福楼拜的现实主义与新小说的后现代特点[J]. 外国文学研究,2002(4):45-47.

24. 郑克鲁. 略论福楼拜的小说创作[J]. 外国文学研究,1979(1):65-72.

25. 柳鸣九. 法国文学史(上册)[M]. 北京:人民文学出

版社，1979.

26. 侯传文. 话语转型与诗学对话——泰戈尔诗学比较研究[M]. 北京：中国社会科学出版社，2010.

27. 克里希纳·克里帕拉尼. 泰戈尔的一生[M]. 毛世昌，丁广州，译. 北京：商务印书馆，2012.

28. 陈振尧. 法国文学史[M]. 北京：外语教学与研究出版社，1989.

29. 威廉·阿契尔. 剧作法[M]. 吴钧燮，等译. 北京：中国戏剧出版社，1983.

30. 卢伯克，等. 小说美学经典三种[M]. 方土人，罗婉华，译. 上海：上海文艺出版社，1990.

31. 宇甫，伯衡. 俄苏文学名家[M]. 哈尔滨：黑龙江人民出版社，1984.

32. 康林. 俄罗斯文学之父——普希金[M]. 北京：北京出版社，1988.

33. 张世君. 外国文学史[M]. 武汉：华中科技大学出版社，2007.

34. 闫妍. 浅析普希金的爱情诗[J]. 黑河学刊，2014(12)：30—31.

35. 崔旭. 凡尔纳传[M]. 合肥：安徽文艺出版社，2011.

36. 斗南. 历史文化常识全知道[M]. 北京：中国华侨出版社，2015.

37. 张良村，等. 世界文学历程[M]. 北京：国际文化出版公司，1997.

38. 彭小云. 世界名校故事：莫斯科大学[M]. 北京：军事谊文出版社，2007.

39. 王庆生，王又平. 中国当代文学史[M]. 北京：高等教育出版社，2016.

40. 李哲. 人类发现之旅 4：外国文学的历程[M]. 北京：中国画报出版社，2014.

41. 涂险峰，张箭飞. 外国文学[M]. 北京：北京大学出版社，2014.

42.《中国古代文学史》编写组. 中国古代文学史[M]. 北京：高等教育出版社，2016.

43. 刘勇，邹红. 中国现代文学史[M]. 北京：北京师范大学出版社，2016.

44. 袁行霈. 中国文学史[M]. 北京：高等教育出版社，2003.

45. 洪子诚. 中国当代文学史[M]. 北京：北京大学出版社，2007.

46. 匡兴. 外国文学史[M]. 北京：北京师范大学出版社，2010.

47. 张健. 新中国文学史[M]. 北京：北京师范大学出版社，2008.

48. 钱理群，温儒敏，吴福辉. 中国现代文学三十年[M]. 北京：北京大学出版社，1998.

49. 北溟鱼. 在深渊里仰望星空[M]. 长沙：湖南人民出版社，2018.

50. 张嘉骅. 少年读史记[M]. 青岛：青岛出版社，2015.

51. 王芳. 最好的方法读唐诗[M]. 北京：东方出版社，2016.

52. 吴继路. 中华诗祖屈原[M]. 北京：首都师范大学出版社，2010.

53. 赵慧文. 隐逸宗师陶渊明[M]. 北京：首都师范大学出版社，2010.

54. 吴继路. 文曲巨星曹雪芹[M]. 北京：首都师范大学

出版社，2010.

55. 马瑞芳. 幻由人生：蒲松龄传［M］. 北京：作家出版社，2014.

56. 乔忠延. 感天动地：关汉卿传［M］. 北京：作家出版社，2014.

57. 沈从文. 从文自传［M］. 南京：江苏人民出版社，2014.

58. 林语堂. 苏东坡传［M］. 长沙：湖南文艺出版社，2012.

59. 胡适. 胡适四十自述［M］. 武汉：武汉出版社，2015.

60. 杨绛. 我们仨［M］. 北京：生活·读书·新知三联书店，2003.

61. 叶开. 野性的红高粱. 莫言传［M］. 南昌：二十一世纪出版社，2013.

62. 李洛洛. 民国才女的爱情往事［M］. 贵阳：贵州人民出版社，2014.

63. 朱栋霖，朱晓进，龙泉明. 中国现代文学史［M］. 北京：北京大学出版社，2007.